中国古代经济史断代研究

国家哲学社会科学重点科研课题

前无古人的学术贡献

中國經濟通史

辽夏金

漆侠　乔幼梅　著

經濟日報出版社

图书在版编目（CIP）数据

中国经济通史．辽夏金/漆侠，乔幼梅著．—2版
北京：经济日报出版社，2007.1
ISBN 7-80180-610-7

Ⅰ．中…
Ⅱ．①漆…②乔…
Ⅲ．经济史-中国-辽宋金元时代
Ⅳ．F129

中国版本图书馆CIP数据核字（2006）第115038号

书　　名：中国经济通史．辽夏金
本卷作者：漆　侠　乔幼梅
责任编辑：陈晓惠
责任校对：吴　玲　尚建容　米建京
出版发行：经济日报出版社
地　　址：北京市宣武区白纸坊东街2号（邮编：100054）
电　　话：010-63568136　63567690　63567691（编辑部）63567687（邮购部）
010-63567683　63568621　63538445　63588447　63538863（发行部）
网　　址：www.edpbook.com.cn
E-mail：cehuabu@vip.sina.com
经　　销：全国新华书店
印　　刷：北京市耀华印刷有限公司
特种纸商：北京灵创魔丽商贸中心
开　　本：710×1000　1/16
本卷印张：27
本卷字数：350千字
版　　次：2007年1月第二版
印　　次：2007年1月第一次印刷
书　　号：ISBN 7-80180-610-7/F.251
全套定价：1200.00元（九卷十六册·精装）

目录

第二编 党项夏国经济史

第三编 女真金国经济史

绪论　论辽夏金经济的发展及其历史地位

一、对契丹、党项和女真诸族的评价问题

正当我国两宋时期（960～1279）社会经济和文化的发展达到新的巅峰的重要时刻，我国边疆地区崛起了三个民族，并且建立了自己的国家。[①] 这三个民族和国家，亦即本书所要探索和论述的对象，就是：（一）以内蒙古自治区东部呼伦贝尔草原为中心的契丹辽国（907～1125）；（二）以宁夏和陕甘边界为中心的党项夏国（980～1226）；（三）崛起于白山黑水之间、进而统治北中国广大地区的女真金国（1115～1234）。对这三个民族及其建立的国家，究竟应该采取什么态度去进行考察和评估呢？

诚然，契丹、党项和女真是汉族以外的三个民族。如果对汉族而言，称之为“异族”，也未尝不可。亦仅仅是从这个唯一的狭隘的视角看，称之为异族的。但从中华民族这样一个民族大家庭广泛立场看，称契丹、党项和女真为异族，就不正确了。今天的中华民族，是经历了一个相当长的时间才形成的，而契丹、党项和女真等族都是中华民族形成过程中的一员。在中华民族形成的过程中，有的民族消失了，例如契丹；但消失了的民族往往又融合于其他民族，女真人的一部分融化到汉族中，一部分融化到蒙古族中，契丹人也是如此；有的民族仍然有后裔继续在当地进行活动，如满族即是女真人的后裔，党项人的后裔曾搬迁到西南地区。因此，绝不能够以狭隘的民族主义观点，视汉族以外的民族为外族或异族的。只有在正确的民族观的认识基础上，才有可能正确评

① 此句稍有语病，因为契丹辽国在宋建国之前即已建国，为使语句干净，仅注此说明。

价契丹、党项和女真诸族及其建立的国家。

在中华民族形成和建立一个统一的多民族国家之前，汉族固然有权建立自己的国家政权，汉族以外的其他民族，包括契丹、党项和女真诸族在内，同样有权建立自己的国家政权。各族不仅有权建立自己的国家，而且如大家所知道的，一个民族只有发展到一定的社会历史阶段，才能够建立自己的国家。从这一意义上说，对契丹、党项和女真建立了国家的、还要承认它们在历史发展过程中的这一进步。不限于国家政权这一个方面，对于契丹等族不论是在政治上、军事上，还是在经济上和文化上，只要是有益于中华民族发展的活动和创造，都应当予以肯定和称赞。同样地，对契丹等族活动中消极的甚至是反动的方面，对中华民族的发展起着有害的或阻碍的作用，也都应给以批判和否定。评价契丹诸族及其国家政权，同评价汉族及其国家政权，用的是一个标准和一个尺度，这个标准和尺度就是历史唯物主义；进一步具体地说，是看看它们对中华民族发展总过程中所产生的具体作用。这是本稿所要说明的第一个问题。

二、契丹、党项和女真诸族发展的特点

经济史是研究社会生产中生产力与生产关系相互联系、相互制约和相互作用的，并从联系、制约和作用中观察它们之间的发展和变化。尤其是构成经济基础的生产关系，直接决定社会的性质和面貌，从而成为经济史研究中的主要内容。本稿对于契丹、党项和女真诸族社会经济制度的发展演变，作为探索、论述的主要内容，但限于有关客观实际的事实材料的短缺，以及限于主观认识水平，对这些重大问题的探索，有力不从心之感，只能提供一些粗浅的看法。这也是需要说明的。

契丹、党项和女真社会的发展，在时间上虽然参差不齐，有先有后，但却有很多的共同点。这些共同点表现在：

（一）契丹诸族都经历了原始社会阶段，并从父家长制阶段进入奴隶制，而后又演进到封建制的。在这一发展过程中，女真人的发展则是泾渭分明、脉络非常清楚的，即从1115年以后在反辽侵宋战争过程中，由于掠夺了大量的财富和人口，从而使奴隶制急遽地发展起来；到1160年完颜亮侵宋失败，随着此后战争的减少，奴隶制呈现了衰落；于此同时，迁移到中原地区的大量的猛安谋克户，虽然以村寨的围墙把他们这些内迁户同外界隔离开来，但一个不依人们意志为转移的客观历史行程，却首先推动了猛安谋克户的下层向封建制转化，使女真人也进入了封建制。女真奴隶制形成、发展、衰落，及其向封建制转化，脉络是分明的。

契丹和党项的发展没有女真那样脉络明晰，在向阶级社会过渡时，奴隶制和封建制两种经济成分几乎是同时并存，长期地纠结在一起，从而使这两者的发展更富有特色。契丹在耶律阿保机建国之前，已经进入奴隶制，一些显贵家族占有一定数量的奴隶。其中阿保机先世及其本人、后嗣，从掠夺战争中俘获数十万各族人民，这些俘虏大部分成为耶律氏、萧氏为首的贵族们的奴隶，奴隶制的形成和发展也是非常明晰的。但另一方面，在阿保机建国前后，契丹社会中也出现了封建经济关系。如阿保机建国前建立的挞马狘沙里这一亲兵制，它本来是为加强阿保机家族在契丹上层的统治力量，并从一些所谓的“豪右”中选拔出来，作为亲兵的。这个制度一经形成，亲从与主人之间便产生了依附关系。这是一点。也是在阿保机建国之前，还出现了族内外成员向显贵家族投靠、由此而形成的依附关系。如“太祖始置宫分以自卫，［耶律］欲稳率门客首附宫籍”[1]；“其先撒葛只，太祖时愿隶宫分，遂为太和宫分人”[2]。耶律欲稳所率的门客，显然不是奴隶，门客对其主人显然是有一种依附关系。另外所谓的部曲也同样是依附关系。依附关系不论是通过暴力还是通过非暴力而结合成功，都是封建性的经济关系，而非奴隶制关系。由此可见，契丹在其建国之前社会内部即已经包容了奴隶制和封建制两种经济成分。在尔后的百年发展过程中，封建制经济关系终于战胜了奴隶制，成为契丹辽国居于主导地位的经济制度，而辽圣宗统治期间便是这两种经济制度沿着相反方向发展的关节线。

党项缺少这样一个比较明晰的关节线，但在夏国前期也是两种经济关系并存的。

（二）契丹、党项和女真在发展过程中又一个共同点是，从其建国之前到亡国，宗族一直作为经济实体而贯彻其终始的，对于社会经济制度的发展具有

① 《辽史》卷七三《耶律欲稳传》。
② 《辽史》卷一〇一《萧胡笃传》。

重要的意义。

《辽史·营卫志·部族》上曾说："部落曰部，氏族曰族。契丹故俗，分地而居，合族而处"，清楚地说明契丹的宗族具有聚族而居的特点。在契丹宗族中，耶律氏皇族和萧氏后族是最为显贵的两大族系。

党项在其东迁之前，居住在青甘川交界地区时，即"每姓别自为部落"，"一姓之中复分为小部落"，从而形成为细封氏、野律氏、房当氏等相当强大的氏族，而"拓跋最为强族"①。东迁之后，党项的强宗大族依然如故，"不相统一"，从而形成为宗族林立的局面。西夏文字典《文海》对"宗族"一词的解释是，"宗号也，分别族类用之谓也。"② 认为宗族是有血缘的联系而成为一个共同体。

女真的习俗也是"合族而处"的；在其大批地迁徙到中原地区时，一些强宗大族都是全族迁移的。海陵王时，按答海"自上京徙河间"，由于该地瘠薄，乃"诏按答海一族二十五家"迁至平州，"给平州官田三百顷，屋三百间，宗州官田一百顷"③。金世宗打算将徒单克宁"宗族在山东者居之近地"，由于"官田少，无以尽给之"，乃选其"最亲者徙之"④。

契丹、党项和女真的宗族，不仅是由血缘关系组成的共同体，而且是一个重要的经济实体。每个宗族不仅有血缘关系的族属，也有血缘相异的非族属。每个宗族都有自己的土地，在氏族部落时期，都有自己的"分地"，不相侵逾；在奴隶制封建制时期亦都占有数量可观的土地，特别是其中的贵族。上述按答海一族二十五家拨占官田四百顷即是一例。每个宗族也都有自己的兵甲，兵甲的多少反映了族属（也包括非族属）的多少，从而成为这个宗族强弱的标志。因此，宗族，尤其是强宗大族，在辽夏金社会政治生活中，具有极为重要的地位，起着举足轻重的作用。所以耶律氏皇族和萧氏后族为核心而组成的贵族专政，与辽国200年统治相始终。李继迁在揭起反宋大旗之日，即制定了"联络豪右"的基本国策，把分散在银、夏诸州的党项大族团聚起来，共同建

① 《通典》卷一九〇《边防六·党项》。
② 《文海》汉译本，《文海研究》第543页。
③ 《金史》卷七三《按答海传》。
④ 《金史》卷九二《徒单克宁传》。

立了夏政权，并在此后200多年由少数几家大族控制大权。在金代上层统治机构中，完颜氏皇族宗亲以及与阿骨打族系有姻亲关系的，如徒单氏、唐括氏，都据有重要的地位。而在其200多年统治过程中，利用世选和荫补之制，“使金代女真人得以控制大多数政府中重要的位置”[①]；而能够在世选和荫补之制中取得重要官位的，只有那些享有这种特权的女真贵族，一般的女真人、猛安谋克户是无份的。

（三）宗族这个经济实体之所以重要，尤其在于它孕育着奴隶制和封建制两种经济成分，对此后的社会经济制度的演变起着决定性的作用。在这个问题上，女真族的发展与此不同，而契丹和党项的发展，则极为相似，因而构成为两者间又一共同性。

在契丹、党项的显贵家庭中，都占有一定数量的奴隶，在父家长制时期为数不多，构成为家内奴隶，随着战争的掠夺，奴隶数量激增，广泛地使用在农业、畜牧业和手工业生产上，沿着奴隶制的方向发展。这是契丹、党项宗族发展的一个方向。

但在契丹、党项宗族内还同时孕育了封建经济关系。如前引《辽史·耶律欲稳传》，其中所谓的“门客”即是封建依附者。另外，在《辽史·地理志》头下军州中，契丹贵族们所建立的头下军州，从事畜牧业生产的有许多“部曲”，部曲同样是封建依附民而不是奴隶。党项宗族也有这类情况。因此，在契丹、党项宗族内既有封建经济成分，它也就有向封建制发展的可能。

马克思在对摩尔根《古代社会》一书所作的摘要中，曾经提到氏族公社末期“不仅有servitus（奴隶制）而且也含有农奴制”。契丹、党项在其氏族制末期的宗族中，同样寓存了这两种经济成分，形成两个发展方向。

（四）事物的发展变化依赖于时间地点条件的转移变换。在契丹、党项和女真的宗族中，前两者寓存了两种经济成分，而女真族在进入中原地区之前宗族内没有封建经济成分。契丹、党项宗族内的封建经济关系终于发展成为一种主导的经济制度，从外部条件看，它是受到了邻近的中原地区汉族高度发展的封建经济制度的影响，而女真人在其进中原地区前，是缺乏这样一个外部条件的。

① 陶晋生：《金代的用人政策》，载《中国史学论文选集》第四辑，第222页。

契丹建国以来农业以及纺织等手工业之所以迅速地发展起来，与俘去的数十万计的汉人有着至为密切的关系。契丹的社会生产力既然在这一影响下而大大提高，契丹的社会经济制度就不能不在这一影响下而发生变化。所谓影响，当然是被俘汉人以及汉族的封建生产关系的影响。更何况，自耶律德光由扶植儿皇帝而据有了燕云十六州这一要区，更加径直地受到这个地区封建经济制度的影响。所以，被俘汉人虽然成为契丹皇室、贵族们的奴隶，但这些奴隶则演变转化为所谓的“蕃汉转户”和“二税户”：

初辽入掠中原人，及得奚、渤海诸国生口，分赐贵近或有功者，大至一二州，少亦数百，皆为奴婢，输租为官，且纳课给其主，谓之二税户。①

“二税户”在名义上是奴婢，但他们是以户为单位，除输租纳课之外，余下的产品归自己所有，从而有自己的小经济，这种小经济虽然是极为细小的。这样的劳动生产者已经从奴婢转化为农奴了。蕃汉转户与二税户的经济地位类似，他们虽然可以作为赏赐品赐给一些达官贵族，但他们同样有自己的私有财产，而且据辽兴宗重熙十二年（1043）六月庚戌诏，“汉人宫分户（即汉人转户）绝，恒产以亲族继之”②，他们私有财产早在重熙十二年以前即可由自己的直系亲族继承，而这道诏令进一步扩大了继承范围，户绝恒产即土地房舍等可以由亲族继承。由此可见，汉人宫分户亦即转户是皇室领地（即斡鲁朵）上的农奴而不是奴隶。契丹宗族内的封建经济终于取得了极大的发展。

党项的宗族，在其建国前是分布在各个地区上的独立王国，在其建国后依然是如此。党项宗族内的两种经济成分及其发展尤具特色。党项夏国始终存在一定数量的奴隶，但是，直到西夏后期，党项奴隶制不仅没有发展成为一种独立的社会经济形态，而且党项的奴隶又别具色彩。据自俄文转译过来的《西夏法典》，西夏天盛年（1149～1169）改旧定新律令第二七三条第四款的规定：

关于奴仆战具。三种〔战具〕〔战马、甲胄〕，若奴仆要求视其

① 元好问：《中州集》卷二《李承旨晏》。
② 《辽史》卷一九《兴宗纪》二。

> 财产状况（真正的“牲畜类别”）发给二种甲胄，即人用和马用，并应注册。[①]

奴仆之能够有自己私有财产，同奴隶占有制下的奴隶，显然存在明显的区别。

尤为明显的是，党项之向封建制过渡，受到了宋高度发展的封建租佃制的重大的影响。在党项统治的腹心地区即兴灵银夏一带的党项人，与同宋接境的党项人，在社会经济制度的发展上有不小的差别。腹心统治地区的党项人缓慢地走上领主庄园制，而同宋接境的党项人则沿着封建租佃制的道路发展。还在宋仁宗天圣五年（1027）十二月知环州史方奏言中即曾提到，“如有汉户百姓将带妻口等投熟户蕃族内居住者，从违制断。若止自身与蕃部合种口苗从违制……”；而此前一年，即天圣四年（1026），“泾原路副总管康继英定夺百姓弓箭手不得典租卖蕃部地土，许令蕃种合种利害闻奏”[②]。按此条记载极为重要。在宋代蕃汉杂居的一些地区，蕃汉之间总会在土地关系上有着这样或那样的联系，诸如土地买卖、转让、租佃等等，宋政府为减少由此而引起的蕃汉之间的麻烦，试图以行政命令予以遏止，则是难以奏效的。尽管天圣年间继淳化景德之后，严禁汉人去蕃部处“住坐”，但未能禁止住。而其中“自身与蕃部合种口苗”一事，令人尤为注目。所谓“合种口苗”是宋代土地租佃经营的一种形式，国内外学者对此多有论述。在这种经营形式下，汉人只身到蕃部佃种蕃人土地，宋政府明令禁止，恰好说明蕃汉之间所寓存的租佃关系，已经不是个别的偶发的社会现象，而是边境上常见的一种经济关系了。沿宋夏边界居住的党项人，谓之“熟户”，他们在汉人高度发展的封建租佃制影响下，便朝这个方向发展起来了。

有关上述契丹、党项和女真社会经济制度的发展，特别是契丹、党项宗族内部包孕的两种经济成分和两个发展方向，具有重要的理论意义，对我国古代殷周到春秋社会经济制度的演变也具有重要的借鉴作用。

马克思主义的活的灵魂在于，对于具体情况进行具体的分析。因此，它反对任何的教条主义和形式主义。若干年来，学术界对西欧中心论一再提出批

① 《西夏法典》，宁夏人民出版社 1988 年版第 131 页。

② 《宋会要辑稿》兵二七之二二至二四。

评，但是碰到具体问题仍然免不掉落入西欧中心论的窠臼。古代的雅典，是在手工业商业（包括海外贸易）发展的基础上，才建立了城邦制的，它仅仅是奴隶制的一种形式，而不是唯一的形式。这种形式奴隶制，对我国古代殷周春秋时代的奴隶制的研究当然有其借鉴作用，但一定比着葫芦画瓢，把我国古代奴隶制也纳诸城邦制的框框中，同我国古代社会的实际便凿枘难入了！这种研究方法似有改进的必要。如果从契丹、党项和女真宗族发展情况看，大抵形成于父家长制阶段，并在奴隶制、封建制转换中依然广泛地存在，尽管宗族的内容已经随社会经济制度的变革而有所改变。实际上，我国古代内地的宗族的情况，与契丹诸族颇多类似。商鞅变法时期，大力发展个体生产，使国家获得更多的丁口、赋税，曾对维护奴隶制的宗族制度施以打击。到汉代，宗族制度又适应了封建制的需要，又逐步地形成发展，到东汉已是盘根错节，牢固地建立起来了。因此，认真研究契丹诸族宗族制度，对了解殷周春秋从奴隶制向封建制过渡是大有裨益的。

对契丹诸族的发展也不妨作些价值判断。无疑地，契丹、党项和女真诸族，从父家长制阶段跃入奴隶制，当然体现了它们在历史发展过程中的进步，这是应当指明的。但契丹、党项和女真诸族靠掠夺战争发展奴隶制，因而对契丹诸族是好事的，对于遭到契丹诸族掠夺的与之相邻的汉族等族来说，不仅不是好事，而且是坏事。这是因为，契丹诸族的奴隶制的发展是建立在汉族诸族劳动人民被掠夺的基础上，诸族劳动人民不仅沦为奴隶，而且被卖到边远部落为奴，更何况这些掠夺者对被掠夺者的社会生产产生了严重的破坏作用。因此，对这类掠夺战争亦即不义战争当然要予以批判。在没有更恰当更精确的语汇形容这类不义战争时，称之为“侵”，称之为“掠夺”，不是不可以的。而且这类批判主要针对契丹诸族贵族统治集团，对民族关系不会产生任何的副作用。这是一点。

尤为重要的是，要从对中华民族发展总过程中的影响——前面所提出的唯一的标准和尺度，来衡量契丹诸族奴隶制的发展。契丹、党项族的奴隶制发展，局限于边疆一隅之地，虽然有所破坏，还不算大。女真贵族集团把奴隶制推广到北中国，情况就大不相同了。在女真统治北中国之前，正值宋徽宗腐朽统治集团当政，阶级矛盾达到空前尖锐的地步，全国性的农民战争已经孕育成熟。如果说，历史是沿着这个方向发展，农民战争摧毁了赵宋统治，在“等贵贱，均贫富”口号的推动和作用下，全面地、有力地冲击了以封建土地所有制为基础的封建制度，使农民占有更多的土地，获得更多的人身自由，继续推进手工业、城镇经济、商品生产和货币关系的发展，中华民族的发展将会是另一种局面。而女真贵族入主中原的结果，民族斗争取代了阶级斗争，不仅腐败的宋皇朝得以苟延残喘，偏安一隅，而且女真贵族所代表的奴隶制渗透、侵蚀到高度发展的社会有机体中，从而造成了北中国的局部倒退。对这一问题，应当有一个清楚的认识。

三、尽管存在上述问题，但契丹、党项和女真对边疆地区的初步开发，则是不可磨灭的伟大业绩

契丹、党项居住在高寒地区，草原与沙漠相间；女真居住在林海雪原、较为寒冷的地区；自然环境都是比较艰苦的。这些地区即使在今天，人口密度远不能和沿海地区相比，而在古代更是地旷人稀的局面了。出使金国的宋使臣在《许亢宗宣和乙巳奉使行程录》（钟邦直）、《茆斋自叙》（马扩）等记录中，对女真金国建国后的金上京一带的情况均有所记载，其中如：过涞流河，“五里至句孤寨，自北以东散处原隰间，尽女真人，更无异族，无市井，买卖不用钱，唯以物易物”；“［上京一带］一望平原旷野，间有居民数十家”[①]，“自涞流河东行，约五百余里，皆平垣草莽，绝少居民”[②]；只有以无比的吃苦耐劳的精神和毅力，克服自然条件所给予的种种限制，才能将这些地区开发出来。契丹人、党项人和女真人就是这样做的。

在对边疆地区的开发中，契丹诸族在许多生产部门都有自己的创造性的活动，其中尤以畜牧业为最。他们不仅蕃息了许多优秀品种的马、羊、牛等牲畜，而且还积累了有关牧养牲畜的经验，即：如何更好地适应和利用草原的自然条件来蕃息更多的牲畜。在对武器、甲胄的制作，鞍、车等的修造等许多方面，都有突出的成就。在各项生产活动中，中原和边疆之间的交流起了重要作

① 《宣和乙巳奉使行程录》。

② 《茆斋自叙》。

用。新品种、新技术通过多种渠道互相交流。特别是在汉族劳动人民的帮助下，契丹等族对纺织、制瓷、建筑都有了极为可观的成就。只要略微地思索，在辽河上源耸立着像辽上京、中京那种规模的城市，在贺兰山下建有包括承天寺在内的庞大的建筑群，虽然有的已经成为了历史的遗迹，仅供后人凭吊，但不能不赞佩契丹各族人民的伟大创造。

四、在政治上虽然形成宋辽夏或宋金夏三国鼎峙的局面，不是一个统一的国家，但中原和边疆的经济联系却不容忽视

既然形成鼎峙之局，就不能不有战争，而且战争有时又极为剧烈，往往绵亘若干年。但在非战争的和平年代里，相互往还则十分频繁，通过各种渠道展开了经济文化的交流。如西夏赵德明时，“岁遣人至京师货易，出入民间如家”①；“朝聘之使，往来如家，牛马驼羊之产，金银缯帛之货，交受其利，不可胜纪”②；“从德明纳款后，来使蕃汉之人，入京师贾贩，憧憧道路，百货所归，获中国之利”③；“入贡京师者，纵其私市”④。自契丹、党项带来了“牛马驼羊”等产品，但自中原地区流入边疆地区的产品，诸如丝绸、茶、瓷器等生活用品，以及有关生产、医药方面的知识，对于物质生活和精神文化生活都发生了重要的作用。

特别应当指出的是，宋在经济文化上是当时世界上最为先进的国家，因此宋的通货——铜币竟在海南诸国流通，甚而成为他们的“镇库之宝”。我国北部铜少，契丹西夏铸币很有限，更加仰仗宋钱。“北界（指契丹）别无钱币，公私交易并使本朝铜钱”⑤。因而总是想方设法吸引宋钱入境。金国在这方面尤为用心：“金本无钱，惟炀王尝一铸正隆钱，绝不多，余悉用中国旧钱，又不欲留钱于河南，故仿中国楮币，于汴京置局造官会，谓之交钞，拟见钱行

---

① 苏舜钦：《苏学士文集》卷一六《韩亿行状》。
② 范仲淹：《范文正公全集》卷九《答赵元昊书》。
③ 《长编》卷一三九，庆历三年二月乙卯载韩琦范仲淹奏疏。
④ 《宋史》卷一八六《食货志下》八。
⑤ 苏辙：《栾城集》卷四一《论北朝所见于本朝不便事》。

使，而阴收铜钱，悉运而北。”[①] 并在贸易中展开了争夺铜钱的斗争。针对“宋金的对峙”这一情况，本书作者乔幼梅在20世纪80年代初发表的《宋金贸易中争夺铜币的斗争》一文中写道：“统一的中国被人为地分裂开来，但政治上的对立，并不能削弱早已形成的南北之间共同的经济生活，也不能割断这种经济联系。事实上，共同经济生活的要求，以及经济联系的力量和作用，却能够冲破由政治对立而造成的种种障碍，使其继续得到发展。可见，经济的力量是巨大的，是起决定性作用的。”正是这种经济力量，使边疆地区对中原地区产生了凝聚力，伴随着时间的推移，使两者日益紧密地联系起来，并在“宋元以后，我国形成为越来越巩固的统一大国，中华民族这个共同体日益发展，边疆和内地联系之越来越不可分割，就是由于包括商品货币在内的各种经济力量所固有的冲击力，打破人为的障碍而推动起来的。”[②] 深入研究辽夏金经济史，由此探索边疆和内地的经济联系，以及由此造成的凝聚力，用来说明我国多民族大国的形成，当是一个不可忽视的重要方面。

---

① 范成大：《揽辔录》。

② 乔幼梅：《宋金贸易中争夺铜币的斗争》，载《历史研究》1982年第4期。

第一编

契丹辽国经济史

第一章　契丹建国前社会经济的发展与契丹原始公社制解体

契丹辽国，自916年耶律阿保机称帝建国，到辽天祚帝被俘亡国，历时210年。辽国社会经济主要是在这个时间内发展起来的。但，以前，阿保机、阿保机的先辈，以及契丹人，早就开始了他们的经济活动。只是在北魏登国三年（389）契丹族的名字才显示在历史舞台上，因而从这一年到阿保机建国（916）这500多年的情况，就需要首先叙述了。

第一节　契丹人和奚人

已故的翦伯赞教授在《内蒙访古》这篇以历史为题材的优美的记叙文中指出，内蒙古草原东部的呼伦贝尔盟，“一直是游牧民族的历史摇篮，出现在中国的大多数游牧民族：鲜卑人、契丹人、蒙古人都是在这个摇篮里长大的，又都是在这里度过了他们历史上的青春时代。”① 这里之所以成为契丹等游牧民族的历史摇篮，是由于当时的生态环境较好，大自然能够向游牧者们提供更多的生活资料。即使到18世纪以前，这个生态环境依然是差强人意的。

读过《敕勒歌》，人们都知道，“敕勒川，阴山下”，“风吹草低见牛羊”②那种水草丰美，畜群茂盛的情景。其实，不独在内蒙古西部草原是这样，自张北高原到赛罕坝一线，以及与内蒙古草原相衔接，到处都是这样，成为一个绵

① 《翦伯赞历史论文选集》，第392页，人民出版社1980年版。

② 《乐府诗集》卷八六《敕勒歌》。

延多少世纪的天然的好牧场。契丹就是在这个天然牧场的东部崛兴的。

史载，契丹是在潢河与土河汇流的地方兴起的。潢河，亦即纥臣水，今之西喇木伦河，为辽河的西源。土河，即老哈河，与潢河汇流共为辽河上源。辽代上京临潢府，就靠近潢河。五代后晋时陷于契丹的胡峤，在其所写的《陷虏记》一书中，曾对辽代上京情况有过如下的描述：

> 自上京东去四十里，至真珠寨，始食菜。明日，东行，地势渐高，西望平地松林郁然数十里，遂入平川。[①]

后此六七十年的宋绶，于宋真宗天禧五年（1021）出使契丹，亦曾提到这一带的生态环境：

> 度土河，亦云撞撞水，聚沙成墩，少人烟，多林木，其河边平处，国主曾于此过冬。[②]

《辽史》上也多处记载：

> 高原多榆柳，下隰饶蒲苇……
>
> 〔上京临潢〕水草便畜牧。[③]

自辽河上源潢水、土河，以及自上京临潢而西南至中京大定，确曾有过“平地松林”或“千里松林”这个原始的林带。只要看一看清初康熙年间，还不时到赛罕坝举行“木兰秋狝”（那时围场还林木成片），也就可以知道在它的北部，六七百年之前之有原始林带是完全可能的，更何况林带的遗迹仍然能够供人辨识呢[④]。唯其林多，也就草深，水土保持良好；而水土保持良好，也就林多草深，便于游猎和畜牧。自然界的辩证统一关系是这样和谐地联系着的。

契丹人多年来繁养生息于潢河一带。北魏太祖拓跋珪登国三年（389），曾给契丹以沉重打击，“大破之”，“与库莫奚分背”[⑤]。库莫奚即奚人，契丹多年的伙伴和仇家，后面再予叙述。这是契丹人初次登上了历史舞台。据《新唐书》的说法，契丹族系出自东胡。秦汉之际，匈奴冒顿单于主宰漠北草原，四面出

---

① 欧阳修：《新五代史》卷七三，引胡峤《陷虏记》。

② 李焘：《续资治通鉴长编》卷九七，天禧五年二月甲申记事。

③ 《辽史》卷三七《地理志》一。

④ 参阅马真吾：《契丹上京临潢府》，载杨家骆主编《辽史汇编》第九册，76～563页。

⑤ 魏收：《魏书》卷一〇〇《契丹传》。

击，“大破灭东胡王，而虏其人民及畜产”①。东胡余部一支退保鲜卑山（在今内蒙哲里木盟科尔沁旗左翼），“东距高丽、西奚、南营州、北靺鞨、室韦，阻冷陉山以自固”②，是为鲜卑人；而另一部则退保乌桓山，是为乌桓人。契丹，则属于东胡系统的鲜卑族。宋程大昌《北边备对》亦曾说，契丹“或云鲜卑遗种”。

魏晋时期，鲜卑分为宇文氏、慕容氏和段氏三部，其中慕容氏最为先进，于西晋末建立了国家，并进入中原地区。建国后的慕容氏曾对宇文部进行攻击、扫荡，而这时候契丹人则隶属于宇文部：“鲜卑葛乌菟之后曰普回普回有子莫那，自阴山南徙，始居辽西。九世为慕容晃所灭，鲜卑众散为宇文氏，或为库莫奚，或为契丹。”③《辽史》上的这一说法，实际上与《新唐书》的说法相同，也是认为契丹出自东胡鲜卑族系的。

再一种说法是《旧五代史》的说法。是书认为，“契丹者，古匈奴之种也”④，出自匈奴族系。与薛居正的这一说法类似，《旧唐书》的作者刘昫则称，契丹“本臣突厥，好与奚斗，不利则退保青山及鲜卑山”；“其余风俗与突厥同”⑤，认为出自突厥族系。

由于有关契丹族系在文献上存在这些歧异，所以近六七十年来许多学者往往利用语言学方面的知识，或认为是通古斯族，或认为是蒙古族，亦不一而足。这些说法虽然都有独到之处，但从语言上零鳞片爪一类材料，来论证一个消亡了的或者说已经融合于其他民族的民族，怕是难以得出正确结论来的。⑥草原上诸部落诸民族，既由于复杂，又由于逐水草而居，其间的分合离散特别频繁、特别明显、亦特别突出，征服者与被征服者常常变换位置，总是处于不断融合之中，所以寻找一个纯粹的部落、民族是困难的，往往某一部落、民族作为主体，但却加杂了其他的部落、民族的风尚、习俗。所以单从一个方面，

① 《史记》卷一一〇《匈奴列传》。
② 《新唐书》卷二一九《北狄·契丹传》。
③ 《辽史》卷六三《世表》。
④ 《旧五代史》卷一三七《契丹》。
⑤ 《旧唐书》卷一九九下《契丹》。
⑥ 参阅方壮猷：《契丹民族考》，载《辽史汇编》第八册。

如从语言学方面，来辨识它的族系，就不无困难了。尽管如此，对契丹族系的研究，称为蒙古族系或通古斯族系，都是有道理的。

契丹自北魏登上历史舞台，历北齐北周而至隋唐，逐步强大起来，到大贺氏作为契丹联盟共主的时候，已经成为唐代东北边境上的劲敌了。

奚人，亦即库莫奚人。《魏书》和《北史》称之为“东部宇文之别种也”。宇文部属鲜卑族，为“宇文之别种”的奚人自然是鲜卑族了①。《旧唐书》等则称奚“为匈奴之别种”②，但这一说法也苦于证据不足而难以成为定论。由于奚和契丹密迩相连，这两部人在强大对手的面前，总是休戚与共的。如史载：“契丹国在库莫奚东，与库莫奚异种同类，并为慕容皝所破，俱窜于松漠之间。登国中，魏大破之，遂逃迸，与库莫奚分。往经数十年，稍滋蔓，有部落于和龙之北数百里。”③ 奚和契丹在西晋末北魏初都受到打击，登国三年的一次打击，奚人受到的损害特别惨重，马、牛、羊、豕十余万悉被北魏劫掠而去。从此，奚也臣服于中原王朝，到隋唐时期也强大起来，也形成了部落联盟，具有了国家雏形。

奚人活动的地区，与契丹紧邻。自被北魏击破后，奚和契丹迁于松漠之间，即今河北围场以北的“千里松林”，与内蒙古喀喇沁右翼、翁牛特左右翼和扎鲁特右翼相连接的一片大草原。史称，“自营州西北饶乐水以至其国”④，饶乐水即《魏书·太祖纪》上所说的弱洛水（或弱落水）。据顾祖禹《读史方舆纪要》卷八《大宁卫》有关的考订，饶乐水即潢水，源于马盂山而东北流向注入潢河，亦即今内蒙古自治区赤峰市之英金河。契丹强大之后，奚仍居契丹以南的地区。据出使契丹的薛映的记载，“自过崇信馆，即契丹旧境，盖其南皆奚地也”⑤。根据实地考察，崇信馆在辽中京以南的150里，崇信馆是契丹奚人分界线，亦即奚人的北境。又据出使契丹的刘敞的记载，“自古北口即

---

①《魏书》卷一〇〇，《库莫奚》；《北史》卷九四《奚》。

②《旧唐书》卷一九九下《奚》。对此问题，可参阅李符相：《奚部族及其与辽朝关系之探讨》，载《辽史汇编》第九册。

③《北史》卷九四《契丹》。

④《旧唐书》卷一九九下《北狄·奚》。

⑤《长编》卷八八，大中祥符九年九月己酉记事。

奚人地，皆山居谷汲，耕牧其中而无城郭"①。所谓自古北口以北即奚人地区，亦即燕山的重山复岭大抵是奚人的地区。刘敞在《铁浆馆》一诗中对奚人活动有较多的记述，该诗写道：

稍出卢龙塞，回看万壑青。旷原开碛口，别道入松亭（原注：此馆以南属奚，山溪深险，以北属契丹，稍平衍，渐近碛矣。别一道自松亭关入幽州，甚〔当作其〕行易，敌常秘，不欲汉使知）。敌（当作"虏"）马随寒草，奚车夕戴星（奚人以车帐为生，昼夜移徙）。勿悲田子泰，寂寞向千龄。②

铁浆馆是辽建国后使宋驲程之一，宋使经常提到的一个地方，在今平泉罗杖子③。铁浆馆以北，"稍平衍，渐近碛矣"，到达草原的南境；以南，"山溪深险"，即燕山以北，张家口承德一带高原以南的丛山峻岭。奚人主要地居住在这一山区，还有一部分草原。从刘敞的"回看万壑青"诗句看，这个山区虽然"山溪深险"，不仅长有茂草，而且也有丰林，成片的河谷地加杂在群山万壑之中，给奚人既提供了牧畜条件，也提供了较好的农耕条件，从而与契丹居地是有所不同的。

第二节　契丹人、奚人的采集经济和畜牧经济

采集经济是人类社会谋取生活资料的原始的初期阶段。契丹从事采集经济为时甚久，早在隋唐甚至在此前，契丹人中间即流传了这一歌谣：

冬月时，向阳食；夏月时，向阴食；若我射猎时，使我多得猪鹿。④

已故的傅乐焕教授，以"弋猎网钩"四字概括了契丹的采集经济，称之为"契丹民族生活本色"，并在《辽代四时捺钵考》《续广平淀考》系列研究

① 刘敞：《古北口诗》原注，《公是集》卷二八，四库影印本1095－637。
② 《公是集》卷二三。
③ 承德地区文化局辽驿调查组：《辽中京至南京口外驿道调查》。
④ 此歌谣在《隋书》《新五代史》均有记载，但都有缺失，此系综合而成，并参见《契丹国志》卷二三《国土风俗》。

的著名文章中[1]，论述了契丹人一年四季采集活动的重要内容。这些论述虽然指的是契丹建国以后以契丹皇帝为中心的弋猎生活，但采集经济在建国以后契丹人经济生活中尚且占有如此重要的位置，那么它在契丹建国前所占位置也就不言而喻了。因此，把这些有关采集经济生活的资料，使用于契丹建国之前，显然是可以的。下面便是根据这几篇重要文章叙述的，不再注明。

（一）春天的采集活动一是钩鱼："天鹅未至，卓帐冰上，凿冰取鱼。"[2]"蕃俗喜罩鱼，设毡庐于冰河之上，密掩其门，凿冰为窍，举火照之，鱼尽来凑，即垂钓竿，罕有失者。"[3] 这段文字是宋使宋绶所记，"钓"当是"钩"之误。程大昌对此有较详尽的叙述："达鲁河钩牛鱼……非钓也，钩也。……辽主与其母皆设次冰上，先使人于河上下十里间以毛网截鱼，令不得散逸，又从而驱之，使集辽帐。其床前预开冰窍四，名为冰眼，中眼透水，旁三眼环之不透，第凿减令薄而已。薄者所以候鱼，而透者将以施钩也。……鱼之将至，伺者以告辽主，即遂以凿透眼中用绳钩掷之，无不中者。既中，遂纵绳令去，久，鱼倦，既曳绳出之，谓之得头鱼。头鱼既得，遂相与出冰帐，于别帐作乐上寿。"[4] 凌纯声《松花江下游之赫哲人》一文，记述了赫哲冰下取鱼的过程，与程大昌所记者全同。"牛鱼嘴长鳞硬，头有脆骨，重百斤"[5]。契丹大约在正月里到松漠以东松花江一带鸭子河泺、鱼儿泺等地进行这一活动的。

二是捕鹅雁。鹅雁，亦即天鹅。冰开始融化之时，鹅雁飞来，能捕捉鹅雁的是鹰鹘，名叫海东青的鹰鹘则是捕这类鹅雁的能手："又有俊鹘号海东青者，能击天鹅……小而俊健，爪白者尤以为异"[6]。海东青"出五国之东"，在今俄国东海滨一带，系被征服后的女真人向契丹统治者的一项贡品，契丹建国以前不会有这种情况。捕雁的季节在二三月里，契丹建国之后形成如下的一套仪式：

〔契丹〕皇帝每至，侍御皆服墨绿色衣，各备连锤一柄，鹰食一

① 载傅乐焕：《辽史丛考》。
② 《辽史》卷三二《营卫志中·行营》。
③ 《长编》卷九七天禧五年九月宋绶所上契丹风俗。
④ 程大昌：《演繁露》卷三，四库影印本852-176/177。
⑤ 王易：《燕北录》。
⑥ 徐梦莘：《三朝北盟会编》卷三。

器，刺鹅锥一枚，于泺周围相去各五七步排立……鹅惊腾起，左右围骑皆举帜麾之。五坊擎进海东青鹘，拜授皇帝放之。鹘擒鹅坠，势力不加，排立近者，举锥刺鹅，取脑以饲鹘。救鹘人例赏银绢。皇帝得头鹅，荐庙，群臣各献酒果，举乐。更相酬酢，致贺语，皆插鹅毛于首以为乐。①

将头鱼、头鹅献给皇帝，这大概是契丹部落时代将猎物先献给部落首领这一传统仪式的延续，以示对首领对皇帝的尊敬。金赵秉文《春水行》一诗，也提到头鹅的故事："初得头鹅夸得隽，一骑星驰荐陵寝"②，头鹅所荐的陵寝，已经不是辽的陵寝，而是金的陵寝了。女真人也是继承了辽的这一采集经济活动的。

正因为钩鱼捕雁是契丹人长时期从事的采集经济生活的重要内容，所以这一生产生活方式便深入到契丹人的心目之中，不论是契丹贵族还是契丹的平民，都是如此。即使在辽亡之后，契丹人还一直怀念。宋代著名的词人姜夔听到契丹遗民萧总管"自说其风土如此"，便据此写出了一首《契丹歌》，深刻地反映了契丹的这一生活片段③。如所说："契丹家住云沙中，耆车如水马若龙"，"一春浪荡不归家，自有穹庐障雨风"，反映了契丹人以"车马为家"的游牧生活；"平沙软草天鹅肥"，"海东健鹘健如许"，"万里追奔未可知，划见纷纷落毛羽"，是对捕捉天鹅的记述；"一鹅先得金百两，天使走送贤王庐"，说明获得头鹅的赏赐，以及头鹅照例献给契丹首领、皇帝，等等。经济生活是这样地深入人们的记忆，经济生活的一些行动规律，如一年四季采集活动的安排，也便长时期被契丹人共同遵守，即使某些地点有所改换，如建国后捕雁有时到延芳淀（今通县境，早已无遗迹了），但基本上并没有越出它的规范。

（二）夏季三个月是游牧民族歇暑的季节，或寻找清凉处避暑，或找水淀牧放马群。契丹建国后歇暑多在永安山，出使契丹的薛映曾经指出，在"临潢西北二百余里，号凉淀在漫头山南，避暑之处，多丰草，掘地丈余，即坚冰

---

① 《辽史》卷三二《营卫志》中。
② 赵秉文：《滏水集》卷三。
③ 姜夔：《白石道人诗集》卷上，四库影印本 1175－74。

云”①。再一避暑之地是炭山，亦称陉头，即被匈奴击破的鲜卑人退保的冷陉山：“本匈奴避暑之地，地多丰草”；“贾耽所说妫州西北八十里至陉山，即奚、契丹避暑之处”，后“更名双山”②。

（三）秋天的采集活动主要是射鹿，地点在“秋山”。《辽史·营卫志中·行营》上说：“秋捺钵曰伏虎林。七月中旬自纳凉处起牙帐，入山射鹿及虎。林在永州西北五十里。”据傅乐焕先生考订，所谓秋山，伏虎林以及庆州之黑山、赤山、拽剌山、凤凰门、云山等，都是辽帝射鹿的场所，因而伏虎林不在永州而在庆州。“如京东（当作西）北，有山曰黑山、赤山、太保山，山水秀绝，麋鹿成群，四时游猎，不出此土。”③ 除这些地点外，平地松林自然也是一个秋狩的所在。

秋狩以猎鹿为主。猎鹿这是游牧民族极其出色的一项活动：“每岁车驾至，皇族以下分布泺水侧，伺夜将半，鹿饮盐水，令猎人吹角效鹿鸣，既集而射之，谓之舐𪊲鹿’，又名‘呼鹿’。”④ 鹿和其他动物一样，都需要一定的盐分，因而喜欢带有咸味的树草，并聚集前来食用。契丹人利用鹿的这一习性，以盐水引鹿，呼鹿人吹角呼鹿，引来鹿群，四围放箭，以猎取大批的鹿。呼鹿人，契丹人中有，其他游牧民族也有。契丹人往往令被征服部落的呼鹿人为他们效劳，阿骨打弟兄们即曾为契丹皇帝呼鹿搏熊。

（四）冬天则找一个少风的地区过冬，广平淀，亦即靴淀、藕丝淀，在土河与潢河汇流之处；淀，与川都具有平地的涵义，这个“川”字并无河川之意。广平淀即是一个平坦地区，宋绶使辽的行程录说，渡过土河，“聚沙成墩，少人烟，多林木”，“其河边平处国主曾于此过冬”⑤。契丹建国之前同样要寻这样的地方过冬，这是毫无疑义的。

《辽史·游幸表》上说：“朔漠以畜牧射猎为业，犹汉人之劭农，生生之资于是乎出。”张舜民在《使辽录》中也指出：“北人打围，一岁各有处

---

① 《长编》卷八八，大中祥符九年九月己酉记事。

② 曾公亮：《武经总要》前集卷一六下炭山条，四库影印本 726－503。

③ 《契丹国志·穆宗纪》。

④ 《辽史》卷三二《营卫志中·行营》。

⑤ 《长编》卷九七。

所……犹南人趁时耕种也。”这些话确切地概括了畋渔围猎是契丹人取得生活资料的方式和手段。契丹建国后是这样，契丹建国前当然更是这样，而且如前所说，它所占比重将更大一些，位置亦更重要一些，这是第一点。其次，狩猎带有如此鲜明的季节性特点，这是契丹人长期实践的结果，由此形成了以其发祥地——潢河土河汇流的地区即建国后上京临潢一带为中心的四时活动的范围，并具有在行动上实践上的某种规律性。在建国后，这个活动范围大约北至临潢以北炭山，东则跨呼伦贝尔草原到鸭子河泺、鱼儿泺即今松花江嫩江一带，南至延芳淀，西南至妫州（在今张家口地区）山林中。建国前的狩猎范围，应当说，要比建国后的小一些，至少不会南到延芳淀。最后一点是，契丹长期游牧活动中，形成了所谓的捺钵，亦即斡鲁朵，亦即汉语中的行在、行营，是建国后以契丹皇帝为中心的辽国政治中心。这当是建国前部落联盟时代以部落联盟或部落首领四时游猎为中心的一个演变，自然地这一演变更加仪式化和制度化。

畋猎之外，畜牧业是契丹最为重要的生产，生活资料主要来源于此。这部分将在建国后的生产情况详加叙述，这里仅简略提一下。因为马既是契丹人的生产生活资料，又是契丹人用来武装自己最得力的工具，所以在畜牧业中，马匹的繁衍最为重要：“契丹旧俗，其富以马，其强以兵。纵马于野，弛兵于民”，“马逐水草，人仰湩酪”[①]，养马成为契丹人至关重要的头等大事。实际上，契丹的马是随着契丹人一同登到历史舞台上的。契丹首领同拓跋魏打交道时，“岁贡名马”[②]；以后又同中原王朝在和龙（朝阳）、密云等地“和市”和“贡献”当中，也是以马和文皮（兽皮）作交换的。即使到了阿保机的时代，他同李克用、朱温交往中，也是以马作为重要的礼品。这些事实，充分说明了马在契丹畜牧业中和契丹人的生活中所占有的地位。养羊业是次于养马业的再一畜牧业的重要行业，《契丹国志》便曾提到这件事。养牛养猪也很重要，《北史》上说其“驱徙杂畜数十万头”[③]，杂畜包括了牛、猪之类。

---

① 《辽史》卷五九《食货志》上。
② 《魏书》卷一〇〇《契丹》。
③ 《北史》卷九四《契丹》。

任何一个游牧民族，都不能光靠湩酪肉类为生，也必须有相应的农业。匈奴赵信城附近的粮窑，这说明在匈奴腹心地带也存在农业。在契丹以北的、比契丹还要落后的室韦，也“颇有粟、麦及穄”之类，在室韦之南、社会发展高于室韦的契丹之有农业，是不成问题的。当然在整个经济比重中，农业远不能同畜牧业相比。但是，到契丹建国前的数十年，契丹农业有了显著的发展。阿保机的祖父匀德实为夷离堇时，“喜稼穑，善畜牧，相地利以教民耕”，扩大了契丹的农业生产。阿保机的伯父释鲁任契丹诸部于越时，“饬国人树桑麻，习组织”①，则把农业生产与家内手工业相结合的个体生产方式在契丹居民中推广，契丹经济的进一步多元化从而成为契丹生产发展的一重要标志。特别值得重视的是，到阿保机的父亲撒剌的时，手工业中的冶铁业率先建立、发展起来，“始置铁冶，教民鼓铸”（《辽史》卷二《太祖本纪》下）。紧接着这一突破性的发展，“其地产铜铁金银，其人善作铜铁器”②，铜、金、银手工业也相应地发展起来。农业、特别是手工业的这一发展，是契丹社会生产力的飞跃。随着这一飞跃而来是，契丹社会经济制度也发生重大变革。

奚，在未被契丹征服前，作为一个独立的部落的时期，也是以采集、畜牧等生产方式取得其生活资料的。从北魏始，中原王朝有关奚人的记载，都指明了这一点。如所谓：“其（指奚人）民不洁净，而善射猎”③；“其俗甚为不洁，而善猎”④；“每随逐水草，以畜牧为业，迁徙无常”⑤；“逐水草畜牧，居毡庐，环车为营”⑥。在臣服契丹之后，奚人依然保留了他们的游牧生活：“敌马随寒草，奚帐夕戴星（刘敞在此句注称：奚人以车帐为生，昼夜移徙）。”⑦就可以充分说明。但奚人的另一部分——西奚，因不堪契丹的压迫，奚王去诸“以别部徙妫州”，一面“依北山射猎，常采北山麝香、人参”；另方面，也发展了农业，“颇知耕种，岁借边民荒地种穄，秋熟则来获，窖之山下，人莫知

① 《辽史》卷五九《食货志》上。
② 《辽史》卷六〇《食货志》下。
③ 《魏书》卷一〇〇《库莫奚》。
④ 《隋书》卷八四《奚》。
⑤ 《旧唐书》卷一九九下《奚》。
⑥ 《新唐书》卷二一九《北狄·奚》。
⑦ 刘敞：《公是集》卷二二《铁浆馆》诗，四库影印本1095－585。

其处。爨以平底瓦鼎，煮穄如粥，以寒水解之而饮”①。这部分西奚，居于东奚西部、契丹南部、张北高原以南的燕山丛山中，在汉族影响下，从采集经济、畜牧经济向农业经济过渡了，奚人的社会经济也是不断发展的。

第三节　契丹从父家长制到阶级社会的过渡

有关契丹的祖先，曾经有一个美好动人的传说。传说曾说：“有神人乘白马，自马盂山浮土河而东，有天女驾青牛由平地松林泛潢河而下。至木叶山，二水合流，相遇为配偶，生八子。其后族属渐盛，分为八部。每行军及春秋时祭，必用白马青牛，示不忘本云。”② 这个美好的传说，到了宋人手里，神的外衣脱落了，成为“一男子乘白马，一女子驾灰牛”③，而《东都事略》的作者王称进一步把这个男子具体化为“大贺氏”④，亦即被契丹人尊为奇首可汗、于木叶山建庙祭祀的始祖其人。实际上，我国周边诸族如匈奴、突厥、南诏、女真、蒙古等等，也都有口传的、与此类似的故事，而这些传说、故事亦总是作为各族的父家长制开其端的。这是因为，在母系氏族时代的群婚制度下，既缺乏父亲及其辈分的概念，又缺乏世代相承的概念，当然不可能留传下来有关这个时代的佳话。到了父家长制时代，产生了父系家族血缘关系这样的概念，祖先世次的传承便通过口头传说而留传下来。有关契丹祖先的这个传说，同样地标志了契丹父家长制的开端。至于这个男子是否为大贺氏其人，倒无关紧要，紧要的是，马和牛既然是在父家长制时代发展起来的畜牧业的两项重要产品，在契丹社会经济中占有重要地位，随着这一美好传说而成为契丹人祭祀中的隆重祭品，以示其不忘本，倒是从这里透露了契丹社会发展的重要内容。

契丹父家长制时代演进的主要是，一为契丹部落联盟制逐步瓦解，民主选举制被贵族世袭世选制代替，契丹显贵家族掌握契丹诸部大权，最后落在耶律阿保机先代手中，为耶律阿保机称帝建国创造了坚实的条件；二为私有财产制

① 《新五代史》卷七四《四夷附录·奚》。
② 《辽史》卷三七《地理志一·永州》。
③ 范镇：《东斋记事》卷五。
④ 王称：《东都事略》卷一二三《附录·辽国》。

随着契丹经济的飞跃发展而获得了急遽的发展，不仅形成了许多贵族、富姓，而且社会上分化出了贫民、奴隶，掠夺性的战争推动了契丹奴隶制的发展，在建国之前契丹即已进入阶级社会。下面将分别把契丹父家长制时代演进过程的两个侧面加以叙述，唯前一问题不是本书探讨的范围，仅予以扼要地叙述。

契丹在北魏北齐北周期，虽分为八部[①]，但各部各行其是，尚未形成联盟。到隋，在强敌突厥的压力下，契丹十部结成了联盟："有征伐，酋帅相与议之，兴兵则合符契。"[②] 自唐以后，契丹联盟继续下来，但大权先后被所谓的"三耶律"的大贺氏、遥辇氏和世里氏三个家族所控制：

（一）大贺氏在唐初，除八部之外，加上松漠、玄州二部，共为十部；

（二）唐开元天宝之际，大贺氏衰微，遥辇氏在涅里（即泥礼、雅里，亦即耶律，为阿保机之始祖）的迭剌部支持下为契丹共主，原先八部加上遥辇、迭剌二部，亦为十部；

（三）继大贺氏为契丹共主的遥辇阻午可汗，分契丹为二十部[③]，而"世里合为一"，造成迭剌部"终遥辇之世，而不可制"的局面。五代时契丹仍分为八部[④]。

契丹诸部，就其数量而言，变化不大，从北魏时的八部，到隋唐时的十部，五代时又复为八部。但是，在这几百年的过程中，数经分散离合，北魏到隋的各部，唐一度变为州，以后又成为部，各部组成当然有不小变化。所以在阿保机始祖涅里的时候，从"靡有定所"，而"始制部族，各有分地"的[⑤]，即契丹各部各有的分地，亦即较为固定的畜牧场所。不仅诸部如此，"契丹故俗，分地而居，合族而处"，各宗族、家族也都有自己的分地。诸部、诸宗族家族由"分地"而加以区分，显然突破了血缘关系的区分。这不能不是一个变化。

从外表上看，契丹部落联盟各项民主制度继续存在。例如诸部部长是由各部推选的。契丹古八部部长称之为大人，即莫费贺，据《契丹史略》的作者

① 《魏书》卷一〇〇《契丹》；《北史》卷九四《契丹》。
② 《辽史》卷六三《世表》。
③ 《辽史》卷三二《营卫志中·部族》上。
④ 《新五代史》卷七二《四夷附录·契丹》。
⑤ 《辽史》卷三二《营卫志中·部族》上。

张正明同志的研究，到遥辇氏为契丹共主时改称为夷离堇的[①]。"每部皆号大人，内推一人为主，建旗以尊之"[②]；"部之长号大人，而常推一大人建旗鼓以统八部"[③]，在诸部大人以上，又推一大人作为八部的共主，这就是契丹联盟主。诸部部长，以及诸部共主，采取三年选任的制度："相与推一人为主，建旗鼓以号令诸部，每三年则以次相代"[④]；"每三年第其名以代之"（《旧五代史》卷一三七《契丹》），"至其岁久，或其国有灾疾而畜牧衰，则八部聚议，以旗鼓立其次而代之。被代者以为约本如此，不敢争"[⑤]。对三年一代的问题，学术界虽有争论，但部落联盟时期的这一民主制度是得到肯定和承认的[⑥]。契丹联盟共主的职责主要是表现在军事方面，如前面引证的材料所说："若有征发，诸部皆须议合，不得独举"《旧唐书》卷一九九下《契丹》），"兴兵动众，合如符契"[⑦]；而在平时的围猎放牧，"则部得自行"[⑧]。契丹联盟的性质是一种军事联盟。

但是，在契丹部落联盟的民主制外壳下，发生了许多重要的变化。

（一）从阻午可汗时开始，被选任的联盟主，要行柴册礼，这反映联盟主的地位陡然地提高了。"柴册，礼名。积薪为坛，受群臣玉册。礼毕，燔柴，祀天。阻午可汗制也。"[⑨] 在柴册礼中，盟主的母舅氏族扮演了至关重要的角色："八部之叟前导后扈，左右扶翼皇帝册殿之东北隅。拜日毕，乘马，选外戚之老者御"；"皇帝诣高阜地，大臣、诸部帅列仪仗，遥望以拜"[⑩]。"外戚之老者"，即盟主的母舅族中人。也许契丹建国后的柴册仪更加繁杂、更加隆重一些，但不论怎样说，柴册仪这套隆重的仪式，特别是燔柴告天无非是契丹盟

① 见张正明：《契丹史略》第16页，中华书局1979年版。

② 《旧五代史》卷一三七《契丹》。

③ 《新五代史》卷七二《契丹》。

④ 《通鉴》卷二六六《后梁纪》一，开平元年五月丁丑记事。

⑤ 《新五代史》卷七二《契丹》。

⑥ 对此问题可参阅杨志玖先生《阿保机即位考辨》，载史语所集刊第十七本；姚从吾先生《契丹君位继承问题的分析》一文（载《辽史丛编》第九册），尤为精彩。

⑦ 《隋书》卷八四《契丹》；《北史》卷九四《契丹传》。

⑧ 《新唐书》卷二一九《契丹》。

⑨ 《辽史》卷一一六《国语解》。

⑩ 《辽史》卷四九《礼志·柴册仪》。

主的地位得到天帝的认可和保佑，这就把契丹盟主推到凌驾契丹八部之上，并且与契丹广大群众隔离开来了。从此，契丹盟主笼罩上了一个神圣的外壳。

（二）就是这个地位越来越隆重的契丹共主，以及诸部部落长等重要职务，也被契丹少数家族控制，成为他们世代相袭的职位。据张正明同志的研究[①]，唐代契丹君长相承的情况，从628～730年的100年中，主要出自大贺氏家族，其世次为：摩会、李窟哥、阿卜哥、李尽忠、李氏活、李娑固、李郁于、李吐于和李邵固；自730～907年的170年中，出自遥辇氏家族的世次为：洼可汗、阻午可汗、李楷落、胡剌可汗、苏可汗、鲜质可汗、昭古可汗、耶澜可汗、巴剌可汗和痕德堇可汗。实际上，遥辇氏阻午可汗就是由世里氏涅里（亦即雅里、泥礼）拥立起来的。从涅里开始，耶律阿保机的先人掌握了契丹联盟的大权，许多要职都落在这个家族的手中。为了说明这个问题，今根据《辽史》的《太祖纪》下、《皇子表》所载，将自涅里以来世次制为下表，以便考察（见下页《涅里至太祖世系表》）。自本表，从雅里到撒剌的六世，“世为遥辇氏夷离堇”，而阿保机的伯父释鲁则任遥辇氏痕德堇可汗于越，“执其政柄”，即控制了联盟的大权。与此同时，耶律阿保机的先代还世代为迭剌部夷离堇，可考者如治昚即是其中之一，而帖剌则九任迭剌部夷离堇、岩木三任迭剌部夷离堇。夷离堇三年一代，九任则是27年，几乎可以说是终身之职。总括前面的叙述，契丹诸部联盟共主、迭剌部诸部首领，先后分别控制在大贺氏、遥辇氏和世里氏三个家族手中，这是契丹诸部演进过程中再一重大变化。

（三）不仅契丹部落联盟共主、契丹诸部首领为少数家族占有，契丹社会中的许多职务也被一些家族占有，成为他们世袭的职务。辽代任官制度中有所谓的世选制，清赵翼最先注意了这个问题，他曾经指出：

> 辽初功臣无世袭，而有世选之例。盖世袭则听其子孙自为承袭，世选则于其子孙内量才授之……世选官本契丹旧制，不自辽太祖始也。……功大者世选大官，功小者世选小官，褒功而兼量才也。[②]

文中所说“世选”之制，“不自辽太祖始”，而是“契丹旧制”，则极具识见。

① 张正明：《契丹史略》附录一《唐代契丹君长世次》第200～203页，中华书局1979年版。
② 赵翼：《廿二史札记》卷二七《辽官世选之例》；王树民《校证》本第590～591页。

从《辽史》记载中，可以看到在耶律阿保机前即已形成了世选制度。如：

涅里至太祖世系表

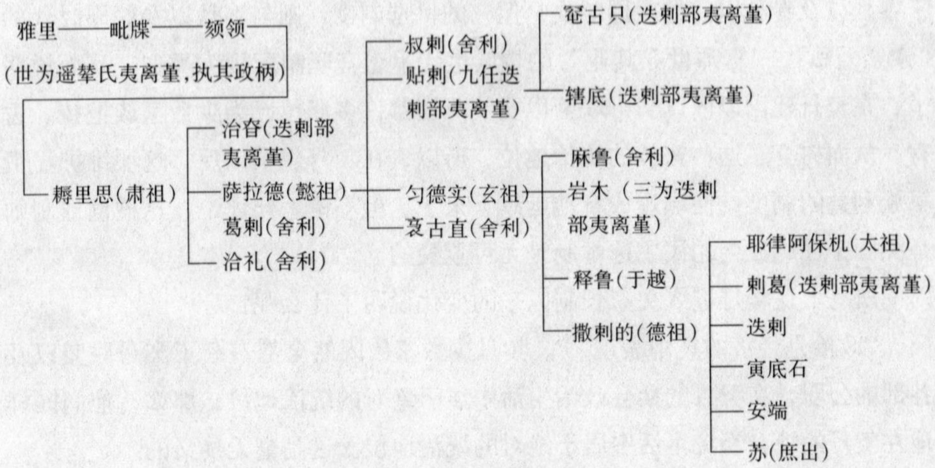

〔萧敌鲁〕五世祖曰胡母里，遥辇氏时尝使唐，唐留之幽州。一夕，折关遁归国，由是世为决狱官。[1]

耶规解里，字泼单，突吕不部人。世为小吏。[2]

萧护思，字延宁，世为北院吏，累迁御史中丞，总典群牧部籍。[3]

萧塔列葛，字雄隐，五院部人。八世祖只鲁，遥辇氏时，尝为虞人。唐安禄山来攻，只鲁战于黑山之阳，败之。以功为北府宰相，世预其选。[4]

有关世选制的材料，当然不限于上述这些[5]，但上述材料将决狱官、北府宰相以及一些专业职务早在阿保机建国以前，即已形成，从而说明世选制之渊源所

① 《辽史》卷七三《萧敌鲁传》。
② 《辽史》卷七六《耶律解里传》。
③ 《辽史》卷七八《萧护思传》。
④ 《辽史》卷八五《萧塔列葛传》。
⑤ 姚从吾先生在《说辽契丹人的世选制度》一文曾举述了有关世选制的材料，计二十四例，请参看，载《辽史丛编》九，76－422/466。

自。《商君书》上曾称："上世亲亲而爱私，中世尚贤而悦仁，下世贵贵而尊官"①，用以区分春秋以前到战国时代社会的演变。契丹社会的发展远远落后于春秋以及春秋以前的殷周时代，但它的世选制度，则与春秋以及殷周时代的"亲亲爱私"，"官师世守其业"的贵族世代承袭官职制度极为类似，从而说明了，在契丹建国以前，契丹联盟以及契丹诸部许多职位已为少数家族把持、占有，从而树立了这些家族的统治地位，所以，在契丹建国以后，这项维护显贵家族利益的制度，便顺理成章地延续下来了。但不论怎样评论，这种世选制则是渊源于氏族社会的民主选举制是无可置疑的。

所有上述契丹进入父家长制以来的变化说明了什么呢？

"政治是经济的集中表现"②。契丹少数家族既然全部垄断了契丹联盟以及各部的公职，在契丹的社会政治生活中居于绝对的统治地位，那么，他们同样地在契丹的社会经济生活中居于绝对的统治地位。这是毫无疑义的。

"契丹旧俗，其富以马"③。在少数家族把持的契丹联盟的时代，社会上贫富分化已经极为明显。一些富有的家庭，靠着占有的马匹等财富，使自己社会地位上升。"舍利"这个头衔，就是区别契丹一般平民和贫人的一种社会身份。而要想取得这个头衔，必须"纳牛、驼十头，马百匹"④。从前列阿保机家族先代世系表中可以看到，阿保机的曾祖辈的葛剌、洽礼，祖辈中的叔剌、褭古直，父辈中的麻鲁等人，都曾挂有舍利的头衔。舍利，当然不会为阿保机家族独占，其他家族得到这个头衔的当然大有人在。但对阿保机这样的家族来说，既在政治上居于世相袭的显贵地位，又在社会经济中富有财产，因而他们这类家族构成为契丹社会的贵族统治阶级。虽然没有阿保机家族这样显赫，但在世选中据有相应的位置，在经济上占有不少的社会财富，则组成为不同等级的贵族。在政治上没有地位，但在经济上富有，则是契丹平民中的上层，同样属于契丹统治阶级。

---

① 《商君书·开塞》篇。

② 列宁：《再论工会、目前局势及托洛茨基和布哈林的错误》，《列宁全集》第32卷，71页，人民出版社1958年版。

③ 《辽史》卷五九《食货志》上。

④ 《辽史》卷一一六《国语解·舍利》条。

在契丹建国前的社会里，与契丹贵族统治阶级同时出现的还有被奴役被压迫的被统治阶级，即贫人和奴隶。

家奴——家内奴隶，在契丹显贵家庭中早已存在。一个著名的故事是：唐武则天时，契丹部落首领孙万荣因不堪唐边将的压迫而起兵反抗，不幸兵败，“万荣穷蹙，乃将其家奴轻骑宵遁，至潞河东，解鞍憩于林下”①。契丹贵族、富人之家蓄养奴隶是非常明显的。

随着契丹社会经济的急遽发展，劳动者创造的剩余劳动日益增加，契丹贵族的掠夺欲也增长起来。战争越来越具有掠夺奴隶的性质：

> 遥辇鲜质可汗讨之（讨伐奚王吐勒斯），俘其拒敌者七百户，摭其降者。以时瑟邻睦之故，止俘部曲之半，余悉留焉。②

> 先是德祖（撒剌的，阿保机之父）俘奚七千户，徙饶乐之清河。③

> 光启中，其王钦德（即痕德堇可汗）者，乘中原多故，北边无备，遂蚕食诸郡，鞑靼、奚、室韦之属，咸被驱役，族帐浸盛，有时入寇。④

契丹社会内部也分化出来一批奴隶。契丹诸部有所谓的籍没法。阿保机的伯父释鲁为契丹联盟的于越，被蒲古只三家杀害，痕德堇可汗令阿保机鞫治审理，这三家“族属”都“籍没入瓦里”⑤。“瓦里，官府名，宫帐、部族皆设之。凡宗室、外戚、大臣犯罪者，家属没入于此”⑥。建国之后，籍没者称为“著帐郎君”，其实际地位是官奴婢。

所谓“籍没之法”属于法律的规范。由此看来，早在契丹建国之前没有文字的历史条件下，契丹已经有不成文法，具有了镇压敌对势力的作用。这样看来，契丹建国前，已经具备了国家的形态。事实也正是如此，耶律阿保机传

---

① 《旧唐书》卷一九九下《契丹》。
② 《辽史》卷三三《营卫志》下。
③ 《辽史》卷一《太祖纪》一。
④ 《旧五代史》卷一三七《契丹》。
⑤ 《辽史》卷三一《营卫志上·著帐郎君》。
⑥ 《辽史》卷一一六《国语解》。

赞上说：

> 传至雅里（即涅里、泥礼），始立制度、置官属，刻木为契，穴地为牢。[1]

从前面的叙述看，这段文字是可信的。可以说：契丹在唐开元之后，雅里立遥辇氏阻午可汗时已经初步建立了国家机器，辽代社会也已经进入了阶级社会。

① 《辽史》卷二《太祖纪》。

第二章　耶律阿保机、耶律德光建国初期契丹疆域的扩大；奴隶制与农奴制相结合的契丹经济体系

第一节　耶律阿保机插手中原政治漩涡；契丹建国初期疆域扩大

耶律阿保机在其祖先特别是他的伯父和父亲在契丹联盟中创造的声势和地位的基础上，一方面凭借“人众势强”的迭剌部[①]，以及建国后升为国舅帐的乙室已、拔里二部的支持，另一方面又以其独特的政治才能，插手于当时复杂微妙的中原地区的政治漩涡，极尽纵横捭阖之能事，从中渔利，从而使契丹国势日益强大，疆域日益扩大。

当时中原地区分崩离析，与契丹紧密相连、又有着重要影响的则是晋、燕和梁三个角逐的势力：

> 世言晋王（指李克用）之将终也，以三矢赐庄宗（即李存勖）而告之曰：梁，吾仇也，燕王（刘仁恭）吾所立，契丹与吾约为兄弟，而皆背晋以归梁。此三者，吾遗恨也。与尔三矢，尔其无忘乃父之志。[②]

对李克用、刘仁恭和朱温这三个角逐的势力，如何认识和如何加以利用，使契

① 《辽史》卷一一三《辖底传》。
② 《新五代史》卷三七《伶官传》。

丹得到发展壮大，就成为耶律阿保机面临的重大问题。

同契丹紧相毗邻的是幽州的刘仁恭。在同契丹长期对峙中，刘仁恭形成了对付契丹的一套有效办法：

唐昭宗天复三年（903），卢龙节度使刘仁恭习知契丹情伪，常选将练兵，乘秋深入，逾摘星岭击之，契丹畏之。每霜降，仁恭辄遣人焚塞下野草，契丹马多饥死，常以良马赂刘仁恭买牧地。

胡三省于本段文字后注称："北荒寒早，至秋，草先枯死。近塞差暖，霜降草犹未尽衰，故契丹南下并塞放牧。焚其野草则马无所食而饿死。"①

一面深入塞下焚烧野草，一面又利用长城天堑遏止契丹牧骑的南下，刘仁恭成为契丹的劲敌。就在天复三年这年，耶律阿保机派其妻兄述律阿钵将万骑攻渝关，为刘仁恭之子刘守光用计执缚，吃了大亏。从这一实际情况出发，阿保机为求得生存和向南发展，便制定了利用李晋、联络朱梁，以打击刘仁恭父子的策略。唐昭宣帝天祐三年（906）阿保机亲赴云中，与李克用会盟，"易袍马，约为兄弟"，"克用借兵以报刘仁恭木瓜涧之役"②。转年，阿保机忽又派使与梁交好，自梁开平元年（907）的"三数年间，频献名马方物"，"贡良马十匹"③，甚至不惜与李克用李存勖父子兵戎相见。阿保机之所以如此，不仅在于削弱幽州的势力，也不希望在近邻河东再出现一个强大的势力；阿保机在这个三角势力追逐中，主旨在于削弱近邻，壮大自己。在这一策略的运用下，阿保机稳定了南部边陲，然后腾出手来，对周边诸族用兵。907 年阿保机燔柴告天，即皇帝位，至 916 年正式建国，建元神册，成为有辽一代的天皇帝。自 907 年即位，阿保机于是年"征黑车子室韦，降其八部"；911 年，"尽有奚霫之地"，南疆推进到长城以北；925 年灭渤海国，派其长子耶律倍为东丹王，统治该地区。总之，在阿保机统治期间，契丹疆域，"东自海，西至于流沙，北绝大漠，信威万里"④，成为雄踞草原的大国。而且，在天赞二年（923 年）

① 《通鉴》卷二六四。
② 《辽史》卷一《太祖纪》一。
③ 《册府元龟》卷九七二。
④ 《辽史》卷一、卷二《太祖纪》。

趁机攻下平州，轻取渝关天险，把南境又推进到长城以南的一隅。

耶律阿保机次子耶律德光于927年继位，是为辽太宗。这时中原地区的形势是，923年李存勗灭后梁，主宰中原，是为后唐，幽州也早为后唐攻占，用周德威防守，同契丹直接相持。由于契丹已经控制了漠北草原，耶律德光便倾其全力插手中原政治漩涡，从而继承了阿保机的策略，继续收取渔人之利。936年，后唐河东节度使石敬瑭趁后唐局势混乱之际，拥兵自立，即刻向耶律德光求援。耶律德光抓住这一有利时机，“自将以援敬瑭”[①]，并于是年十一月册石敬瑭为大晋皇帝，导演了著名的儿皇帝历史剧。石敬瑭灭后唐，于会同元年（938）遣赵莹奉表相贺，“以幽（北京）、蓟（蓟县）、瀛（河间）、莫（任丘）、涿（涿州）、檀（密云）、顺（顺义）、妫（怀来）、儒（延庆）、新（涿鹿）、武（宣化）、云（大同）、应（应县）、寰（朔县）、朔（朔县）、蔚（蔚州）十六州，并图籍来献”[②]，“仍许岁输帛三十万匹”[③]，加上天赞二年占有平、营州，契丹不仅跨有燕山，而且伸展到河北大平原上了。

石敬塘割燕云十六州，对契丹辽国在军事上政治上经济上的全面发展，以及对中原王朝的立国，具有极其重大的影响和作用。

燕山是横亘河北北部数百里的大山，自南而北，重峦叠嶂，逐步上升，到张北高原。这个高原，西至张家口，东至承德以北的围场，与内蒙古大草原相连，便是契丹、奚人的地区。如果自草原南下，以高屋建瓴之势，俯瞰而下，穿过长城，即达河北大平原。金世宗时的梁襄曾对幽云十六州形势作过如下的评论：

> 燕都地处雄要，北倚山险，南压区夏，若坐堂隍，俯视庭宇，本地所生，人马勇劲，亡辽虽小，止以得燕，故能控制南北，坐致宋币……居庸、古北、松亭、榆林等关，东西千里，山（《读史方舆纪要》引文作“险”）峻相连，近在都畿，易于据守。[④]

顾祖禹《读史方舆纪要》亦曾指出：

---

① 《辽史》卷三《太宗纪》上。
② 《辽史》卷四《太宗纪》下。
③ 《通鉴》卷二八〇天福元年十一月。
④ 《金史》卷九六《梁襄传》。

幽、平之间，以五关为形胜，而渝关又其最也。①

《金国节要》对五关形胜有这样的描述：

燕山之地，易州西北乃金坡关，昌平之西乃居庸关，顺州（今顺义县）之北乃古北口，景州（遵化县）东北乃松亭关，平州之东乃渝关……自雄州东至渝关，并无保障，沃野千里，北限大山，重冈复岭，中五关惟居庸、渝关可通饷，金坡、古北止通人马，不可行车。其山之南，则五谷良材良木无所不有，出关未数里，则地皆卤瘠，盖天设之险。宋若尽得诸关，则燕山一路可保也。

纵观我国古代历史，梁襄、顾祖禹之所论，长城天险对中原王朝立国，确实具有极其重要的作用。一些强大的王朝，如汉唐，所以能够同草原诸族一争雄长，一是以长城天险为依托，阻御草原民族牧骑的南下；二是据有一片草原，繁衍马匹，组成骑兵，主动出击，以机动对机动，并以能够支持长期战争的国力为基础，终于战胜对手，成为雄踞亚洲大陆之王朝。随着石敬瑭之割卖燕云，燕山要区的转移，攻守之势亦随之而变换，契丹轻骑不费吹灰之力越过燕山天险，赵宋王朝不得不以兵立国，不得不以兵为险，不得不在汴京府畿和河北诸路配置重兵，以策安全，从而对宋辽双方在军事上和政治上都产生了重大影响。这些虽然越出经济史叙述的范围，但这一问题至关紧要，顺便在这里一提。

包括平、营在内的燕云地区，在经济上也具有极为重要的地位。明代徐贞明对燕京和冀东一带有过如下的评论：

京东诸州邑，皆负山控海，负山则泉深而水泽，控海则潮淤而壤沃。自密云以东，至蓟州永平之境，河泉流注，疏渠溉田，为力甚易，而丰润境内，濒海之田几二百里，与吴越沃区相埒。②

徐贞明所说虽然是明代情况，但就自然条件看前后并无多大差别。实际上，这个地区早在东汉即已经种植水稻，唐代以及契丹统治时期也照样种植水稻。这里不仅农业生产发达，蚕桑丝纺业和其他手工业也都发展，因而对契丹经济的

① 顾祖禹：《读史方舆纪要》一一《渝系》条。

② 《读史方舆纪要》卷一一。

发展也有着不可低估的影响和作用。特别是，这个地区早已进入封建制社会阶段，这个先进的社会经济制度必将对契丹社会的进程，起着重要的作用。

在耶律阿保机、耶律德光父子统治时期，契丹辽国的疆域扩大了。耶律德光入汴之后曾忘乎所以地说："吾国广大，方数万里，有君长二十七人。"[①] 所谓"君长二十七人"，指的是有27个部落、氏族臣服于契丹，确实成为草原上强大的王朝。下面就要看看，耶律阿保机、耶律德光及其后嗣者，如何运转契丹的一副国家机器，推动既有草原、丘陵，又有平原这样广大地区的多种形态的社会生产。

第二节　耶律阿保机、耶律德光时期契丹人口的激增；"汉城"和头下军州的建立

与契丹疆域扩大同时而来的是契丹人口的激增。

契丹建国前后，中原地区陷于极度混乱之中，封建割据势力极尽剥削压榨之能事。幽州刘仁恭、刘守光父子便是其中穷凶极恶的一个典型事例，幽州人为反对这种残暴统治，纷纷外逃，有的便逃入契丹：

是时刘守光暴虐，幽涿之人，多亡入契丹。[②]

初燕人苦刘守光残虐，军士多亡归契丹（《旧五代史》卷一三七《契丹》作："刘守光末年苛惨，军士亡叛皆归契丹"）。[③]

更为重要的是，契丹人口之猛增，主要由于耶律阿保机、耶律德光的战争掠夺。今根据《辽史》的《太祖纪》《兵卫志》上等记载，记述如下：

（1）唐天复元年（901），耶律阿保机为迭剌部夷离堇，"连破室韦、于厥及奚帅辖剌哥，俘获甚众"；

（2）902年秋七月，"以兵四十万伐河东代北，攻下九郡，获生口九万五千，驼、马、牛、羊不可胜纪"；

---

① 《通鉴》卷二八六《后汉纪》一。
② 《新五代史》卷七二《四夷附录・契丹》。
③ 《通鉴》卷二六九《后梁纪》，贞明二年十二月。

（3）903年春，“伐女直，获其户三百”；冬十月，“引军略至蓟北，俘获以还”；

（4）“太祖即位五年（911），讨西奚、东奚，悉平之，尽有奚、霫之众”；

（5）912年春，“亲征幽州”，“俘获甚众”，“秋，亲征背阴国（本纪作求不姑）俘获数万计”；

（6）神册元年（916），“亲征突厥、吐浑、党项、小蕃、沙陀诸部，俘户一万五千六百”；

（7）神册四年（919）“亲征于骨里国，俘获一万四千二百口”；

（8）神册五年（920）“征党项，俘虏二千六百口”；徙天德军之民；

（9）神册六年（921）出居庸关，“分兵掠檀、顺等州，安远军、三河、良乡、望都、潞、满城、遂城等县，俘其民徙内地（指徙契丹统治的腹心地区）”；

（10）耶律德光“略定州，俘获甚众”；继位之后，也大量掠夺，特别是在947年的大举进攻，汴洛各地“村落为空”，“所过城邑丘墟”；撤退之时，“发大梁晋文武诸司从者数千人，诸军吏卒又数千人，宫女宦官数百人，尽载府库之实以行”，攻相州，“悉杀城中男子，驱其妇女而北，胡人掷婴孩于空中，举刃接之以为乐”，死者十余万，极尽人寰之残酷①！直到澶渊之盟（1004）订立，契丹才停顿了对中原地区的掠夺，而对东北高丽等的掠夺依然继续下去。但在阿保机建国前后，以及耶律德光统治时期，这50多年里契丹扩大疆域和掠夺财富和人口最厉害的时期，契丹所掠夺的各族人口究竟有多少，已经说不清楚，但就上面举述的材料看不下数十万。从《辽史·地理志》以及头下军州所记的各族俘户看，前者计有61000户，后者为34000户，总计95000户约为50万口，这虽然是辽统治百年来劫掠的数字，并且是从战火的煎熬中余留下来的，但总有其参考价值。至于对各族俘户问题的处理将放在后面再谈。

契丹人口的增加，还表现在对燕云地区占有上。据《辽史·地理志》记载统计，南京析津府所辖州县户口计243000户，西京大同府共辖有155000

---

① 《通鉴》卷二八六。

户，共计398000户。这两个地区的户口数字，是否属实，颇值得怀疑，如蔚州这一山僻地区，竟有两万户，不仅为汉唐所未有，元明清亦不复见，何以能在契丹统治期间增长得如此之多？不论怎样，毕竟还是有参考作用。初步估计，南京西京两道户口，大约是辽晚期户籍数，现将唐天宝时期幽州诸州户籍来相比较，情况如下：

州 户	幽州	易州	涿州	蓟州	檀州	平州	蔚州	朔州	云州
唐　代	21698	12820	–	5317	1737	3113	5020	5493	73
辽　代	100200	50000	34000	10000	10000	23000	41000	9000	51000

唐天宝年间是唐代经济发展的顶峰，户口也是唐代最高的。所列诸州户数与辽代相比，辽有了明显的增长，分别增长了二三倍、五六倍，甚至七八倍。这充分反映了，在契丹统治的200年间，太平无事，从而幽云诸州的户口有了大幅度的增长。这是其一。

其二是，据《辽史·兵卫志》下记载，南京道辖有566000丁，西京道327000丁，总计893000丁。契丹诸部丁数一向就不清楚，这是辽人有意识地隐瞒。就其诸斡鲁朵（宫分）丁数统计为410000，上京临潢、中京大定、东京辽阳“三京丁籍可记者二十二万六千一百，蕃汉转户为多”①，总计为636100丁，还不如南京西京两道丁数。大体上，南京西京两道丁数，以及人口总数，不低于契丹总人口的50%。如前所说南京西京两道，是一个重要的农业和手工业生产区，因而“南京、中京多财赋官”，“自涅里教耕织，而后盐铁诸利日以滋殖，既得燕、代，盖富饶矣”②，南京户多丁多，成为契丹统治的根基。这就是为什么契丹立国，“以敌宋为务”③，“国家大敌，惟在南方”④，与宋拼死地争夺燕山要区奥秘之所在了。

其三，南京西京两道虽然也有其他民族，但主要的还是汉族，如果把这两

① 《辽史》卷三六《兵卫志》下。
② 《辽史》卷四八《百官志》四。
③ 《辽史》卷三六《兵卫志》下。
④ 《辽史》卷一〇三《文学·萧韩家奴传》。

道的丁数即893000，与三京斡鲁朵（宫分）制下的蕃汉转户丁数相加，在契丹总丁数中将居于绝对的优势地位。然而，在契丹辽国，人数占绝对优势的汉族处于被统治地位，而人数居于劣势的契丹则成为统治民族。形势尽管如此，但汉族的数量及其所创造的社会财富，毕竟使契丹统治集团不敢轻侮，不能不“官分南北，以国制治契丹，以汉制待汉人”①，采取分治原则，而在占有燕云地区之后，一切按旧来的统治方式，对原来的生产秩序不加干扰，从而有利于这个地区的发展。

回过头来，再看看以耶律阿保机为代表的契丹统治阶级是怎样处理劫掠而来的各族人民。

被俘诸族人民中，以汉族人数最多，饱受战火的摧残而幸存下来：“幽蓟之间，虏骑遍满山谷，所得汉人，以长绳连头，系之于木，汉人夜多自解逃去”②。被俘各族人民，以劳动者为主体，汉人也不例外。史料中所说的“吏民”，“吏”占的比数很小，“民”占大多数；“民”之中劳动者占大多数。掠夺到契丹的50万左右的人口，无疑地大部分是具有生产力的劳动人口。被俘的汉族人户，都是河北诸州郡的，河北是唐宋时期重要的生产区，以丝织业而论，产量既多，质量又好，一向有“衣被天下”之称③，契丹称之为“绫绢州”④。因此，这样大批的劳动者对契丹的农业特别是手工业的发展，产生了重大的作用。如材料所显示的：

> 仪坤州。应天皇后建州，……俘掠有伎艺者多归帐下，谓之属珊。⑤
>
> 宜州弘政县。世宗以定州俘户置。民工织纴，多技巧。⑥
>
> 饶州长乐县。太祖伐渤海，迁其民，建县居之。户四千，内一千户纳铁。⑦

---

① 《辽史》卷四五《百官志》一。

② 欧阳修：《新五代史》卷七二《四夷附录第一·契丹》。

③ 《宋史》卷一七九《食货志》。

④ 晁补之：《鸡肋集》卷六二《张洞传》。

⑤ 《辽史》卷三九《地理志》三。

⑥ 《辽史》卷三七《地理志》一。

⑦ 《辽史》卷三九《地理志》三。

泽州。太祖俘蔚州民，立寨居之，采炼陷河银冶。①

这几个例证，充分说明了被俘各族劳动者对契丹纺织、冶铁、冶银等手工业所起的明显作用。前面说过，契丹建国前几十年社会生产发生了一个飞跃的发展，而这个发展与这几十万具有各种生产技术的劳动者一旦结合，就必然使契丹社会生产空前地高涨起来。为后来实际所证实，这个发展势头保持了一个世纪之久。

问题在于：对逃归契丹的汉人，以及对被俘获的各族劳动者的处理，就径直地关联到契丹社会生产发展的要求，从而成为耶律阿保机建国伊始的重大问题了：

攻党项、室韦，服诸部落，〔韩〕延徽之筹居多。乃请树城郭，分市里，以居汉人之降者。又为定配偶，教垦艺，以生养之。以故逃亡者少。

太祖初元，庶事草创，建宫殿，正君臣，定名分，法度井井，延徽力也。②

未几，〔卢〕文进引契丹寇新州。自是北师数至，驱虏数州士女，教其织纴工作，中国所为者悉备。契丹所以强盛者，得文进之故也。③

在如何处理降人、俘民这个重大问题上，韩延徽出谋划策，“树城郭，分市里，以居汉人之降者”，确实起了重要作用，不愧为阿保机建国初期的一个功臣。但，卢文进对掳掠来的人民，“教其织纴工作”，而且使契丹具备了“中国之所为”，在处理、安排俘民这个重大问题上也起了重要作用。只是由于卢文进后来脱离契丹，南奔南唐，他的业绩便湮没不传了。在谈到韩延徽、卢文进的作用时，也不容忽视契丹以前处理这方面问题的经验，这就是越王城建立的经验：

祖州越王城。太祖伯父于越王述鲁（即释鲁）西伐党项、吐浑，

① 《辽史》卷三九《地理志》三。
② 《辽史》卷七四《韩延徽传》。
③ 《旧五代史》卷九七《卢文进传》。

> 俘其民放牧于此，因建城。在州东南二十里。户一千。①

释鲁是阿保机的伯父，阿保机建国前任契丹联盟于越，所以他建的城称之为越王城。这座城可能是阿保机建国前为俘民建设的第一座城。阿保机的伯父释鲁为使党项人、吐浑人不改变而是继续其原来的牧畜生活，建立这座城予以管理，应当说这是处理俘虏的一项重要做法和经验。由于这一做法和经验，韩延徽、卢文进的建策、措施便能够被耶律阿保机采纳和施行，这就是汉城的建立。什么是汉城？胡峤《陷虏记》所记辽上京临潢的情况是：

> 至上京，所谓西楼也。西楼有邑屋市肆，交易无钱而用布。有绫锦诸工作、宦者、翰林、伎术、教坊、角牴、秀才、僧尼、道士等，皆中国人，而并、汾、幽、蓟之人尤多。②

胡峤笔下所描写的西楼，居住了很多的汉人。实际上，旧史籍上所记述的“汉城”，如姚从吾先生所考证的，是所谓的“类名，都是汉人住的城”③，而不是专指某一特定的城。阿保机在其统治期间曾做了许多大事，建筑汉城，把俘虏来的汉人和其他各族人民定居下来，便是其中的一项。阿保机的后嗣继承了这项事业，继续修建了不少的城寨，安插俘民，遂使在战火折磨下的劳动人民安定下来，从而在生产上发挥了他们的巨大作用。

阿保机及其后嗣们所修的城寨，主要载于《辽史·地理志》。今根据建城的时间顺序列为下表，与原志根据诸道顺序所记有所不同。但年代可考知者则不甚多。今列举如下，以资考察。

---

① 《辽史》卷三七《地理志》一。

② 《新五代史》卷七三引胡峤《陷虏记》。

③ 姚丛吾：《说阿保机时代的汉城》，载《辽史汇编》九。

建城时代	城　名	户数及其来路	材料来源
901 年以前释鲁建	祖州越王城	党项吐浑牧民 1000 户	《辽史》卷三七《地理志》一
辽太祖即位前约 904 年	龙化州龙化县	燕蓟女直俘户	据《太祖纪》上，龙化州城建于 902 年，扩建于 904 年；《地理志》一
辽太祖天赞元年（922）	临潢府临潢县	燕蓟汉民 3500 户	《辽史》三七卷《地理志》一
辽太祖天赞元年（922）	临潢府潞县	蓟州潞县民 3000 户	《辽史》卷三七《地理志》一
辽太祖天赞元年（922）	沈州乐郊县	蓟州三河俘民	《太祖纪》下载，神册六年（921）将三河等地民徙内地，建城当在本年或 922 年；《地理志》二；以下诸州同此，不再注明
辽太祖天赞元年（922）	沈州灵源县	俘蓟州吏民置	同上
辽太祖天赞元年（922）	祺州（属辽州）	以檀州俘民置	同上
辽太祖天赞元年（922）	辽州庆云县	以密云俘民置，原名密云	同上
辽太祖天赞元年（922）	檀州行唐县	以定州行唐民置十寨	同上；《地理志》四
辽太祖天赞元年（922）	平州安喜县	定州安喜俘户 5000 户	同上；《地理志》四
辽太祖天赞元年（922）	平州望都县	望都俘户 3000 户	同上；《地理志》四
辽太祖天赞元年（922）	滦州（属平州）	以俘户置	同上；《地理志》四
辽太祖天赞元年（922）	营州（属平州）	居定州俘户	同上；《地理志》四

续表

建城时代	城　名	户数及其来路	材料来源
辽太祖天赞元年（922）	大定府泽州	俘蔚州民居之	《太祖纪》下，神册六年（921）破蔚州；《地理志》三
辽太祖天显元年（926）	临潢府长泰县	汉民、渤海县平民4000户	《太祖纪》下，渤海亡于天显元年，故以下有关者皆定于此年；《地理志》一
辽太祖天显元年（926）	临潢府定霸县	扶余强氏县民与汉民杂处计2000户	同上；《地理志》一
辽太祖天显元年（926）	临潢府保和县	渤海富利县民4000户	同上；《地理志》一
辽太祖天显元年（926）	临潢宣化县	辽东神户县4000户	同上；《地理志》一
辽太祖天显元年（926）	怀州扶余县	迁扶余降户1500户置	同上；《地理志》一
辽太祖天显元年（926）	怀州显理县	俘大諲譔迁其民	同上；《地理志》一
辽太祖天显元年（926）	永州长宁县	迁渤海4000户	同上；《地理志》一
辽太祖天显元年（926）	永州义丰县	迁铁利府义州民1500户	同上；《地理志》一
辽太祖天显元年（926）	降圣州永安县	迁怀州永安县民800户	同上；《地理志》一
辽太祖天显元年（926）	饶州长乐县	迁渤海辽城民4000户	同上；《地理志》一
辽太祖天显元年（926）	兴中府黔州	以渤海俘户置	同上；《地理志》三
辽太祖时	银州永平县	以俘户置	《辽史》卷三八《地理志》二

续表

建城时代	城　名	户数及其来路	材料来源
辽太祖时	大定府惠州	汉民俘户数百于兔麛山下	《辽史》卷三九《地理志》三
辽太祖时	大定府安州	俘汉民于木叶山下杏埚新城	《辽史》卷三九《地理志》三
辽太祖时	兴中府兴中县	掠汉民居此	《辽史》卷三九《地理志》三
辽太祖时	锦州	以汉俘建州	《辽史》卷三九《地理志》三
辽太祖时	岩州（属锦州）	迁汉户杂居	《辽史》卷三九《地理志》三
辽太祖、应天皇后	仪坤州	应天皇后以四方俘户 2500 户置	《辽史》卷三七《地理志》一
辽太宗时（约 926）	祖州长霸县	迁龙州长平县民 2000	辽太宗随太祖征渤海时迁民于此州；《地理志》一
辽太宗时（约 926）	祖州咸宁县	破辽阳迁长宁民	同上；《地理志》一
辽太宗时（约 926）	庆州富义县	太宗迁渤海义州民于此	《辽史》卷三七《地理志》一
辽太宗时（约 926 年）	饶州临河县	迁渤海丰永县于潢水	同上
辽太宗时	饶州安民县	太宗以渤海诸邑所俘杂置	同上
辽世宗时	显州	迁东京 300 户以实之	《辽史》卷三八《地理志》二
辽世宗时	显州奉先县	析辽东长乐县民为陵户	《辽史》卷三八《地理志》二
辽世宗时	海北州（属乾州）	以俘汉户置	《辽史》卷三八《地理志》二
辽世宗时	宜州弘政县	以定州俘户置	《辽史》卷三八《地理志》二
辽景宗时	西京奉圣州望云县	景宗御庄 1000 户	《辽史》卷四一《地理志》五

续表

建城时代	城 名	户数及其来路	材料来源
辽圣宗统和二九年（1011）	宁州	以渤海降户置	《辽史》卷三八《地理志》二
辽圣宗统和二九年（1011）	归州	以渤海降户置	《辽史》卷三八《地理志》二
辽圣宗时	大定府大定县	以诸国俘户居之	《辽史》卷三八《地理志》三
辽圣宗开泰中（1012～1626）	大定府恩州	以渤海户实之	《辽史》卷三八《地理志》三
辽圣宗开泰三年（1014）	宜州（隶保州）	徙汉户置	《辽史》卷三八《地理志》二
辽圣宗开泰九年（1020）	龙州	以宗州檀州汉户 1000 户置	《辽史》卷三八《地理志》二
辽圣宗太平九年（1029）	临潢府易俗县 临潢府迁辽县	渤海叛民 1000 户置 渤海叛民 1000 户	《辽史》卷三七《地理志》三
辽圣宗太平中（1021～1030）	海州	徙泽州 1500 户实之	《辽史》卷三七《地理志》三
辽圣宗时	信州	以所俘汉民实之	《辽史》卷三八《地理志》二
辽圣宗开泰中（1012～1020）	大定府高州三韩县	高丽俘户 5000 户置	《辽史》卷三九《地理志》三
辽圣宗时	大定府北安州	以汉户置	《辽史》卷三九《地理志》三
辽圣宗时	迁州（属来州）	迁归州民置	《辽史》卷三九《地理志》三
辽圣宗时	润州（属来州）	迁宁州民置	《辽史》卷三九《地理志》三
辽圣宗时	润州海阳县	迁东京渤海叛户置	《辽史》卷三九《地理志》三
辽兴宗重熙十二年（1043）	全肃州	迁燕民 300 户、防秋军 1000 人置	《辽史》卷四一《地理志》五
辽兴宗重熙十二年（1043）	河清军	迁民 500 户、防秋军 1000 人置	《辽史》卷四一《地理志》五
?	卫州	中国卫州人 3000 余家	胡峤《陷虏记》

此外，契丹贵族宗室公主大臣等以私有的俘虏也建立了二十六七处城子，谓之头下军州，为叙述方便起见，将放在头下军州部分详加探索，这里不赘。单就阿保机及其后嗣们建设的州县约59处，主要集中在辽建国初阿保机统治期间，而自辽圣宗以后则寥寥无几。这些新建立的州县，如行唐、安喜、望都、潞县等等，都是被俘汉民原来隶属的州县旧名。阿保机为什么要采用这种做法？从历史上看，东晋建立之后，纷纷来到大江南北的北方居民，也往往以原籍州郡为名，如所谓南兖州、南青州之类，东晋政府建置侨郡县，以作为南迁者眷念故土的慰藉。契丹也采用这一做法，这大概是来自韩延徽等的建议，对于被劫掠而来的各族劳动者来说，是作为对眷念故土的一种慰藉呢，还是作为通过这一慰藉使劳动者在这块现实的土地上扎下根来，为契丹统治提供自己的劳动？从这些新建立的城堡看，在上京临潢以北者为数甚少，主要地分布在上京临潢中京大定和东京辽阳的三角地带，尤以临潢府东南、南方和西南方为最多，从而大大充实了契丹统治的腹心地区。也许这些新城，像有的文章指出的那样，有其加强契丹腹心地区的作用，但更重要的是，由于这些新城建立在契丹腹心地区，更有利于契丹统治者的控制和奴役，如后面几章所谈到的，直接隶属于斡鲁朵（宫分）的新建州县，成为契丹最高统治者——皇帝的直属领地的重要组成部分，向皇室提供无偿劳役和各类产品，承担皇室的沉重压榨；不隶属于皇室，而隶属契丹政府，同样地向契丹政府提供徭役租赋，承担政府的压榨！汉城的建立，在推动契丹社会发展的同时，为契丹皇室和契丹政府提供了种种好处和利益。

第三节 奴隶制和封建依附化关系相结合的契丹独特的经济体系

汉城的建立，是耶律阿保机君臣们的极其重要的决策。可是，在这个决策的背后，则寓存着历史的必然性这个决定的因素。只有个人的劳动超越了他个人的需要而能够提供剩余劳动的时候，人的价值才受到重视。如前所说，阿保机建国以前，契丹早已进入奴隶制社会，而且还存在着向封建制发展的依附化的经济成分。正是因为契丹社会内在的这两种经济成分的作用，它对人的价值也就有了衡量的尺度。这样，被俘虏来的和安插在汉城中的各族劳动者，就在这种尺度的衡量中沿着历史方向发展。

先看第一个亦即奴隶制方向。

韩知古是契丹开国初期的一个重要人物，但在他的传上开头有这样一段含混不清的叙述："太祖平蓟时，知古六岁，为淳钦皇后兄欲稳所得。后来嫔，知古从焉。未得省见。"① 事实上，韩知古在六岁上被俘、并在淳钦后出嫁时作为陪嫁的"媵臣"而到阿保机家中的。只是由于韩知古及其子孙成为契丹化了的燕蓟汉人大地主集团的代表人物，于是这段历史便吞吞吐吐地"欲说还休"了，直到他的后人韩椅的墓志上才透露了这个真实情况：

> 我圣元皇帝凤翔松漠，虎视蓟丘。获桑野之媵臣，建柳城之冢社。②

圣元皇帝指的是阿保机，"获桑野之媵臣"指的是韩知古被俘而成为媵臣——奴隶。

俘虏当中，成为奴隶的，当然不止韩知古一人。从头下军州中，如辽景宗女秦晋大长公主所建的徽州，有媵臣万户；辽圣宗女晋国长公主所建的成州，也有媵臣万户等等③，为数相当可观。此外，头下军州中还有所谓的"生口"（"或置生口"），以及《辽史》中有关这类记载，也同样是奴隶，这是毋庸多加解释的。很明显，被俘的各族人民之向奴隶制发展，是无疑义的。至于应天皇后所建的仪坤州，"俘虏有伎艺者多归帐下"云云④，即集中了一批有伎艺的俘虏，后来隶属于她的蒲速碗斡鲁朵（长宁宫），而这一批俘虏的发展，如后来所看到的，并没有沿着奴隶制的方向发展。

被俘劳动者的再一发展方向是封建依附化的方向，这个方向则是向封建农奴制发展。

---

① 《辽史》卷七四《韩知古传》。

② 李万：《韩椅墓志铭》，载《全辽文》卷六第121~123页。李锡厚同志的《试论辽代玉田韩氏家族的历史地位》一文（载1985年中华书局出版的《宋辽金史论丛》第一期）最先利用墓志，提出韩知古的奴隶身份的。

③ 《辽史》卷三七《地理志》一《头下军州》。

④ 《辽史》卷三七《地理志》一《仪坤州》。

前面提到，耶律阿保机的伯父释鲁掌权时，曾让阿保机组建亲卫军——挞马狘沙里，以加强阿保机家族在契丹联盟中的统治地位。实际上，这种亲卫军制，即已经具有了首领与部属之间的主从关系。阿保机建国之初，进一步发展这一制度，如材料所显示的：

> 时（阿保机初建国）制度未讲，国用未充，扈从未备，而诸弟剌葛等往往觊非望。太祖宫行营始置腹心部，选诸部豪健二千余充之，以曷鲁及萧敌鲁总焉。[1]
>
> 太祖始置宫分以自卫，（耶律）欲稳率门客首附宫籍。[2]
>
> 其先撒鲁只，太祖时愿隶宫分，遂为太和宫分人。[3]

按：有辽一代的斡鲁朵（宫分）制是自辽太祖建国之初建立的，《辽史》的作者曾称之为："立国规模，莫重于此"[4]。近代学者研究多侧重于它的军事意义、政治意义，而不谈它的经济意义。其实，斡鲁朵是皇帝直属的领地，皇室收入的一个重要来源，为一个不折不扣的经济实体，对此将在后文再详加论述。上引诸文，所谓"始置宫分以自卫"，"始置腹心部"云云，实际上是继承和扩大前此的挞马狘沙里——亲卫制，以加强其统治地位。这个腹心部除选拔诸部豪健之外，还准许自愿投靠，如撒鲁只"愿隶宫分"，即是自愿投靠来的；耶律欲稳甚至率同他的门客亦即依附于他本人的人投靠阿保机，直到辽景宗时候，还依然坚持选拔腹心部的做法，"又以潜邸给使者为挞马部，置官掌之"，媵臣韩知古及其子韩匡嗣由于是辽景宗的亲信而成为腹心的。与此同时，仍然沿袭此前的投靠制：

> 保宁三年（971）十一月庚子，胪朐河于越延尼里等率户四百五十来附，乞隶宫籍。诏留其户，分隶敦睦、积庆、永兴三宫，优赐遣之。[5]

按：前面提到，挞马狘沙里——亲卫制中首领与成员之间的关系，存在主从关

① 《辽史》卷七三《耶律曷鲁传》。
② 《辽史》卷七三《耶律欲稳传》。
③ 《辽史》卷一〇一《萧胡笃传》。
④ 《辽史》卷三一《营卫志》上。
⑤ 《辽史》卷八《景宗纪》上。

系，而斡鲁朵制下的宫分户和皇帝之间，当然更存在着主从的、臣属的和依附的关系。从我国古代封建依附关系形成看，虽然是多种多样，但主要有以下三种形式：一是封建主凭借暴力，胁迫小生产者“投充客户，谓之纳身”①，从而形成为封建依附下的农奴制关系；二是小生产者，或者失去土地，或者怕豪强欺压骚扰，向豪强投靠，从而走上封建依附化道路；三是利用宗族、朋友、宾客诸关系而形成的依附化，后两者也同样是向农奴制关系发展，从战国秦汉到魏晋南北朝这种关系随时都可以看到。契丹挞马狘沙里——亲卫制和斡鲁朵（宫分）制与上述第二第三种情况颇为接近，如耶律欲稳率领依附于他的门客一道向阿保机投靠，非常明显地说明了这种依附关系。因此，从亲卫制和宫分制演变下来的主从、臣属和依附关系，当然不是奴隶制关系，而在当时社会历史条件下，就只能是向封建制关系发展，这是在阿保机建国前及建国初新兴的一种经济关系，成为契丹社会经济发展的又一方向。

自契丹社会内部新兴的关系，还不显著，但重要的是，被俘的劳动者是否能走上契丹社会新兴关系的道路？答复是能够的。金代保留下来的资料，初步回答了这一问题：

> 初辽入掠中原人，及得奚、渤海诸国生口，分赐贵近或有功者，大至一二州，少亦数百，皆为奴婢，输租为官，且纳课给其主，谓之二税户。②
>
> 初锦州龙宫寺，辽主拨赐户民俾输税于寺，岁久皆以为奴，有欲诉者，害之岛中。（李）晏乃具奏：“在律，僧不杀生，况人命乎？辽以良民为二税户，此不道之甚也。今幸迁圣朝，乞尽释为良。世宗纳其言，于是获免者六百余人。③

以上两条材料，具体地反映了契丹贵族统治者与俘虏人户之间的经济关系，因而早就引起辽金史研究者们的重视。研究者们认为，二税户是头下户的一个发展阶段，“由奴隶向农奴过渡”④。这一见解，不把二税户看作为奴隶，而是看

① 《长编》卷二一九，熙宁四年春正月丁未记事。

② 元好问：《中州集》卷二《李承旨晏》。

③ 《金史》卷九六《李晏传》。

④ 陈述：《契丹社会经济史稿》第77页，三联书店版。

作向农奴转变，从变动中看二税户，从这一点来说是对的。不过，这个解释也给研究者们带来了麻烦，即头下户是在什么时候演变成为具有农奴性质的二税户呢？从头下户到二税户之间是否还另有中间环节？这些问题是在今后深入研究中需要解决的。

实际上，二税户恰好是契丹的独特经济现象——奴隶制与封建依附化关系的具体表现或反映。契丹贵族将劫掠来的各族人民，“皆为奴婢”，即不折不扣的奴隶，这记载是可靠的。但，名义上虽“皆为奴婢”，但在实际上，其中一个相当的部分并不是奴隶制度下会说话的工具这类真正的奴隶，而是在契丹皇室的斡鲁朵（宫分）中和贵族的头下军州中，以户为单位在城堡中安插下来。这一批劳动者，既“输租为官”，即向国家交租赋，又“纳课给其主”（指头下主），向贵族纳“课”。这样，在这类头下户的收获中，即分成为租、课，以及留归自己的份额这两部分。因此，他们同官府、头下主之间结成的关系，是“租”“课”关系，他们自己则有其独立的小经济。这种关系，当然是封建经济关系的反映或表现，尽管这些劳动者具有“奴婢”的名义。不论怎样说，被俘的以汉族为主的各族人民，在以阿保机为首的契丹贵族充分认识和估量（像应天皇后把有伎艺的俘虏归于自己账下就是这种认识和估量的代表）之下，或者归属于皇帝领地、贵族的头下军州，或者归属于契丹所在官府，以自己的辛勤劳动浇灌了松漠地区，开花结果，使这个地区的经济文化大大改观。当然他们创造的累累硕果，被契丹贵族占有、享受，毋庸多说了。

自阿保机建国以来，契丹辽国以其异乎寻常的活力，在社会经济文化方面，在畜牧业、农业和手工业诸方面，取得了全面的发展，从而使我国古代的松漠地区破天荒地发生了巨大变化。与社会生产发展势头同步前进的，契丹社会内部奴隶制和封建依附化关系也发生变化，封建经济关系越来越占上风，并居于主导地位。下面几章将分别叙述上面两大系列的情况。

第三章　契丹辽国的社会生产（上）：畜牧业和农业

如前所说，契丹辽国是奄有长城内外，雄踞草原，“幅员万里”[1] 的大国。由于疆域辽阔，各地区的自然条件也就存在不小差别，从而对其社会生产产生重要的影响。对此，《辽史·营卫志》曾经指出：

> 天地之间，风气异宜，人生其间，各随其便。……长城以南，多雨多暑，其人耕稼以食，桑麻以衣，宫室以居，城郭以治。大漠之间，多寒多风，畜牧畋渔以食，皮毛以衣，转徙随时，车马为家。此天时地利所以限南北也。[2]

自然条件即使对今天的畜牧业和农业生产也要产生相应的影响和作用，更何况对于1000年前的建立在草原上的辽国，它所产生的影响和作用当然会更大一些。《辽史·营卫志》作者的上述文字，以长城作为南北的界限，大体上是正确的。根据这样一个自然的区分，可以看到：契丹人居住的草原地区是以畜牧业为主，穿插上一点农业；大定府以南奚人居住的部分草原和燕山山区，畜牧业与农业相兼；燕山以南至白沟以北，西达代北，东至辽东，这一狭长地带，则以农业为主，加杂上一部分畜牧和果树业。下面分别叙述各生产部门的情况。

---

① 《辽史》卷三七《地理志》一。

② 《辽史》卷三二《营卫志》中。

第一节　以畜牧业为主的契丹草原地区经济的发展

本书第一章即描述了契丹的发祥地——呼伦贝尔盟到赛罕坝的当时生态环境，由于有不少的成片森林和水淀（后来蒙古语称水淀为泡子），成为一个非常良好的天然牧场。这里不妨再摘述一些记载，加深对这一情况的说明，如：

明日东行，地势渐高，西望平地松林，郁然数十里，遂入平川，多草木，始食西瓜……又东行至衰潭，始有柳，而水草丰美，有息鸡草尤美而本大，马食不过十本而饱。①

永安地宜畜牧，畜宜马、牛、羊，草宜荔梃、枲耳。②

（上京）地沃宜耕植，水草便畜牧。③

静边城。本契丹二十部族水草地。④

金初因辽诸抹而置群牧，抹之为言，无蚊蚋、美水草之地也。⑤

像这样美好的天然牧场，对契丹人来说具有特殊的意义。由于契丹人的"生生之资，仰给畜牧"，"绩毛饮湩，以为衣食"⑥，畜牧业是契丹人经济生活的主要来源，呼伦贝尔草原与契丹人便息息相关、密不可分了。

在契丹的畜牧业中，马匹的繁衍，占有极其突出的地位。所谓"其富以马，其强以兵"；所谓"马逐水草，人仰湩酪，挽强射生，以给日用"⑦，便深刻地说明了这一问题。马，不仅是契丹人的衣食之源、生活资料，而且又是用来骑射、行围打猎、迁徙运输（所谓"车马为家"）的生产工具。平时，契丹人靠着马匹在草原上转徙活动，而到战时，契丹人则利用马匹组成强大的骑兵队，从事防御或攻击。至于同邻近诸族、中原王朝交往，马又作为一项重要的礼品了。可以毫不夸张地说，马是契丹人的命根子。

---

① 《新五代史》卷七三引胡峤《陷虏记》。

② 沈括：《熙宁使虏图抄》，《永乐大典》卷一〇八七七《虏》字韵。

③ 《辽史》卷三七《地理志》一《上京》条、《静边城》条。

④ 《辽史》卷三七《地理志》一《上京》条、《静边城》条。

⑤ 《金史》卷四四《兵制》。

⑥ 《辽史》卷三二《营卫志》中《部族》上。

⑦ 《辽史》卷五九《食货志》上。

唯其如此，契丹人上上下下都重视对马的喂养和乘骑。“习俗便乘马，生男薄负锄。”[①] 不仅契丹的男子能牧养驾驭马匹，即使是妇女，贵如契丹的后妃，也是驾驭的能手：“辽以鞍马为家，后妃往往长于射御，军旅田猎，未尝不从。”[②] 契丹家家户户既以繁衍马匹为事，马也就成为契丹社会的重要财富：“契丹其富以马。”[③] 他们不仅对其他各族人加以炫耀，自夸其“有羊马之富”[④]，即使在他们内部，也以马匹的多少作为评论家资的一个重要条件：“番汉人户亦以牧养多少为高下”[⑤]。前章曾经提到，在契丹，要想得到“舍利”这个头衔，除交纳牛、驼十头之外，单是马就达百匹之多。

由于契丹人长时期牧养马匹，在牧养繁衍方面便积累了值得重视的技术和经验。一方面，他们从自然条件对畜牧业的影响作出了总结。北宋中后期的范镇曾记录了契丹使臣萧庆的一段话道：“契丹牛马有熟时，有不熟时，一如南朝养蚕也。”这话是什么意思呢？萧庆解释道：“有雪而才露出草一寸许时，如此则牛马大熟；若无雪，或有雪而没却草，则不熟，盖契丹视此为丰凶。”[⑥] 这条记载说明了契丹人仍然是靠天吃饭，即：草原上无雪或者雪过大，对契丹的畜牧业是不利的；而只有“有雪而露出草一寸许”、雪下得恰到好处，牲畜才能兴旺发达，同中原地区养蚕靠桑叶生长好坏一样。靠天吃饭反映了人们在自然界面前的绵薄无力，但人们也只有从靠天吃饭中总结出来它的经验，才能够找到办法去解决靠天吃饭的种种问题。

另一方面，契丹人在放牧中也确实积累了一些好的经验：

> 契丹马群，动以千数，每群牧者才二三人而已。纵其逐水草，不复羁馽，有役则旋驱策而用，终日驰骤而力不乏。彼谚云：一分喂，十分骑。[⑦]

这种做法是，在广阔的草原上，让马自由地逐水草而生长，避免不适当的人为

① 刘敞：《学易集》卷三，使辽诗之三。
② 《辽史》卷七一《后妃传论》。
③ 《辽史》卷五九《食货志》上。
④ 《新五代史》卷七三《四夷附录·契丹》。
⑤ 苏颂：《苏魏公集》卷一三《契丹马》诗原注，四库影印本 1092－217。
⑥ 《辽史拾遗》卷十三《营卫志》。
⑦ 范镇：《东斋记事》卷五。

的过多干预：

视马之形，皆不中相法，蹄毛俱不剪剃。云：马遂性则滋生益繁，此养马法也。[①]

经过春夏喂养，到九月秋高之际，马匹肥壮，于是在这时候契丹人便开始了他们的秋狩和其他活动了。

契丹家家户户，从皇室、贵族到平民百姓，无不养马，而养马的数量也很不一样，富户养马以群计算，而平民到后来穷得连一匹马也没有，马的多少成为契丹诸阶级阶层在经济上区分的一个重要标志。这算是私家养马。此外，契丹国家对马也加以牧养、繁衍，从而进一步看到马在契丹畜牧经济中地位的重要。

辽国，从中央到地方，都设有群牧的机构以繁衍马匹和牛驼诸畜。中央称总典群牧使司，主管官为总典群牧部籍使、群牧都林牙，以掌管全国群牧之政，各地放牧情况都要汇总到这个机构中。即使在皇室领地——斡鲁朵（宫分）中，也设有“某宫马群司”，以便专门管理皇室马群的放牧，而与总典群牧司似无统辖隶属关系[②]。地方上则有诸路群牧使司，分置太保、侍中和敞史诸官，这类机构大概包括马、牛等的牧养。因为在地方群牧使司之外，还有“某群牧司”的设置，当是专门牧养马或牛的群牧司，从地方机构标出所谓马群司或牛群司。从《辽史》举述的地方群牧官司中有：西路群牧使司、倒塌岭西路群牧使司、浑河北马群司、漠南群司、漠北滑水马群司[③]，以及牛群司等[④]。

各地牧放地，则选择那些“无蚊蚋，美水草”的所在，契丹语谓之“抹”。上面“漠北滑水马群司”，滑水就是一个牧马的所在。在《金史》中保留下来的如迪河斡朵、斡里保（保亦作本）、蒲速斡、燕恩、兀者五处，也是

① 苏颂：《苏魏公集》卷一三《契丹马》诗原注，四库影印本1092－217。

② 《辽史》卷四五《百官志》一。

③ 《辽史》卷四六《百官志》二、卷一〇一《萧陶苏斡传》均作“滑水马群司”，卷九七《耶律引吉传》则作“猾水”，猾、滑通用。

④ 《辽史》卷四六《百官志》二。

辽代牧所[①]。此外，辽穆宗应历十五年（965）“五月壬申，雅里斯以挞凛、苏二群牧兵追至柴河”[②]，挞凛、苏也可能是辽代的两个牧所。在这些牧所中，习马小底[③]、群子、牧人大约是群牧中直接从事牧养的下层人员，其中有的身份地位可能是奴隶或者接近奴隶。

在国家直接经营管理下，马的繁息甚为兴旺，所谓“自太祖及兴宗垂二百年，群牧之盛如一日”[④]，即是对这一情况的概述。由于诸种原因，辽圣宗以后，国家的畜牧业显得有些萎缩。辽道宗咸雍初年（1065），萧陶隗任马群太保，“素知群牧名存实亡，悉阅旧籍，除其羸病，录其实数，牧人畏服”，并根据这一实际检查结果，于咸雍五年（1069）上书要求：“群牧以少为多，以无为有。上下相蒙，积弊成风。不若括见真数，著为定籍，公私两济”[⑤]。经过这番整顿，“畜产岁以蕃息”，在辽道宗大安二年（1086）对群牧马大加奖励：

> 道宗大安二年五月丁巳朔，以牧马蕃息多至百万，赏群牧官，以次进阶。[⑥]

到辽天祚帝初年，“马犹有数万群，每群不下千匹”[⑦]。据洪皓记载，“辽御马数十万牧于碛外，女真以绝远未之取，皆为达实（即耶律大石）所得”[⑧]，是否有数十万匹，已无法考证，但耶律大石则是利用了漠北马群司的牧马，西逾流沙，建立西辽的。

在马以外，契丹畜牧业中再一重要产品是羊。契丹羊的品种多而且好。其中称之为北羊的，“长面多髯，有角者百无二三，大仅如指，长不过四寸，皆目为白羊，其实亦多浑黑；亦有肋细如箸者，味极珍”[⑨]。北宋著名诗人梅圣

---

① 《金史》卷四四《兵制》。
② 《辽史》卷七《穆宗纪》下。
③ 《辽史》卷七九《女里传》：“应历初，〔女里〕为习马小底”。
④ 《辽史》卷六〇《食货志》下。
⑤ 《辽史》卷九〇，《萧陶隗传》；《食货志》下说萧陶隗咸雍五年上书，今从之。
⑥ 《辽史》卷二四《道宗纪》四。
⑦ 《辽史》卷六〇《食货志》下。
⑧ 洪皓：《松漠纪闻》卷一，四库影印本407－700。
⑨ 《松漠纪闻》卷二，四库影印本407－706。

俞曾写诗予以称赞："细肋胡羊卧苑沙，长春宫使踏霜羓。蒺藜苗尽初蕃息，苜蓿盘空莫叹嗟！……磨刀为削朝霞片，时引清杯兴转嘉。"① 还有一种生在鞑靼的名叫鞑靼羊，"大如驴，尾巨而厚，类扇，自脊至尾，或重五斤，皆膋脂。"② 也是很珍贵的一种。同牧马一样，羊也是"以千百为群，纵其自就水草，无复栏栅，而生息极繁"，出使契丹的苏颂曾描写道：

牧羊山下动成群，吃草眠沙浅水滨……毡裘冬猎千皮富，湩酪朝中百品珍。生计不羸衣食足，土风犹似茹毛纯。③

如果遇到大风，"羊顺风而行"，"至举群万计皆失亡，牧者驰逐，有至数百里外方得者"。羊"三月八月两剪毛"，"春毛不直钱，为毡则蠹，唯秋毛最佳；皮皆用为裘"④。羊乳、羊肉、羊毛、羊皮，成为契丹人的又一衣食之源，而且在同其他诸族交换中占有重要地位。

马、羊之外，牛和骆驼也是契丹畜牧业中的两项。青牛白马契丹人用以祭天，牛极为契丹人重视，设有牛群司放牧，前面已经提到。

在契丹人狩猎、畜牧的无垠的草原上，以及它的北境和西陲，在一些河谷和水草丰富的地方，也出现了一片片农田。这些农田有的属于斡鲁朵，有的属于头下军州，更多的则属于契丹国家，成为契丹国家重要的租赋来源。

契丹建国以前，农业即有了不小的进步。阿保机建国之后，特别是在平定了阿保机诸弟之乱，阿保机采取了"弭兵轻赋"的休养生息政策，把力量集中在农业生产上，即"专意于农"，"分北大浓兀为二部，程以树艺"，其他各部也来仿效。辽太宗会同初即"诏有司劝农桑，教纺绩"；会同二年（939）十月，诏令南院欧堇突吕、乙斯勃和北院温纳河剌三石烈人迁至"水草肥美"的乌古部，开辟农田。翌年八月，又诏将于谐里河、胪朐河即今克鲁伦河上游一带地方给予三石烈，以扩展农田⑤。辽穆宗应历初（951），耶律挞烈任南院

---

① 梅尧臣：《宛陵先生集》卷五九《江邻几寄羊羓》，四部丛刊本。

② 《松漠纪闻》卷二，四库影印本 407－706。

③ 苏颂：《苏魏公集》卷一三《北人牧羊》诗及原注，四库影印本 1092－217。

④ 《松漠纪闻》卷二，四库影印本 407－706。

⑤ 《辽史》卷五九《食货志》上；《辽史》卷四《太宗纪》下。

大王，“均赋役，劝耕稼，部人化之，户口丰殖”，“朝议以为富民大王云”[①]。辽道宗时候，耶律唐古率众田胪朐河侧，“岁登上熟”[②]。契丹建国之后把农业推进到北部边境是有成效的。

为了加强西部边境的防御，契丹统治者把屯田制推广到镇州即可敦城一带。耶律昭在辽圣宗统和年间曾给西北路招讨使肖挞凛的一封信上说：“夫西北诸部，每当农时，一夫为侦候，一夫治公田，二夫给糺官之役，大率四丁无一室处。”[③] 其中所谓的公田，亦即屯田，与汉以来的历代王朝一样，都是作为国家所有的一种土地形式。耶律唐古自胪朐河移至镇州，屯田很见成效，“凡十四稔，积粟数十万斛，每斗不过数钱”[④]，缓解西部边防的军粮供应。

契丹建国后把农业向北部边境推进，在近年考古上也有所发现：

> 在克鲁伦河畔（按亦即上面所说的胪朐河）的克鲁伦河，发现了辽代的灌溉水渠，西起克鲁伦河畔的陶斯乌鲁珠，东南至陶米图诺尔，长约15～20公里，中间还有许多支渠。在水渠附近有辽代村落的遗址，表明水渠为辽代的遗存。在哈拉哈河北岸五一牧场，也遗有古代的灌溉水渠，将哈拉哈河水引入草原……表明这里有过农业耕作。
>
> 库力即额尔古纳右旗上库力乡，位于根河南岸，则辽代时根河一带也有农田。
>
> 在海拉尔市以北160公里处库力山坡深约两米，发现有古代的铁犁头（当时辽代的遗存）。[⑤]

由于辽代那时的生态环境较好，草树茂密，水源较为丰富，辽代农业能够发展起来。不仅在辽北部和西部边境能够得到发展，在辽的腹心地区上京中京一带，也由于大批汉城的建立而得到发展。应当说，在当时契丹社会的发展是起了促进作用的。但，从长远来看，由于“契丹人大量向这里（指辽北部边境）

---

① 《辽史》卷七七《耶律挞烈传》。
② 《辽史》卷五九《食货志》上。
③ 《辽史》卷一〇四《文学下·耶律昭传》。
④ 《辽史》卷五九《食货志》上。
⑤ 景爱：《呼伦贝尔草原的地理变迁》，载1986年版《历史地理》第四辑。

移民，开垦耕地”，“不仅严重地破坏森林，也破坏了附近的草原”，“十二世纪初女真人灭辽后，这里农业耕植中断，大量农田弃耕”，自然植被受到破坏，弃耕之后又很难在短时期恢复起来，因而“在蒙古干燥季风的作用下，地表以下的粉沙不断地被吹扬起来，覆盖在地表之上，形成了大大小小的沙丘”①，从而对草原的发展带来不利。而这一点则是契丹人所无法料到的。

由于契丹地寒，无霜期短，因而作物的种植受到不小的限制。除种粟之外，还种植耐寒的黍。庞元英出使契丹时记道：“过顺州，有黍谷坊。仲副使王仲渊指以谓副使文供备云：观此可知其寒也。刘向别传曰：燕地谷美，而寒不生五谷，邹子吹律召温气至，五谷生，至今名黍谷。”② 虽然契丹在其统治腹心地区和边境大力发展农业，但终因自然条件的限制，仍然满足不了需要，粟、瓜菜之属仰仗于京燕地区：“永安……谷宜粱荞，而人不善艺。四月始稼，七月毕敛……食牛羊之肉酪，间啖麨粥……中京始有果瓜，而其植不繁，契丹之粟、果瓜，皆资于燕。粟车转，果瓜以马送之。”③

由于契丹建国前后，与周边诸族交往频繁，域外一些新品种新作物传到契丹统治地区，其中著名的有：

(1) 回鹘豆　“高二尺许，直干，有叶无旁枝，角长二寸，每角止两头(豆?)，一根才六七角，色黄，味如豆”④。

(2) 西瓜　西瓜原产地是非洲还是中亚，尚无定论，我国西瓜显然是中亚传入新疆，而后向东传播的。契丹曾向西域一带用兵，西瓜随契丹的征尘而来到契丹统治腹心地区的。“契丹破回纥得此种，以牛粪覆棚而种，大如中国冬瓜而味甘。”⑤ 南宋初，使金的洪皓携带瓜种传播到南宋地区，《宋代经济史》对西瓜之南传已作了介绍，此处不多叙述。

---

① 景爱：《呼伦贝尔草原的地理变迁》，载1986年版《历史地理》第四辑。

② 庞元英：《文昌杂录》卷三。四库影印本862－670。

③ 沈括：《熙宁使虏图抄》，《永乐大典》卷一〇八七七《虏》字韵。

④ 《契丹国志》卷二七《岁时杂记》。

⑤ 胡峤：《陷虏记》，《新五代史》卷七三，引。

第二节　奚人地区畜牧业与农业的发展

前章已经说过，奚人居住在契丹以南的地区，即张北高原以南、长城以北的地区。这个地区介于草原和燕山之间，北部有一部分草原，其余则在丛山之中，山高林密，加杂着河谷平川地。由于当时的生态环境较好，树多草深，既适宜于畜牧业的发展，也适宜于农业的发展。奚人被契丹人征服之后，长时期地居住在这里，从而发展了他们的畜牧业和农业，并且在畜牧中还有部分的狩猎。

奚人虽然畜牧业农业相间，但畜牧业仍然占主导地位。由于此，奚人狩猎还是很在行的。出使契丹、经过奚人居住地区的宋绶曾称奚人“步射入山采猎，其行如飞”[①]。辽道宗清宁九年（1063）皇太叔耶律重元与其子涅鲁古造反，“率奚人二千人犯行宫”[②]，而这两千奚人是所谓的“猎夫”[③]。从这里可以知道，奚人的狩猎在其经济生活中还占有一定的比重。

据出使契丹的刘敞的记载，“奚人以车帐为生，昼夜移徙。”[④] 这个记载是《铁浆馆》诗的刘敞自注，铁浆馆则在内蒙草原的南边。从“昼夜移徙”的情况看，居住在草原上的奚人更是以畜牧业为主了；亦有可能尚未进入农业生产领域。

可以肯定地说，在燕山山区中的奚人，既从事畜牧业，也从事农业，而且农业有了较明显的发展。王曾出使契丹的行程录中写道：

> 自过古北口，即蕃境。居人草庵板屋，亦务耕种，但无桑柘。所种皆从陇上，盖虞吹沙所壅。山中长松郁然，深谷中多烧炭为业。时见畜牧牛马橐驼，尤多青羊黄豕。亦有挈车帐、逐水草射猎。食止糜粥沙粭。[⑤]

---

① 《长编》卷九七，天禧五年九月甲申记事。
② 《辽史》卷九六《耶律仁先传》。
③ 《辽史》卷九六《萧韩家奴传》作“重元复诱奚猎夫来”。
④ 刘敞：《公是集》卷二二《铁浆馆》诗，四库影印本 1095－585。
⑤ 《长编》卷七九，大中祥符五年冬十月乙酉记事。

刘敞的记录是：

自古北口即奚人地，皆山居谷汲，耕牧其中而无城郭，疑此则春秋之山戎病燕者也。①

（奚人）善耕种。②

以上记载了山区中奚人畜牧、农耕的情况。从种植方面看，分陇种植，作物植于陇上，显然在耕作技术上有了不小的进步，无怪乎宋人称奚人“善耕种”了。

但是在奚区耕作的有很多的汉人，土地是从奚人手里佃种的。苏颂出使契丹曾记载道：“耕种甚广，牛羊遍谷，问之，皆汉人佃奚土，甚苦输役之重。”诗中还记载了土地垦辟的情况：

农人耕凿遍奚疆，部落连山复枕岗。种粟一收饶地力，开门东向杂边方。田畴高下如棋布，牛马纵横似谷量。赋役百端闲日少，可怜生事甚茫茫。③

比苏颂出使较晚的苏辙，他的有关记载也很重要：

燕疆不过古北关，连山渐少多平田。奚人自作草屋住，契丹骈车依水泉。橐驼羊马散川谷，草枯水尽时一迁。汉人何年被流徙，衣服渐变存语言。力耕分获世为客，赋役稀少聊偷安。汉奚单弱契丹横，目视汉使心凄然……④

奚田可耕凿，辽土直沙漠。⑤

以上两诗须加说明的是，（1）所谓“开门东向杂边方”，奚人同契丹人一样，所居毡庐或草屋都是坐西朝东，门户东向；（2）二诗都提到奚田是由汉人佃种的，而且田的垦辟“高下如棋布”，则是梯田，并沿着河谷垦辟的；（3）同样提到奚人畜牧业之盛；（4）还提到赋役、分获的问题，关联到奚人与汉人之间的经济关系，将在后面有关地方再加叙述。

---

① 《公是集》卷二八，《古北口》诗原注，四库影印本 1095－637。

② 《长编》卷九七，天禧五年九月甲申记事。

③ 苏颂：《苏魏公集》卷一三《牛山道中》诗及注，四库影印本 1092－216。

④ 苏辙：《栾城集》卷一六《出山》。

⑤ 《栾城集》卷一六《木叶山》。

第三节　燕南、辽海地区的农业生产的发展

燕南、辽海，大体上都属于平原地带，雁门关以北则为代北地区。代北山瘠土薄，农业生产较为落后。燕南农业以及手工业生产等都很发达，所以《辽史》上称："既得燕、代，益富饶矣。"[①] 但在契丹统治200年的过程中，燕南等地区农业生产还是得到发展的。

燕南地区经过安史之乱以后的长期战乱，社会生产受到严重影响，人口减少，荒地增多。耶律阿保机驱俘汉民主要地是为了充实契丹统治的腹心地区，但冀东一带的平州早被契丹占有，因而也得到充实。如：

> 平州安喜县。本汉令支县地，久废。太祖以定州安喜县俘户置。在州东北六十里。户五千。
>
> 望都县。本汉海阳县，久废。太祖以定州望都县俘户置。……县在州南三十里。户三千。
>
> 营州。……天宝元年改曰柳城郡。后唐复为营州。太祖以居定州俘户。[②]

阿保机向平、营州移民，对这里的农业生产显然是有利的。到辽圣宗时候，也曾经"徙吉（鸡?）避寨居民三（二?）百户于檀、顺、蓟三州，择沃壤，给牛、种谷"[③]，继续充实这一地区。

与此同时，契丹政府在辽圣宗时候许可民众耕垦、占有荒地，如：

> 统和七年（989）六月辛酉，诏燕乐、密云二县荒地许民耕种，免赋役十年。[④]
>
> 统和十三年（995）六月丙戌，诏许昌平、怀柔等县诸人请业荒地。[⑤]

---

① 《辽史》卷四八《百官志》四。
② 《辽史》卷四〇《地理志》四。
③ 《辽史》卷五九《食货志》上，又《辽圣宗纪》：吉作鸡、三作二。
④ 《辽史》卷一二《圣宗纪》三。
⑤ 《辽史》卷一三《圣宗纪》四。

> 统和十五年（997）三月戊辰，募民耕滦州荒地，免其租赋十年。[①]

以上诏令说明，在政策上既许可占田垦荒，又免赋役若干年，这对于农业生产也是有利的。

此外，辽圣宗时候还诏“赐南京统军司贫户耕牛”（《辽史》卷一三《圣宗纪》四），对农业生产也是有利的。

燕南地区稻田的种植尤为值得提出。由于幽蓟一带负山面海，水源极为丰富，因而自东汉以来即有稻田种植的记载。由于稻田对辽骑兵的活动不利，所以辽景宗时候高勋提出在南京垦辟稻田之时，曾激起了一场风波：

> 保宁（969~979）中，以南京郊内多隙地，〔高勋〕请疏畦种稻，帝欲从之。林牙耶律昆言于朝曰：高勋此奏，必有异志。果令种稻，引水为畦，设以京叛，官军何自而入？帝疑之，不纳。[②]

由于宋辽对峙，关系紧张，种植稻田成为政治问题，因而未能实现。直到辽道宗“清宁十年（1064）二月”，仍在禁止“南京民决水种粳稻”[③]。又过了几年，到辽道宗咸雍四年（1068）才有了变化，是年三月乙酉诏书上称：“南京除军行，余皆得种稻。”[④] 在这一诏令下，燕南地区的水稻生产得到了明显的发展，而是此前未曾有过的。这是燕南地区农业生产发展的一个重要表现。

燕南地区除农业之外，果树业也很发达。果树中的栗子树，秦汉以来即为燕地著名产品，所谓“燕、秦千树栗”者是也[⑤]。在辽代，燕京一带的栗园多被国家占有，设“南京栗园司”，专门管理南京栗园[⑥]。从《全辽文》中看到有所谓“北衙栗园庄官”[⑦]。“北衙”指的是什么地方的官衙，说不清楚，估计是隶属于南京栗园司的一个栗园官庄，则不成问题。

在辽代，燕南许多地区都得到了发展，如：

---

① 《辽史》卷一三《圣宗纪》四。
② 《辽史》卷八五《高勋传》。
③ 《辽史》卷二二《道宗纪》二。
④ 《辽史》卷二二《道宗纪》二。
⑤ 《史记》卷一二九《货殖列传》。
⑥ 《辽史》卷四八《百官志》四。
⑦ 《全辽文》卷四《北郑院邑人起建陀罗尼幢记》。

（1）蓟州。“夫幽燕之分，列郡有四，蓟门为上。地方千里，籍冠百城。红稻青秔，实鱼盐之沃壤；襟河控岳，当旗战之奥区。”[①] 这段文字，是李仲宣《祐唐寺创建讲堂碑》开头的几句。该碑建于统和五年（987），这里已经是出产“红稻青秔”的沃壤。红稻是魏晋南北朝时南方的一种著名的水稻，经隋唐而传到幽蓟一带。从这里也可知道，辽道宗以前仅限于南京不得种植水稻，而在其他地区则是照样种植的。

（2）涿州。“燕都之有五郡，民最饶者，涿郡首焉。”[②] 涿州是燕地农业生产发达的地方。

（3）易州。这个山区平原相兼的地区，“高阳土沃民富”，成为契丹官吏们鱼肉的所在，“吏其邑者，每黩于货”[③]，从这一反面也看到了易州经济的发展。

（4）南京。这是契丹经济最发达的一座城市，下章再详加叙述。单就其农业生产来说，《宣和乙巳奉使金国行程录》上说：“蔬蓏果实稻粱之类，靡不毕出，而桑柘、麻、麦、羊、豕、雉、兔不问可知，水甘土厚，人多技艺”[④]，反映了辽亡时幽州经济发展的状况。

总之，经过契丹统治下200年的发展，从燕京到大同，人口、生产都得到不小的发展，宣和使金行程录的作者写道：“东自碣石，西彻五台，幽州之地，北限大山……山之南地则五谷百果良材美木，无所不有。”[⑤] 这一概括是符合当时实际的。正因为这一地区在辽代的发展，到了明朝，人们议论，冀东丰润一带，“濒海之田几二百里，与吴越沃区相埒”，成为一个重要的农业生产区。

渝关而东，即辽之东京道，原系渤海国之地。辽海地区，辽河纵贯其中，为一冲积平原。“出榆关以东，山川风物，与中原殊异。所谓州者，当契丹全

① 李仲宣：《祐唐寺创建讲堂碑》（统和五年），《全辽文》卷五。

② 赵遵仁：《涿州白带山云居寺东峰续镌成四大部经记》（清宁五年），《全辽文》卷八。

③ 《辽史》卷一〇四《能吏·萧文传》。

④ 《宣和乙巳奉使金国行程录》，《靖康稗史七种》本，台湾影印。

⑤ 《宣和乙巳奉使金国行程录》。

盛时，但土城数十里，民居百家，及官舍三数椽，不及中朝一小镇。”① 辽海依然属于待开发区，当然无法与中原地区相比。而且有的城市如辽东京辽阳，比此前辽东城市有了明显的发展，达到这一步也就很不容易了。

就是这个待开区，由于“土肥美，背山向海，宜五谷，善田种”②，而载于史册。尽管这里“地苦寒，不宜水田”，但是由于“民知稼穑”③，个别地区有水稻生产，即所谓的“卢城之稻”。《隋书·东夷传》《旧唐书·北狄传》记载靺鞨“多粟”、“多麦”（指大小二麦）、“多穄”等。《魏书·勿吉传》称为“有葵”，葵属于日常食用菜类。金毓黻先生《渤海国志长编》曾记有“沃州之丝”，系“蚕食柞叶可以作绵”（卷一七），即柞蚕丝之类，这应是辽海地区对丝织业的一个贡献。

① 《宣和乙巳奉使金国行程录》。
② 《后汉书》卷八五《东夷·东沃沮传》。
③ 黄维翰：《渤海国记》上篇。

第四章　契丹辽国的社会生产（下）：各种手工业生产

契丹手工制造业以制车为最早，到契丹进入阶级社会、开展了冶铁手工业之后，才真正发展起来了手工业。到阿保机建国，“幽、蓟陷敌之余，晋季蒙尘之后，中国器度工巧衣冠士族多为犬戎所有”①，受到中原地区先进技术的重大影响，契丹的纺织、制瓷、建筑等多种手工业都获得了明显的发展和提高。手工业的这一发展，与畜牧业、农业构成了一个坚实的经济基础，极大地增强了契丹的综合国力，为其称雄草原200年提供了可靠的保证。本章将分别叙述契丹手工业各部门的情况。

第一节　冶铁业与军工手工业

契丹冶铁业始于阿保机的父亲撒剌的，到907年阿保机征服黑车子室韦之后，才有了新的发展：

> 坑冶，则自太祖始并室韦，其地产铜、铁、金、银，其人善作铜、铁器。②

从室韦学到了冶铁技术之后，到阿保机称帝的第五年（911）建立铁冶③，契丹的冶铁业发展起来。特别是在天显元年（926）灭渤海国，辽海地区历来就

---

① 夏竦：《文庄集》卷一三《计北寇》。
② 《辽史》卷六〇《食货志》下。
③ 《辽史》卷一《太祖记》上。

以产铁著称，于是契丹的冶铁业得到了迅猛的发展。试看下面的材料：

（1）炭山。“汉城在炭山东南、滦河上，有盐铁之利。”①

（2）柳河馆。“河在馆旁，西北有铁冶，多渤海人所居，就河漉沙石，炼得铁。”②

（3）铁利州。“神册初，平渤海，得广州，本渤海铁利府，改曰铁利州。地亦多铁。”③

（4）饶州长乐县。“太祖伐渤海，迁其民，建县居之户四千，内一千户纳铁。”④

（5）东平县（在今辽阳一带）。“本汉襄平县故地，产铁矿，置采炼者三百户，随赋供纳。”⑤

（6）曷术部。“初，取诸宫及横帐大族奴隶置曷术石烈，‘曷术’，铁也，以冶于海滨柳湿河、三黜古斯、手山。圣宗以户口蕃息，置部。”⑥ 据日本学者岛田芳郎的考订，柳湿馆在今辽宁绥中县、手山在鞍山。

（7）景州龙池冶监。建置年代不详，据天庆三年（1113）韩昉所写的丁文道墓志上说：“其冶（景州龙池冶监）铁货岁出数不供课，比来为殿罚者数十人”，“公泊（当作洎）至，督役勉工，亲时铸铁，所收倍于常绩”。⑦

（8）铁浆馆（在今河北平泉县东十里罗杖子）。据承德文化局调查辽代驿馆同志们考察，在平泉街上岭、柳树沟发现了古代冶铁炉残存基址，足可以说明辽代在这里是建有铁冶的⑧。

此外，沿大凌河、滦河流域，分布在长城外，还有以下诸冶：

（9）兴中府（辽宁朝阳市）霸州铁冶，在州西北九十里蓼子峪。⑨

---

① 《新五代史》第七二《四夷附录·契丹》。
② 王曾：《行程录》，载《长编》卷七九，大中祥符五年冬十月己酉记事。
③ 《辽史》卷六〇《食货志》下。
④ 《辽史》卷三七《地理志》一。
⑤ 《辽史》卷六〇《食货志》下；《辽史》卷三八《地理志》二。
⑥ 《辽史》卷三三《营卫志》下；《辽史》卷六〇《食货志》下。
⑦ 韩昉：《丁文道墓志》，《全辽文》卷一一。
⑧ 《辽中京至南京口外驿道调查记》。
⑨ 《热河志·物产门》引《元一统志》。

（10）利州（河北青龙县境）铁冶，在州东南二百八十里牛口峪。

（11）惠州（河北平泉县博罗科）有二铁冶，一在州西北二百三十里之寺子峪，一在州东北松棚峪。

（12）渔阳（蓟县）定躬冶，也可能是一铁冶，此据《全辽文》卷一〇，王鉴《三河县重修文宣王庙记》。

在辽代，与铁冶同时并存的还有制造武器盔甲等的军工作坊，可以考知的有：

（1）打造部落馆。“过松亭岭，甚险峻，七十里至打造部落馆，有蕃户百余，编荆为篱，锻铁为兵器。”①

（2）河州、德化军，置军器坊②。

（3）显州甲坊。宋辽战争激烈进行时，统和四年（986）曾诏令，“铠甲缺，则取于显州之甲坊”③。

契丹铁冶的方法，则由于铁矿石的特殊性而有其特色。前引王曾《行程录》记柳河馆“就河漉砂石，炼得铁”，这是说：河滩上有的砂石，是铁矿石被冲刷成为砂石状，把这些铁矿碎砂漉出炼成铁的。宋应星曾经指出，铁矿石“质有土锭、碎砂数种。凡土锭铁，上面浮出黑块，形似秤锤，遥望宛然如铁，捻之则碎土，若起煎炼，浮者拾之”。这种铁矿石，在“燕京遵化、山西平阳，则皆沙铁之薮也”。“凡砂铁，一抛土膜，即现其形，取来淘洗，入炉煎炼，熔化之后，与锭铁无二也”。除这一步骤与宋统治地区冶炼上存在差别，至于杂生铼以炼钢则完全一样：“铁分生熟，出炉未炒则生，既炒则熟，生熟相合炼成则钢”④。辽东京道冶铁技术则因矿石的相同而与宋统治区则完全一样了。

辽国的铁和铁制工具也都具有自己的特色。镔铁是契丹冶铁中的名牌产品，坚韧似钢，系经过多次冶炼锻打而成功的，与中原地区的百炼钢颇为类似。用镔铁制成的刀，也成名牌产品，契丹皇帝往往用来作为向宋朝皇帝生辰

① 王曾：《行程录》。
② 《辽史》卷三八《地理志》二。
③ 《辽史》卷一一《圣宗纪》四。
④ 宋应星：《天工开物》卷下。

献的一种礼品："宋朝皇帝生辰，北朝所献（下从略）"，"帝［国主］或致戎器宾铁刀"[①]。阿保机时还以所制作的"金镀铁甲"、"金镀银甲"献给朱温[②]，也当然是制作中的精品。所制作的各类武器，"弓以皮为弦，箭削桦为之"[③]，"燕北胶弓，坚韧不易折"[④]，短刀、鸣镝，以及日常用具和各类工具如铁斧、铁锛、铁锁、马镫之类，都制作良好。特别是兴中府（朝阳）于重熙十五年（1032）所建造的铁塔，一方面说明了辽代铁产量之多，而另一方面也说明了冶铁技术及工艺制作的进步。草原地区在契丹统一之后，确实取得了不小的进步。

第二节　金、银冶以及金银手工制造业

契丹对金银铜的冶炼亦极为重视，分别设立坑冶。在冶金业中有所谓的山金司："以阴山产金，置冶采炼，故以名司。"[⑤]《辽史·百官志》二《北面边防官》记载："山金司。一作山阴司，置在金山之北"，"以上西京诸司，控制西夏"。根据以上记载，山金司在阴山，在今天的呼和浩特一带的大青山而非阿尔泰山。辽圣宗太平七年（1027）西南路招讨司奏，"阴山中产金银，请置冶"。山金司当即建立于此年。在批准建立山金司的同时，"复遣使循辽河源求产金银之矿"[⑥]，结果"于潢河北阴山及辽河之源，各得金、银矿，兴冶采炼。自此以讫天祚，国家皆赖其利"[⑦]。

辽对银矿的开采远比金矿为多，可以考知的有：

（1）泽州陷河银冶。"泽州，广济军，下，刺史。本汉土垠县地。太祖俘

① 《契丹国志》卷二一；厉鹗：《辽史拾遗》卷一五，"帝"作"国主"。四库影印本 383－772/773。

② 厉鹗：《辽史拾遗》卷一。

③ 王曾：《行程录》。

④ 杨复吉：《辽史拾遗补》卷五引《燕北杂记》。

⑤ 《辽史》卷一一六《国语解》。

⑥ 《辽史卷》一七《圣宗纪》八。

⑦ 《辽史》卷六〇《食货志》下。

蔚州民，立寨居之，采炼陷河银冶。”[①]《辽史·国语解》则称：“万役（标点本考订此二字当删，甚是）陷河冶，地名，本汉土垠县，有银矿。太祖募民立寨以专采炼，故名陷河冶。”据郑绍宗同志《辽代文化》的考订，泽州在今河北平泉县西南20里，即元之惠州、明之会州卫所在。冶在神山，亦即大黑山，其北有瀑河，即辽之陷河。河北八里下杖子西北山坡处有不少开采遗迹，称之为“老洞子”或“铅洞子”。铅是与银化合物形成的矿藏，产铅也就产银，故而也就称之为“铅洞子”了。

（2）银州银冶。“银州，富国军，本渤海富州，太祖以银冶更名，隶弘义宫”，冶在该州新兴县[②]。

（3）辽河源银冶“（辽）圣宗太平间，于潢河北阴山及辽河之源，各得金银矿，兴冶采炼”[③]。此银冶建立在辽圣宗太平七年（1027）之后。

（4）顺州东北银冶。王曾《行程录》称：“顺州东北过白屿河，北望银冶山。”[④] 路振《乘轺录》中的白絮河亦即白屿河，即今密云县之白河。银冶山在密云县南15里，又名银冶岭[⑤]。

（5）《辽史·食货志》下记有：“太祖征幽、蓟，师还，次山麓，得银、铁矿，命置冶。”这条材料极为笼统，既无明确的时间，亦无具体的地点，只有志此待考了。

（6）都峰银冶。在《李内贞墓志》中查到则有此冶[⑥]。

（7）大石银冶。同样在《李内贞墓志》中记有。

（8）严州银冶。

（9）宝兴银冶。在乾统三年（1103年）师哲为其父造幢中提到此冶[⑦]。

金银的采冶，为金银器的制作奠定基础。辽代金银器制作受中原地区的重大影响。在南京这样的著名城市，有金银辅专门制作金银器物，形成专业化。

---

① 《辽史》卷三九《地理志》三《中京道·泽州》。

② 《辽史》卷三八《地理志》二《东京道·银州》。

③ 《辽史》卷六〇《食货志》下。

④ 《长编》卷七九。

⑤ 《畿辅通志》卷五七《舆地·山川门》。

⑥ 载《全辽文》卷四。

⑦ 《全辽文》卷一〇。

在金银器制作中，契丹鞍是最为有名的名牌货，它能够同宋统治地区的名牌货相比美，被列为“天下第一”[①]。这个产品经常作为契丹皇帝赠送宋朝皇帝重要礼品之一，从赤峰辽墓中出土的辽驸马赠卫国王萧沙姑的镀金飞凤戏珠银鞍饰、镀金龙戏珠鞍饰等，集中表现了契丹金银鞍辔工艺制作之大成。契丹皇帝赠送的礼品中所记的“金涂银鞍辔”，乃是在鞍上凸起来浮雕的龙、凤卷草等多种花纹上加以鎏金钻花，从而形成为银地金花，辉煌灿烂，绚丽多彩，无怪乎连《宣和画谱》的作者宋徽宗赵佶都惊叹：辽之“鞍勒率皆瓌奇”！辽代锤鍱胎金银器物，据专家们研究，是直接继承唐代制作技术的。就今张家营子辽墓出土的锤鍱双龙纹金银冠[②]，平泉小吉沟辽墓出的银冠、双龙凤戏珠，都属于锤胎工艺制品，即在银胎表面上，钻花或雕花，也都是非常精美的[③]。至于其他类金银器物，也都十分精致，还有标志契丹葬俗的用来遮盖死者的银盖脸，对契丹风俗史的研究也很有用处。[④]

第三节　铜冶、铜钱铸造和铜器制造业；矿冶生产者

在北中国，铜产量较少，宋代北方仅占总产量不过百分之几。契丹草原以及契丹其他统治地区也同样是如此，铜冶和铜产量都是不多的。铜冶可以考知的有：

（1）大名城铜冶。1952 年在辽中京大名城故址发现了辽代铜冶炼作坊，出土了大量铜液、铜锤、铜，以及一些烧结物，从而充分证明了这里是个鼓铸冶炼地址。

（2）平泉寺小寺沟铜矿。这个矿坐落在陷河银冶矿山北壁，系辽代遗址。

（3）兴隆寿王坟铜矿区。郑家庄王坟窑场一带，系自西汉以来的铜冶场所，矿区面积甚大，老坑甚多，其中有辽金时期的矿坑。

辽代铜钱铸造，同样是辽国家掌握的。《辽史・食货志》下中说：“鼓铸

① 太平老人：《袖中锦》。

② 冯永谦：《辽宁省建平新民的三座辽墓》，1960 年《考古》第 2 期。

③ 张秀夫：《河北平泉县小吉沟辽墓》，1982 年《文物》第 2 期。

④ 以上叙述参考了郑绍宗同志的《辽代文化》稿本。

之法，先代撒剌的为夷离堇，以土产多铜，始造钱币。太祖其子，袭而用之，遂致富强，以开帝业。”这个记载是否可靠，值得怀疑。据到过辽上京西楼的胡峤曾说，那里的交易，“无钱而用布”，即以布作为等价物的尺度[①]，说明阿保机建国后尚且缺乏铜钱。辽代铜币保留下来最早的是阿保机时期天赞钱。

辽代铸造铜币制度化，始于辽太宗，当时“置五冶太师，以总四方钱铁”，并铸有“天显重宝”。辽穆宗时铸有“应历重宝”。辽景宗因“旧钱不足以用，始铸乾亨新钱，钱用流布”[②]。辽圣宗一面发掘刘守光窖藏于大安山的铜钱，“散诸五计司”（即五京之内主管财政的机构）。同时又“铸太平钱，新旧互用”。辽兴宗重熙十二年（1043）置长春路钱帛司[③]，另外还有辽西路钱帛司和平州路钱帛司。自圣宗以来，铸有开泰元宝、太平元宝等铜钱[④]，同唐代开元钱共同流布，谓之“新旧互用”以解决通货不足问题。到辽道宗时，辽代铸钱达到最高峰，当时“钱有四等，曰咸雍，曰大康，曰大安，曰寿隆（寿昌）”。辽天祚帝时，继续铸了乾统元宝、天庆元宝和天庆通宝。尽管频频铸钱，但由于铜产量的严重不足，年额有限，有时不过500贯[⑤]，很难满足流通的需要。而且钱的质量也不够好，如辽道宗时的清宁通宝，“径九分，重三铢”[⑥]。很难同开元钱、宋钱相比。

为解决通货的不足，辽采取了两个措施。一是严禁销铜钱为器物和外流。重熙元年（1032），“先是，南京三司销钱作器皿三斤，持钱出南京十贯，及盗遗火家物五贯者处死，至是，铜逾三斤，持钱及所盗物二十贯以上处死”[⑦]。另一个措施是，通过贸易等途径，大量地吸引宋钱入境，这一点将放在商业贸易中叙述。

除铸钱外，契丹也有铜器制造业。从考古发掘出土的器物看，铜器也受中

① 《新五代史》卷七三引胡峤《陷虏记》。

② 《辽史》卷六〇《食货志》。

③ 按《辽史》卷四八，《百官志》四载，长春路钱帛司置于重熙二十二年，重熙无二十二年当系十二年之误，存疑待查。

④ 《金石索·金索》四。

⑤ 洪遵：《泉志》引赵忠志《虏廷杂记》。

⑥ 洪遵：《泉志》。

⑦ 《辽史》卷六二《刑法志》下。

原地区的深刻的影响。如仿唐代样式制作成功的海马葡萄镜、宝相花镜、缠枝牡丹镜，样式既多样性、所制花纹亦极精美。此外，镜上还有制作的年份。余如在平泉等地出土的铜盂、碗、铜熨斗、壶、骨朵、刀、剑、灯、炉、马铃铛、马镫，为数甚多。多系辽上京、中京、北安州、长春州辽墓葬中的物品①。

从事矿冶生产的劳动者约有以下几种情况。第一类是俘虏，如陷河银冶即是被俘的汉民，饶州长乐县铁冶则是被迁去的渤海民；第二类是奴隶，“曷术部。初，取诸宫及横帐大族奴隶置曷术石烈，‘曷术’，铁也，以冶于海滨柳湿河、三黜古斯、手山”②，当然也有俘虏来的奴隶；第三类是罪犯，辽圣宗时，秘书省正字李万，因上书中“辞涉怨讪”，“杖而徙之”，“役陷河冶”③，就是一例。俘虏、奴隶、罪犯之外，有的矿冶者“随赋供纳”，很可能是以个体生产为基础的独立的冶户了。

第四节　制　车

很久以来，契丹人即以“车马为家”，因而在畜牧业中蕃息马匹，在手工业中制车，就成为契丹社会经济生活中富有民族特色的两项产品了。

契丹人之能够造车，是从黑车子学来的。所谓“黑车子，国也。以善制车帐得名。契丹之先，尝遣人往学之。”④ 契丹人以其自己的独创性，制造出种种不同用处的车子：“随水草迁徙，则有毡车，任载有大车，妇人乘马亦有小车，贵富者加之华饰。禁制疏阔，贵适用而已。”⑤ 沈括曾出使过契丹，他对契丹的车有过如下的评论：“辎车之制如中国，后广前杀而无般，材俭易败，不能任重，而利于行山，长毂广轮之牙，其厚不能四寸、而轸之材不能五

---

① 张秀夫:《河北平泉县小吉沟辽墓》，1982 年《文物》第 2 期。
② 《辽史》卷三三《营卫志》下。
③ 《辽史》卷一五《圣宗纪》六，开泰元年秋七月丙子记事。
④ 《辽史》卷一一六《国语解》。
⑤ 《辽史》卷五五《仪卫志》一。

寸。其乘车驾之以驼，上施荒帷，富者加毡幰文绣之饰。”①

沈括在《图抄》中还说：“契丹之车，皆资于奚。”据前引王曾的《行程录》，奚人有三大活动，即“伐山、陆种、斫车”，所居打造馆部落，即是专门制造车辆的。由于“奚人以车帐为生，昼夜移徙”，“奚车夕载星”，车为其基本生活需要，因而能制造出适用而又美好的车子是完全可信的。契丹贵妇人特别喜欢奚车，所谓“奚车一牛驾”②，行走平稳，不颠簸，以毡制成，又能够御寒，无怪乎为人称赞了。

渤海人也能造车，在富谷馆中造车的就是渤海人。③

第五节　雕版印刷业的发展

南京是辽的经济文化中心，但在石敬瑭割让燕云十六州之时，南京是否有雕版印刷业则很难确定。耶律德光入汴，将汴梁的方伎、百工、图籍等等送至上京，石晋所藏图籍流入契丹，契丹之有雕版印刷业最早不会超过此时。所以，辽朝建国初期的图书，是五代和北宋初年的刻本。大约在辽太宗、穆宗之后，由于国子监的设立，五京皆置学校，需要的图书便多了起来，特别是自辽圣宗以来汉化日深的趋势下，雕版印刷汉文经史子集诸部提到日程上来，雕版印刷之兴起，并且以南京为中心，便势所必然的了。

契丹雕版印刷是由山西应县木塔中《契丹藏》的发现而使人们有了较为清晰的认识。1974 年 7 月在应县佛宫寺释迦塔——即誉被全球的辽代木塔——四层主像释迦牟尼佛腹中发现的，包括十二卷《契丹藏》和三十五卷辽代所刻经籍。十二卷《契丹藏》中包括《大方广佛华严经》（四卷）、《妙法莲花经》（一卷）等等。经文全用汉字刊刻，极为工整，全部轴装，丝织缥带，版式统一，每卷刻有译者名字，纸为硬黄纸，虽千有余年仍保持其光彩而未生虫蛀。难能可贵的是，这部藏经还有几件套色版刻，如《药佛琉璃光佛

① 沈括：《熙宁使虏图抄》，《永乐大典》卷一〇八七七《虏》字韵。
② 阮阅：《诗话总龟》卷一八，引吴奎诗：“奚车一牛驾，朝马两人骑。”
③ 王曾：《行程录》，《长编》卷七九。

说法图》，木板雕印，墨线勾勒轮廓，然后再以朱膘、石绿二色填垫画面，印于麻纸。这种雕版套色技术，在印刷史上占有重要的一页。

这部《契丹藏》刻于辽圣宗统和二十一年（1003），有的则刻于统和九年（990），均刻于南京。是经刊刻之后，辽道宗咸雍八年（1072）十二月庚寅，“赐高丽佛经一藏”[①]，当系指此而言。从佛经刊刻史来看，这部《契丹藏》晚于宋太祖时候的《开宝藏》30 多年，但比流传到今的宋徽宗时候刊刻的《开宝藏》则早 100 多年，从这里就可以看出它在佛经刊刻史上地位之重要了。就辽国的雕版印刷业来说，它能够刊刻规模如此巨大的藏经，足以说明了辽代的造纸业和印刷业之兴盛，而且刊刻和纸的质量也能够同宋代一比，值得后代重视。[②]

近两年笔者还曾听到，在丰润县辽塔的最上层，也发现了辽代藏经，亦系辽代南京刊刻。可惜的是，有关它的情况尚未见报道披露，不能同应县发现的作一比较。从这一情况看，《契丹藏》在今后还有可能发现出来，辽代其他雕版印刷也必将发现，对契丹雕版印刷业将会有更加清楚的认识。

第六节　陶瓷业

陶器、瓷器是人类日常生活的必需品，因而为满足人类这一需要不断地发展、不断地提高，其中精致美好的陶、瓷，成为非常美好的艺术品。辽代陶、瓷业也很发展，而且有不少的好产品。从辽代出土墓葬和发掘出的遗物遗址考察，辽代陶瓷窑的分布是很广的，可以举述的是：

（1）上京窑。在林东古城，窑规模较小，可能是辽太祖时候的一座官窑。这座窑是迄今发现的最早的辽代瓷窑。

（2）中京一带瓷窑。据薛映《行程录》的记载：“自中京正北八十里至临都馆，又四十里至官窑馆”[③]，这个官窑馆就是契丹一座官窑的所在地。在高

① 《辽史》卷二三《道宗纪》三。

② 《山西应县佛宫寺木塔发现辽代珍贵文物》，1982 年《文物》第 6 期。

③ 薛映：《行程录》，《长编》卷八八，大中祥符九年九月己酉。

州（赤峰东北）、松山州（赤峰西）一带，都曾发现辽代瓷窑，薛映所记的官窑就是这一带系列官窑中的一座。

（3）在南京，辽代瓷窑为数尤为可观，如经过几次发掘的门头沟龙泉窑，也是辽代早期瓷窑，窑址仍然“遗存有大量白釉瓷片和废匣钵”①。密云也发现了辽代瓷窑。

（4）在辽阳以及吉林境内发现的辽窑，其中辽阳江官屯窑场面积甚大，但产品质量不佳，吉林等地瓷窑所烧窑品洁白度也不高。

上述窑址，大体上可以区分为官窑、民窑两类。官窑产品的底部有“官”或“新官”的款识，可以确证来自官窑，非冒牌货。同宋代一样，辽代官窑产品的质量一般地比民窑高。

“近水楼台先得月”。从近几十年出土的辽代瓷器看，其中一部分是从辽南京路近邻宋河北路定窑流传过去的，另外一些，则是辽窑仿照定窑烧造成功的。虽然在造型、釉色、花纹等方面，还没有达到定窑的水平，但也都是精心制作的产品。如在赤峰出土的鸡冠壶，我国老一代的陶瓷学专家陈万里先生誉之为：“釉色的白，有似普通所谓加了粉一般，这在定瓷中亦颇少见”②，模仿粉定而有青出于蓝之势。又如吉林辽墓出土的葫芦形的白釉执壶，“胎质精白，釉色细润晶亮”③，同为辽瓷中的珍品。辽代所制青瓷，也保留下来了不少珍品，诸如北票辽墓出土的绿釉长头凤首瓶、北票二十家子出土的青瓷飞鱼水盂，是辽代青瓷中的代表作。

辽代陶器也多上彩釉，其中如所谓“辽三彩”是直接继承了唐三彩。辽宁凌源山咀子辽墓的印花海棠式盘，盘中牡丹，白地、绿叶、黄花，洵称绚丽，即是其中佳品。民间日用的陶瓷产品，胎质较粗，釉彩薄而不润，更加等而下之的了。

辽代陶瓷虽然受到唐宋瓷的影响，多系仿制作。但是在广泛吸收唐宋陶瓷烧造技术工艺之后，也体现辽代独有的创造性。这种独创性主要表现在，一些

---

① 《文物考古三十年》第7页。

② 陈万里：《我对辽墓出土几件辽瓷的意见》，载1956年第11期《文物参考资料》。

③ 《吉林哲里木监库偏旗一号辽墓发掘简报》，1973年《文物》第8期。

器物的造形，更适应了契丹人的生活需要。如各地出土的代表性作品鸡冠壶、扁背壶、杯口长颈瓶、鸡腿坛之类，都具有这一特点。以鸡冠壶为例，它是从利于马上携带的皮囊演变而来，因而身扁平，上部有穿系和环梁，以便用皮条穿起来、斜背于身上。就是这一类型的鸡冠壶也多种多样，从而充分地体现了契丹人以“车马为家”的生活需要而特具的独创性。可以这样说，从小至一项产品，大至立国的制度，如果只有仿制，比着葫芦画瓢，这种形式主义的做法，都是没有生命力的，因而也都是无法存在下去的。仿制，这是吸收人家的（或外来的）长处，更重要的是，通过仿制贯注适应自身需要的独创性，便能够富有生机，并能够持续地发展下去。

第七节　皮毛业、纺织业和制革业

（一）契丹人以及奚人的日常生活的基本需要——一食二衣，是建立在“畜牧畋渔以食，皮毛以衣”基础上，皮毛业之受到契丹人奚人的重视并因而得到发展，是极其自然的了。试看洪皓的有关记载：

> 北方苦寒，故多衣皮，虽得一鼠，亦褫皮藏去。妇人以羔皮帽为饰，至直十数千，敌三大羊之价。①

这个记载一方面叙述了毛皮的使用价值，从而即使是一只灰鼠，也受到契丹人的珍惜；而另一方面又叙述了羔皮帽之类的经济价值，从而说明了毛皮在契丹人心目中的地位。

羊皮，这是契丹人奚人广泛服用的一种毛皮，但受到契丹人奚人珍视的则是猎取狐、貉、水獭等类兽皮，用来制作皮裘。即使是虎、豹、狼等猛兽的毛皮，也都有各自的用处，契丹人送给中原王朝中的礼品，如所谓“文豹”，当即猎取的豹皮，这类兽皮作垫褥之类也是极为名贵的。

在各类毛皮中，狐皮是很名贵的，但貂皮较狐皮更为名贵：“北使云：青貂穴死牛腹（此语作何解释不详），掩取之；紫貂升木，射取之；黄色乃其老

---

① 洪皓：《松漠纪闻》卷二，四库影印本407－705。

者，银貂最贵，契丹主服之。”① 包括契丹辽国在内的王朝，是根据社会等级、官阶高低而规定服制的，因之对皮裘的穿着也都按照等级，没有任何例外。所以，辽道宗清宁元年（1055）九月壬戌诏书上说：“夷离堇及副使之族，并民如贱（标点本认为当作‘并如民贱’，甚是）不得服驼尼，水獭裘……”② 不论怎样讲，稀有的高级毛皮只有贵者才能服用。宋绶有关这方面的记载说：“贵者被貂裘，貂以紫黑色为贵，青色为次。又有银鼠，尤洁白。贱者被貂毛、羊、鼠、沙狐裘。”③ 贫贱者能有老羊皮蔽体不被寒风吞噬就算很幸运了。这种制度一直存在于北方诸族中，到清代还有“一品玄狐二品貂”的说法。

（二）毛纺业。羊不仅供给契丹人以饮食和衣着，而且还可以提供为数可观的羊毛：“[北羊] 三月八（?）月两剪毛……可捻为线；春毛不直钱，为毡则蠹，秋毛最佳。”④ 用羊毛捻成线，则可以用毛线织成毡毯等产品，对包括契丹人奚人在内的北方诸族生活的各方面，如穹庐、车帐等等，都是十分需要的。至于上面引文中所说的“驼尼”，可能是用驼绒织成的一种高级名牌货，连诸部夷离堇都没有资格服用。总之，在契丹辽国，毛纺业也是一项重要的手工业，但这种手工业是单独存在的独立手工业呢，还是同畜牧业相结合而构成契丹个体生产的物质基础呢，抑或两者兼而有之，以材料短缺，无法说得清楚。

从畜牧业发展中，派生了制革业。除马、羊之外，契丹牧养的牛也很可观，因而皮革的制作也形成为一门专业生产。这类皮革，既适应了契丹军事的需要，也适应了契丹人的生活需要。如牛皮囊，是草原上盛水用的工具，它的制作就有其特殊性，即在杀牛时，从牛皮开一小口，将肉全部食净，剩下来一个皮囊，牛皮上的小口就是注水、倒水时用的。这种制作看似平易，其实却非常精巧。余如皮带、皮靴、勒疆等，也都用牛革制成的。牛革有广泛的用途。

（三）如果说皮毛、制革、毛纺、制车是契丹人奚人的传统手工业，那就应当说，丝纺织业则是阿保机建国前后开始建立，并在幽、蓟诸州割让之后发展起

① 江休复：《嘉裕杂志》，四库影印本 1036－565。

② 《辽史》卷二一《道宗纪》一。

③ 宋绶：《行程录》，《长编》卷九七，天禧五年九月甲申。

④ 《松漠纪闻》卷二。

来的。

毫无疑问，丝纺织业是在大批汉人被俘至契丹统治地区而建立和发展起来的。前面已经引用了片段材料，现在再详加引用材料以充分说明这一问题。

1. 前引《旧五代史·卢文进传》上说："自是戎师岁至，驱掳诸州士女，教其织纴工作，中国所为者悉备。"这是说，自从卢文进投降契丹之后，由俘来的汉人而将纺织技术传入到契丹统治地区。

2. 胡峤《陷虏记》上说：上京西楼，"有绫锦诸工作、宦者、翰林、伎术、教坊、角牴、秀才、僧尼、道士等，皆中国人，而并、汾、幽、蓟之人尤多。"在上京临潢，亦即契丹统治的腹心地，也有了绫锦诸工作，即有了丝织业作坊，而这些作坊又是以并汾幽蓟汉人为主体的。

3. 隶属于积庆宫的宜州弘政县，"世宗以定州俘户置，民工织纴，多技巧"。定州是唐宋以来北方著名的丝织业所在，被契丹俘去的定州人，把当地丝织技术带到了契丹统治的腹心地区。

4. 属于中京的白川州，"地宜桑柘，民知织纴之利，岁奉中国币帛（指契丹给宋廷的节日礼品），多书白川州税户所输云。"[①] 白川州即川州，系辽太祖之弟安端所建立的头下军州之一，这里"地宜桑柘"，即可以种桑养蚕，而所谓"民知织纴之利"云云，又说明了作为白川州的汉人头下户从事丝织业生产，向辽国家提供布帛，从而在契丹统治腹心地区发展了丝织业。

在据有幽蓟之后，契丹丝织业获得了更进一步的发展。一是继续在其腹心地区发展蚕桑业，路振《乘轺录》上记载道：

> 灵河有灵、锦、显、霸四州，地生桑麻贝锦，州民无田租，但供丝织，名曰太后丝蚕户。[②]

二是幽州市即辽南京析津府，这个地区本就是重要的农业生产区，而富产桑麻，所以这里的"锦绣组绮，精绝天下"，"桑柘麻麦……靡不毕出"[③]，从而使辽国丝织业发展更上一个台阶。

---

① 曾公亮：《武经总要》前集卷一六《北番地理志》。

② 江少虞：《皇朝事实类苑》卷七七。

③《宣和乙巳奉使金国行程录》，《靖康稗史七种》本。

在上述发展中，最为值得注意的是，丝织业有了专业户进行生产。如路振所说灵河诸州“但供丝织”而“无田租”并名之为“太后丝蚕户”，当即是从事丝织业的专业户，尽管在身份上还不同于个体专业户。除专业户之外，还有为契丹皇室控制的绫锦院，上京临潢皇室南邸有这一机构，前引胡峤《陷虏记》中所说的“绫锦诸工作”即指的是绫锦院。在祖州（内蒙昭乌达盟林东镇西南）“东为州廨及诸官廨舍，绫锦院，班院祗候、蕃汉渤海三百人，供给内府取索”[①] 也有绫锦院，有织工从事生产。蚕丝户、绫锦院虽然皇家占有，但它既从农业中分离出来，必然能够推动丝织业的独立发展，在技术上、产品质量上有所改进和提高。

事实正是如此。辽国丝织业有了空前的大发展，特别是在质量上的提高达到惊人的地步。一些高质量丝织品，辽国皇帝用来给臣下的赏赐，如辽圣宗在统和元年（984）十二月祭陵之后到达显州（辽宁北镇），“以显州岁贡绫锦分赐左右”[②]，而且用来作为馈赠宋朝皇帝的礼品。下面从文献记载中摘述几段：

> 刻丝花罗御样透背御衣……细锦透背清平内制御样合线楼机绫共三百匹，涂金银龙凤鞍勒红罗押金线绣方鞯二具，……红罗金银线绣云龙红锦器仗一副……
>
> 其母（即萧太后）又致御衣缀珠貂裘，细锦刻丝透背合线御绫罗绮纱縠……[③]

此外《契丹国志》上还有“细锦绮罗绫二百匹，衣著绢一千绢”，“锦绮三十匹，色绢一百匹”等等。这些名贵的丝织品同中原地区的相比，无任何逊色之处。无怪乎宋真宗在接到这些礼品之后，为之惊叹不已：

> 是岁帝（宋真宗）以礼物宣示近臣，又出祖宗朝所献礼物示宰相，其制颇朴拙，今多工巧，盖幽州有织工耳！

从法库叶茂台七号墓出土的辽代丝织品看，“包括绢、纱、罗、绫、锦和刻丝，共六类，九十多个品种规格。其中有首次发现的辽宋朝丝织品用金的标本

① 《辽史》卷三七《地理志》一。

② 《辽史》卷一〇《圣宗纪》一。

③ 《宋会要辑稿》蕃夷一之三六，《契丹国志》卷二一《契丹每次回赐物件》。

多件”，特别是其中的“一件约长二米的刻丝夹被，以金色为主色，织出飞龙、火珠、山水、海怪组成的复杂图案，为早期刻丝提供了一个典型标本”①。宋真宗叹为观止，许亢宗《行程录》“精绝天下”的评论，从出土的绚丽多彩的辽丝织品的情况，更加证明了辽代丝织品质量的突出进步。

丝织业之外，麻纺织业在南京道、西京道和东京道依然占主导地位。这是因为，麻布是广大劳动生产者的最基本的需要，这一纺织部门理所当然地占有首位了。渤海即辽的东京道，是麻布生产区，自东丹国建立，阿保机长子耶律倍为东丹王，每年向契丹本土“贡布十五万端，马千匹”②，这种布就是由纻麻织成的纻或者纻布。南京道以“桑柘麻麦”著称，麻布生产量更多于东京道和西京道。

第八节 制盐业

辽代盐的制作可以区分为两类，一类是池盐，一类是海盐。

池盐在辽建国之前即早已存在，为契丹人长时期食用，它的产地有：

（1）在炭山之南、阿保机所建汉城；“有盐池之利，即后魏滑盐县也，八部皆取食之。”

（2）鹤刺泺。辽太祖“征幽蓟还，次于鹤泺，命取盐给军，自后泺中盐益多，上下足用”③。

（3）广济湖。“上国（指上京临潢府）西百余里有大池，幅员三百里，盐生蓄案如冰凌……虏凿之为枕，其碎者类颗盐，民得采鬻之”④。

（4）西京道大盐泺。在丰州境内，丰州“地碛卤，少田畴”，《食货志》称其产盐，当是指大盐泺而言⑤。

海盐是在取得幽云十六州和灭渤海之后才取得的，产盐的地点是：

---

① 《文物考古工作三十年》第95页。
② 《辽史》卷七二《义宗倍传》。
③ 《辽史》卷六〇《食货志》下。
④ 路振：《乘轺录》，载《类苑》卷七七。
⑤ 《辽史》卷四一《西京道·丰州》。

（1）香河县。《辽史·食货志》下说，燕云十六州，“瀛、莫在焉，始得河间煮盐之利”。澶渊之盟以后，宋辽以白沟为界，辽海盐集中于香河一带：“香河县本武清孙村。辽于新仓置榷盐院，居民聚集，因分武清、三河、潞三县户置”[①]，形成为一个盐业中心，“燕云迤北暂食沧县”，到金代更形成为一个繁荣的镇市。

（2）隰州海滨县。“濒海，地多碱卤，置盐场于此。”[②]《宣和乙巳奉使金国行程录》称：“自来州八十里至海云寺”，“自海云寺一百里至红花务”，“此一程尽日行海岸，红花务乃金人煎盐所，去海一里许”。按辽之隰州海滨县亦属来州，金人煎盐的红花务，当即隰州海滨县。

由于盐税是辽国财政上的一笔重要收入，因此在产盐地如渤海、镇城、海阳、丰州、阳洛城、广济湖诸处，分别由所在的计司管理。所谓五京计司当是指上京盐铁使司、东京户部使司、中京度支使司、南京三司使司、南京转运使司和西京计司[③]。

辽沧盐在辽亡以前每贯400文，得盐120斤[④]，折合每斤不过十一二文，即使在宋产盐区官买也20文一斤。价格低、便宜，在市场上具有较强的竞争力，因此宋河北境内多食沧盐，从而与宋盐发生了矛盾。这一矛盾却产生了一个意想不到的好的效果。为稳定宋在河北的统治，宋政府被迫不在河北榷盐，即使有时候实行之，也由于辽盐的南下而不得不放弃。看来，和平时期辽盐的力量比契丹征骑厉害得多，能够使宋政府的政策发生变化。

第三、四章结论　辽代社会经济的发展，从阿保机建国前后即出现了一个好的势头，到辽圣宗统治期间发展到顶峰，历时约120余年；辽兴宗时已有所萎缩，至辽道宗以后明显地衰落下来。

---

① 《辽史》卷四〇《地理志》四。
② 《辽史》卷三九《地理志》三《来州》条。
③ 《辽史》卷四八《百官志》四。
④ 《三朝北盟会编》卷二四引《陷燕记》。

辽代社会经济的发展，与占有燕云十六州有着密切的关系。辽建国之初，以畜牧、狩猎经济为主，还有微量的农业。割有幽云诸州之后，辽不仅从单一的畜牧业经济向农业经济发展，而且发展了多种手工业生产。多种经济的配合和互相补充，是辽代社会经济取得发展的一个极为重要的条件。《辽史·百官志》四上说，“既得燕、代，益富饶矣”，这话说得是很对的。

辽代社会经济的发展，与中原地区先进生产技术和汉族劳动人民的支持是分不开的。数以万计的被俘的汉族劳动者在草原地区垦辟了土地，建立了多种手工业生产，从而为辽国经济发展奠定了坚实基础。没有汉族劳动者的努力，辽国经济的发展是不可想象的。至于中原地区的汉族物质文化和精神文化，通过多种渠道给契丹以这样和那样的影响，更是不可估量的。在我国古代，即鸦片战争以前的时代里，汉族与周边诸族（主要指在今天我国境内的）的关系，既有其矛盾斗争的一面，这是在私有制历史条件下无可避免的，但也有其经济文化上的相互影响、相互推动、起着良好作用的一面，而汉族是一个大的民族，有义务也有责任对周边诸族作出更多的贡献。

契丹人、奚人虽然受到中原地区汉族先进生产、先进文化的深刻影响，但契丹人、奚人不仅以他们自己的聪明才智创造出来一些物质上和精神上的文化，同时在接受影响中，善于吸收，善于根据本民族的需要而作出创造性的发展，如丝织业、陶瓷业的发展就表现了这一特点。而这些创造性的发展，也就与汉族一道，共同丰富了中华民族的古代文化，使之更加绚丽多彩。

第五章　契丹辽国的城市和商业及其与周边诸族（国）的贸易

由于契丹辽国自然条件的差别，北部草原畜牧业生产，中部山区农牧业生产相间和燕蓟平原农业生产的差别，契丹的商品交换就有着地区差别和它的某些特点。特别是草原地带建立了大批的居民点和城市，给契丹社会经济生产带来了重大影响。本章从这几个基本方面加以叙述。

第一节　辽上京、中京等城市建筑及其重要职能和意义

契丹人、奚人长期过着游牧生活，以车马为家，靡有定居。到耶律阿保机的伯父释鲁当政期间，“始兴板筑，置城邑”①，开始了城堡的兴修，从而有了定居的居民点。契丹城邑的修建，虽然受到汉族的影响，“得燕人所教，乃为城郭宫室之制”②。阿保机称帝之前，已经建立了大批城邑，其中很多命名为汉城，将俘获的各族人民安插在这些城邑中，但这些城邑，一般说是比较狭隘的。而规模较大的建筑则是上京临潢。

上京临潢是在辽太祖神册三年（918）开始兴建的，由“〔康〕默记董役”，“百日而讫事”③，称之为龙眉宫。天显元年（926）灭渤海后，“乃展郛郭，建宫

① 《辽史》卷二《太祖纪赞》。
② 《旧五代史》卷一三七《契丹传》。
③ 《辽史》卷七四《康默记传》。

室"[①]，扩大了上京建筑的规模，命名为上京临潢府。上京是以幽州为样板而兴建成功的，所谓"城郭、邑屋、廛市，如幽州制度"[②]。幽州城建规模确定于唐代，"如幽州制度"，也就是如唐制，按照唐代城建制度修建的。

上京临潢可以区分为北城、南城两部分。北城为皇城，宫廷所在，"内有昭德、宣政二殿与毡庐皆东向"[③]。虽然仿照唐代建筑规模，但仍然按照契丹人的毡庐东向习俗建筑的，可以说是建筑上的契丹化。此外，还有各官府机构、国子监、寺院和孔庙等建筑群，南城则"谓之汉城，南当横街，各有楼对峙、下列井肆。东门之北潞县，又东南兴仁县。南门之东回鹘营，回鹘商贩留居上京，置营居之。西南同文驿，诸国信使居之"[④]。

中京大定府（内蒙自治区昭乌达盟宁城大明城）是继上京临潢府而兴建的又一座都城。辽圣宗统和二十五年（1007）下诏修建，"择良工于燕、蓟，董役二岁，郛郭、宫掖、楼阁、府库、市肆、廊庑，拟神都（都上京）之制"，同样"实以汉户"[⑤]。宋使路振曾记载这座都城道：中京"有外城、内城和皇城三重城"，"自朱夏门（中京南门）入，街道宽百余步，东西有廊舍三百间，居民列廛肆庑下。街东西各三坊，坊门相对"[⑥]。据考古发掘的情况看，这座三重城的"外城内的南部是坊市"，"自南墙正中的朱夏门址，至内城南门正中的德阳门址之间，为一条宽达六十四米的笔直大道，道路两侧有用石板砌成及木板铺盖的排水沟"，"大道两侧曾钻探出南北向的纬路三条，东西向的经路五条"，"东西两侧对称布局，次序井然"；——因此，考古学家们断定，中京大定府"是完全模仿北宋汴京开封城的制度"[⑦]。

从历史上看，赫连勃勃所建的统万城，是在塞内而非塞外，当时它的自然条件是湖光水色，远非今天毛乌素沙漠的景象。真正在塞外草原上建立的都城，应当说上京和中京这两座都城是首创，是少数族的政权自己建立起来的。

---

① 《辽史》卷三七《地理志》一。
② 《新五代史》卷七二《四夷附录·契丹》。
③ 薛映：《行程录》，《长编》卷八八大中祥符九年己酉记事。
④ 《辽史》卷三七《地理志》一《上京临潢府》条。
⑤ 《辽史》卷三九《地理志》三《中京大定府》。
⑥ 路振：《乘轺录》，载《类苑》卷七七。
⑦ 《文物考古工作三十年》第77~78页。

尽管像中京建筑规模如王曾所评，“城亘卑小”[①]，无法同宋的城市相比，但在1000多年前人烟稀少的草原上矗立了这样两座都城，确是史无前例的伟大的创造！它不仅深刻地体现了契丹人、奚人和汉人辛勤劳动的结晶，而且也反映了汉族文化从中原地区向草原地区发展，并从另一个侧面表现了契丹人、奚人和汉族在文化上的交流和融合。这两座城市虽然成为了历史的遗迹，仅仅成为考古学家研究的对象，但它所涵蕴的这一伟大意义则是万古长青的。

上京和中京，以及东京辽阳府等城市的建立，究竟具有什么样的作用呢？

草原以及其东的渤海，是人烟稀少而又部落氏族甚为复杂的地区，诸部诸族之间相距较远，又怎样以其所有而易其所无，满足他们的生活需要呢？中原王朝的一些边疆城市对诸部诸族之间的交换就产生极其重要的作用。以柳城为例，下面有这样一个故事：

> 会契丹入抄营州，诏〔韦〕云起护突厥兵往讨契丹部落……契丹本事突厥，情无猜忌，云起既入其界，使突厥诈云向柳城郡，欲共高丽交易，勿言营中有隋使，敢漏泄者斩之，契丹不备。去贼营百里，诈引南度，夜复退还，去营五十里，结阵而宿，契丹弗之知也。既明俱发，驰骑袭之，尽获其男女四万口……[②]

按韦云起于隋炀帝年间率领突厥兵，诈称去柳城与高丽贸易，使契丹疏于戒备，然后施以突然袭击，从而取得重创契丹的胜利。此事本身无足多论，但由此可以看出，当时之柳城（今朝阳市）实为草原东西、松漠南北诸部族从事交换的重要所在。这是其一。其二，自张骞通西域，开启了中国同西域诸国之交换、贸易，西方诸国或派信使、或由本国商人（有些是冒称信使）同中原王朝或边疆诸族进行各种交换贸易活动。为克服草原戈壁滩各种困难，信使或商人往往组成上百人或数百人结伴前来，因而在中西交通史上，这类人群称之为队商。韦云起之率突厥兵对契丹采取军事行动能够成功，一方面由韦云起隐秘其军事行动，而另一方面则由于当时草原上有累百上千的队商活动，才能使诈称去柳城贸易取得成功，此类队商因人数众多，贸易活动时间又较长，特别

① 王曾：《行程录》。
② 《旧唐书》卷七五《韦云起传》。

需要较好的贸易场所，边疆如柳城之所以成为诸部族队商前来贸易，原因即在此。其三，契丹雄居草原200年，耶律大石于虎思斡鲁朵建立西辽，又延续近百年统治。因此，契丹声威所及，远被海西诸国，成为西方人心目中的东方大国。后来契丹虽然灭亡，但“Catay”依然成为泛指中国的称谓，《马可波罗行记》中称中国为契丹者即是一例，直到今天俄语中的中国或中国人，依然是这个字音，这同以唐家、唐家子称呼中国是一样的，并不是真正指契丹辽国的一个专称。这虽然是中西交通史上一个常识性的问题，在这里一提还是有其必要的。由于契丹威震遐迩，周边以及西方诸部族同契丹交往（包含信使往还、交换贸易诸方面）必将与日俱增，在客观上要求契丹建立更多的城市，以适应这一要求。

契丹建国以来所建立的许多城市便适应了这一客观要求。草原上原有的城市如柳城继续存在下来，并且得到了进一步的发展：

> 兴中府。……炀帝废州置柳城郡……太祖平奚及俘燕民，将建城，命韩知方择其处，乃完葺柳城，号霸州彰武军……①

又如松山州：

> 松山州……开泰中置……统县一：
>
> 松山县。本汉文成县地，边松漠，商贾会冲。开泰二年置县。②

松山州在辽代之能够置州，在于该地是“商贾要冲”。阿保机统治期间建立的城，或属于国家，或属于私人，有些是自给自足、与外面交往不多的城，但也有一些适应了草原上交换、贸易这一客观要求的。

特别是上京、中京和东京辽阳的建立，更加适应了这一需要。如前所说，上京、中京都有坊市作为交换的场所，东京也是如此：

> 外城谓之汉城，分南北市，中为看楼，晨集南市，夕集北市。③

看楼亦即望楼，其上设有咚咚鼓，以报晨昏，这是唐代城建制度，前面说的幽州也同样如此。辽代所建三京，与中原城市相同，都具有经济上的职能。

---

① 《辽史》卷三九《地理志》三《兴中府》条。
② 《辽史》卷三九《地理志》卷三《松山州》条。
③ 《辽史》卷三八《地理志》二。

上京、中京还具有特殊的职能。为人们所熟知的是，契丹政治中心不在上京、中京等五京，而在契丹皇帝所举行的四时捺钵所在地。尽管如此，但在上京、中京都有馆驿的设立，以便接待诸国诸部的信使。贡品、贺仪也好，回赐、答礼也好，但契丹与诸国诸部之间通过这一形式，进行了交换，则是一个无可置疑的事实。更何况，有随同信使来的商人，或冒充信使的队商，在上京、中京进行贸易，上京的回鹘营不正是安插没有回去的回鹘商人吗？在这里，人们看到了，上京和中京，同中原城市一样，都具有它的政治意义，即作为统治阶级的统治中心，但在契丹，这种政治上职能却转变为经济的职能，不能不说是草原城市的一个特点吧！

在辽阔的草原上，仅靠若干座城市作为契丹诸部和周围诸部诸国的交换场所，这既是契丹统治下草原上交换的一个特点，也是草原上交换不发达的一个产物。

第二节　燕南雁北地区的城市和商业

燕南地区以农业手工业比较发达，城市和商业的发展，远远超过了契丹草原地区和奚人畜牧农业相间的地区，而与宋的河北路情况类似。

燕南地区商业贸易的发展，表现在村镇、州县城邑形成的网络，并以南京作为这一地区的中心。

镇是中原地区连接城邑和村市墟市的一个中间环节，它的发展表现了农村基层交换贸易的活跃，并从其中最活跃最发达的村市上升为镇的。在燕南地区，镇市是存在的。如新仓镇：

> 凤城西控，日迎碣馆之宾；鳌海东邻，时辑灵槎之客。而复枕榷酤之剧务，面交易之通衢，云屯四境之行商，雾集百城之常货。①

这里由于是盐产的中心，辽设立了榷盐院，成为新仓镇的，并由镇上升为香河县的。由于产盐，吸引了贩盐的商客；商客增加，酒醋等的消费量增加，辽又设了征榷机构；以至四境行商，各地常货便云集到这里，成为一个非常可观的

① 宋璋：《广济寺佛殿记》，载《全辽文》卷六。

镇市了。到金代这个镇市又有了发展，将放在金代有关部分叙述。

镇市以上的州县城邑，也显得发达。如涿州，“不经兵火，人物富盛，井邑繁庶”[①]；蓟州，“地方千里，籍冠百城”[②]；易州“土沃民富”，单易县一县即达两万五千户[③]，成为燕南名邑；石城县约在滦州南八十里，也是由于产盐，“辽徙置以就盐官”[④]。这个居民点，到金初改名清州，虽在兵火之后，“居民万余家”[⑤]。总之，燕南州县城市在有辽一代是取得了发展的。

当然，南京析津府，作为这一区域的经济中心，取得的发展尤为明显。

史载，辽太宗占有燕蓟之后，“置南京，城北有市，百物山偫”[⑥]，由此反映了五代时燕京的面貌。路振使辽曾称：“幽州幅员二十五里”，“城中凡二十六坊，坊有门楼，大署其额，有罽宾、肃慎、卢龙等坊，并唐时旧坊名也。居民棋布巷端直列肆者，百室俗皆汉服，中有胡服者，盖杂契丹渤海妇女耳!”[⑦]从这里可以看到南京城建规模仍然按照唐制，以及南京在北宋初期发展的状况。到北宋末年，经过一个多世纪的发展，燕京城不仅是拥有30万人口的名都剧邑，而且：

> 户口安堵，人物繁庶，大康广陌，皆有条理。州宅用契丹旧内，壮丽夐绝。城北有三市，陆海百产，萃于其中。僧侣佛宇，冠于北方；锦绣组绮，精绝天下。膏腴蔬蓏果实稻粱之类，靡不毕出，而桑柘麻麦，羊豕雉兔，不问可知，人甘土厚，人多技艺……癸卯年春，归我版图，更名曰燕山，军额曰永清，周围二十七里，楼壁共四十丈，楼计九百一十座，地堑三重，城开入门。[⑧]

燕京不仅是燕南地区的中心，而且从经济上看也是契丹首屈一指的大城市。正是在燕京这个中心城市作用下，燕南地区百物，村镇城邑交换贸易，发展成为

---

① 《宣和乙巳奉使金国行程录》。
② 李仲宣：《祐唐寺创建讲堂碑》，载《全辽文》卷五。
③ 《辽史》卷一〇五《能吏·萧文传》。
④ 《辽史》卷四〇《地理志》四《平州石城县》条。
⑤ 《宣和乙巳奉使金国行程录》。
⑥ 《辽史》卷六〇《食货志》下。
⑦ 《类苑》卷七七。
⑧ 《宣和乙巳奉使金国行程录》。

一个区域经济体系，契丹草原地区在某些方面仰仗这个地区的供给。

雁北地区以西京大同为中心，西京“广袤二十里”，“敌楼棚橹县”，是辽的西南军事重镇。这一地区的商业当然比不上南京地区，但人口密集的程度超过了草原地区，因而形成了商业贸易的城市。如奉圣州望云县，因辽景宗于此建潜邸，形成“井肆”，在山区中成为居民交换的场所。

第三节　贸易、通货和征榷

交换贸易的繁盛与否，决定各地区的产品特别是投到市场上去的商品的多少。一般说来，契丹统治下的草原地区，以及奚人统治下的燕山山区，交换、贸易是不如燕南地区的。但由于契丹皇帝领地和贵族控制下的头下军州中的蕃汉转户、二税户，成为拥有自己经济的个体小生产者，他们除去将一部分产品奉献给皇帝贵族之外，余下的产品除供自己消费外，则投到市场上（主要的是布帛之类），从而使草原地区的交换贸易活跃起来，与此前大不相同。认识这一点非常重要，它是草原地区经济发展一个重要的条件。

辽国境内的交换贸易，从生产资料到生活资料，诸如酒、粟、薪炭、盐、蔬菜、羊、豕、牛、马、布帛等等，无不应有尽有。但贸易最多的物品仍以布帛为大宗。特别是在建国前和建国初，由于铜钱的短缺，不得不用布（即麻布）作为等价物，因而在市场上布受到人们的重视。辽道宗咸雍七年（1071）四月乙亥曾下令“禁布帛短狭不中尺度者”①。按宋朝的规定，布帛一匹长四丈二尺，宽二尺五分，既要符合规定长宽尺度，也不能疏织。辽代布帛尺度是否也如此规定，则不得而知。这是要求布帛合乎规定标准，对向官府纳税和市场交换都是十分必要的。可是，到大康七年（1081）十一月又诏“除绢帛尺度狭短之令”②，出自于什么原因下令废除，已无法弄清楚，但它反映了辽代后期诏令出尔反尔、政治日趋于腐败的事实。

由于契丹社会经济制度中还存在着奴隶制，因而在市场上便不能没有奴隶

① 《辽中》卷二二《道宗纪》二。
② 《辽史》卷二四《道宗纪》四。

的买卖。在统和二十五年的一个墓志上记道：

> ……千（计）亲駈（驱）肆拾贰口三拾三口并是□□，外有玖口駈使人，并是买到。[①]

驱使人亦即是驱或驱口，元代广泛地称奴婢为驱或驱口，从这个墓志上看到，早在辽代即已称奴婢为驱使人了。墓志上的9个驱使人都是买到的，看来奴婢买卖的数量还很可观。因此，辽兴宗于重熙十五年（1046）正月乙酉下诏："禁契丹以奴婢鬻于汉人"[②]，用来维护契丹人占有更多的奴婢，维持其奴隶主的身份地位。这道诏令是否生效便很难说了。总之，奴隶在辽代仍然作为特殊的商品而投到市场上。

要进行交换、进行贸易，就得有作为交换、贸易的媒介——通货。通货在辽代也是有所变化的。

在铜钱未铸造前，契丹曾经长时期地经历了物物交换的阶段。北魏以来，契丹与中原王朝或是"交市"或是"贡献"，都是以物易物的[③]。只到契丹建国之前依然如此。所谓"女直以金、帛、布、蜜、腊诸药材，及铁骊、靺鞨、于厥等部以蛤珠、青鼠、貂鼠、胶鱼之皮、牛羊驼马、毳罽等物，来易于辽者，道路襁属"[④]。后周广顺三年（953）胡峤返回中原，记其在契丹的闻见时还提到，上京"交易无钱而用布"这样一个事实。到辽国末年，在其边疆地区，如在东北地区与女真贸易时，如貂鼠之属，"各以所产轻重而博易"[⑤]，仍然是不用货币的。由此可见，辽从自然经济向商品货币经济过渡或发展，是很不容易的。

《辽史·食货志》上说，契丹铜钱铸造始于阿保机的父亲撒剌的，但缺乏实物证明其事。阿保机所铸天赞钱，算是有实物证明的最早的辽代铸币，但在辽上京交易时依然用布而不用钱，这可见天赞钱为数不多，还不能发挥其通货的职能。上京一带使用铜钱大约是辽穆宗以后的事。铜钱作为辽代通货还是以

---

① 《全辽文》卷五，《□奉殷墓志》。
② 《辽史》卷一九《兴宗纪》二。
③ 《魏书》卷一〇〇《契丹传》。
④ 《辽史》卷六〇《食货志》下。
⑤ 《松漠纪闻》卷一。

南京使用得最早。这同样反映辽代地区贸易之间的差别。

所谓南京使用铜钱，主要地是指唐钱，因为五代诸王朝铸钱也为数不多，境内多闹钱荒。此后，辽代尽管一再铸造铜钱，但如前所说，为数甚少，满足不了客观上的要求。因此，宋钱则滚滚北流，成为辽代使用的通货。这一点，宋人记载不少。宋真宗大中祥符八年十一月间宋君臣议论银价问题时，提到铜钱的外流："此外则两蕃南海岁来贸易，有去无还。"[①] 铜钱流于两蕃，其中之一即是契丹。而且越到后来，流入契丹的越多："四夷皆仰中国之铜币，岁阑出塞外者不赀"，"而牛羊之来于外国者，皆私易以中国之实钱，如此之比，泄中国之钱于北者，岁不知其几何?"[②] "北界别无钱币，公私交易并使本朝（指宋）铜钱，沿边禁钱条法虽极重，而利之所在，势无由止。本朝每岁铸钱以百万计，而所在常患钱少，盖散入四夷，势当尔也。"[③] 宋仁宗庆历元年五月乙卯诏书严禁铜钱外出，"以铜钱出外界一贯以上，为首者处死；其为从，若不及一贯，决配远恶州军本城"[④]，禁令虽严，铜钱照样流入契丹以及海外诸国，因而熙宁年间一度削除铜禁，于是"边关重车而出，海舶仓载而回"，"钱乃中国宝货，今乃与四夷共用"[⑤]！从近年发掘的一些辽墓和窖藏中，宋钱在各种铜钱中所占比数具有压倒的优势：辽宋虽分为两国，但作为一个重要经济力量的货币，成为缩连宋辽双方间货币经济发展的重要因素。

除使用铜钱外，在交换中还使用银。辽穆宗在应历十八年春"以银百两市酒，命群臣亦市酒"[⑥]，就是使用银子的一个例证。辽代公私使用银子的事例甚多，特别是在澶渊之盟以后，宋年给辽的岁币为银 10 万两，宋仁宗时又增至 20 万两，给辽的财政带来极大好处，银子用于交换上就更多了。

商业贸易的发展，给契丹国家带来了各种各样的税收，从耶律阿保机建国，辽代即开始征商，并逐步扩展：

---

① 《长编》卷八五，大中祥符八年十一月己巳记事。
② 《长编》卷二八三，熙宁十年六月壬寅载沈括语。
③ 苏辙：《栾城集》卷四一《论北朝所见于朝廷不利事》。
④ 《长编》卷一三二。
⑤ 张方平：《乐全集》卷二六《论钱禁铜法事》。
⑥ 《辽史》卷七《穆宗纪》下。

> 征商之法，则自太祖置羊城于炭山北，起榷务以通诸道市易。太宗得燕，置南京，城北有市，百物山偫，命有司治其征，余四京及它州县货产懋迁之地，置亦如之。东平郡置看楼，分南、北市，禺中交易市北，午漏下交易市南。[①]

在五京之中，“南京、中京多财赋官”，各种税收机构尤多。到辽圣宗开泰元年（1012），“贵德、龙化、仪坤、双、辽、同、祖七州，至是有始诏征商”[②]。这七州之所以征商并不是偶然的，而是有其物质基础的。这七州中的祖州属于辽太祖的弘义宫，仪坤州、辽州属于应天后的长宁宫，龙化州、同州属于辽景宗的彰愍宫，而双州贵德州则属于萧太后的崇德宫，成为皇室直属领地的一部分。这几个州都是由被俘汉户中“有伎艺者”组建成功的，如前所说，他们既然成为有个体经济的小生产者，就能够将剩余产品提供到市场上。于是，这七个州的商业贸易便因此而发展起来了。辽政府也因势在这里建立了征商机构。榷务机构情况则不甚清楚，有的称都商税院，设置都监、判官；榷酒则有麴院，榷盐则有盐铁院，设有使、副以为统率。

在许多隘口、要路，也都设有征商机构。辽圣宗统和元年（983），“燕京留守司言：民艰食，请弛居庸关税，以通山西籴易”[③]；统和四年（986）十一月，“以古北、松亭、榆关征税不法，致阻商旅，遣使鞫之”[④]。在统治地区内再设重重关卡以增加税收的做法，同宋朝一样，都是不利于商业贸易的。

辽代商税等征榷究竟有多少，已无法弄清。可以肯定地说，商税也是很可观的。如张绩任燕京管内都商税判官时，“吏不敢欺，商修所鬻，市征倍入，府库无虚”，以至“出钱三百余万”[⑤]。再如贾师训，“充东京麴院使，营督公课，绰有羡余，时秤吏董猪儿得幸北枢密院使乙信，怙势日索官钱二千，人莫敢御”[⑥]。董猪儿每天索钱二千，可见东京麴院的征榷收入是非常可观的。

---

① 《辽史》卷六〇《食货志》下。
② 《辽史》卷一五《圣宗纪》六。
③ 《辽史》卷六〇《食货志》下。
④ 《辽史》卷一一《圣宗纪》二。
⑤ 李三畋：《张绩墓志铭》，载《全辽文》卷八。
⑥ 《全辽文》卷九《贾师训墓志铭》。

第四节　辽与周边诸族诸国的贸易

辽于建国前，即长时期地与中原王朝、周围诸族进行交换、贸易，建国以后更进一步发展了这种活动。中原王朝与周围各族之间，正是靠着这种密切的贸易活动，形成了一个强大的经济力量。当着在统一时期，即中原王朝统一周边诸族的时期，这个强大的力量产生了极其重大的纽带性质的作用；而当着非统一时期，即中原王朝同周边各族所建王朝对峙、分立的时期，也同样产生了重大的纽带性质的作用，从而对中华民族这一共同体的形成产生不可估量的作用。这个估计，不论从什么角度看，它都是经得住检验的。

辽与周边各族各国的贸易，主要是榷场贸易。榷场，辽与对方指定共同的地点作为两边贸易的所在，所以这种贸易也叫做榷场贸易。在榷场贸易中，既有双方官府之间的贸易，即官方贸易；也有私人同私人、私人与对方官府之间的贸易，下面将分别叙述辽与各族各国贸易的情况。

一、与五代、宋的贸易①

辽建国后即与中原王朝有贸易往来。后唐时，云州野固口是双方贸易点，按照“互市则例”易货。在与石晋关系密切之时，晋设回图务以管理同辽的贸易，辽则派乔荣为回图使常驻汴京，往返贸易。与此同时，辽还派使先后同吴、吴越、南唐等南方诸国联系，并于会同元年（938）以羊 30000 只、马 200 匹卖给南唐，以易罗纨茶药诸物，944 年又以马 300 匹、羊 35000 只同南唐交易，换来了猛火油之类的军用物资。只到耶律德光大肆掠夺之后，同中原王朝断绝了贸易。

宋朝建立后，特别是在澶渊之盟以后，辽宋双方贸易有了突出的发展。开始辽于涿州新城、振武军（内蒙自治区土城子）和朔州城南置榷场与宋贸易。宋则与辽进行“缘边贸易”，太平兴国二年（977）又于镇、易、雄、霸、沧等州“各置榷场”，进行官方贸易。澶渊之盟后，宋真宗景德二年（1005），

---

① 本文参阅了张亮采：《宋辽间的榷场贸易》，载《辽金史论文集》。

宋于雄、霸州和安肃军置榷场，继又于广信军置场，由朝廷派官员专掌，并由当地通判兼管其事。这就是所谓的河北四榷司。自宋英宗治平四年（1067年），“其物货专掌于三司之催辖司，而度支赏给案判官置簿督计之”[①]。另外，在定州军城寨、飞狐茭牙、火山军、九梁津（久良津）等地，也设立了短时期的榷场贸易。同宋的贸易，“终仁宗、英宗之世，契丹固守盟好，互市不绝”[②]，双方进行了大宗贸易，有力地促进了双方经济文化的交流，使汉文化源源流入草原地区[③]。

榷场贸易既然是在双方官府监督之下进行的，根据双方官府和统治者的需要互通有无的，条件自然很多。当然无法满足和适应民间贸易的要求和意愿，于是民间的所谓非法贸易便不可遏止地增加起来。不仅路上有这种贸易，甚至冲破海禁，宋京东路和两浙路的海舶也泛海到辽国滨海地区贸易。宋仁宗皇祐元年令“河北两地供输民毋得市马出城，犯者以违制论”[④]；熙宁九年因边境上“私贩者众”，“立与化外人私贸易罪偿法”[⑤]，妄图斩断这种贸易联系。辽国也同样如此，特别禁止向宋输出马匹，严禁“奸民鬻马于宋、夏界”，“每擒获鬻马出界人，皆戮之，远配其家”[⑥]。“北界禁民以粟马入我境，其法至死”[⑦]。即使可以贸易的物品，双方也互相卡。辽虽许可大批羊只出境，但“禁南京鬻牝羊出境”[⑧]，就是针对宋的。不论怎样说，契丹毕竟粮食不够充裕，必须进口粮食，尤其是在歉收年景，更加需要。而宋则规定了“旧米出塞下，不得过三升”[⑨]（似当从《隆平集·赵滋传》作斗），这当然是一个严重的限制。但行政命令毕竟无法切断契丹汉族千百年间形成的这一经济联系，相反，这个经济联系表现为一个强大的力量却能够冲破行政命令的束缚，使宋辽间

① 《宋史》卷一八六《食货志下八·互市舶法》。
② 《宋史》卷一八六《食货志下八·互市舶法》。
③ 本段参阅了张亮采《宋辽间的榷场贸易》、陈述《契丹社会经济史稿》相关部分，不一一注明。
④ 《长编》卷一六七。
⑤ 《宋史》卷一八六《食货志下八·互市舶法》。
⑥ 《辽史》卷九一《耶律唐古传》；《长编》卷八二。
⑦ 《长编》卷一五四庆历五年二月甲寅记事。
⑧ 《辽史》卷四《太宗纪》下。
⑨ 李德纲：《厚德录》卷三。

的民间贸易越来越广泛地发展下去。粮食是禁止大量外出的物品，但在灾荒年景契丹人民需要大量粮食的时候，一位名叫赵滋的边州官员却响亮地指出："彼亦民也，米出无所禁!"[①] 我国这个多民族共同体在其日益形成的过程中，逐步地摆脱了狭隘的民族观，胚育成为多民族之间血肉联系的共同观即中华民族观。赵滋的这两句话就包蕴了这一深刻的意义。而多民族共同观的形成，则是前面所说的，是由于民族间贸易形成经济力量，具有不可低估的凝聚力。

辽宋双方榷场贸易是非常可观的。辽在榷场上同宋贸易的物品为银钱、布、羊、马、橐驼等，羊是其中的大宗。宋皇室御厨每岁费羊数万口，澶渊之盟后进口的羊只特别多，宋把这批羊送到旷远而又美水草的洛阳南境广成川放牧，这个大宗贸易一直延续了六七十年之久[②]。民间多到契丹"博买斛斗"等外，则"收买皮裘"等物品[③]。沿边文武官员也往往"私买军衣绢染彩，博市府州蕃马"[④]，府州蕃马的一个重要来源是契丹马。汴京官员们食用的牛羊，也多来自契丹，"皆私易以中国之实钱"[⑤]。此外，硫磺、焰硝等禁物，以及银、谷物等也是民间贸易的物品，种类是不少的。

宋对辽的贸易，宋太宗时，"辇香药、犀象及茶，与互市"[⑥]。随后又增加了缯帛（《通考》此项作绵）、漆器和粳糯等物品。近几十年的考古发现，辽墓中出土了不少的瓷器，其中很多系宋著名的定、汝、钧和景德镇诸窑所烧造的产品，瓷器显然是向辽出口的重要商品。香药、犀、象等系舶来品，宋转卖给契丹统治者，以换取燕南的粮食。景德二年榷场贸易恢复后，即"出香药二十万贯"到河北同契丹"博籴"[⑦]。熙宁八年市易司曾将价值20万缗的犀象珠子到河北榷场上贸易。从这些事例中可以看出榷场贸易规模的一般了。

在辽宋贸易中，辽以其西京道大盐泺、上京道广济湖所产食盐，向宋输出。这种盐，如前面提到的，"坚如巨石"，不用煮煎，不用晒，采掘出来，

---

① 《隆平集》卷一九《赵滋传》；《厚德录》卷三。
② 《长编》卷五三真宗咸平五年十二月丙戌记事。
③ 《宋会要辑稿》食货三七之八。
④ 《长编》卷八二。
⑤ 《长编》卷二八三。
⑥ 《通考·市籴、考》一。
⑦ 《宋会要辑稿》食货三六之五。

运到南境，即可出售，而且以其低廉的价格而具有极大的竞争力。由于多年形成的贸易传统，要想一下子改变过来是很不容易的。宋建国之后，全国各地食盐都实行官榷，唯独河北采取自由贸易制。宋太祖的这项政策，既照顾了辽与河北路传统的民间贸易，也为宋沧州盐的竞争、运销创造条件，也适应了河北路的情况。正因为如此，所以宋仁宗、宋神宗统治期间，河北榷盐之议纷纷呶呶，终于不能付诸实践，或付诸实践又不得不恢复原来的通商法。

宋钱北流，也是一个极大的问题，前面已经说过，不再赘述。辽使用宋钱，这样两个地区通过宋钱而紧密地绾连起来了。

与铜钱、各种物品一道流入北方草原地区的，还有高度发展的汉文化。宋对辽的书禁很严，景德三年的一道诏令上说："民以书籍赴沿边榷场博易者，自非九经书疏悉禁之。违者案罪，其书没官"[①]。不独有偶，辽对宋的书禁更严。沈括曾经指出，"契丹书禁甚严，传入中国者，法皆死"[②]。但，正当而迫切需要的文化交流终于冲破了这些禁令。幽州僧行均的《龙龛手鉴》，"集佛书中字为切韵训诂，凡十六万字，分四卷"，深受宋代学者好评，称"其次音韵次序，皆有理法"，传入中原后即在两浙刻印传布[③]。宋代士大夫的作品诸如政论文章、医学、技术，无不受到契丹各阶层的喜爱。因此，这些文字，"贩入虏中，其利十倍"[④]。各类书籍就是在宋政府三令五申的禁令中源源北上的。据说，宋徽宗被俘至燕京，在市上曾看到王安石的《奏对日录》，用一件衣服换到手中，这个故事深刻地反映了传到辽界的各类书籍是为数很多的。因此，辽国的文学艺术、医学等许多方面都受到汉文化的重大影响。以医学为例，契丹医生一向不懂"切脉审药"，经过耶律庶成的介绍，"译方脉书行之，自是人皆通习，虽诸部族亦知医事"[⑤]，大大提高了契丹的医学水平。

汉文化的影响这是一个方面，更加重要的是，契丹人和汉人在生产中和生活中的不断接触，这种接触由于辽国之奄有燕南地区之后更加密切，语言、思

① 《宋会要辑稿》食货三八之二八。
② 《梦溪笔谈》卷一五。
③ 《梦溪笔谈》卷一五。
④ 《栾城集》卷四一《论北朝所见于朝廷不便事》。
⑤ 《辽史》卷八九《耶律庶成传》。

想更加直接地受到影响。如契丹语中的塔不烟亦即挞不也、搭不也等等，是契丹广泛使用的一个人名，而其原意则为耘田者。有的文章认为，这个塔不烟便是从汉语中的“田父”、“田夫”对译过去的。由此论及辽和西辽在农业生产上受到汉族的重大影响[①]，从而反映了契丹与汉族在经济上文化上联系的密切！汉语不仅对契丹人有着深刻的影响，对其他各族也有着不可低估的影响。许亢宗在出使金国的《行程录》中说，托撒孛堇寨是“契丹强盛时虏获异国人则迁徙杂处于此”，“南有渤海，北有铁离、吐浑，东南有高丽、靺鞨，东有女真、室韦，东北有乌舍，西北有契丹、回纥、党项，西南有奚，故此地杂诸国风俗”；“凡聚会处，诸国语言不能相适（似当作通）晓，则各为汉语以证，方能辨之”[②]。由此可见，当时各族都以汉语作为相互沟通思想的工具，这又说明在中华民族共同体的形成中它所产生的影响和作用。

二、与西夏的贸易[③]

辽夏两国虽然矛盾重重，并以兵戎相见，但在对付宋的方面则采取一致的立场，因而往还关系是比较密切的。辽同夏的贸易主要在辽的西京道，“云中西北过腰带山石楞板、天德、云内、银瓮数处”、“契丹时亦置市场，唯铁禁甚严”[④]。贸易的形式是西夏奉致贡品、辽以回赐物品来表现的。西夏以其地土产诸如沙狐、鹘、兔之类作贡物，还有细马粗马各200匹，驼100头，细锦绮罗绫200匹等上乘丝织品等[⑤]，但，牵涉到一些重要物资，辽对夏也是禁售的。辽兴宗重熙二年（1033），“禁夏国使沿路私市金、铁”[⑥]；“禁吐浑、党项马鬻于夏”[⑦]；辽道宗清宁年间，禁民鬻铜于夏[⑧]。铁、铜、金这是辽对外禁运的重要物资，上面引文称其“铁禁甚严”是不错的。

---

① 江慰庐：《从“塔不烟”人名谈辽和西辽的农业生产》。

②《宣和乙巳奉使金国行程录》。

③ 此下参阅杨树森同志《辽史简编》有关部分。

④《大金国志》卷一三。

⑤《契丹国志》卷二一。

⑥《辽史》卷一八《兴宗纪》一。

⑦《辽史》卷六〇《食货志》下。

⑧《辽史》卷二二《道宗纪》二。

三、与吐蕃的贸易

吐蕃到唐末五代陷于分散割据状态，不是一个强大的政治力量，所以对契丹采取朝贡形式，吐蕃使节假道夏国至辽，由此来维持双方的联系。

四、与回鹘的贸易

回鹘自唐代以来，即以善于贸易著称，同契丹的贸易甚为兴盛，上京临潢南城有回鹘营，专门供给回鹘商人居住的。回鹘以及西域高昌、龟兹、于阗诸国都臣服于辽，因而诸国每三年遣使约400人向辽朝贡，其中有“珠、玉、犀、乳香、琥珀、硇砂、玛瑙、镔铁兵器”，还有以细毛织成、二丈为匹的斜里合皮、褐里丝、门得丝和帕里呵等类高级呢绒。

契丹在同回鹘、吐蕃等小国来往中，回赐亦不下40万贯。[①]

五、与女真诸族的贸易

对女真、铁骊、阻卜诸部，契丹是以宗主的统治者身份对待他们的，让他们岁贡马匹，“女直万匹，直不古等国万匹，阻卜及吾独婉、惕德各二万匹，西夏、室韦各三百匹，越里笃、剖阿里、奥里米、蒲奴里、铁骊诸部三百匹”[②]。在同诸部的贸易中，与女真的关系最密切。宁江州是辽与女真诸族贸易的榷场，贸易甚为兴盛，“来易于辽者，道路缀属”[③]。由于辽统治者的科索和掠夺性的贸易，从而激起了女真人的反抗。这一点将放在第三编中叙述。

六、与高丽国的贸易

辽与域外诸国，如西亚诸国和东方的高丽、日本，都有交往。高丽一度被辽征服，因而双方贸易也具有贡品、回赐的形式。保州是辽与高丽进行榷场贸易的所在。[④] 高丽自唐以来经济发展甚快，因而它的贡品高出于其他诸部。贡品有

① 《契丹国志》卷二一。
② 《辽史》卷六〇《食货志》下。
③ 《辽史》卷六〇《食货志》下。
④ 《辽史》卷三八《地理志》二。

金器 200 两、金抱肚 50 两、金纱罗 50 两，金鞍辔马 1000 匹，铜器 1000 斤。高丽向辽进贡铜，这是辽国最为欢迎的一件事情。辽缺铜，铜钱铜器的铸造都受到不小的限制，因此希望从域外进口铜。辽对高丽的回赐，除传统的马具如金涂鞍辔之类外，还有锦绮罗绫 200 匹、衣著绢 1000 匹，以及羊只等物品。

本章结论　当以中原王朝为中心形成统一局面的时候，这种政治上联系往往推动了同周边诸族之间的经济联系，逐步形成一种凝聚的向心力量，由此促进了中华民族这个伟大共同体的形成。即使不是这种局面，而是形成辽、夏和宋鼎峙局面之时，同样可以看到，契丹汉族之间形成的传统的经济文化的联系，往往变成一种物质力量，冲破政治上的樊篱，使经济文化的交流进一步加强。宋辽之间 200 年的交往，以及由这种交往产生的巨大影响和作用，深刻地说明，契丹人与汉人之间由经济、文化的力量绾连起来，对中华民族共同体的形成也起着相应的作用。

契丹辽国是雄踞北方草原的大国，成为草原上诸族诸国经济文化交流的中心。只有等量劳动的交换才能公平合理，才能持久。契丹统治者如果本着这一经济原则同诸族进行交换、贸易，必然使契丹诸族共享其利，从而扩大契丹统治的影响。但是，由于契丹统治者反其道而行之，不仅以不等价交换方式榨挤各族人民，而且以宗主的身份向各族人民进行残酷的勒索，结果激起了女真等族的反抗，使契丹的统治终于倒坍、溃崩。交换、贸易，同样要遵循客观经济规律，任凭自己的主观意志乱来，必然要自食恶果。

第六章　契丹辽国的赋役制度

契丹辽国的经济体制主要由下列三部分组成：（一）契丹皇帝的直辖领地——斡鲁朵（宫分）制；（二）契丹贵族的领地——头下军州制；（三）包括赋役在内的契丹辽国的财政经济制度。前两部分将在下章契丹社会经济结构中详加说明，本章仅叙述第三部分。就第三部分而言，辽财政上收入和支出都无数字可寻，辽圣宗统和十六年（998）夏四月丁未，“罢民输官俸，给自内帑”①。辽官吏究竟有多少，各级官员的俸禄又有多少，也都无数字可寻，因而这一部分的问题也说不清楚。因此，仅就较为了解的问题，予以叙述。

第一节　契丹的役

役在契丹社会经济关系中占重要地位，与田赋二税相比，役既显得古老，又极为沉重，因而居于主导地位。役，对契丹诸族人民说，既具有广泛性、普遍性意义，又具有地区的和民族的特点。这里所叙述的役，主要限定在契丹国家与其臣民之间的问题，所以它具有经济关系的内容。役主要包括两类，一是兵役，具有普遍意义；二是各种徭役，则具有地区的特点。下面分别叙述之。

一、兵役

兵役是契丹社会经济关系中具有最为广泛和普遍的意义。按照契丹国家的规定，兵制的主要内容是：

---

① 《辽史》卷一四《圣宗纪》五。

辽国兵制，凡民年十五以上，五十以下，隶兵籍。每正军一名，马三匹，打草谷、守营铺家丁各一人。①

这种兵制是属于全民兵役制类型的一种制度，它是在契丹氏族制末期对周围进行掠夺人口、财富过程中形成的，并在建国以后因袭下来。按照这个制度，凡是在辽国统治地区的居民，只要在"年十五以上，五十以下"，都称之为"丁"，隶属兵籍，以供征调。据《兵卫志》记载，除斡鲁朵（宫分）制辖属的皇室亲卫军外，契丹、奚等旧有的统治地区，以及南京西京诸州县，也都载有丁的数额，总情况是：

三京（指临潢、大定、辽阳）丁籍可纪者二十二万六千一百，蕃汉转户为多。析津、大同，故汉地，籍丁八十万六千七百。契丹本户多隶宫帐、部族，其余蕃汉户丁分隶者，皆不与焉。②

这是其一。其二是，《兵卫志》还记载，契丹对四境的保卫和防御，是由各部族各地区分别进行的。如契丹自建国以后，即使在取得澶渊之盟巨大胜利后，一直以宋为其假想敌，所谓"国家大敌，惟在南方"③，"旧《志》言兵，唯以敌宋为务"④，因而契丹最强大的两部即五院部、六院部，是专门用来戍守南京的。从史料迹象看，在宋辽高梁河之战和雍熙北伐两个著名的战役中，耶律斜轸和耶律休哥所率领的辽援军，就是由五院部、六院部征调组成的军队。契丹防御分别由诸部族、诸地区承担，同《兵卫志》的记载是切合的。那么，上述第一点，按丁籍征兵是否也不折不扣地执行了呢？下面的材料值得注意：

高彪，本名召和失，辰州渤海人。……辽人调兵东京，时（其父）六哥已老，怅然谓所亲曰：吾儿若在，可胜兵矣？所亲具以实告，因代其父行。战于出河店，辽兵败走，彪独力战。⑤

刘彦宗，字鲁开，大兴宛平人。……

刘筈，彦宗次子。……辽末调兵，而筈在选中。辽兵败，左右多

① 《辽史》卷三四《兵卫志》上《兵制》。
② 《辽史》卷三六《兵卫志》下《五京乡丁》。
③ 《辽史》卷一〇三《文学》上《萧韩家奴传》。
④ 《辽史》卷三六《兵卫志》下。
⑤ 《金史》卷八一《高彪传》。

散亡，乃选箸为扈从，授左承制。[①]

大臭本名挞不野，其先辽阳人，世仕辽有显者。太祖伐辽，辽人征兵辽阳，时臭年二十余，在选中。[②]

《金史》所载三个事例，系辽代末年阻御女真而征调军队，其中两个在东京辽阳一带，一个在南京大兴宛平一带，确实是按照兵役规定军令征调的。特别值得提出的是，上述三例都是在辽灭亡前夕依然按章征兵，更加深刻地说明了辽全民兵役制是与辽200年统治贯彻始终的，它的广泛性普遍性意义因此而愈益鲜明。

其次，《兵制》中的这项规定，"每正军一名，马三匹，打草谷、守营铺家丁各一人"，这显然是针对契丹族的具体情况而制定的，因而它不能不又具有民族的特点。每个契丹正军所拥有的家丁，不是他自己占有的奴隶，就是同他有密切依附关系的部曲，因而这一类的正军，在契丹社会中必然具有相应的经济力量，至少是属于契丹牧民中的上层，或者是所谓的"舍利"（富民）。对这些正军来说，战争是他们发家致富或者是扩大财富的最好时机，因而应征入伍并不具有"役"的性质，而是一种义务。但是，这一类的上层牧民或"舍利"（富民），在契丹社会中毕竟是少数，而且随着时间的推移，在这些少数当中也会发生分化，有的下降为中下层贫苦牧民。所谓中下层贫苦牧民，亦即被称为"役户"的，辽圣宗统和三年枢密院奏章中曾经提到，"契丹诸役户多贫乏，请以富户代之"[③]，对这个阶层的人来说，全民兵役制当然具有役的性质。至于打草谷、看守营铺的家丁，在战争中跟随主人进行掠夺，一切好处归属主人，自己并无所得，全民兵役制对这些人来说，同样具有役的性质。由此看来，契丹的全民兵役制，除对契丹贵族、富人不具有役的性质外，对契丹下层牧民，以及奚人、渤海人和汉人，都具有役的性质，这又表现了兵役的广泛性和普遍性。

兵役既然具有役的性质，戍边也就成为契丹诸部下层役户的一个重负。

---

① 《金史》卷七八《刘彦宗传》。

② 《金史》卷八〇《大臭传》。

③ 《辽史》卷一〇《圣宗纪》一。

契丹的边防虽然是"以敌宋为务"，但东北防御高丽、女真，西北防御党项夏国和蒙古诸部，不仅是经常的，而且越来越紧张，成为辽国的沉重包袱。

先说东北戍边。萧韩家奴在辽兴宗重熙年间（1032～1044）所上奏章中指出[①]，过去选一些"富民防边，自备粮糗"，由于道路太远，"动淹岁月"，到达屯边所在，"费已过半"，因此一般的"只牛单毂，鲜有还者"。而这些无丁之家，"倍直佣僦"，去输送物品，"人惮其劳，半途亡窜"，戍卒们的衣粮大都供应不上；"求假于人，则十倍其息，至有鬻子割田不能偿者"。——鸭绿江以东的戍役一般地都是这种情况。加上渤海、女真和高丽经常联合起来反抗，不得不"不时征讨"，"富者从军，贫者侦候，加之水旱，菽粟不登"，以至"民日以困"。奏章说明，东北戍边，对富民，对无丁户，对贫民，都是一个重负。

西北戍边尤为沉重："方今最重之役，无过西戍。"自从辽圣宗统和二十二年建置可敦城即镇州之后，把西北边防推进到戈壁沙漠之中，"选诸部族二万余骑充屯军，专捍御室韦、羽厥等国，凡有征讨，不得抽移"；又将"渤海、女真、汉人配流之家七百余户，分居镇、防、维三州"[②]。从此，"开境数千里，西北之民，徭役日增，生业日殚。警急既不能救，叛服亦复不恒。空有广地之名，而无得地之实"；"盖民者国之本，兵者国之卫；兵不调则旷军役，调之则损国本"，陷于两难的困境。在以前，"诸部皆有补役之法"，初行之际，"居者、行者类皆富实，故累世从戍，易为更代"；"近岁边虑数起，民多匮乏，既不任役事，随补随缺；苟无上户，则中户当之；旷日弥年，其穷益甚，所以取代为艰也。非唯补役如此，在边戍兵亦然"！如果从长久便宜之计考虑，只有使"远戍疲兵还于故乡，薄其徭役，使人人给足，则补役之道可以复故也"[③]。这是西北戍边中的一个重大问题。即上述两万多戍兵的困难。

在西戍当中，首当其冲的当然是西北诸部，以及在镇州迁戍的七八百户人家。耶律昭在给萧挞凛的一封信中说：

---

① 《辽史》卷一〇三《文学》上《萧韩家奴传》。
② 《辽史》卷三七《地理志》一《边防城·镇州》条。
③ 《辽史》卷一〇三《文学》上《萧韩家奴传》。

> 夫西北诸部，每当农时，一夫为侦候，一夫治公田，二夫给纠官之役，大率四丁无一室处。[①]

这封信写在辽圣宗统和年间，正当辽国势鼎盛之际，而西北戍役之重竟使一家四丁不得安居，这四丁的情况是，“一夫为侦候”，“二夫给纠官之役”，直接负担兵役；而“一夫治公田”，则是为输边者提供粮食而从事的无偿劳动，同样具有力役的性质。

上文所谓“公田”，即西北边防上的屯田和营田[②]，在农业生产一章中已经说过。《辽史·食货志》上说：“在屯者力耕公田，不输税赋”，屯田是实行力役地租的。镇州一带屯田曾十四稔，“积谷数十万斛，每斗不过数钱”，这是由戍边者的无偿劳役提供的。而戍边者自己则在重役压迫下，“刍牧之事，仰给妻孥”，“一遭寇掠，贫穷立至”；即使在春夏之际契丹政府给以赈济，“吏多杂以糠粃，重以掊克，不过数月，又复告困”[③]，无法摆脱贫困的煎熬。

正是在契丹兵役重压下，契丹中下层个体牧民日益贫困化。即使是在辽圣宗统和年间国势兴盛之时，“契丹诸役户多困乏”，枢密院奏请“以富户代之”；涅剌、马限二部户少而役重，政府给予了“量免”，也不断下诏赈济贫民。但都无法遏止中下层牧民的贫困化。

契丹的役主要由下层牧民承担，包括“舍利”在内的契丹富人即上层牧民或牧主则很少承担甚至不承担，前引由“富人代役”云云，即可充分说明。在契丹，只要在官府中有个职位，即可免役。辽兴宗重熙十年（1041）北枢密院奏言说，“南北二王府及诸部节度侍卫祗候郎君，皆出族帐，既免与民戍边，其祗候事，请亦得以部曲代行”[④]。官员以上的各级贵族更是百役所不及的。

二、农牧相间地区、农业地区的徭役

农牧相间地区指的是奚人地区，农业地区指的是燕南代北、渤海地区。这些地区的役，在承担全民兵役制方面，有其契丹腹心统治地区相同的一面，但

---

① 《辽史》卷一〇四《文学》下《耶律昭传》。
② 营田，据《辽史》卷八六《耶律合里只传》上说：“置诸宾馆及西边营田皆自合里只发之。”
③ 《辽史》卷一〇四《文学》下《耶律昭传》。
④ 《辽史》卷一九《兴宗纪》二。

就各项杂徭而言，又与契丹人有其不同的一面。这个不同的一面既表现了民族的地区的特点，又表现了役的繁杂。

先说民族的特点。

这些地区，先后被契丹人征服，对这些被征服了的民族，契丹所加给的役自然比契丹人沉重得多。如耶律阿保机征服奚部之后，分奚为五部，号“五部奚”；又“以奚府给役户，并括诸部隐丁，收合流散，置堕瑰部”；“太祖伐奚，〔撒里葛等三部〕乞降，愿为蕃帐子弟，籍于宫分，皆设夷离堇。圣宗各置为部，改设节度使，皆隶南府，以备畋猎之役”[①]。所谓“给役户”，所谓“以备畋猎之役”，都说明了大多数奚人承担契丹国家的兵役杂徭，而只有奚部的少数贵族和上层居民例外。燕地汉人和辽东渤海人当然要承担各色徭役，而且比奚人还要沉重，后面再谈这一问题。

所谓徭役的繁杂这一特点，如史料记载中所反映的，“当时民所甚患者，驿递、马牛、旗鼓、乡正、厅隶、仓司之役”等等[②]。这一类的役，魏晋隋唐时期即已有之，宋代则泛称之为职役。燕地上述诸役显然是从唐代因袭下来的。它既然成为当时民众“所甚患者”，一定属于重役范围，可惜由于资料太少，无法识别其原貌了。

各类的役，不分职业，一般按照各户物力大小分别承担。下面一则故事，便反映了这个问题：“契丹有冯见善者，于接伴劝酒。见善曰：劝酒当以其量，若不以量，如徭役而不分户等高下也。以此知契丹徭役亦以户等。”[③] 辽圣宗乾亨年间，上京的“云为户（即‘营运户’，据《辽史·国语解》的解释，‘云为’为‘营运’之讹）訾具实饶，善避徭役，遗害贫民，遂勒各户，凡子钱到本，悉送归官，与民均差”[④]。三河县“户版颇多，赋调益大”，有“渔阳定躬冶，岁春修桥路数十处，计用千功，三县轮配”；“每至，役人惧专领者，妄倖陵逼，故不自执，愿赎庸给价，日系三镪，积久伤财害民”；“专使交杂，蠹耗乡栅，驱良民出婢使，取私财若已产。”后来，三河一带的役，

---

① 《辽史》卷三三《营卫志》下。

② 《辽史》卷一〇五《马人望传》。

③ 范镇：《东斋记事》卷六，四库影印本1036－607。

④ 《辽史》卷五九《食货志》上。

"立排门历，量见在随户物力，遂定三等，配率均平"[①]。以上材料反映了，根据家业多少、户等高低承担徭役，是辽圣宗以来的一项制度，同时也有了以钱代役的萌芽。

所谓驿递，大约有如下两类情况。一类是馆驿，为宋辽双方接待对方使臣而各在本国交通大道上设立的。宋自汴京至雄州一线设有许多馆驿，其中的"厨传之给"就是由馆驿的"三番"提供的；而三番则来自所在的居民，成为一项沉重的徭役。（我在《宋代经济史》有关部分作了说明。）辽国自过白沟界河之后，至上京沿途，也设置了许多馆驿，根据宋代出使契丹使臣的记载，承德地区文物局同志作了实地调查，写出《辽中京至南京口外驿道调查》一文，记有20个馆驿[②]，可参看，不多赘述。每个馆驿都有车马等交通工具和服务人员，这些服务人员就是来自当地或其他地区的应役的居民。据路振的记载，奚人地区的馆驿，"委奚民守馆，给其田土，以营养马"[③]，这是奚人充当馆驿、承担徭役的重要记录。从古北口到中京大定，都是奚人居住的地区，因而沿途馆驿这一沉重力役全都压在奚人身上。

契丹馆驿中应役的情况。在近年《拉海沟至大十八盘道侧发现的辽代石刻的阴文》刻有：

　　大康八年九月十日　□
十　差到通行官行首直属　□
□　今□新来一十人四
□　十八　　　万古永记[④]

按："通行官行首"词语大约是依照宋朝职役中的一个称谓。宋代通引官是侍候各级官员的前导者，属于职役性质的役人；行首则是各行各业中突出的拔尖的人物。石刻中通行官行首，指的是一个职称，还是通行官、行首两个职称，没有其他佐证还难以判断。但这个石刻恰好在这条驿道上，通行官行首显然是馆驿中的应役者，则是确切无疑的。在这条驿道上，据宋绶在宋真宗天禧五年

① 王鉴：《三河县重文室王庙记》（乾统七年），载《全辽文》卷一〇。
② 此文载《社会科学战线》1986年第1期。
③ 《乘轺录》，载《类苑》卷七七。
④ 引自《辽中京至南京口外驿道调查》。

(1021) 使辽时记录道，“离中京〔以北〕皆无馆舍，但宿穹帐”①。中京大定以南的馆驿，“中路又添顿馆，供帐鲜洁，器用完备”②，“有舍，中舍有亭，亭有饔秣”③。在当时历史条件下，特别是在燕北崇山峻岭之中的辽统治地区，宋的使臣们能受到这样的款待，是非常不容易的。唯其如此，馆驿中的役人，同宋朝馆驿中的三番有着共同的命运，“至破产不能给”，这样，到辽行将灭亡之前，在马人望的主持下，对馆驿等役进行了变革：

> 人望使民出钱，官自募役，时以为便。④

大家知道，王安石对差役法的改革，也是实行人户出钱、官自募役的办法的。马人望改革辽国差役的路子，与王安石实行的如出一辙，而且要晚30多年。一个商品货币经济远远落后于宋的辽国居然能够成功，而在宋则引起轩然大波，这不能不是一个值得思考的问题。

驿递的另一类情况是为契丹国家从事运输。诸如契丹统治者日常需要的粟米果蓏之属，都是从燕地运去的。沈括《熙宁使虏图抄》记载了粟米是用车运输的，果蓏则由马匹输送。这类徭役，大约属于“马牛”之役。不仅上述各类物品由“马牛”之役运输，各地贡品、奉献等等，朝廷公文递送，也都是由这类“马牛”之役承担的。辽道宗咸雍年间（1065～1074），马人望任松山令，“岁运泽州官炭，独役松山，人望请于中京留守萧吐浑均役他邑”，当是“马牛”之类徭役的一个实例。

州军之间的徭役，地区之间的“不均平”有畸轻畸重的问题，而州军官吏品质的差别，也同样造成徭役的不均平，如：

> 〔贾师训〕改锦州永乐令，先是州帅以其家牛羊驼马配县民畜牧，日恣隶仆视肥瘠，动撼人取财物，甚为奸扰。⑤

“配民畜牧”，是州帅利用政治权力实行的一种徭役，是一种非常露骨的剥削，而州帅仆隶又借机勒索，取人财物，当然更加“奸扰”。随意拉夫，也是契丹

---

① 《长编》卷九七天禧五年九月载《行程录》。
② 《乘轺录》。
③ 沈括：《熙宁使虏图抄》，载《永乐大典》卷一〇八七七《虏》字韵。
④ 《辽史》卷一〇五《马人望传》。
⑤ 《全辽文》卷九《贾师训墓志铭》。

统治者们实施徭役的一种手段：

又虏人负载随行物，不用兵夫，但遇道上行人，即驱役之耳！一日，将就道，一担夫诉曰：某是燕京进士，不能负担。公笑为言而遣之。[1]

连燕京进士都可抓来做挑夫，契丹统治者对居民的随意役使严重到什么程度了。

包括铁冶在内的各种矿冶，也都是应役的役人进行采冶的，同样属于徭役的范围。前章矿冶中引用过《丁文逌墓志》上提到的“督役勉工，亲时铸炼”，即反映了这一徭役；有的罪犯也到矿冶中负役，如前引李万“役陷河冶”即是一例。矿冶中的役，在契丹辽国也是广泛存在的。

第二节　契丹的赋税制度

自从耶律阿保机建立了契丹国家，“内建宗庙朝廷，外置郡县牧守，制度日增，经费日广，上下相师，服御浸盛，而食货之用斯为急矣!”[2] 虽然这个上层建筑的规模远比不上中原王朝，但它同样拥有从中央到地方的各级政权，任用了各级行政官员，因而它同样为应付各项开支而建立起来财政制度和对各种赋税征收。所以，从辽太祖时候起，任用韩延徽，“始制国用”，建立赋税之制。

根据什么准则来建立赋税的征收？前面提到，契丹的役是根据户等高下制定的。赋税征收同样离不开这个准则。“太宗籍五京户丁以定赋税”，以丁定赋，显然是辽制定户等、征收赋税的一个准则。因此，检查户口、清理隐丁也就成为契丹各级政府的一项重要事务。辽圣宗统和九年（991）进行全国性的“通括户口”，辽兴宗重熙八年（1037）的“诏括户口”，以及对三京隐丁的清查[3]，都是出自这同一目的。田地当然也是定户等、征赋税的一个准则，辽圣

---

① 厉鹗：《辽史拾遗》卷一〇。
② 《辽史》卷五九《食货志》上。
③ 参见《辽史》的《圣宗纪》四、《兴宗纪》一等卷。

宗以来的“括田”，以及由此“均定田税”，也显然是出自定户等、定赋税这一目的。从辽圣宗命上京“云为户”“子钱到本，悉送归官，与民均差”的诏令看，钱以及丁、地都是制定户等高低的准则。

但，从税收实际情况看，契丹各地区又自有其地区的差别性。

（一）牧区（包括契丹、奚诸部）的征收，是以畜产品为主的。羊是契丹畜牧业中的重要产品，因而也是契丹国家赋税征收的重要项目。羊，作为官吏俸禄而征收，因之称为“俸羊”：“以本部俸羊多阙，部人空乏，请以羸老之羊及皮毛岁岁易南中绢，彼此利之。”① 俸羊征收的多少，是根据契丹诸部牧放饲养的多少而确定的。统和年间，耶律昭在回答西北路招讨使萧挞凛的一封信中说：

> 且畜牧者，富国之本。有司防其隐没，聚之一所，不得各就水草便地。兼以逋亡戍卒，随时补调，不习风土，故日瘠月损，驯至耗竭。②

国家采取集中的办法，以加强对放牧的控制，以便“防其隐没”，增加征收。这是西北边防上的情况，其他各牧区是否如此，无法确定。各部牧民除“俸羊”之外，还有其他的实物征收，如奚部除“俸秩外，给獐鹿百数，皆取于民”③，至萧观音奴为奚六部大王，才奏免其事。

马也是牧区中的一项征税，从臣下“括富民马”的奏章中可见一斑，但不多见。

牧区中有种植区的地方，同样要征收田赋。耶律挞烈于“应历初，升南院大王，均赋役，劝耕稼，部人化之，户口丰殖”④。“南院”指的是六部，亦即迭剌部被分为两部中的一部。南院所在是契丹统治腹心地区上京一带，《传》文上把“均赋役”和“劝耕稼”并列，耕地之征收田赋是极为明白的事。

（二）农业区与农牧相间地区的田赋征收，是按后唐两税法进行的。《宣

---

① 《辽史》卷八一《耶律室鲁传》。
② 《辽史》卷一〇四《文学》下《耶律昭传》。
③ 《辽史》卷八五《萧观音奴传》。
④ 《辽史》卷七七《耶律挞烈传》。

府镇志》上有这样一条记载：

契丹统和十八年（1000）诏：北地节候颇晚，宜从后唐旧制，大小麦豌豆六月十日起征，至九月纳足，正税匹帛钱、鞋、地、榷曲钱等，六月二十日起征，十月纳足。①

后唐田赋征收即来自唐的两税法。又宋徽宗宣和四年收复燕京之后，下诏“民户除二税外，应该差徭科律无名之赋，一切除放”②，此外还称燕地“夏税秋粮”，可见燕京等农业地区是征收两税无疑的。

上面记载中的榷曲之钱属于榷酒征商的范围，不属于两税范围，而是随两税缴纳。地钱是自唐两税以来的地税呢，还是属于两税派生出来的税收，则不清楚。鞋钱则是五代以来就产生的杂税之一，宋谓之沿纳。

除以上几项外，还有义仓之税。义仓建于辽圣宗统和十三年（995），收粟以备荒年，统和十五年曾有“免南京逋税及义仓粟”，足证义仓征收是粟，而且在灾荒之年也确曾用义仓之粟赈济，取之于民并用之于民的。

在辽国，粟是两税当中的一项，但在征收时，有的地方可以折钱缴纳。如耶律抹只任云内州开远军节度使时：

故事：州民岁输税，斗粟折钱五，抹只表请折钱六，部民便之。③

纳粟折钱作为“故事”记录下来，显而易见这是两税征收中较为普遍的一个做法。

燕京一带的赋税④，据《燕云奉使录》所载，除《夏税秋粮》外，“所谓税者，商税、盐税诸般皆是也”。综计二税及其他赋税，“二百年旧额，每岁出缗钱四十万”，以后至辽道宗、辽天祚帝时逐年增加，“后来新额四百余万”，200 年间增加了 10 倍。其所以如此增长，本使录的作者说，“平时斗粟

---

① 厉鹗：《辽史拾遗》卷一五引。

② 此据徐梦莘：《三朝北盟会编》卷五、卷一三。

③ 《辽史》卷八四《耶律抹只传》。

④ 最先注意辽燕京赋税问题的，是王家琦《辽赋税考》一文（载《辽史汇编》第九册），该文引用了《三朝北盟会编》卷一三引用的《燕云奉使录》、卷一四引用的《茆斋自叙》所载，使燕地税收有了较多的认识，附志于此。

不过百钱，今兵火荒歉凋残之余，斗粟千钱，自应十倍”①。

今根据马扩《茆斋自叙》所载燕京三司、制置司所收各项税收②，制成下表，以便考察：

税收项目 / 税收机构	课程钱（贯）	税物钱（贯）	诸机构收入总计
三司	房钱诸杂钱 1158798 榷永两盐院 22 万石盐 390000 课院务随色钱 433212	人户税租正钱 3754442	4913120
置制司	49248	官民税钱 530438.8	579687.8
总收入	1208416	4284860.8	5492906.8③

从表中可以看出，三司的人户税租正钱和制置司的官民税钱，是以土地税为主的税收，而这两项总和即税物钱总计为 4284860.8 贯，占全部收入 5492906.8 贯的 78%，其余房钱诸杂钱大约与宋城市中的房廊钱类似，属于城市商业范围的税收，约占总数的 21%。从这两项税收入可以看出燕京地区经济发展的一般状况，而在辽国全部社会经济中确实是有极为突出的地位。

第三节 对契丹赋役制度的剖析

《辽史·百官志》上说：“〔辽〕上京为皇都，凡朝官京官皆有之，余四京随宜设官，为制不一。大抵西京多边防官，南京、中京多财赋官。”南京之所以多财赋官，主要由于燕南地区各项生产都很发达，因而辽国政府张官置吏进行各项税收。这句话深刻反映了，在辽国广阔的地区上，由于生产发展的差别，从而表现在财政税收上的设官分职也就有所不同。

① 《三朝北盟会编》卷一三引。

② 《三朝北盟会编》卷一四引。

③ 王家琦：《辽赋税考》一文，曾对以上诸项税收作了统计，并发现其中差额，予以改正。但错误出自什么地方，很难判明，本文则一仍其旧。

在南京、中京，特别是在南京，既有三司使、转运使司、制置司征收田赋等外，还有盐院、商税、榷务、曲院等名目繁多的机构，以征收盐、铁、酒、商税等等。这说明了，燕南地区不仅由于农业发达而征收田赋等税，同时也由于商品生产和交换的发达而对工商税进行征收。上京是契丹统治的腹心地区，在各处设有群牧司之外，还有畜养鸟兽的各机构，这类机构也显然是从畜牧业基础产生的或者说是派生的。此外，上京除有盐铁使司外，其他财赋官就没有了。这就表明了，由于这里的交换不发达，所以很少设有甚至不设有工商税收机构。当然，这里也有交换，仅限于同邻近诸部族之间朝贡答礼式的交换，契丹民间的交换就很少了。中京财赋官有度支使司等机构，多于上京而少于南京，税收兼有农牧两种产业税，同上京南京也有差别，从而反映了这一地区农牧相间或亦农亦牧的特点。赋税征收方面的差别，反映了各地区生产上的差别，从而构成契丹财政经济上的一个特点。

各地区财政经济上的差别。也反映了地区经济发展上先进和落后的差别。南京多财赋官反映了南京地区商品交换和商品经济较上京中京发达，因而经济发展上较上京中京先进。这是地区间不同的又一特点。

尽管地区之间存在上述差别，但在契丹财政经济上占头等重要位置的则是役。南京虽然征收田赋、工商税，但居民同样承担力役之征。从契丹整个财政经济上考察，南京田赋、工商税并不占主导地位。中京以南的奚族地区，虽然契丹国家向奚人征收畜产品，缴纳羊和其他兽类（奚人狩猎所得亦为数不少），但奚部不但承担兵役，还要承担“畋猎之役”（可能是奚人被征参加契丹皇帝的捺钵），以及馆驿等役，因而对奚人来说，役比畜产品税要沉重得多。契丹人承担的牧业税不大（“俸羊”在统和年间大约停止征收，由契丹内帑支付官员俸禄），他们主要承担戍边，因而兵戍之役成为中下层契丹人的重负。即使随同契丹皇帝四时转徙的捺钵活动，虽然有其采集生活资料的一面，但对个体牧民来说，也具有役的性质。总括来说，在契丹统治下的各族人民所承担的赋役当中，役占主导地位。役之所以在契丹财政经济中具有这一特殊地位，根本取决于契丹社会的发展。当着契丹进入早期封建制阶段，生产力发展还很低下，生产所得的实物还不算多，在这样的条件下，役也就成为契丹统治者压榨包括契丹下层牧民在内的各族劳动者的主要手段了。还有一点需要在这里提出，契丹统治者利用役，特别是利用全民兵役制雄踞草原，并于统和二十二年（1004）迫使宋签订了澶渊之盟，每年获得银10万两、绢20万匹的岁币，重熙十一年（1042）又在战争讹诈之下迫使宋增加银10万两、绢10万匹，共计50万两匹，使契丹统治者获得极大好处，契丹财政经济获得宋统治集团的输血而更加好转。在此情况下，为维护契丹统治者草原上的霸主地位，维护这些既得利益，包括全民兵役制在内的役只能维护下去，而不能做较大的更改和变动！

在出使契丹的宋使中，对契丹的赋役也有不少的评论。例如路振评论道：

虏政苛刻，幽蓟苦之，围桑税亩，数倍于中国，水旱虫蝗之灾，无蠲减焉。以是服田之家，十夫并耨，而老者之食不得精凿；力蚕之妇，十手并织，而老者之衣不得缯絮。征敛调发，急于剽掠。[①]

苏颂在《后使辽诗》及自注中论及：

耕种甚广，牛羊遍谷，问之皆汉人佃奚土，甚苦输役之重。[②]

苏辙在宋哲宗元祐年间出使辽国时评论道：

北朝之政，宽契丹，虐燕人，盖已旧矣。……契丹之人，每冬月多避寒于燕地，牧放住此，亦止在天荒地上，不敢侵犯税土。兼赋役颇轻，汉人亦易于供应。惟是每有急速调发之政，即遣天使带银牌于汉户索取，县吏动遭鞭箠，富家多被强取，玉帛子女不敢爱惜，燕人最以为苦。[③]

路振等虽然是在走马观花的情况下作出的评论，都具有重要的参考价值，路振和苏辙评论的是燕京地区人民同契丹国家之间的赋役关系，而苏颂所论则是奚人封建主同汉人佃客之间的关系，性质不同，不能混在一起议论赋役的轻重。路振和苏辙的评论虽有出入，但路振说的“征敛调发，急于剽掠”，与苏辙所说的“急速调发之政，燕人最以为苦”，则是一致的。苏颂、苏辙都提出了“役”的问题，也都表明役在契丹国家和私人封建主的征收中占有的独特地

---

① 《乘轺录》，载《类苑》卷七七。

② 苏颂：《韩魏公集》卷一三《牛山道中》诗注。

③ 苏辙：《栾城集》卷四一《北使还论北边事札子》。

位，同样反映了契丹社会经济发展过程中早期封建制的阶段性，因而这些评论同样是受到重视的。

在兵役徭役重压下，包括契丹中下层牧民在内的各族人民，日趋贫困，并由此走上反抗的道路，所谓“群黎凋弊，利于剽窃。良民往往化为凶暴”，“甚者杀人无忌，至有亡命山泽，基乱首祸”；连契丹统治者也不得不承认“民以困穷，皆为盗贼”这一严酷的现实。在阶级矛盾尖锐形势下，于是“节盘游，简驿传，薄赋敛，戒奢侈”[①] 这一改良政治的要求，便在契丹政治生活中提出来了。

① 《辽史》卷一〇三《文学》上《萧韩家奴传》。

第七章　辽代社会经济制度（上）：辽代社会经济结构中的“族”；契丹皇帝的领地——斡鲁朵（宫分）制

以下诸章，将分别叙述契丹、奚和燕南诸地区的社会经济关系，本章从契丹社会经济关系论述。

第一节　契丹社会结构中的“族”及其对研究辽代社会经济制度的作用

契丹社会经济的发展，有着自己的特色。在契丹刚刚进入奴隶制社会不久，即出现了封建制经济因素，并在建国后急遽发展而居于主导地位。与此同时，契丹氏族社会末期的社会宗族组织形态并未崩溃、瓦解，而是同奴隶制和封建制结合，最终形成宗法封建制的特殊形态。探讨宗族制度，可能是了解辽代社会经济制度的一个关键性的问题，对夏、对金具有同样的重要意义。

《辽史·营卫志》中《部族》上说：

> 部落曰部，氏族曰族。契丹故俗，分地而居，合族而处。有族而部者，五院、六院之类是也；有部而族者，奚王、室韦之类是也；有部而不族者，特里特勉、稍瓦、曷求之类是也；有族而不部者，遥辇九帐、皇族三父房是也。

《营卫志》上的这段话，对部族作了区分，但最重要的是“分地而居，合族而处”两句话。

前章指出，早在契丹建国之前，诸部便是“分地而居”的，即各地都有自己的放牧地区，借以避免各部之间为争夺牧地而发生冲突。“分地”，亦即诸部的放牧地，也就成为诸部自己所有的、为本部共同使用的牧地。各部之间的土地共有制，到契丹国家建立之后，极其自然地演变成为土地国有制。辽国晚期的一条材料说：

> 大康元年（1075），〔耶律〕乙辛请赐牧地。〔耶律〕引吉奏曰：今牧地褊陋，畜不蕃息，岂可分赐臣下？帝（辽道宗）乃止。①

牧地是辽统治腹心地区最重要的生产资料，即使到辽道宗时候依旧是以国有制为形式的。这可见，在辽统治期间，其腹心地区占主导地位的是土地国有制。有关辽的土地问题资料不多，很难立专章叙述，因此这里顺便提一下，牧地、屯田、营田，以及在燕南地区的部分土地，都是国有制形式的土地制度。

契丹诸部各自在自己所有的牧地上繁养生息，诸部当中的各族则是“合族而处”，聚居在一起的。即同一宗族或族系的诸家族的毡庐相邻近，《辽史》上的一些材料还比较清晰地反映了这一问题，如：

> 刘哥……太祖弟寅底石之子……会同十年，叔父安端从帝（指耶律德光）伐晋，以病先归，与刘哥邻居。世宗立于军中，安端议所往，刘哥首建附世宗之策，以本部兵助之。②
>
> 察割，字欧辛，明王安端（耶律阿保机之弟）之子。善骑射……察割以诸族属杂处，不克以逞，渐徙庐帐迫于行宫。③

在契丹社会政治生活中，同一族系诸家族有着紧密的联系。许多事情都是从“族”中来考虑，“世选”即是从家族中选拔使用的：

> 萧胡睹……口吃，视斜，发卷，伯父孝穆见之曰：是儿状貌，族中未尝有。④
>
> 清宁初，兄图独以事入见，帝问族人可用者，图独以兀纳对，补祗候郎君。⑤

---

① 《辽史》卷九七《耶律引吉传》。
② 《辽史》卷一一三《逆臣中·耶律刘哥传》。
③ 《辽史》卷一一二《逆臣上·耶律察割传》。
④ 《辽史》卷一一四《逆臣下·萧胡睹传》。
⑤ 《辽史》卷九八《萧兀纳传》。

〔耶律〕义先常戒其族人曰：国中三父房，皆帝之昆弟，不孝不义尤不可为。[①]

契丹社会上的宗族或族系，如上所说，是从其氏族社会末期父家长制阶段形成的。通过诸部内外掠夺和反掠夺形成的这些强大的宗族或族系，由于拥有众多的族属和成百上千的甲兵，因而在契丹上层政治生活中据有重要地位，即使在建国以后亦然如此：

〔辽太祖〕乃命〔耶律欲稳〕典司近部，以遏诸族窥觊之想。[②]

景宗崩，尊为皇太后（即萧绰、萧燕燕），摄国政。后泣曰：“母寡子弱，族属雄强，边防未靖，奈何?”耶律斜轸、韩德让进曰：“信任臣等，何虑之有?”[③]

副点检萧十三谓〔耶律〕乙辛曰：臣民心属太子（指辽道宗长子耶律浚），公非伐阅，一日若立，吾辈措身何地![④]

强大宗族或族系，尤其是所谓的“伐阅”之家，即那些贵族，在社会政治生活中，起着举足轻重的重大作用。唯其如此，萧太后在主国政的伊始即提出了“母寡子弱，族属雄强”的问题。所谓“母寡子弱”指她自己和小皇帝辽圣宗，即皇室力量单弱；而所谓“族属雄强”指的是耶律氏皇室宗族或族系中的一些贵族，他们拥有族众和兵甲，对皇位意图染指也。

总之，在契丹社会发展中，形成以耶律氏和萧氏为核心的强大的宗族或族系。这两大族系以婚姻的方式联结起来，一族为皇帝，一族为皇后，形成为耶律氏萧氏的皇权统治。而其他的耶律氏萧氏等家族则构成为贵族。契丹统治，实质上是以耶律、萧氏为核心的贵族联合专政。正是由于契丹社会中贵族力量的强大，在皇位争夺中总是由这些贵族扮演重要角色。因而契丹皇帝也力图加强其统治力量，凌驾于诸贵族之上。加强统治力量的具体做法就是，实行斡鲁朵（宫分）制，通过斡鲁朵的建立，皇帝扩大了他的直接领地，使其拥有更多的财富和甲兵。

---

① 《辽史》卷九〇《耶律义先传》。
② 《辽史》卷七三《耶律欲稳传》。
③ 《辽史》卷七一《景宗睿知皇后萧氏传》。
④ 《辽史》卷七二《顺宗濬传》。

第二节　契丹的斡鲁朵（宫分）制

斡鲁朵制是907年耶律阿保机继任契丹汗位着手建立、后代嗣君继续奉行的一项制度。《辽史·兵卫志·宫卫骑军》条下记载道："太祖以迭剌部受禅，分本部以五院、六院，统以皇族，而亲卫缺然。乃立斡鲁朵法，裂州县、割户丁，以强干弱支。诒谋嗣续，世建宫卫。入则居守，出则扈从，葬则因以守陵。"这段文字仅仅把斡鲁朵制的军事集权的意义和作用作了简要说明，丝毫没有提到它在社会经济中的意义和作用。在《辽史·营卫志》上一段文字中，对斡鲁朵制的叙述是："有辽始大，设制尤密。居有宫卫，谓之斡鲁朵；出有行营，谓之捺钵；分镇边圉，谓之部族。有事则以攻战为务，闲暇则以畋渔为生。无日不营，无在不卫。立国规模，莫重于此。"这段文字在叙述了斡鲁朵制的军事意义——"有事则以攻战为务"——的同时，还叙述了平时的经济生活状况，即所谓"闲暇则以畋渔为生"，比前段文字较为充实了。虽然如此，《辽史》作者对斡鲁朵制的经济内容的记述则是很不够的，倒不如出使过辽国的余靖，下马观花，耳闻目见，记述得更加翔实：

> 自阿保机而下，每主嗣位，即立宫置使，领臣僚，每岁所献牲口及打虏外国所得之物，尽隶宫使。每宫皆有户口钱帛，以供虏主私费，犹中国之内藏也。①

由此可见，斡鲁朵制除"畋渔为生"这一经济内容外，还包括了所献的大量"牲口"俘虏即《辽史》上所说的蕃汉转户，掠夺来的各项财物，由此组成契丹皇帝的直辖领地，用以供应皇帝日常需要的一项经济制度。

有辽一代的斡鲁朵，自辽太祖的算斡鲁朵（弘义宫）算起，按其建立顺序，共13个。今列表于下，并简述其主要情况，以便考察：

---

① 余靖：《契丹官仪》，载《武溪集》卷一八。

名　称	主要内容	材料来源
辽太祖算斡鲁朵（弘义宫）	在临潢府，陵寝在祖州东南二十里。正户八千，蕃汉转户七千，出骑军六千。辖有锦、祖、严、祺、银五州，富义县。	《辽史》卷三一《营卫志》上
辽太宗国阿辇斡鲁朵（永兴宫）	在游古河侧，陵寝在怀州南三十里。正户三千，蕃汉转户七千，出骑军五千。辖有怀、黔、开、来四州，保和滦河二县。	《辽史》卷三一《营卫志》上
辽世宗耶鲁盌斡鲁朵（积庆宫）	在土河东，陵寝在长宁宫北。正户五千，蕃汉转户八千，出骑军八千。辖有康、显、宜三州和山东县。	《辽史》卷三一《营卫志》上
应天皇太后（述律氏）蒲速盌斡鲁朵（长宁宫）	在高州，陵寝在龙化州东一百里。正户七千，蕃汉转户六千，出骑军五千。辖有辽、仪坤、辽西、显四州，奉先、归义、定霸三县。	《辽史》卷三一《营卫志》上
辽穆宗夺里本斡鲁朵（延昌宫）	在纠雅里山南，陵寝在上京南。正户一千，蕃汉转户三千，出骑军二千。辖有遂、韩二州。	《辽史》卷三一《营卫志》上
辽景宗监母斡鲁朵（彰愍宫）	在合鲁河，陵寝在祖州南。正户八千，蕃汉转户一万，出骑军一万。辖有永、龙化、降圣、同四州，行唐、阜俗二县。	《辽史》卷三一《营卫志》上
承天太后（萧太后）孤稳斡鲁朵（崇德宫）	在土河东，陵附景宗皇帝。正户六千，蕃汉转户一万，出骑军一万。辖有乾、川、双、贵德四州，上京潞县一县。	《辽史》卷三一《营卫志》上
辽圣宗女古斡鲁朵（兴圣宫）	在女混活直，陵寝在庆州南安。正户一万、蕃汉转户二万，出骑军五千辖有庆、隰、乌（上京）、乌（东京）、霸五州。	《辽史》卷三一《营卫志》上
辽兴宗窝笃盌斡鲁朵（延庆宫）	在高州西，陵寝在上京庆州。正户七千、蕃汉转户一万，出骑军一万，辖有饶、长春、泰三州。	《辽史》卷三一《营卫志》上

续表

名　称	主要内容	材料来源
辽道宗阿思斡鲁朵（太和宫）	在好水泺，陵寝在上京庆州。正户一万，蕃汉转户二万，出骑军一万五千。	《辽史》卷三一《营卫志》上
辽天祚帝阿鲁盌斡鲁朵（永昌宫）	正户八千，蕃汉转户一万，出骑军一万。	《辽史》卷三一《营卫志》上
皇太弟耶律隆庆赤实得本斡鲁朵（敦睦宫）	陵寝在祖州西南三十里。正户三千，蕃汉转户五千，辖有建、浉、岩三州，出骑军五千。	《辽史》卷三一《营卫志》上作孝文，当改作考贞
耶律隆运文忠王府	建庙乾陵侧。正户五千，蕃汉转户八千，出骑军一万。辖有宗州、川州。	《辽史》卷三一《营卫志》，据《辽史·地理志》二《宗州》条，《地理志》三《川州》条

以上十三宫（或者说十二宫一府），就其经济情况说是比较复杂的，但就其基本点来说，则具有以下几个共同点：

（一）斡鲁朵（宫分）有机体是由契丹正户和蕃汉转户组成的，所谓蕃汉转户是由契丹俘获的汉人、渤海人和阻卜人等组成的，因而斡鲁朵是一个由多民族构成的共同体。“汉人何年被流徙，衣服渐变存语言”①。各族人原来的服饰到契丹地区渐渐改变了，但还仍然保留各自的语言，这句诗就反映了这个多民族的特征。斡鲁朵就是辽国多民族共同体的一个缩影。而且，它的民族色彩较诸辽国其他的组成部分更为浓重。这是由于，以辽国皇帝为首的契丹人在斡鲁朵中处于统治民族的地位，而蕃汉转户则居于被统治被奴役的依附者的地位。这是斡鲁朵制的一个最基本、最重要的特点，只有抓住这个基本点，才能摸清它的内在的经济关系、阶级关系。

（二）作为一个经济实体，斡鲁朵的经济实力是强大的。据冯家昇先生《辽史初校》统计，它共有205000户、410000丁。根据这个统计数字，《契丹史略》作者张正明同志则进一步指出：全国五道乡丁总数为1107300，而斡鲁

① 苏辙：《栾城集》卷一六《出山》诗。

朵丁数则占37%；如全国总户数约100万，则宫卫户约占20%①。宫卫户数字问题很多，但作为参考数字还是可以的。这是一方面。而另一方面，从斡鲁朵所辖有的州军看，13宫共有39州军、10个县，占辽国全国五道173府州军的21.4%，这就是说，斡鲁朵辖有契丹五分之一以上的行政地区，与所占户数的百分数大致相同。这两个方面——户数和行政地区，都说明了契丹皇帝的直辖领地的经济力量是相当强大的，因而辽国皇帝是契丹统治阶级中占有社会财富最多的人物。

（三）在斡鲁朵这个有机体中，被统治被奴役的蕃汉转户计124000户，占斡鲁朵总户数205000户的60.5%。其中汉户又占蕃汉转户的大多数。因此，斡鲁朵的强大经济力量是由蕃汉转户特别是由汉户造成的。这些蕃汉转户是在战争中被俘虏的各族人民，他们被迫迁到契丹统治地区内居住下来的，前面已经说过。如隶属于长庆宫的仪坤州广义县，是“应天皇后以四征所俘居之”而建置起来的②；隶属于积庆宫的弘政县，系“世宗以定州俘户置”③；隶属于文忠王府的宗州，“在辽东石熊山，耶律隆运以所俘汉民置”④；如此等等不胜举述。蕃汉转户是从事农业、蚕桑业和矿冶业的劳动生产者，下面还要提到。值得注意的是，蕃汉转户在数量上是有变化的，正如《契丹史略》的作者张正明同志提出的，“圣宗朝则是一条明显的分界线”⑤。此前，由于战争频仍，俘户甚多，成为宫分户的重要来源。澶渊之盟后，宋辽处于和平状态，断绝了俘户的来源，辽圣宗以后的诸宫的宫分户多是从此前诸宫转拨过来。宫分户的这个变动，一方面意味着此前俘户中汉人占很大的比重，另一方面又因俘户减少而影响了契丹社会的阶级构成。实际上，这条分界线，是契丹封建制上升奴隶制下降的度量交错线；明显地反映了契丹封建制居于主导地位、奴隶制居于次要地位，值得认真研究。

（四）在斡鲁朵制中，契丹正户虽然处于统治民族的地位，但并不是所有

① 张正明：《契丹史略》第105页，中华书局1979年版。
② 《辽史》卷三七《地理志》一。
③ 《辽史》卷三九《地理志》三。
④ 《辽史》卷三八《地理志》二。
⑤ 《契丹史略》第104页。

的正户都处于统治地位。耶律阿保机所建立的第一个斡鲁朵，是以“算斡鲁朵”命名的。所谓“算，腹心拽剌也”①，“算斡鲁朵……以心腹之卫置，益以渤海俘、锦州户”②；“太祖宫行营始置腹心部，选诸部豪健二千余充之，以曷鲁及萧敌鲁总焉”③。阿保机的腹心部是选自各部豪健，这些人在此前掠夺战争过程中大都掠夺了数量不等的奴婢生口和财富；奴婢生口随同其主人虽然也列于契丹正户（即诸部豪健）之中，当然不具有契丹正户所具有的统治阶级的地位，而是同所“益”的“渤海俘、锦州户”等蕃汉转户一样，居于被统治被奴役的地位。契丹正户的阶级构成显然不是铁板一块，而是需要加以分析的。

（五）最后的一个基本点是，第二章中已经提到，阿保机建国前后，契丹社会已经既进入奴隶制又含有了农奴制这两种经济关系结合在一起的发展趋势。在第三章中，已经把这两种趋势作了简要的叙述。这两种发展趋势，都蕴涵在斡鲁朵这个矛盾体中，斡鲁朵制既是此前挞马狘沙里制的继续，又是它的扩大，封建依附化关系是存在于这个矛盾体中的。被俘虏的生口奴婢也随同豪健而进入这个矛盾体中，因而也存在奴隶制。这两种发展趋势便在这个矛盾体中，通过契丹正户、蕃汉转户的变化而显现出来。下面便围绕这一问题予以说明。

先说契丹正户的阶级构成及其向封建依附化的发展这一问题。

前章曾经指出，在阿保机初建宫分制的时候，除选拔契丹诸豪健之外，也许可自愿投靠、依附于宫分，如“[耶律]欲稳率门客首附宫籍”④，“[撒鲁只]太祖时愿隶宫分，遂为太和宫分人”⑤，等等。自愿来属于宫分的耶律欲稳、撒鲁只等，不仅自己保持高官厚禄和贵族的身份地位，他们的后代子孙，在“亲亲爱私”的世选制度下，依然是如此：“后诸帝以太祖之与欲稳也为故，往往取其子孙为友，宫分中称八房，皆其后也”；他的后人耶律杨五、耶律胡吕都曾任

① 《辽史》卷一一六《国语解》。
② 《辽史》卷三一《营卫志》上。
③ 《辽史》卷七三《耶律曷鲁传》。
④ 《辽史》卷七三《耶律欲稳传》。
⑤ 《辽史》卷一〇一《萧胡笃传》。

大将军[1]；撒鲁只的后人萧敌鲁，“世预太医选”，“子孙因之入官者众”[2]。耶律敌鲁[3]、耶律夷腊葛[4]，也都是如此，一直保持其贵族世家的地位。

另一方面，即使不具有贵族身份的契丹正户，由于他们经常给事侍卫皇帝左右，能够夤缘时会，扶摇而上，成为新贵。如下面的材料所反映的：

> 女里……应历初。为习马小底。……累迁马群侍中。时景宗在藩邸，以女里出自本官，待遇殊厚；女里亦倾心结纳。及穆宗遇弑，女里奔赴景宗。……以翼戴功加政事令、契丹行营都部署。[5]

> 耶律喜孙，字盈稳，永兴宫分人。兴宗在青宫，尝居左右辅导，圣宗大渐，喜孙与冯家奴告仁德皇后同宰相萧浞卜等谋逆事……尤见宠任……拜南府宰相。[6]

余如耶律瑶质[7]、萧乌野[8]、耶律铎轸[9]也都是从普通的宫分户上升为新贵的。

斡鲁朵契丹正户中一部分是“上户”，他们虽没有贵族特权，但由于选自“诸部豪健”，因而在契丹建国前到契丹建国前期（即澶渊之盟以前），通过战争而得到相当的俘户、生口奴婢，并靠这些奴婢的劳动来养活自己，所以他们同契丹贵族等级都具有奴隶主的身份。“上户”就是契丹正户中经济力量较强的一个等级。在上章有关契丹的役中，曾引用兵制的材料，称契丹“每正军一名，马三匹，打草谷、守营铺家丁各一人”，材料中的“打草谷、守营铺家丁各一人”，就是契丹正军的家奴。斡鲁朵制下的契丹“上户”所拥有的奴婢数，当然不会少于一个契丹正军的私奴数。但，作为包括贵族、上户在内的契丹奴隶主阶级，随着澶渊之盟以后战争的减少，奴隶来源已告竭蹶，这个阶级特别是其中力量弱于贵族的契丹正户，在这形势下，是抱残守阙，还是改弦易

---

① 《辽史》卷七三《耶律欲稳传》。《辽史》卷九八《耶律胡吕传》。
② 《辽史》卷一〇一《萧胡笃传》。
③ 《辽史》卷一〇八《耶律敌鲁传》。
④ 《辽史》卷七八《耶律夷腊葛传》。
⑤ 《辽史》卷七九《女里传》。
⑥ 《辽史》卷九七《耶律喜孙传》。
⑦ 《辽史》卷八八《耶律瑶质传》。
⑧ 《辽史》卷九二《萧乌野传》。
⑨ 《辽史》卷九三《耶律铎轸传》。

辙，亦即维持旧来的奴隶制，抑或向封建依附化关系变化，这两种情况在契丹社会经济生活中都是存在的。

斡鲁朵契丹正户中的另一个等级或阶层，是经济力量较弱的一般正户。他们主要靠畜牧畋渔以生，是自食其力的劳动者。即使有一二个奴婢，也必须亲自劳动，才能维持生活。所谓契丹的封建依附化关系的发展，主要来自这批正户和契丹诸部的劳动者。当然，在契丹上户和贵族也有一些，即他们主要向封建主方向转化。推动契丹封建依附化发展的主要是“役”，包括戍边的兵役在内。作为宫分户，他们必须侍卫皇帝，“旋蓬”般地一年四季奉行的捺钵，“春粮煮雪安得饱？击兔射鹿夸强雄！”① 四时捺钵虽然也是契丹人取得生活资料的一个来源，但对于经济力量较弱的一般契丹正户，毕竟是一项沉重的国家劳役，从而造成这个劳动者等级的贫困化。面对这种情况，契丹最高统治者一方面提出均赋役的办法以缓解这一问题，而另一方面只好诏令救济了：

辽道宗大康七年（1081）十一月乙酉，诏岁出官钱，振诸官分及戍边贫户。②

辽道宗大安二年（1086）秋七月甲子，赐兴圣、积庆二宫贫民钱。③

大安三年（1087）秋七月丁巳，出杂帛赐兴圣宫贫民。④

“赐予”、“振济”的诏令越多，越是反映了契丹宫分户贫困化以及由此而导致的依附化的严重。实际上，在辽道宗的“大康”“大安”的岁声中，贫困化、依附化已经席卷了契丹人和奚人，后面还要继续叙述这个问题。

在斡鲁朵（宫分）户中还包括奴隶。奴隶中有两类，一类即是前面提到的在战争中俘虏来的生口、奴婢，而另一类是契丹人由于犯罪而被籍没成为奴隶的。籍没为奴隶早在阿保机建国前即已存在，第二章中已经提到。但犯罪籍没入宫分的，并非一般的契丹人，而是“族”、“戚”和“世官”这三部分人。“族”指的是耶律氏，“戚”指的是外戚萧氏，而“世官”则是契丹的累世贵

① 苏辙：《栾城集》卷一六《虏账》，四库影印本1112—190。

② 《辽史》卷二四《道宗纪》四。

③ 《辽史》卷二四《道宗纪》四。

④ 《辽史》卷二五《道宗纪》五。

族。这项籍没入宫分的规定，大体上是执行了的。原是遥辇洼可汗宫分人的萧得里特，“寿隆五年（1099）坐怨望，以老免死，阖门籍兴圣宫”[①]，降为奴隶。萧图古辞“为枢密数月，所荐引多为重元党与，由是免为庶人。后没入兴圣宫，卒”[②]。据《辽史·营卫志》记载，著账户“本诸斡鲁朵析出，及诸罪没入者。凡承应小底、司藏、鹰坊、汤药、尚饮、盥洗、尚膳、尚衣、裁造等役，及宫中、亲王祗从、伶官之属，皆充之”。宫廷中各种杂活杂役，都是由具有奴隶身份的罪犯们承担充任的。正是由于这个原因，在契丹统治上层政治风云变幻中，特别是自肘腋之间而发生的宫廷政变，这些居于最底层的人们却发挥了意想不到的作用。而且在他们的后代中，如为蕃帐郎君后代的耶律良，重熙中“补寝殿小底”，以后步步青云而置身高位的。这类奴隶与一般的奴隶还有所不同。

最后对蕃汉转户加以经济分析。

斡鲁朵（宫分）制下的蕃汉转户是从战争中俘虏的汉人、渤海人和室韦等族人。把这些战争的俘虏安置在各自的生产岗位上，为契丹皇帝提供无偿剩余劳动，便是斡鲁朵制的一个重要内容。所以《辽史》上说：“皇帝即位，凡征伐叛国俘掠人民，或臣下进献人口，或犯罪没官户，皇帝亲览闲田，建州县以居之，设官治其事。”[③]《契丹国志》上也说：“每一帝立，聚所取人户马牛金帛，及其所献生口，或犯罪没入者，别为行宫领之，建州县，置官属。”[④]所建州县，与契丹国家行政区划不相统属，自成系统，以分别管理皇帝直属领地，而斡鲁朵就是皇家领地的最高统辖机构。

由于俘虏多来自农业地区，以汉人、渤海人特别是汉人数量最多，所以“皇帝亲览闲田，建州县以居之”。皇帝领地以农业居于主导地位。如上京道定霸县条下记载：“太祖下扶余，迁其人于京西，与汉人杂处，分地耕种。统和八年，以诸宫提辖司人户置。隶长宁宫。户二千。”[⑤] 这是渤海人和汉人共

---

① 《辽史》卷一一一《萧得里特传》。
② 《辽史》卷一一一《萧图古辞传》。
③ 《辽史》卷四九《礼志》一《热节仪》。
④ 《契丹国志》卷二三《建官制置》。
⑤ 《辽史》卷三七《地理志》一。

同在定霸耕作的一例。再如奉圣州望云县，辽景宗“于此建潜邸，因而成井肆”；“穆宗崩，景宗入统国统”，望云县也就有了“御庄”的称号，“直隶彰愍宫，附庸于此”①。这是汉人聚居的农业区的一例。实际上，凡是由斡鲁朵辖属的，不论是州是县，只要进行农业生产，都可以看作是契丹皇帝的“御庄”。因为这些土地上的剩余产品，全部由宫分的主人——契丹皇帝占有，供皇帝一家享用。

在蕃汉转户中，还有一部分“百工伎艺之人”、即从事纺织等各种手工业的工匠。在前章有关丝织业生产中，曾引用了《辽史·地理志》上的一些材料，说明被俘的工匠被皇家占有，如应天后的仪坤州、辽世宗的弘政县，都是“有技艺”、“工织丝”的劳动生产者。在阶级社会中，创造出来剩余劳动的人的价值才会被人们发现。从这一意义上说，从契丹皇帝耶律阿保机和应天皇后，到契丹的贵族，真是一批了不起的人物，他们把俘虏中最灵巧、最有技艺的人归自己占有，从这些人当中榨取了美好的产品。人们说，“慧眼识英雄”，而契丹的统治者们则“慧眼识俘虏”！

那么，在斡鲁朵中为皇家提供美好产品的蕃汉转户，主人到底给以什么样的待遇，他们究竟处于什么地位？

由于蕃汉转户来自于俘虏，其中一部分具有奴隶的身份是无疑义的。前章举出的韩知古就是应天后陪嫁的一个媵臣亦即奴隶。但大多数的蕃汉转户是否为奴隶？还不能肯定。作为宫分户，蕃汉转户的地位是低下的。可以作为赏品赐予臣下，如：

> 辽世宗大同元年（947）八月壬午朔，以崇德宫户分赐翼戴功臣及北院大王（耶律）洼、南院大王（耶律）吼各五十，安抟、楚补各百。②
>
> 以〔王〕继忠家无奴隶，赐官户三十。③
>
> 咸雍初，兼北院副部署……（耶律）玦不喜货殖，帝知其贫，

① 《辽史》卷四一《地理志》五。
② 《辽史》卷五《世宗纪》。
③ 《辽史》卷八一《王继忠传》。

赐官户十。[①]

诏与林牙耶律庶成修律令,〔萧德〕改契丹行营无部署,赐官户十有五。[②]

(重熙十二年萧孝忠死),赐官户守冢。[③]

道宗即位,以乙辛先朝任使,赐汉人户四十。[④]

尽管宫分户低下到可以作为赏赐品,但并不一定是奴隶。这是因为,在封建时代里,农奴也是可以作为赏赐品的,如曹魏时,政府就曾把屯田客赐给公卿,“数各有差”[⑤] 的。所以,还不能根据这一点判定宫分户是奴隶。

应当说,斡鲁朵(宫分)户中的蕃汉转户是农奴,而不是奴隶。下面的材料便透露了这一消息:

初辽入掠中原人,及得奚、渤海诸国生口,分赐贵近或有功者,大至一二州,少亦数百,皆为奴婢,输租为官,且纳课给其主,谓之二税户。[⑥]

《中州集》此段记载,与《金史·李晏传》所载者类似,一向为研究辽代史者所重视,前面已经提到。就这条材料的文义来论,这些被俘虏的人,在“皆为奴婢”之时,亦即“输租纳课”的二税户,而这些二税户除供租课之外,则有着自己的私有经济,因而名义上是奴隶,而实质上则是农奴。这可能是耶律阿保机为使俘虏们安心生产而采取的一种特殊措施,这一措施恰好与当时契丹社会既存在奴隶制又有封建制因素这一特殊情况是相适应的,从而为蕃汉转户之向封建制发展创造了条件。应当说,这是阿保机对历史所作的一个极其重要的贡献。

事实上,蕃汉转户之具有农奴的身份地位,在辽兴宗重熙十二年(1043)六月庚戌诏令中得到确切的论证。诏令上说:

---

① 《辽史》卷九一《耶律玦传》。
② 《辽史》卷九六《萧德传》。
③ 《辽史》卷八一《萧孝忠传》。
④ 《辽史》卷一一〇《奸臣中·耶律乙辛传》。
⑤ 《晋书》卷九三《王恂传》。
⑥ 元好问:《中州集》卷二《李承旨晏》。

汉人宫分户绝，恒产以亲族继之。[1]

所谓恒产，土地、房舍之类都是，而有无恒产，则是农奴、奴隶的根本区别。汉人宫分户有恒产亦即是有自己的私有经济，他们是有别于奴隶的个体小生产者不很清楚了吗？不仅如此，而且这道诏令还指明了，早在重熙十二年（1043）以前，汉人宫分户的恒产即由他们的直系亲属继承，而自重熙十二年（1043）以后，汉人宫分户户绝，则其恒产可以由其直系亲属以外的亲族继承，这样也就扩大了汉人宫分户的财产继承权，提高了汉人宫分户的社会地位。如果结合辽兴宗重熙十五年（1046）“禁契丹以奴婢鬻汉人”这一诏令看，汉人（当然包括汉人宫分户）当中，有的已经获得了奴隶，辽代社会阶级分化达到这一地步！

在斡鲁朵这个经济实体中，既有奴隶制，又有封建制因素，蕃汉转户就是具有封建制因素的农奴，而就这个经济实体的发展来看，占有人口大多数的蕃汉转户所具有的农奴地位则日益提高，说明了这个经济实体的本质是由封建制来决定的，并在经济实体中居以主导地位。

---

① 《辽史》卷一九《兴宗纪》二。

第八章　辽代社会经济制度（中）：契丹头下军州制和社会诸等级；奚人的封建制；契丹奴隶制及其萎缩

第一节　契丹头下军州制

在契丹建国前后，契丹贵族在掠夺战争中也俘获了大量人口，并同契丹皇帝建立斡鲁朵一样，建立了所谓的头下军州，安插俘虏，成为自己的领地：

> 头下军州，皆诸王、外戚、大臣及诸部从征俘掠，或置生口，各团集州县以居之。横帐诸王、国舅、公主许创立州城，自余不得建城郭。朝廷赐州县额。其节度使朝廷命之，刺史以下皆以本主部曲充焉。官位九品之下及井邑商贾之家，征税各归头下，唯酒税课纳上京盐铁司。①

从这段简要叙述中，可以知道，只有“横帐诸王、国舅、公主”等契丹的上层贵族才有资格建立头下军州。头下军州的多少，也就反映了契丹贵族领地多少和经济力量的大小，为此，下面列表以考察头下军州建立的情况。

---

① 《辽史》卷三七《地理志》一《头下军州》。

头下军州名称	所在地点	建立者或所有者	头下户数	材料来源
徽州宣德军	上京道宜州北二百里	景宗女秦晋大长公主	媵臣万户	《辽史》卷三七《地理志》一
成州长庆军	中京道宜州北一百六十里	圣宗女晋国长公主	媵臣户四千	《辽史》卷三七
懿州广顺军	东京道显州东北二百里	圣宗女燕国长公主	媵臣户四千	《辽史》卷三七
渭州高阳军	上京道显州东北二百五十里	驸马都尉萧昌裔	媵臣户一千	《辽史》卷三七
壕州	上京道显州东北二百二十里	国舅宰相建	汉户六千	《辽史》卷三七
原州	上京道显州东北三百里	国舅金德建	汉户五百	《辽史》卷三七
福州	上京道原州北二十里	国舅萧宁建	汉户三百	《辽史》卷三七
横州	上京道辽州西北九十里	国舅萧克忠	萧克忠部下牧户二百	《辽史》卷三七
凤州	上京道韩州北二百里	南王府五帐分地	户四千	《辽史》卷三七
遂州	东京道檀州西二百里	南王府五帐放牧地	户五百	《辽史》卷三七
丰州	上京道北至上京三百五十里	遥辇氏僧隐牧地	户五百	《辽史》卷三七
顺州	上京道显州东北一百二十里	横帐南王府建	燕蓟户一千	《辽史》卷三七
闾州	上京道辽州西一百三十里	罗古王牧地	户一千	《辽史》卷三七
松山州	上京道北至上京一百七十里	横帐普古王牧地	户五百	《辽史》卷三七
豫州	上京道南至上京三百里	横帐陈王牧地	户五百	《辽史》卷三七
宁州	上京道豫州东八十里	横帐管宁王放牧地	户三百	《辽史》卷三七

以上头下军州计16处。此外，从《辽史·地理志》和个别传中，记有的头下军州如下：

头下军州名称	所在地点	建　立　情　况	材料来源
乌州静安军	上京道	辽北大王占牧地建，一千户，后收归兴圣宫	《辽史》卷三七
宗州	东京道	耶律隆运以所俘汉民建，后隶文忠王府	《辽史》卷三七
贵德州宁远军	东京道，原汉襄平县	太宗时察割以所俘汉民置，以逆诛，没收	《辽史》卷三八
遂州	东京道	采访使耶律颇德以部下汉民置，嗣绝没入，隶延昌宫	《辽史》卷三八
双州保安军	东京道	太宗时沤里僧王俘镇定民置，察割弑逆没入，属崇德宫	《辽史》卷三八
榆州高平军	中京道	太宗时横帐解里以俘镇州民置，开泰中没入	《辽史》卷三九
川州长宁军	中京道，原名白川州	太祖弟安端置，察割叛逆没入，隶文忠王府	《辽史》卷三九
全州		统和九年以秦王韩匡嗣私城为全州	《辽史·圣宗纪》四；陈汉章：《辽史索隐》卷二
丰州		统和十三年以宣徽使阿没里私城置	《辽史·圣宗纪》四

从《辽史·地理志》等记载中，又钩稽出来了头下军州达9处之多。

在《契丹国志》卷二一《州县载记·头下军州》条记有军州23处，即：徵州、濠州、驩州、卫州、荆州、问州、随州、和州、澄州、全州、义州、遂昌州、豫州、员州、福州、荣州、唐州、粟州、黑州、河州、茂州、麓州和全州。所载徵州当即徽州、濠州当即壕州、问州即间州，由于字形的错误当予改正外，与前述两部分军州加以核对，《契丹国志》尚有驩州、卫州、荆州、随州、和州、澄州、义州、遂昌州、贵州、荣州、唐州、粟州、河州、茂州和麓州12州。其中荆州、麓州、荣州、河州载于《辽史》卷三八《地理志》二，卫州见于《宣和乙巳奉使金国行程录》，其余7州均失载。如果稳妥一点，将《契丹国志》这五州计算在内，与前两部分25军州相加，共计30军州。这是契丹贵族建立头下军州的一个情况。

其次，《辽史·百官志》四《南面方州官》序云："其间宗室、外戚、大臣之家筑城赐额，谓之头下州军；唯节度使朝廷命之，后往往皆归王府。不能州者谓之军，不能县者谓之城，不能城者谓之堡，其设官则未详云。"据此，则在头下军州之下，还有贵族们建立的城堡。所谓"不能县者谓之城"，史料上是有迹象可察的。如：

> 数月间，边兵（指辽东北防女真之兵）屡北，人益不安。饶州渤海结构头下城以叛，有步骑三万余，招之不下。[1]

"结构"的语义是什么不大清楚，但"头下城"趁机反辽则是事实。"头下城"当即"不能县者谓之城"的一个例证。

"不能城者谓之堡"，也是有迹象可寻的。如：

> 宋真宗咸平元年（998）七月，于越王下五寨盐使马守玉，与其弟租子寨使守琛、雕翎寨使王知遇等七百五十人，挈族来归。帝召见，因问守玉事于越月廪，对：岁给百斛，亦虚名耳；暴创（敛）重役，不任其苦！[2]

> 咸平二年（999）四月北大王帐下左教练使杨赟挚其族归顺，赐缗帛，补外州镇将，给田处之。[3]

> 咸平五年（1002）七月，契丹大林塞（寨?）使王昭敏等归顺，赐衣服缗被，补昭敏镇将。余于许州给田居之。[4]

上引材料是宋辽战争过程中辽贵族头下归宋返国的几个事例，文中的于越王指的是辽名将耶律休哥，在他当年死去之时他的头下趁机脱身的；"北大王"可能是耶律斜轸，他于999年死于军中，他的头下也是趁机南下的。至于耶律休哥、耶律斜轸的头下堡寨，以及大林塞（寨?），属于何道何州则不清楚。但"不能城者谓之堡"，则由这几个事例给以证明了！

头下军州以及以下的城、堡寨，为辽贵族所有，这是无疑义的。顺便在这

---

① 《辽史》卷一〇一《萧陶苏斡传》。

② 《宋会要辑稿》蕃夷一之二三。唐统天同志最先引用这几条材料说明头下堡寨的，仅此注明。

③ 《宋会要辑稿》蕃夷一之二三。

④ 《宋会要辑稿》蕃夷一之二五。

里一提，路振《乘轺录》上说："在廷之官则有俸禄，典州县则有利润庄。"[①]按辽代朝廷百官俸禄到辽圣宗统和年间才由国家帑藏中开支，州县官是否也如此，则不清楚，路振所云"利润庄"，是否隶属于州县的汉民付出的租课，类似唐宋职分田的职租，作为现任州县官的俸禄。此事牵涉辽代经济关系，姑附于此。

同斡鲁朵一样，契丹贵族们占有的头下军州城寨也是一个个的经济实体。

从生产上看，这些经济实体大体上分为三个类型：

一类是以畜牧业为主，如遂州系"南王府五帐放牧地"，丰州"遥辇氏僧隐牧地"，闾州"罗古王牧地"，余如松山州、豫州、宁州，无一不是契丹贵族的牧地；

二类是以农业生产为主，如壕州是"国舅宰相南征"俘获的汉民建立起来的，原州、双州也都是被俘汉民建立的，迁至契丹的汉民仍以农业生产为主，因而这些头下军州是以农业生产为其实体的；

三类是以手工业生产为主，如隶于中京的白川州即后来易名为川州的，"地宜桑拓，民知织纴之利，岁奉中国币帛（指给宋的节日贺礼），多出白川州税户所输云"[②]。而白川州税户就是由安端俘来的汉民，白川州就是由安端奏建的私城，显然，这个经济实体是以纺织业为主导的。

归纳上述情况，这些经济实体建立之后，继续畜牧业、农业和纺织手工业生产，因而这些贵族们的私城，同契丹国家建立的汉城一样，对契丹社会经济起了有益的促进的作用。

值得注意和研究的是，这些头下军州同契丹国家存在什么关系呢？头下军州的内部，即从事生产的俘虏同契丹贵族之间又存在什么关系呢？

先说头下军州同契丹国家之间的关系，亦即契丹贵族同契丹国家之间的关系。

头下军州也主要是在契丹统治腹心地区、环绕上京中京建立起来的。它的建立者往往同它距有数百里之遥，并不是亲自控制它，而是由他们的下属甚至

---

① 《类苑》卷七七。

② 《武经总要》前集卷一六下《北番地理志》。

家奴来管理。由于头下军州或是在契丹贵族的“分地”或是空旷地区建立的，因而可以说是契丹贵族的领地。前几章指出，早在唐开天之际，契丹诸部即已“各有分地”，这个“各有分地”包含两层意思，一是契丹各部从游牧而走上半定居，才有“分地”；再一层意思是这块土地属于某部或某部族的共同放牧地，虽然是土地公有，但它已经转化为某部、某部族的私有，而头下军州的建立，被称之为“私城”。实际上在部或部族共有土地上，再一次分割为牧地亦即份地，而向私有化方向发展。头下军州是“又以征伐俘户建州襟要之地，多因旧居名之，加以私奴置投下州”①。草原民族之向私有化方向发展，从来是先把俘有的人口归己占有。头下军州之成为贵族的私有化，这是第一步；但头下军州的土地依然属于契丹国家，有占有使用之权，但还没有完整的所有权。

头下军州的节度使这一高级官职是由朝廷直接任命的，有的州刺史，据陈述《头下考》的考订②，也是由朝廷任命，其余州县官员大抵由建立者即契丹贵族自己任命。如耶律阿没里，“性好聚敛，每从征所掠人口，聚而建城，请为丰州，就以家奴阎贵为刺史”③，是最有名的例证。而这件事情不仅得到朝廷认可，而且当做一桩事情记录在国史上：“统和十三年六月甲申，以宣徽使阿没里私城为丰州”；翌年“正月庚午，以宣徽使阿没里家奴阎贵为中州刺史”④。由此可见，契丹贵族对头下军州这个经济实体具有不可低估的政治上的控制力量。唯其如此，它也就能够同皇帝的斡鲁朵、契丹国家直接统辖的行政区鼎足而三，在契丹社会经济生活、政治生活上占有重要地位。

头下军州是世袭占有的，即可以作为私有财产传给后嗣子孙。但，有如下两种情况，头下军州则被国家没收，成为国家行政序列内的军州。一种情况是，没有后嗣继承，像宋代户绝田产一样，为国家没收。如：“遂州，本渤海

① 《辽史》卷三七《地理志》一《序》。

② 载《辽史汇编》第八册。

③ 《辽史》卷七九《耶律阿没里传》。

④ 《辽史》卷一三《圣宗纪》四。

美州地，采访使耶律颇德以部下汉民置。穆宗时，颇德嗣绝，没入焉。”① 另一种情况，由于大逆不道，造反弑君，被国家没收。由于察割的弑逆，贵德州、双州和川州都被没收，有的转为宫分。

既然头下军州是一个经济实体，既有生产，就有剩余产品，那么有些劳动成果怎样分配呢？《辽史·地理志·头下军州》条称：

> 官位九品之下，及井邑商贾之家，征税各归头下，唯酒税课纳上京盐铁司。

《辽史·食货志》上也说：

> 各部大臣从上征伐，俘掠人户，自置郛郭，为头下军州。凡市井之赋，各归头下，惟酒税赴纳上京，此分头下军州赋为二等也。

这两条材料意义相同，市井之赋，亦即征商之税，归于头下，酒税则上缴到上京盐铁司。亦即一归头下私有主——契丹贵族，一归契丹国家，这也就是“分头下军州赋为二等”的意思。这是在赋税上头下军州和契丹国家之间关系的一个方面。另一方面，关于劳动者的剩余产品的分配问题，将在后面叙述。

其次，考察一下头下军州内部劳动生产者同头下主契丹贵族之间的关系。头下军州的劳动生产者约有以下三类：

（一）媵臣。上表徽州、成州、懿州、渭州等头下军州，是分别由景宗女、圣宗女建立的，劳动者都是清一色的媵臣户，即陪嫁的奴隶，多者上万户，少者亦数百。媵臣户多半是俘虏来的，其中不少是汉民，如前面提到的韩知古就是陪淳钦后来嫁的媵臣。媵臣不论是旧有的还是新俘来的，但都是以户作为一个生产单位安插在头下军州的，因而他们与单身的男奴女婢有所不同，即与头下主贵族家庭脱离，单独过活、单独生产的小户，在身份上则有所变化。

（二）部曲。头下军州的福、横、凤、松山、豫、宁等军州，是由贵族们的牧地建成的，如凤州是“南王府五帐牧地”，丰州是“遥辇氏僧隐牧地”，闾州是“罗古王牧地”等等。这些军州成为贵族私家的放牧地，往往也有数百户的牧户。这些牧户当然有的来自于战争的俘虏，但有的则是早已依附于贵

① 《辽史》卷三八《地理志》二。

族的部曲。由国舅萧克忠所建的横州，就是由他的“部下牧民”建成的，而所谓“部下牧民”当即萧克忠的部曲。部曲是契丹社会中的一个重要阶层，斡鲁朵（宫分）中就有不少部曲，奚、汉地区的一些权势也拥有不少部曲。部曲中间的一部分是贵族权势之家利用政治暴力造成的。贾师训被诏“按察河东路刑狱，闻有酋豪负势，诈良民五百口为部曲，数为官□为贱民心不厌而随反之”，“公伺探其情，乃召豪酋诘之”，“因籍其户还官”①。河东酋豪能一次霸占五百口良民为部曲，权势炙人，可见一斑。事实上，霸占良民为部曲并不是个别现象，因而在辽圣宗统和十三年（995）四月丙戌诏令上说：“诸道民户应历以来胁从为部曲者，仍籍州县。”② 贵族、豪势，以及寺院霸占良民为部曲，成为他们的私属，实质上是仅高于奴婢的农奴，地位是低下的。但不论怎样说，头下军州中的牧民——部曲，其发展趋势是封建化，则是确定无疑。

（三）被俘汉民。许多头下军州是由俘虏的汉民建成的，这些汉民从事农业、手工业各种生产，其中有不少是有技艺的工匠，安端所建白川州的汉民善于织纴，产品名被于宋朝宫廷，就是最有力的说明。被俘汉民中的一部分成为媵臣户，上面已经提到，勿需多加说明。这些汉民，是媵臣户也好，不是媵臣户也好，但就地位来说，则是《中州集》李晏小传中记载的，“输租为官，皆纳课给其主，谓之二税户”。这些二税户，如在前章斡鲁朵制中分析的那样，名义上“皆为奴婢”，实质上则是承担官租、课税的农奴，与蕃汉转户是类同的。

总之，头下军州的媵臣、部曲（牧民）、被俘汉民三类劳动者，媵臣户不论新老，都是有了家室的奴婢户，而与单身奴婢不同；部曲很早即依附于贵族豪势之下，成为依附户；被俘汉民，身份地位属于二税户。就这些劳动生产者的发展趋势看，同斡鲁朵制下的蕃汉转户一样，都是沿着封建化道路发展，成为皇帝贵族直接占有的农奴。

---

① 《全辽文》卷九《贾师训墓志铭》。

② 《辽史》卷一三《圣宗纪》四。

第二节 契丹的下层贵族、牧主、牧民诸等级

在契丹社会中，除了皇帝、建立头下军州城堡的上层中层贵族以外，享有特权的还有一批小贵族。

契丹贵族地位的确定，从经济上说，他们世世代代的占有大量牧地、牧畜和奴隶，而且在政治上，他们通过世选制，在国家政权中世世代代地据有统治地位。小贵族阶层之与中上层贵族的分界线是，不仅占有牧地、牲畜、奴隶的数量较少，而且在世选中所取得的世袭地位不高。如：

耶律解里，字涹单，突吕不部人。世为小吏。解里早隶太宗麾下，擢为军校。①

耶律八哥，字乌古邻，五院部人。……统和中，以世业为本部吏。②

耶律阿息保，字特里典，五院部人。祖胡劣，太祖时徙居西北部，世为招讨司吏。③

萧胡笃，字合术隐。其先撒葛只，太祖时愿隶宫分，遂为太和宫分人。曾祖敌鲁，明医……统和中，宰相韩德让贵宠，敌鲁希旨，言德让宜赐国姓，籍横帐，由是世预太医选。子孙因之入官者众。④

“世为小吏”、“以世业为本部吏”的官宦地位虽不高，但是世代相袭而具有政治上的特权，与契丹虽然富有的牧主就不相同了。至于《萧胡笃传》这一材料，又论证了原在辽太祖时作为一般宫分人的萧胡笃家族，由于他们的祖先萧敌鲁在政治上的机遇，遂使这个普通家族得“世预太医选”，从而跻身于中上层贵族行列。这又说明，辽代贵族等级虽然比较森严，但它并不是一成不变的。证之以出身媵臣的韩知古，终于因系阿保机家族的亲信，其本人以及其后代韩匡嗣、韩德让（即耶律隆运）成为左右契丹政治局势的头等贵族，更足

---

① 《辽史》卷七六《耶律解里传》。
② 《辽史》卷八十《耶律八哥传》。
③ 《辽史》卷一百一《耶律阿息保传》。
④ 《辽史》卷一百一《萧胡笃传》。

以说明契丹在其开国初期社会发生重大变革之际，贵族升降线的变动不居的性质了。

一、牧主

贵族诸等级之外的再一契丹统治阶级是所谓的富人，实质上是契丹的大小畜牧主。在畜牧业生产一章中，曾说过，草原上的民族总是以马、牛、羊之类畜产品的多少，作为计量贫富的标准，契丹自亦不能例外。所谓契丹“其富以马”①，“番汉人户亦以牧养多少为高下”②，便说明了这一问题。契丹的富人，就是占有数量不等的畜产品的牧主。他们在契丹社会生活中没有政治特权，靠家奴、依附者的艰辛牧养而发家致富。契丹建国前、建国初期，这批牧主为表示自己的社会身份地位，可以像中原王朝纳粟买官那样，用一定数量马牛，换取名叫“舍利”的头衔：“契丹豪民要裹头巾者，纳牛驼七十头，马一百匹”③，即可换得。《辽史·国语解》对“舍利”一词有所解释，前面所记“纳牛驼十头”，可能遗有“七”字，似应改正，而后面补充则很重要，称：“后遂为诸帐官，以郎君系之”④，确实捐上官了，也有了特权。

契丹的牧主，对契丹国家应当承担相应的义务，即戍守边境或应征打仗。他们虽然不能像大贵族能够出私甲数百到上千，但作为一个正军，“马三匹，打草谷、守营铺家丁各一人”，则是能够办得到的。至于戍边，富有的大畜牧主，特别是买得“舍利”头衔的，即可免除戍边，或让部曲代往。辽兴宗重熙十年（1041）二月“北枢密院言：南、北二王府及诸部节度侍卫祗候郎君，皆出族帐，既免与民戍边，其祗候事，请亦得以部曲代行。”⑤ 取得“诸帐官”的“舍利”们，显然能够根据这一措施而免戍边或让部曲代行的。在中小牧主、牧民因戍边诸徭役压得透不过气来，于是朝廷上便提出以“富民”代贫民戍边，但这类章奏石沉大海，产生不了任何效果。

---

① 《辽史》卷五九《食货志》上。

② 苏颂：《苏魏公集》卷一三。

③ 武珪：《燕北杂记》，说郛本。

④ 《辽史》卷一一六《国语解》。

⑤ 《辽史》卷一九《兴宗纪》二。

二、中小牧主和牧民

中小牧主是牧主当中经济力量比较弱的，占有奴隶，部曲都不多。牧民是契丹族的主要构成者，来自于契丹父家长制时代的公社成员。由于畜牧经济和契丹军事活动相结合，契丹牧民早就以一家亦即一帐为单位的个体生产者。他们虽在自己“部”的地分内进行牧放，但经常以“车马为家”，四处活动。牧民中也有富裕上层和中下层之别，他们也许占有若干家奴和部曲，但为数不多，亦许没有。中小牧主和牧民是契丹兵役、戍边等役的主要承担者。耶律昭说，“西北诸部，每当农时，一夫为侦候，一夫治公田，二夫给纠官之役，大率四丁无一室处。”[①] 一家四丁，包括父子兄弟，可能也有个把家奴或部曲在内，这样的家庭就只能是牧民中的中下层，也正是在这样沉重徭役负担下，贫困无告，使这个等级越来越发生明显的分化。

两百年间，契丹社会阶级分化是日益加深加剧的。马，本来是契丹财富多少的一个标志，但有的契丹人没有马匹。为著帐郎君后代的耶律良，想出远门就学，友人制止他说：“尔无仆御”；后来做了燕赵国王的近侍，也因家贫无马骑乘[②]。萧韩家奴到统和十四年才做官，而“家有一牛，不任驱策，其奴得善价鬻之”[③]，看来他的家产也肯定不多。在阶级社会中，贫穷往往受到人们的抑揄或讥讽。如五院部的耶律乙辛，“父迭剌，家贫，服用不给，部人号穷迭剌。”[④] 就是这个“穷迭剌”的儿子耶律乙辛，幼小时不得不牧羊。在贫富分化的趋势下，昔日的贵族也不免沦为社会的底层，如奚王楚不宁之后萧蒲奴，“幼孤贫，佣于医家牧牛”，并因“伤人稼；数遭笞辱”[⑤] 的。“旧时王谢堂前燕，飞入寻常百姓家”，社会阶级分化、变动，是不可避免的。正由于此，所以自辽圣宗统和以来，诏书上就不断要求各部赈济贫民，如统和七年六

---

① 《辽史》卷一〇四《文学下 · 耶律昭传》。
② 《辽史》卷九六《耶律良传》。
③ 《辽史》卷一〇三《文学上 · 萧韩家奴传》。
④ 《辽史》卷一一〇《奸臣上 · 耶律乙辛传》。
⑤ 《辽史》卷八七《萧蒲奴传》。

月乙亥，“诏出诸畜，赐边部贫民”[1]，统和十五年二月戊戌，“劝品部富民出钱以赡贫民”[2]。尔后，辽兴宗道宗以来，赈济贫民的诏令频仍，深刻说明契丹社会内部分化之严重，并由此而削弱了契丹的国力。

第三节　奚人地区的封建农奴制

奚人与契丹人长期为伙伴关系，自被阿保机征服以来，奚人也成为了被统治民族。奚人的贵族因此而衰落下来，仅有少数的奚人同契丹贵族有着婚姻关系，尚能保持原有的地位，余下来的则日益凋零，前面说的奚王楚不宁的后代萧蒲奴，竟沦为放牛娃，即可显示一斑。

奚人除狩猎、畜牧外，则发展了农业生产，在第三章中已作说明。但奚人的土地很多是由汉人来耕作的。如苏颂的《牛山道中》诗及注写道：

> 农人耕凿遍奚疆，部落连山后枕岗。种粟一收饶地力，开门东向杂边方。田畴高下如棋布，牛马纵横似谷量。赋役百端闲日少，可怜生事甚茫茫。
>
> 耕种甚广，牛羊遍谷，问之皆汉人佃奚土，甚苦输役之重。[3]

苏辙几首出使契丹的诗，也描述奚人地区的农业生产和经济关系：

> 燕疆不过古北关，连山渐少多平田。奚人自作草屋住，契丹骈车依水泉。橐驼羊马散川谷，草枯水尽时一迁。汉人何年被流徙，衣服渐变存语言。力耕分获世为客，赋役稀少聊偷安。汉奚单弱契丹横，目视汉使心凄然。
>
> 奚田可耕凿，辽土直沙漠。
>
> 奚君五亩宅，封户一成田。故垒开都邑，遗民杂汉佃。不知臣仆贱，漫喜杀生权。[4]

综合以上诸诗，可以看出：高下棋布的梯田，是由汉人从奚人手里租佃而垦辟

---

① 《辽史》卷一二《圣宗纪》三。
② 《辽史》卷一三《圣宗纪》四。
③ 苏颂：《苏魏公集》卷一三。
④ 苏辙：《栾城集》卷一六《出山》等诗。

出来的，“力耕分获世为客”，被流徙来的汉人世世代代为奚人耕作，与宋朝的世代为客的地位一样，不能迁徙，因此，这些汉人与奚人封君有着紧密的人身依附关系；奚人封君对待汉人佃客视为臣仆（即奴隶）那样低贱，并且操有生杀之权。因而这样的关系是封建农奴制的关系，而非封建租佃制。苏颂苏辙生长在封建租佃制高度发展的宋统治地区，虽然在记述奚疆经济生活时还使用租佃、分获为客等语言，但从这些语言里仍然能够透露了奚疆的农奴制关系。

第四节　契丹奴隶制及其萎缩

契丹早在建国前即已进入阶级社会——奴隶社会，因而成为当时占支配地位的社会制度。但在建国前，契丹社会中又出现封建制因素，急剧地发展起来，终于取代了奴隶制而占支配地位。前面已对两种制度的兴衰作了一些说明，这里专就奴隶制兴衰给以扼要的论述。

“北庭汉儿多为契丹凌辱，骂作‘十里鼻’。十里鼻，奴婢也。”[①]《辽史》及其有关材料所记载的“小底”，亦即十里鼻、奴隶。后唐兵制中的小底军，当是在战争中被俘的或投降的契丹正军或家丁（即家奴），所以后唐把这些人编为小底军，与秦汉之际的苍头军的涵义类同。

契丹奴隶的来源，在建国前来自于战争掠夺，在建国后依然如此。如辽圣宗统和四年（986）正月丙子，耶律斜轸等“上讨女直所获生口十余万，马二十余万及诸物”[②]。生口十余万即是奴隶。对中原地区的掠夺，主要是河朔一带：“尔后河朔之民，数被其毒，驱掠善良，入国中分诸路落，鞭笞凌辱，酷不可闻。我民每被分时，父母妻子各随敌骑而去，哭号之声震动天地，见者为之变色，闻者无不伤心焉。”[③] 澶渊之盟以后，随着掠夺战争的减少，契丹奴隶的这一来源渐告枯竭。实际上，在澶渊之盟以前的对宋战争，俘获人口已经

---

① 武珪：《燕北杂记》，《说郛》本。
② 《辽史》卷一一《圣宗纪》二。
③ 田况：《儒林公议》，四库影印本 1036－301。

不是主要目标了。统和三年（985），夷离堇易鲁姑于东征之际，“请行俘掠”。上（是辽圣宗还是萧太后）曰：“诸部于国无恶，何故俘掠，徒生事耳！”因而未允[①]。俘掠生口财帛，这是奴隶制社会的天经地义，辽国最高统治者却认为生事，显然不像奴隶主总代表的语言。而且，在同宋交战中，许多宋俘被“纵放”回去；统和七年（989）二月甲子还曾下诏：“南征所俘有亲属分隶诸帐者，给官钱赎之，使相从”[②]。从上述事实来看，辽圣宗时候的战争政策显然发生了极大的改变。

从阿保机到辽圣宗统和初的六七十年间，辽通过战争增加不下数十万的生口。在契丹当时社会生产情况下，容纳如此众多的俘户，需要有消化的过程。人类社会的生产能力是不断发展、不断提高的，但在一个时期、一个地区内，容纳人口也是有其限度的；特别是在生产落后像契丹以畜牧业为主的地区，容纳人口数量所受到的制约自然要大一些。这大约是辽的战争政策转变的一个因素，即不再多事“俘掠”、“生事”！

在对待汉俘问题上，辽圣宗时候“给官钱以赎之，使（亲属）相从”这一政策，同此前“父母妻子各随敌骑而去”这一掠夺政策相比，显然有极大的甚至质的变化。为什么会发生这种变化？不论阿保机在主观上是否意识到，但在客观实践中，阿保机把在战争中破坏了的和打乱了的家庭，重新组织起来，使之有家有室有土地，从而推动了个体生产的发展。而这一发展，却为契丹的封建化奠定了坚实的基础，——这一点是阿保机不可能意识到的。生长在阿保机几十年之后的辽圣宗，从以个体生产为基础的辽代经济发展中坐享其成，这就不能不推动他促使他进一步发展这种个体经济。于是在对待汉俘上，尽可能地使原来的家庭维持下来，即使破费官钱也要使一家亲属相聚，政策上却比此前更加完备，亦即更有利于个体生产的发展和封建制度的发展。因此，可以这样说，辽圣宗时候政策上的转变，深刻地反映了，辽代上层建筑为封建经济制度服务而发生的巨大变化！这是否意味着，在辽圣宗时候，封建制在契丹社会中已居于主导的支配地位？

---

① 《辽史》卷一〇《圣宗纪》一。
② 《辽史》卷一二《圣宗纪》三。

奴隶的又一来源是来自罪犯，因谋逆而被籍没为奴隶即是一例。就这一情况来论，契丹皇室占有的奴隶最多。在斡鲁朵（宫分）中，有专门收容管理奴隶的机构谓之“瓦里”：“瓦里，官府名，宫帐、部族皆设之。凡宗室、外戚、大臣犯罪者，家属没入于此。”[①]“著帐户本诸斡鲁朵析出及诸罪没入者。凡承应小底、司藏、鹰坊、汤药、尚饮、盥漱、尚膳、尚衣、裁造等役，及宫中、亲王祗从、伶官之属，皆允之”[②]。如果把诸斡鲁朵中的瓦里统计一下，计有74个。如果以30年为一世，契丹统治200年，平均一世有十多个瓦里，因而每一个皇帝占有的奴隶，不是几十几百，而是以千来计算了。契丹皇帝应当是最大的奴隶主。

皇帝以下，亲王、公主、国舅等贵族也都占有大量的奴隶。这些奴隶也都来自战争的俘虏，前引《中州集·李晏传》中已提到，不多赘。贵族们用掠夺来的或赏赐来的奴婢建立头下军州，往往有几千、上万的媵臣户。即使到辽中后期，贵族们占有的奴隶仍然非常可观。辽兴宗时候的萧惠，不仅“禄足养廉”，而且“奴婢千余”，也“不为缺乏”的[③]。耶律元妻晋国夫人萧氏，“育婢仆百千户”[④]。契丹贵族也都有占有相当数量奴婢的奴隶主。至于一般牧主和上层牧民也有相当数量的奴隶。

但是，契丹奴隶的身份、地位，已经有所改变。不仅是其中的“二税户”已经向农奴方向转化，就是真正的奴隶与奴隶制下的奴隶有所不同。

从时间上看，大约自辽景宗、辽圣宗时候，奴隶的地位即已发生了一些变化，奴隶主不能任意处死奴隶。辽圣宗统和二十四年（1006）下诏：“主非犯谋反大逆及流死罪者，其奴婢无得告首；若奴婢犯罪至死，听送有司，其主无得擅杀。”[⑤]这道诏令的前半部分依然是利用法律来维护奴隶主的尊贵，使奴隶不得任意告首主人。如辽景宗时，“吴王稍为奴所告，有司请鞫”，辽景宗认为这是奴隶对吴王稍的诬告，“若按问，恐余人效之”，有损奴隶制的秩序，

① 《辽史》卷一一六《国语解》。
② 《辽史》卷三一《营卫志》上。
③ 《辽史》卷九三《萧惠传》。
④ 《全辽文》卷七《耶律元妻晋国夫人萧氏墓志铭》。
⑤ 《辽史》卷六一《刑法志》上。

将这个告首的奴隶斩以徇。在契丹法律的面前，奴隶连一般的控诉权都没有。但是，这道诏令的后半部分，却限制了奴隶主对奴隶的滥杀。在我国古代史上，秦律即曾规定，奴隶主不能私自杀奴，必须报到县官，得到县官的许可，才能处决，谓之“谒杀”。辽圣宗统和二十四年的这道诏令，同样地反映了奴隶主不能滥杀奴隶，而是“听送有司”，由主管部门处理，可见契丹这时候的奴隶地位，与秦代的奴隶地位大致相同，与奴隶制时代奴隶的地位有不小差别了。

在契丹社会实际生活中，恰好看到奴隶主不能随意杀害奴隶，即使是贵族也一样，如：

(1) 辽圣宗开泰六年（1017）“二月甲戌，以公主赛哥杀无罪婢，驸马萧图玉不能齐家，降公主为县主，削图玉同平章事。”[①] “萧图玉，字兀衍，北府宰相海璃之子。……会公主（金乡公主）坐杀家婢，降封郡主，图玉罢使相。”[②] 按辽制：公主下降当为郡主，郡主下降为县主，公主杀婢当按《萧图玉传》下降为郡主，《本纪》上作县主是错误的。又萧图玉曾以节度使加同门下平章事，故称为罢使相，实际上是把节度使和同平章事同时撤销，所以本传下文称“寻起为乌古敌烈详稳”，本传是对的，本纪是错的。

(2) “耶律衮履将娶秦晋长公主孙，其母与公主婢有隙，谓衮履曰：能去婢，乃许尔婚。衮履以计杀之，婚成。事觉，有司以大辟论。衮履善画，写圣宗真以献，得减，坐长流边戍。”[③]

自以上两例来看，即使贵如金乡公主、能够与皇室亲族通婚的耶律衮履，也不能私自杀害奴婢，结果是一个降低身份地位，一个长流戍边，从而说明了自辽圣宗以后奴隶的社会地位的变化。到辽兴宗重熙二年（1032）又制定了这样一个律条：“后犯终身徒者，止刺颈；奴婢犯逃，若盗其主物，主无得擅黥其面，刺臂及颈者听。”[④] 即使奴婢犯了逃亡的罪过，甚而还窃盗了主人的物品，也不能黥面，而只能刺臂及颈，在一定程度上奴婢的人格在法律上也受

① 《辽史》卷一五《圣宗纪》六。
② 《辽史》卷九三《萧图玉传》。
③ 《辽史》卷八六《耶律衮履传》。
④ 《辽史》卷六二《刑法志》下。

到注意。奴婢不许杀害，至于压良为奴，更是触犯了法律，要受到相应的处分。如萧阿鲁带于乾统三年，“坐留宋俘当遣还者为奴，免官”[①]，即是一例。

奴隶的再一来源来自于债负，或在灾荒之年卖身为奴。大安四年（1088）“正月甲戌，以上京、南京饥，许良人自鬻。”[②] 这次“自鬻”的范围，既包括了契丹统治的腹心，又包括了契丹统治最富庶的地区，事态是严重的。但是，在此以前，辽圣宗时候也有类似情况。出自稳定契丹统治的目的，辽圣宗开泰元年（1012）十二月甲申诏令规定：“诸道水灾饥民质男女者，起来年正月，日计佣钱十文，价折佣尽，遣还其家。”[③] 开泰八年（1019）“燕地饥疫，民多流殍，以（杨）佶同知南京留守事，发仓廪，振乏绝，贫民鬻子者，计佣而出之。”[④] 辽圣宗开泰年间两次饥荒，迫使包括自耕农民、牧民等在内的小所有者不得不自卖为奴，以延生命。辽圣宗则采取“折价”的方式，使一些自卖为奴的小所有者得以赎身，借以维持他们原来的社会地位。“折价”之能够得到实施，一方面是当时货币经济有了一定程度的发展，否则是无法以货币折价的；而另一方面，并且是一个决定的方面，这个政权尽管出自于它的统治目的，但它使一些小所有者免于沦为奴婢，这在实际上，是以上层建筑的力量压制奴隶制的发展，以维护由小所有者构成的封建制度的物质基础。契丹统治者在主观上是否意识到这一问题，但这一实践则是可以充分肯定的。辽景宗、圣宗以来的辽代国家政权，如上所论，在许多方面表现了它为封建经济制度的特点，但并不排除，辽代社会上还有不少的奴隶，而且前面商业中还叙述了市场上买卖奴隶，辽亡国以后契丹富人仍然拥有不少的奴隶，但奴隶制根深蒂固，虽然萎缩，还不能被清除出去。

辽的民族歧视政策，也是造成奴隶来源的一个因素。“先是蕃民殴汉人死者，偿以牛马；汉人则斩之，仍以其亲属为奴婢。”据说，到萧太后执政时，才“一以汉法论”[⑤]，窒息了奴隶的这一来源。

---

① 《辽史》卷九四《萧阿鲁带传》。

② 《辽史》卷二五《道宗纪》五。

③ 《辽史》卷一五《圣宗纪》六。

④ 《辽史》卷八九《杨佶传》。

⑤ 王称：《东都事略》卷一二三《附录·辽国》。

契丹的奴隶可以分做生产性的、非生产性的两类。非生产性的奴隶，是皇室、贵族和大畜牧主豢养的歌儿舞女，还有从事各种家务、杂役等的奴婢。“宫人呼小底，官奴婢之属也。”[①] 其中的刁马小底、鹰坊小底、裁造小底，则属于生产性的奴隶，而尚膳、尚衣、盥漱等，便属于杂役性的奴隶。私家的“驱使人”也属于杂役性的奴隶。为数众多的奴隶使用在军事上、生产上，如：

(1) 使用于军事上。前面说过，不论皇室、贵族，还是一般的契丹畜牧主，只要有奴隶，无不用于军事上。奴隶不能充正军，但可以充做打草谷、看营铺的阿里喜，这在辽代是非常普遍的。天祚帝时，萧胡笃“讨耶律章奴，以籍私奴为军，迁知北枢密院事”[②]。耶律棠古为乌古部节度使，“敌烈以五千人来攻，棠古率家奴击破之”[③]，也都是以家奴为兵，用于军事上。

(2) 使用于渔猎、畜牧生产上。如“稍瓦部。初，取诸宫及横帐大族奴隶置稍瓦石烈。稍瓦，鹰坊也，居辽水东，掌罗捕飞鸟”[④]。这是用于“罗捕飞鸟”、进行游猎的一部分奴隶。宫廷中鹰坊，以及监养鹿、鸟兽的各类小底，也都是用于游猎、畜牧生产上。

(3) 使用于铁冶、纺织等手工业生产上。前面已经提过，不再赘述。

虽然奴隶们从事这样和那样的劳动，而且在契丹社会生产中仅次于广大牧民和农民的一支重要生产大军，但他们的社会地位最为低下，是社会的最底层。奴隶们无任何政治权利，即使对国家大事有种种看法和意见，也无权直接上奏给国家。辽兴宗重熙十七年（1048）二月诏，“士庶言国家便利，不得及己事”，“奴婢所见，许白其主，不得自陈”[⑤]。在阶级社会中，被剥削被压迫者没有什么民主权利可言，这个诏令给人们提出了一个生动的例证。即使贵族牧主之家，女奴已成为主人的妾，但所生“庶孽”，地位仍然很低。辽圣宗太

① 余靖：《契丹官仪》。
② 《辽史》卷一〇一《萧胡笃传》。
③ 《辽史》卷一〇〇《耶律棠古传》。
④ 《辽史》卷三三《营卫志》下。
⑤ 《辽史》卷二〇《兴宗纪》三。

平七年（1027）十月诏，“诸帐院庶孽，并从其母论贵贱。”[①] 这就是说，其母贱为奴隶，“庶孽”便随同母亲而具有奴隶的身份了。到第二年（即太平八年）十二月丁丑又诏，“庶孽虽已为良，不得预世选”[②]。这两道诏令的范围是在契丹统治腹心的“诸帐院”，非常典型地说明了，即使在契丹皇族贵族当中，女奴所生不仅仍然具有奴隶的身份，而且即使改变了奴隶的成分，仍然没有参与世选亦即做官的权利。契丹统治者采取这样的政策，以维持契丹贵族血缘的尊贵和嫡子不可动摇的继承地位。

在奴隶当中，也有个别的权势炙人，相当神气。性好聚敛的耶律阿保里建立私城，用他的家奴阎贵做刺史就是一例。辽圣宗钦哀皇后萧氏家“毛克和等四十人，后家奴隶，咸用劳绩，皆授防团节度使，至于出入宫掖，诋谩朝臣，卖官鬻爵，残毒蕃汉，自是幽蓟无行之徒，愿没身为奴者众矣。”[③] 西汉权贵霍氏的家奴冯子都，不过是“倚仗将军势，调戏酒家胡”，而辽代贵族特别是钦哀皇后的家奴竟有40人做上防团节度使，比霍家奴要煊赫得多了！

奴隶社会地位不仅低下，任意买卖、赠送，而且还要殉葬，在契丹社会生活中，有所谓陪葬和殉葬两种形式。陪葬，在辽代贵族当中也是存在的。耶律阿保机死，应天后应“以身殉葬”，《辽史》上说：“亲戚百官力谏，因断右腕于柩”[④]。而在《契丹国志·后妃传》上则是：“左右有桀黠者，后（即应天后）辄谓曰：为我达语先帝。至墓所即杀之！前后所杀以百数，最后平州人赵思温当往，思温不行。太后曰：汝事先帝亲近，何为不行？对曰：亲近莫若后，后行则臣继之。太后……乃断一腕置墓中，思温亦得免。朝野号为断腕太后。”据此，可知应天后之断腕实出自赵思温之逼迫，而非亲戚百官之力谏。这一记载似较《辽史》真实。附于此。元王恽《秋涧先生大全集》卷四八《卢尤赵氏家传》亦记有此事，“公（赵思温）后以事忤后（即应天后述律氏），使送木叶山，辞不行曰：亲宠莫后若，何不往？曰：子幼国疑，未能也，乃断其一腕以送之，直公而不杀。”此亦可证《契丹国志》所载与事实符

---

① 《辽史》卷一七《圣宗纪》八。
② 《辽史》卷一七《圣宗纪》八。
③ 《契丹国志》卷一三《圣宗钦哀皇后萧氏传》。
④ 《辽史》卷七一《太祖淳钦皇后述律氏传》。

合。由此可以看出，契丹首领的亲近有陪葬首领的义务。如耶律延宁系“忠臣之子，致于近侍”，所以在“景宗皇帝卧朝之日，愿随从死”[①]；“渤海挞马解里以受先帝（景宗）厚恩，乞殉葬，诏不许，赐物以旌之！”这是愿意陪葬的例子。但，有的陪葬则出自逼迫，而非自愿。阿保机对弟妻涅里衮是非常厌恶的，借其弟迭剌因造反当诛、“诸戚请免”的机会说道：“涅里衮能代其死，则从。”涅里衮只好“自缢于圹中”，奴古直、叛人曷鲁只也生瘗圹中的，涅里衮属于被迫陪葬的。萧太后次女延寿奴嫁给“［悖］野母弟肯头，延寿奴出猎，为鹿触死，萧氏则缢肯头以殉葬”。在辽代，贵族之中也有夫妇相互陪葬的礼俗，因而奴隶的殉葬自然就是司空见惯的了。辽景宗死，解里没有答应陪葬，而景宗的“近幸朗、掌饮伶人挞鲁为殉”[②]，即是例证。总之，在辽代前期陪葬、殉葬还不断地有所反映，说明了它的社会发展的落后。到中后期就有所改观了。

纵观辽代的奴隶制，如果从唐开天之际契丹进入阶级社会算起，到阿保机建国前，已经有了一百六七十年的历史，是决定契丹社会面貌的经济制度。在阿保机建国前后，契丹奴隶制母体中孕育了封建制因素。从此，契丹社会内部两种经济制度展开了竞争，封建制则日益发展，而奴隶制则呈现了萎缩，终于在辽景宗圣宗时期，封建制居于主导地位。

---

① 《全辽文》卷五《耶律延宁墓志铭》。
② 《辽史》卷一〇《圣宗纪》一。

第九章 辽代社会经济制度（下）：燕南辽海地区土地关系；辽代的寺院经济

第一节 燕南地区的土地关系

燕南地区的土地所有制，大体上分为三个类型：一是为辽国占有的国有制，二是以韩赵马刘等大族占有的土地私有制，三是寺院占有的土地。本章按这三种土地关系分别叙述于后。

先说燕南地区辽代土地国有制。

在前章赋役制度中，曾经提到，屯田、营田都属于辽国家土地所有制，在契丹统治腹心地区的广大牧地，是辽代最大最重要的土地国有制。在燕南也有国有制，但规模不大。在农业生产一章中，曾引过如下一段材料："统和十五年，募民耕滦河旷地，十年始租，此在官闲田制也。"① 统和十五年三月"戊辰，募民耕滦州荒地，免其租赋十年。"② 所谓在官闲田，亦即秦汉以来未曾垦辟或已经垦辟而又抛荒了的土地，这类土地照例属于国家所有。滦河旷地，即这类国有地，募民耕垦，十年始租，是国有地同国家农民之间的土地关系。其间地租是多少，则不清楚。

辽道宗大安年间（1805～1094），为扩大对国有地的占有，曾派使在燕南地区"遗括天荒"，进行检括。有的土地，虽然无荒，但在按视之时，"以豪

① 《辽史》卷五九《食货志》上。

② 《辽史》卷一三《圣宗纪》四。

民所首，谓执契不明，遂围以官封，旷为牧地”，同土地私有主发生了纠纷。一些私有主特别是寺院主，极为不满：“吞我林麓既如彼，废我田壤又若此，使庖舍缺新蒸之供，斋堂乏饼饵之给。”① 经过多年的申诉，终于把那些非天荒退还。

在辽圣宗时候，还把一些国有荒地给无地农民，使国有土地转化为自耕农民土地所有制。如：

余民应募，或治闲田，或治私田，则计亩出粟以赋公上；

又诏山前后未纳税户，并于密云、燕乐两县占田置业入税，此私田制也。

〔统和三年〕又徙吉避寨居民三百户于檀、顺、蓟三州，择沃壤，给牛，种谷。②

统和十三年六月丙戌，谓许昌平、怀柔等是诸人请业荒地。③

以上诸材料，除去吉避寨一条不好确定外，其余都说明了，辽国土地政策，对无地农民转化为自耕农民是有利的，同样反映了辽圣宗时候，以上层建筑的力量积极扶植封建制的物质基础——个体生产而做出的努力。

第二节　以韩、刘、马、赵为代表的燕南封建土地关系

王恽在《题辽太师赵思温族系后》一文中说：

辽氏开国二百载，跨有燕云，雄长夷夏，虽其创业之君，规模宏远，守成之主，善于继述，亦由一时谋臣猛将与夫子孙繁衍众多，克肖肯构，有以维持藩翰而致然也。故开府仪同三司侍中赠太师卫国赵公（赵思温）早以骁勇善战，受知辽太祖，烜赫贵显，生子十有二人，其后支分派别，官三事使相宣徽节度团练观察刺史，下逮州县

① 南抃：《上方感化寺碑》，载《全辽文》卷一〇，以历鹗《辽史拾遗》卷二一所载校正。

② 《辽史》卷五九《食货志》上。

③ 《辽史》卷一三《圣宗纪》四。

职，余二百人。迄今燕之故老谈勋阀富盛照映前后者，必曰韩刘马赵四大族焉！

又《卢龙赵氏家传》上说：

……于时（赵）与韩刘马为燕四大族，至比唐李郑崔卢。①

郝经《房山先生墓铭》上说：

终始契丹二百余年入金源氏，为燕四大族，号刘韩马赵氏，其宗党在仕涂者数十百人。②

按韩刘马赵不仅王恽郝经称之为四大族，比诸唐代之崔卢李郑，苏天爵则加上“左、张、吕”三家，称之为“辽金大族”③，影响所及，辽亡以后历时仍有240年，不可不谓深远。是什么因素造成这四大族在幽蓟的地位？这里打算从社会历史情况作一简略说明。

从魏晋到隋唐，中国封建经济制度发展到庄园农奴制阶段，我在《中国封建经济制度发展的阶段问题》一文中已经作了说明。世族豪强就是这一制度的代表者。在北方，世族中的崔卢李郑具有特殊地位，实为当时的四大家族，崔卢李三族居于河北，卢则在幽州之涿郡。虽然不断地改朝换代，但四大家族的社会地位依然是“基址不堕”，世代占有大量土地、部曲和客，唐中叶以后，全国社会经济都发生了深刻变化，封建租佃制日益兴起，庄园农奴制日趋衰落。可是，在河北，这方面的变化不甚显著，而老牌世族则有了变化。这个变化正如陈寅恪先生在《论李栖筠自赵徙魏事》④中指出的：“自天宝以还，山东士人皆改葬两京”，其中李栖筠则从其赵郡故居，徙“隐居共城山下”。为什么一向以郡望自重的山东士人，舍弃其“祖坟住宅及田宅”而向唐政府腹心统治地区洛阳长安靠拢？陈寅恪先生从其文化史观的观点出发，认为河北自“安史乱后已沦为胡化藩镇之区域”，山东士人受此集团之排斥而转徙洛阳长安的。陈先生此文从经济上着眼于社会阶级变动，实为其史学研究一个突破性的进步，但从文化上解释胡化集团与山东士人之间的矛盾，则未或必是。实

① 两文分别载《秋涧先生大全集》卷七三、卷四八。
② 郝经：《陵川集》卷三五《房山先生墓铭》。
③ 苏天爵：《滋溪文集》卷二五《三史质疑》。
④ 载《金明馆丛稿二编》。

际上，河北地区的这一阶级变动，是新兴的土地兼并势力对老牌世族地主的冲击造成的。韩刘马赵就是这批新兴土地兼并势力的代表者，并借助于契丹贵族统治力量成为幽蓟地区的主宰者。

下面分别对韩、刘、马、赵四大族系的来龙去脉作一扼要说明。

（一）韩氏。韩氏有两个族系，一是韩知古族系，一是韩延徽族系。韩知古族系完全是靠契丹统治力量兴起的，可以说是契丹化了的汉人大地主。韩知古幼小被俘成为小奴隶，又以媵臣身份陪嫁到阿保机家，还曾“挺身逃庸保，以供资用”[①]。后来他和他的儿子韩匡嗣成为辽太祖、辽景宗的亲信，置身于契丹统治上层。韩匡嗣子韩德让在萧太后执政期间特见宠信，成为契丹统治的核心人物，建有斡鲁朵（宫分），为文忠王府。这个族系虽很重要，但与要说明的问题较远，不再多赘。

韩延徽一族就有所不同。他是幽州安次人，“父梦殷，累官蓟、儒、顺三州刺史”；刘仁恭割据幽州，召韩延徽“为幽州都府文学、平州录事参军，同冯道祗候院，授幽州观察度支使”[②]；韩延徽及其父子晚唐时已经在幽州地区有了相应的政治地位，在当地有了根基，而后成为契丹统治阶级中的一个重要家族。据《韩资道墓志铭》，韩资道“终于燕京北罗坊私第”，“葬于宛平县房仙乡鲁郭里”，并称“以祔先茔”[③]，很可能韩氏一族的坟茔即在这里。

（二）刘氏。刘氏族系出自于唐卢龙节度使刘怦：

> 刘景，字可大，河间人。四世祖怦，即朱滔之甥，唐右仆射、卢龙节度使。[④]

郝经《房山先生墓志》亦云[⑤]：

> 先生讳伯熙，字善甫，汉中山靖王之后，唐卢龙节度使伻（当作怦）之裔孙也。自伻有幽州，传姓授节数世，入契丹为王公数十人，如刘六符等尤其贵显者也。

---

① 《辽史》卷七四《韩知古传》。
② 《辽史》卷七四《韩延徽传》。
③ 《全辽文》卷八《韩资道墓志铭》。
④ 《辽史》卷八六《刘景传》。
⑤ 郝经：《陵川集》卷三五。

刘怦，《两唐书》均有传，系“朱滔姑之子”，即与朱滔为姑表兄弟，而非“朱滔之甥”。刘怦及其子刘济、孙刘总三世割据幽州。在唐宪宗削藩的强大压力下，刘总“以土地归国”①。刘氏一族在幽州当然有其重要的影响，所以在契丹统治时期自刘守敬、刘景、刘六符等数代相承，作为幽蓟汉人地主阶级的重要代表人物，在契丹上层统治中占重要地位。

（三）赵氏。赵氏一族源自赵思温，前引王恽的两篇文章已有所说明，再从《辽史》本传上简介如下：赵思温，卢龙人，“隶燕帅刘仁恭幕”，后被“［后唐李］存勖将周德威所擒”，因其骁勇而被信用，“授平州刺史，兼平、营、蓟三州都指挥使”，辽太祖神册二年攻掠燕蓟，赵思温投降②。从此，赵氏一族在辽国兴发起来。

（四）马氏。《辽史》上有马得臣，系南京人；还有马人望，其高祖马胤卿为石晋青州刺史，“坚守不降”，被辽太宗“徙其族于医巫闾山”，祖孙世代仕辽。马氏族系是指马得臣还是马人望，说不清楚。

以上韩（韩延徽族系）、刘、赵三族早在辽建国以前，即在当地据有一定的社会政治地位，当是安史之乱以来在河北地区新兴的土地兼并势力，因而在辽建国前后，即同契丹贵族结合起来，成为契丹辽国在幽蓟一带的统治基础，并代表了这个地区的封建势力。

韩刘马赵诸族之占有大量土地、部曲、奴、客，是无疑义的。韩知古族系中的韩匡嗣拥有头下州全州，韩德让即耶律隆运建文忠王府，其族人在蓟州玉田的财产也必然可观。李知顺墓志上说：“若论庄宅田园，奴仆人户，牛驼车马等，率不知其数矣！”③ 韩、刘、马、赵四大族的财产，同样是“率不知其数矣！”虽然不列于四大族，宰相李俨之子，在籍没其家产时，“得见钱七万余贯，金银珠玉称之”④，也极其可观的了。

钱氏《私志》上说：“燕北风俗，不问士庶，皆自称小人。宣和间，有辽国右金吾卫上将军韩正归朝，授检校少保节度使。对中人以上。与诸兄同正任

① 《旧唐书》卷一四三《刘怦传》。
② 《辽史》卷七六《赵思温传》。
③ 《全辽文》卷六。
④ 徐梦莘：《三朝北盟会编》卷九。

班。即称小人，中人以下，即称我家……”[①] 燕云地区自割属辽国之后，契丹奴隶制占支配的主导地位，契丹奴隶主除了他们自己贵族阶层以外，都是鄙视的。所以“小人”的称谓，则真实地反映当时的社会面貌。除韩刘马赵四大家族外，在幽蓟一带，农民、部曲、客户固然属于“小人”之列，剥削一些农民、客户的中下层地主也同样属于小人之列。

第三节　辽海地区社会阶级状况

在渤海国大氏统治期间，辽海地区是以大氏等40个家族作为统治基础的。契丹灭渤海后，大族的势力并未稍减，往往趁机兴风作浪，大延琳的反叛即是一例。为加强对渤海地区的统治，辽圣宗统和年间，曾“徙辽东豪右以实中京”[②]，但没有迁徙的大族照样占有广土众民，如：

> 高祖（李）仙寿，尝脱辽主之舅于难，辽帝赐仙寿辽阳及汤池地千顷，它物称是，常以李舅目之。[③]
>
> （降金的高氏一族）至五千余户，胜兵可三万人。

在占有的众民中，具有农奴身份地位的转户占有优势：

> （张）琳讨（高）永昌，搏手无策，始招所谓转户军。盖辽东渤海乃夙所仇，若其转户，则使从良，庶几捐躯奋命。命下，得兵二万余。[④]

从上述情况看，辽海地区似乎已经向庄园农奴制方向转化，当然它比燕南地区的庄园制还要落后得多。

经过契丹200年的统治，富人们“安居”无事，“往往为园池，植牡丹，多至三二百本，有数十干丛生者，皆燕地所无，才以十数千或五千贱贸而去”[⑤]。辽天祚帝为镇压女真族的起兵，在辽东大举征调，“上京长春辽西诸

---

① 钱氏：《私志》，四库影印本1036－655。
② 《辽史》卷一〇五《大公鼎传》。
③ 《金史》卷八六《李石传》。
④ 《契丹国志》卷一九《张琳传》。
⑤ 洪皓：《松漠纪闻》卷一。

路，计人户家业钱每三百贯自备一军，限二十日各赴期会。时富民有出一百军二百军者，家赀遂竭。”① 辽实行全民兵役制，前章已经说过，按家业钱的多少出军，则是天祚帝的一个创造。

第四节　辽代的寺院经济

佛教寺院自从阿保机建国前即开始建立，200 年间取得广泛发展，对辽的社会经济产生重要影响。元世祖忽必烈即位之前，曾询问张德辉：“辽以释废，金以儒亡，有诸?”② 辽亡之后的一百四五十年，还提出来佛教寺院对辽国统治影响的问题，足以说明这一问题的重要，因而有必要予以探索和说明。

一、佛教寺院是在辽代统治者的积极扶植下发展起来的

契丹的第一座寺院是在唐天复元年（902）建立的。这一年，耶律阿保机迁代北之民，“城龙化州于潢河之南”以居之，同时建立了开教寺③。阿保机神册三年（918）建上都临潢，与应天后在新都建立了天雄寺、义节寺和崇孝寺。所谓“城中有佛寺三，僧尼千人”④，即是据此而言的。辽太宗时又修建了安国寺，此外还有天长观和圣尼寺，因而《陷虏记》上说上京有“僧尼、道士”⑤。佛教寺院之在塞北草原上建立起来，应归功于耶律阿保机和应天后。

自龙化州、上京建立寺院之后，塞北草原许多新建城市也随之建立了寺院。祖州是阿保机发家的地方，也有“佛寺民舍”⑥。中京大定府建都以后，也有寺院建立，至今还有遗迹可寻。不仅在京城腹心地区有寺院建立，一般州县也有寺院建立。隆庆州的东西羊房，据说是辽景宗承天后（即萧太后）“养羊之所”，“尝应梦建寺于其颠（应梦山）”⑦。

---

① 《契丹国志》卷一〇《天祚皇帝》上。

② 《元史》卷一六三《张德辉传》。

③ 《辽史》卷一《太祖纪》一，并参阅卷三七《辽史地理志》一，上京临潢条。

④ 薛居正:《旧五代史》卷一三七《契丹传》。

⑤ 欧阳修:《新五代史》卷七四，《辽史》卷三七《地理志》一。

⑥ 《长编》卷八八，大中祥符九年载薛映《行程录》。

⑦ 厉鹗:《辽史拾遗》卷一五妫州东羊房西羊房条引《宣府镇志》。

除契丹统治者外，契丹贵族也是寺院的积极兴修者。如燕京大昊天寺是在辽道宗清宁五年，“秦越大长公主舍棠阴坊第为寺，土百顷”，加上辽道宗施舍的五万贯才修建成功的[①]。耶律昌元之妻兰陵郡夫人萧氏在涿郡建立了静安寺，“凡巨细之费，余于二万缗”。这两万缗据碑文的撰修者所说：“皆贤夫人鬻奁饰，减衣御之为也!”[②] 京西70里的清水院，邓从贵于咸雍四年舍钱30万，“葺诸僧舍宅”；又罄舍所资50万，“助办印大藏经”[③]。这个邓从贵即使不是贵族、官僚，也是个大财主。

在经济最发达的燕京一带，也就是辽代寺院林立的所在。“燕都之有五郡，民最饶者，涿郡首焉”。这个最富饶的涿郡就有七座著名的寺院。其中在涿州白带山风光优美的所在地建立了云居寺[④]，寺是沿隋唐旧制而建的，藏有历代石经甚多。寺院建造得极为华丽雄伟，今天保留下来的大同华严寺、蓟县极乐寺，以及应县的木塔等，虽在千载之下，仍然不减它当年的风貌。在各地建立的寺院之中，以燕京所建尤为富丽堂皇。所谓“僧尼佛宇，冠于北方”[⑤]。由辽道宗亲自撰写的开泰寺《银佛被铭》上说的，由“白银千两，铸二佛像，威武庄严”[⑥]。该寺在北京“西便门内西北一里”，还残存三楹佛殿，两座银佛像就是在这座佛殿上的[⑦]。从这一事例，就可看出辽代统治阶级耗费了多少社会财富从事寺院修建的。

寺院建造得多，僧尼也就多。用目前时兴的话说，二者是同步增长的。前面提到，阿保机在上京建立寺院之时，有“僧尼千人”，加上其他寺院当然不止千人。辽太宗会同五年（942），为皇太后祈福，“饭僧五万人”[⑧]。从第一座龙化州开教寺建立，40年间僧人增加了四五十倍！以后按照这个速度增加，

---

① 孟初：《故妙行大师遗行碑铭》，《全辽文》卷九。
② 耶律兴公：《创建静安寺碑铭》，《全辽文》卷八。
③ 沙门志延：《阳台山清水院创造藏经记》，《全辽文》卷八。
④ 赵遵仁：《涿州白带山云居寺东峰续镌成四大部经记》，《全辽文》卷八。
⑤ 《宣和乙巳奉使金国行程录》。
⑥ 《全辽文》卷二。
⑦ 张江载：《燕京访古录》。
⑧ 《辽史》卷四《太宗纪》下。

到辽道宗时候，“一岁而饭僧三十六万，一日而祝发三千”[①]，僧尼增长到了顶点。尽管辽国200年内人口、社会经济都有不小发展，但充其量辽国人口不可能超过400万，而在其统治地区内竟有数十万的僧尼。同北宋一代相比，宋徽宗时人口超过一亿，僧尼道士不到50万，僧尼占总人口不过5%；而辽国僧尼则占辽总人口将近10%。虽然，在僧尼中也有不少的“执爨力舂”劳动者，但毕竟是不劳而食的寄生者为多。这样看来，辽国的僧众与宋相差不多，而辽国的人口及其社会生产，则远远不能同宋相比，因而“饭僧”成为契丹社会经济的一个重负。《辽史》纂修者对辽道宗“一岁饭僧三十六万，一日祝发三千”提出评论说：“徒勤小惠，蔑计大本”，忽必烈则把它提到亡国的头等重大问题上，显然是值得总结的。

二、寺院的政治经济力量

在契丹统治阶级积极扶植下，辽代寺院政治经济力量是与日俱增的。尽管辽一再下诏“禁私度僧尼”或“滥度僧尼”，同时禁止僧尼到“行在妄述祸福取财物”云云[②]，但这些并不能遏止寺院政治经济力量的增长。

契丹皇帝对佛教的信仰看来是相当虔诚的，皇室念经诵佛的佛殿设有佛殿小底，料理各种杂活。[③] 对所有寺院特别是对其中名僧大德尤为尊崇，除一般担任僧官之外，还给以官位职称。如：辽景宗保宁六年“以沙门昭敏为三京诸道僧尼都总管，加兼侍中”[④]；辽道宗咸雍六年“加园释、法均二僧并守司空”[⑤]，“上待以师礼，后妃以下皆展接足之敬，特旨授荣禄大夫守司空”[⑥]，僧守志、志福、园融、惠鉴等无不兼有高官。这种奇特的情况，连宋朝也都知道，称辽兴宗“尤重浮图法，僧有正拜三公三师兼政事令者凡二十人”[⑦]。王鼎在《蓟州神山云泉寺记》：“佛法西来，天下响应。国王大臣与其力，富

① 《辽史》卷二六《道宗纪》六。

② 《辽史·圣宗纪》统和九年正月，十五年冬十月；《道宗纪》清宁十年七月辛巳。

③ 《辽史》卷四五《百官志》一。

④ 《辽史》卷八《景宗纪》一。

⑤ 《辽史》卷二二《通宗纪》二。

⑥ 《辽史拾遗》卷二一引释明河《补续高僧传》。

⑦ 《长编》卷一八〇至和八月乙丑记事。

商强贾奉其赀……惟恐居其后也，故今海内塔庙相望。”[①]

僧侣们社会政治地位的提高，也必然地在经济上表现出来。许多寺院都拥有雄厚的经济力量，首先是占有大量的土地。如燕京大昊天寺“稻畦百顷，户口百家，枣栗蔬园，井□器用等物”[②]。涿州超化寺，“燕南良乡黄山之阳，有古院曰□□，境□一川，地吞百顷”[③]，蓟州上方感化寺“松杉云际，高低相望，居然缁属，殆至三百……创始以来，占籍斯广，野有良田百余顷，园有甘栗百余株，清泉茂林，半在疆域”；“先于蓟之属县三河北乡，自乾亨前有庄一所，辟土三十顷，间艺麦千亩，皆原隰沃壤，可谓上腴，营佃距今，即有年祀，利资日用，众实赖之”[④]；蓟州陈公山观鸡寺，“启辟典库，藩利息而资费也；治葺庄园，事播植而供亿也……广庄土逮三千亩，增山林余百数顷，树果木七千余株，总佛宇僧房泊（洎?）厨房舍次，兼永济院属寺店舍，共一百七十余间，聚僧徒大小百余众”[⑤]；涿州静安寺建成之后，“遂延僧四十人”，“施地三千顷，粟一万石，钱二千贯，人五十户，牛五十头，马四十匹，以为供亿之本”[⑥]。

寺院除占有大片庄土，拥有果园菜园，而且还积聚了大量的货币。如普济寺“三载供费之外，有钱五千余贯”[⑦]；陈公山观鸡寺，“启辟典库”，放高利贷，“积库钱仅五千余缗”[⑧]；海云寺曾于辽道宗大安三年（1087）一次“进济民钱千万”[⑨]。秦越大长公主所建燕京大昊天寺，懿德皇后（长公主之女）布施了13万缗[⑩]，这在佛教史上也是不多见的。

归纳起来，寺院靠着土地和货币，既用来剥削寺院属下的农户，又放高利贷来扩大寺院的剥削，使寺院经济力量得到发展。

---

① 载《全辽文》卷八。
② 沙门即满：《妙行大师行状碑》，《全辽文》卷一〇。
③ 刘师民：《涿州超化寺诵法华经沙门沙慈修建实录（清宁八年）》，《全辽文》卷八。
④ 南抃：《上方感化寺碑》，《全辽文》卷一〇。
⑤ 沙门志延：《景州陈公山观鸡寺碑》，《全辽文》卷九。
⑥ 耶律兴公：《创建静安寺碑铭》，《全辽文》卷八。
⑦ 南抃：《普济寺严慧大德塔记铭》，《全辽文》卷一〇。
⑧ 沙门志延：《景州陈公山观鸡寺碑》，《全辽文》卷八。
⑨ 《辽史》卷二五《道宗纪》五。
⑩ 沙门即满：《妙行大师行状碑》。

三、寺院的剥削制度

辽代寺院剥削的对象，前引元好问《中州集·李晏传》中提到的二税户，而二税户则是俘虏的各族劳动者，既具有奴隶的身份，也具有农奴的性质。《金史·食货志》中也有一条极为重要的记载，即：

> （金）世宗大定二年，诏免二税户为民。初，辽人佞佛尤甚，多以良民赐诸寺，分其税一半输官，一半输寺，故谓之二税户。辽亡，僧多匿其实，抑为贱……

这条材料则说，辽赐给各寺院是“良民”，而不是俘虏。但不论怎样说，经过朝廷的赐予，这些俘虏或良民成为寺院控制下或隶属于寺院的劳动生产者。前面所引各寺院经济情况时，如大昊天寺，“户口百家”，静安寺“人五十户”等等，也充分说明这一问题。这类直接由主人（不论世俗的或者是寺院的）直接控制下的劳动者，一般地人身隶属关系较强，是农奴，而不是租佃关系的佃客。至于寺院的二税户（包括蕃汉转户、头下二税户等），向官府和私家提供多少租课，则书缺有间，无法断定。从宋代夔峡路农奴制情况看，既向主人提供租课，又向主人提供各种劳役，是非常沉重的。兼具农奴奴隶两种身份的二税户，比夔峡路农奴的负担只能重而不能轻，这一点则可以断定。

寺院还利用手中的钱物进行高利盘剥。蓟州陈公山观鸡寺公开地“启辟典库”、“藩利息而资费”的，对库存“仅五千余缗”还不胜叹惋之至！据寿昌元年建立的缙阳寺功德碑记上说，该寺放出的高利贷为“粟一千硕，钱五百缗，每年各息利一分”①。如果是“年息一分”，那就算不上高利贷了！苏辙曾经指出，“北朝皇帝好佛法”，“所在修盖寺院，度僧甚众，因此僧徒纵恣，放债营利，侵夺小民，民心甚苦之”，认为寺院是“北界之巨蠹”②！“辽以释废”这一问题提出，绝不是偶然的。

---

① 《添修缙阳寺功德碑记》，《全辽文》卷九。

② 苏辙：《北使还论北事札子》。

第七、八、九章结论 在第七、八、九三章中，对辽代社会经济制度、社会阶级结构作了叙述。那么，辽代社会阶级结构究竟有哪些特点呢？尽管《辽史》这部史书，既过于简略，又错谬百出，为后世学者所诟病，但还没有任何一部书能取代它。因此，我们还必须从本书中寻找这个问题的答案。下面打算从对《辽史·列传》的分析来回答这一问题。

人类社会的历史是由人类自己创造的。在创造社会历史的过程中，社会的人，这个阶级和那个阶级，这个集团和那个集团，所起的作用是有着明显的不同的，有的起着推动作用，有的起着阻碍作用。但，不论怎样说，人的作用是应当受到重视的。我国古代史学，在其进入第一个高峰期的发展中，即紧紧地抓住了这个根本性的问题。由伟大的司马迁所创立的、以人物活动为重要内容的纪传体，最先抓住了这个根本性的问题，从而为后代史家奉为圭臬，使纪传的断代皇朝史成为正史，在古代史学中居于重要的地位。

《史记》为什么以人物活动作为记述的重要内容，它的意图和目的又是什么呢？《太史公自序》对这个问题作了明确的回答。前110年，即元封元年，汉武帝继秦始皇之后，率领文武百官去泰山行封禅大典，司马谈因病未能参加这一盛事，深表遗憾，临死握着儿子司马迁的手说："今汉兴，海内一统，明主贤君忠臣死义之士，余为太史而弗论载……余甚惧焉，汝岂念哉！"古往今来，不论是哪个时代或者哪个国家，只要编纂那个时代那个国家的历史，就必然按照司马谈提出的上一原则去做，即表彰、宣扬那个时代的"明主贤君忠臣死义之士"，用来教育千百万的臣民，巩固自己的统治。司马谈提出的这个原则，对于历史编纂来说，具有普遍性的意义。唯其如此，所以古今中外所记述的历史人物，包括"明主贤君忠臣死义之士"在内，都是经过相应的时代和国家的当权派筛选而后确定认可的，而这些人物也都是具有典型性意义的代表人物。正面人物固然是如此，反面人物也同样是如此。不过，在对正面人物或反面人物的历史评价方面，则随着时代的演变而发生变化，有的正面人物可能变成反面人物，反面人物可能变成正面人物。即使有这些变动，毕竟是属于局部性质的变动，对于总的格局影响是不大的。基于此，也就能够通过筛选出来的人物，去考察那个时代、那个国家所独具的性质和社会面貌，从而对了解那个时代、那个国家的特性，具有极其重要的作用。

同样的，上述历史编纂的普遍原则，当然也适用于《辽史》的编纂。在对《辽史·列传》进行考察时，将会看到，在适应这个普遍性原则的同时，还表现了它的内在的特殊性。

契丹从阿保机建国到耶律德光进一步插手中原地区的政治漩涡，及其后嗣们的对外扩张，辽国不仅是奄有长城内外、雄踞漠北的大国，而且是一个多民族的大国。在其境内，不仅是契丹人，而且还有奚人、汉人、渤海人、回鹘人等等。在这个多民族的国家中，各族在国家政权中究竟占有什么样的地位，哪个民族是这个国家的统治民族。《辽史》计有305个传，如果对这些传主进行民族属性的分类，就能够回答这个问题。下表就反映了《辽史·列传》传主的民族属性：

传主民族属性	人数及其所占百分数	
契　丹	234	76.72
奚　人	7	2.31
汉　人	58	19.02
渤海人	4	1.31
回鹘人	1	0.33
吐谷浑	1	0.33
总　计	305	100

上表说明了如下几点：第一，契丹人入《辽史·列传》的达234人，占全部305人的76.72%，突出地反映了，契丹人在辽国社会政治生活中，具有统治民族的优势地位。第二，汉人入传者58人，仅次于契丹人，居于第二位，在辽国国家统治中，成为契丹人重要伙伴和辅助力量。第三，被征服了的奚人和渤海人，入传者甚少，从而说明了奚人和渤海人在契丹国家体制中所具有的地位是低下的，无足轻重的。总之，对《辽史·列传》的分析，得到的第一个结论就是：契丹人占主导的统治地位，是统治民族，而汉人则居于次要的辅助的地位，在辽的国家体制中其他诸族是无法与契丹人、汉人相抗争的。

对事物的认识，总是由表及里，逐步地深入的。如果对《辽史·列传》作更进一步深层次的考察，将列传中的《宗室传》《后妃传》全部传主，以及《逆臣传》中耶律重元抛开，计有206人。所以要将上述传主抛开，因为他（她）

们属于皇室中人，可以不计。在这206人当中，属于皇族耶律氏族系的计有87人，占全部列传305人的28.53%；属于后族萧氏族系的47人，占15.41%。这两部分人相加，计有134人，占全部的43.93%，从而在辽的国家体制中，或辽的社会阶级结构中，据有极其重要的地位，须加更多的注意。

先看皇族耶律氏族系的情况。

上述87人，分别属于三父房、耶律阿保机伯祖帖剌、叔祖蔑古直和阿保机伯曾祖、叔曾族六大支。这六大支的情况是：

（一）出自三父房中之孟父房即阿保机二伯父岩木一支的，计有耶律屋质等18人①；

（二）出自三父房中之仲父房即阿保机三伯父释鲁一支的，有耶律洼等16人②；

（三）出自三父房中之季父房即阿保机诸弟等支的，计有耶律奴瓜等19人③；

（四）出自阿保机伯祖父帖剌（即蒲古直或匣匹葛）支系的，计有耶律曷鲁等24人④；

---

① 即耶律屋质（77—《辽史》卷数，下同），耶律安搏（77）、耶律颓里（77）、耶律朔古（76）、耶律奚低（83）、耶律善补（84）、耶律敌禄（90）、耶律唐古（91）、耶律化哥（94）、耶律何鲁扫古（94）、耶律马六（95）、耶律弘古（95）、耶律仁先（96）、耶律挞不也（96）、耶律义先（90）、耶律信先（90）、耶律孟简（104）、耶律撤剌竹（114）等18人。

② 即耶律洼（77）、耶律贤适（79）、耶律鲁不古（76）、耶律休哥（83）、耶律八哥（80）、耶律学古（83）、耶律乌不吕（83）、耶律抹只（84）、耶律资忠（88）、耶律的录（88）、耶律韩留（89）、耶律仙童（95）、耶律搭不也（111）、耶律昭（104）、耶律滑哥（112）、耶律海思（113）16人。

③ 即耶律奴瓜（85，耶律阿保机异母弟苏之孙）、耶律拔里得（76）、耶律颇的（86）、耶律合住（86）、耶律蒲古（87）、耶律庶成（89）、耶律庶箴（89）、耶律薄鲁（89）、耶律燕哥（110）、耶律和尚（89）、耶律特么（95）、耶律挞不也（99）、耶律斡特剌（97）、耶律章奴（100）、耶律察割（112）、耶律锋鲁斡（105）、耶律朗（113）、耶律刘哥（113）、耶律盆都（113）19人。

④ 即耶律曷鲁（73）、耶律觌烈（75）、耶律羽之（75）、耶律虎古（82）、耶律么鲁古（82）、耶律撤剌（99）、耶律锋臻（75）、耶律古（75）、耶律突吕不（75）、耶律沤里思（76）、耶律斜轸（83）、耶律褭履（86）、耶律合里只（86）、耶律吼（77）、耶律何鲁不（77）、耶律勃古哲（82）、耶律仆里笃（91）、耶律韩八（91）、耶律古昱（92）、耶律那也（94）、耶律术者（100）、耶律牒蜡（113）、耶律辖底（112）、耶律底里特（112）24人。

（五）出自耶律阿保机叔祖蔑古直一支的，计有耶律斜涅赤等6人①；

（六）出自耶律阿保机伯曾祖、叔曾祖支系的，计有耶律图鲁窘等4人②。

透过上述87人的族系来看，他们分别出自阿保机的曾伯祖、曾叔祖、伯祖、叔祖、二伯父、三伯父以及阿保机诸弟，都是阿保机未出五服的、血缘关系至为密切的宗亲家族，这对于了解契丹国家体制、社会经济结构，具有其重要的意义。

其次，再看出自后族萧氏族系的46人的具体情况。

有关后族萧氏的记载，如《辽史》的《列传》与《外戚表》所记多有歧互之处，不拟在此多作说明。下面打算根据上述有关记载，分别隶属于应天后、承天后族系，凡列传上称出自大父房、少父房者亦都照录不误，对不明族系者则另列一栏。其情况如下：

（一）属于应天后兄萧敌鲁支系者，计有萧敌鲁等4人③；

（二）属于应天后弟阿古只支系者，计有萧排押等22人④；

（三）属于承天后族系即萧敌鲁族弟忽没里支系者，计有萧思温等5人⑤；

（四）属于国舅少父房族系的有萧朴等4人⑥；

（五）属于国舅大父房族系的有萧和尚等3人⑦；

（六）属于不明族系的有萧敌烈等8人⑧；

以上《辽史·列传》外戚共有46人，而出自应天后承天后萧氏一族的，即萧敌鲁、阿古只和忽没里三支共有31人。

---

①　即耶律斜涅赤（73）、耶律老古（73）、耶律颇德（73）、耶律挞烈（77）、耶律乙不哥（108）、耶律合鲁（111）6人。

②　即耶律图鲁窘（75，阿保机曾伯祖治昚之孙）、耶律陈家奴（95，阿保机曾叔祖葛剌之孙）、耶律崇古（102，葛剌之孙）、耶律余见（102，“国族之远者设”）4人。

③　即萧敌鲁（73）、萧干（84）、萧讨古（84）、萧斡（113）4人。

④　即阿古只（73）、萧排押（88）、萧恒德（88）、萧匹敌（88）、萧抑（85）、萧孝穆（87）、萧撒八（87）、萧孝先（87）、萧孝友（87）、萧术哲（91）、萧药师奴（91）、萧孝忠（81）、萧惠（93）、萧慈氏奴（93）、萧挞不也（99）、萧酬斡（100）、萧得里底（100）、萧奉先（102）、萧扎剌（106）、萧蒲离不（106）、萧阿剌（90）、萧胡睹（114）22人。

⑤　即萧思温（78）、萧继先（78）、萧挞凛（85）、萧海璆（78）、萧图玉（93）5人。

⑥　即萧朴（80）、萧乙薛（101）、萧讹都斡（110）、萧迭里得（114）4人。

⑦　即萧和尚（86）、萧特末（86）、萧莘（113）3人。

⑧　即萧常哥（82）、萧塔列葛（85）、萧敌烈（88）、萧拔剌（88）、萧塔剌葛（90）、萧韩家（92）、萧文（105）和萧余里也（111）8人。

综合以上叙述，在有辽一代统治的200年中，属于阿保机皇族和萧氏后族两族系共有133人，占列传总数305人的44%。由此可见，这两大族系在辽国统治中一直居于绝对的统治地位。这是从对《辽史·列传》的分析中得出的第二个结论。

耶律氏皇族和萧氏后族两大族系之所以能够长期掌握政权，以至与辽统治相始终，根本在于他们享有两大特权，即世袭的政治特权和世袭的经济特权。在世选制下，诸如南北宰相、北枢密使、北南院大王等辽国最为重要的军政首脑，均由两大族系世代占有。所以《辽史》卷一一四《传论》上说："辽之秉国钧，握秉兵柄，节制诸部族，非宗室外戚不使，岂不为帝王长久万世之计哉！"在头下军州制下，两大族系又世代占有大小不等的领地，这在前章已经加以叙述。这两大族系，既在政治上居于统治地位，又在经济上居于统治地位，从而使他们成为辽国上层的贵族特权阶层，与耶律阿保机直系下的皇室便休戚与共了。如果说，辽国政体是以皇帝为首的专制主义集权制，而这两大族系则与皇帝共同掌握国家政权，从而形成为以皇帝为首的贵族专政政体。如前所说，斡鲁朵是契丹皇帝的直属领地，而头下军州则是两大族系贵族们的领地，契丹皇帝与两大族系的贵族构成为契丹贵族领主阶级，他们所代表的封建领主制或农奴制，则决定辽国的国家性质，从而构成为辽国的国体。这是论述契丹辽国社会经济结构的再一个结论。

在契丹社会经济结构中，还要考察一下奴隶制、封建制的演变的问题。

前面说过，阿保机建国之前，契丹早已进入奴隶制社会。由于这种关系，契丹贵族在其形成为贵族阶级时，都占有相当数量的奴隶，因而又可称之为贵族奴隶主阶级，即使是一般的契丹牧主也往往占有一二个或几个奴隶（所谓家丁）。辽亡国之后，契丹富人仍然占有不少的奴隶。所以，对契丹奴隶制不能有任何的过低估计。但，在契丹建国前后也出现了封建制因素，即：挞马狘沙里制下的这种亲兵制，以及斡鲁朵制下的投靠和依附关系。契丹的封建制因素并不是单独存在的，而是与奴隶制纠结在一起的。例如在任何一个斡鲁朵或头下军州中，既有媵臣、奴婢，也有蕃汉转户、二税户。奴隶制与封建制纠结在一起，构成了契丹社会的特别面貌，这是显而易见的。问题在于：为什么较晚形成的封建因素能够发展起来，并代替奴隶制而成为居于主导的社会经济制度？又是在什么时候封建制居于主导地位的？

蕃汉转户、部分头下户和二税户，都是来自战争的俘虏，如前所说，它本身就具有奴隶和农奴的两种身份，从而表现了奴隶制与封建制的特殊结合，所以它的发展趋势便决定了，契丹社会是走向奴隶制还是走向封建制这一根本性的问题。历史实际证明了，蕃汉转户、头下户和二税户是向封建制发展的。其所以能够向封建制发展，有以下三个因素：（1）受汉族先进的封建生产方式的影响（包括韩延徽的建议在内），把个体生产者同土地结合起来，阿保机时期所建立的大批汉城解决了这个问题；（2）契丹族内封建依附化关系的存在，是韩延徽建议能够实行的一个前提条件或者说根本依据；（3）最为重要的是，被俘的劳动生产者，成为蕃汉转户、二税户之后，有家有室，有自己的私有经济，从而迸发出了发展生产的积极性，为契丹皇帝、贵族提供了大量的剩余产品，这样的结果，就又反转过来推动了契丹统治者对个体生产者的维护、扶植，并在契丹历代皇帝特别是辽圣宗时期的许多政策上表现出来。可以说辽圣宗统治期间，甚至可以更具体地说是在澶渊之盟以后，是契丹奴隶制衰落、封建制兴盛的关节线。这是由于，澶渊之盟以后，辽宋之间处于和平状态，奴隶掠夺从而减少而不得不衰落下来，封建制因素从建国前后到辽圣宗时期这七八十年中发展起来，终于超过了奴隶制而居于主导的地位。从契丹社会经济制度的这个演变中，一方面说明了，先进的事物必然能够战胜落后的事物，并取而代之。但另一方面也要看到，落后的事物，虽然是落后，但并不会自行消亡，它存在一天，总是要制约先进事物的发展。契丹奴隶制虽然转入次要地位，但它越来越成为社会发展的绊脚石，一直存在于辽亡之后，有时甚至死灰复燃，部分二税户之倒退为奴隶即是一例。解决奴隶制复辟的问题，则是与奴隶制息息相关的契丹贵族无能为力的，它只能遗留给后人解决。

第二编

党项夏国经济史

第十章　党项建国前史（400～980）

第一节　党项的族源

党项是我国西部的一个古老的民族。党项这个称谓最先见于《隋书》和《北史》[①]。此前，《魏书》有关于宕昌的记载。宕昌即党项，宕与党、昌与项，皆一音之转，其实一也。所以，有关党项最早的活动，始于北魏。在这个时期，党项活动的地区是，"东接临洮、西平，西拒叶护，南北数千里"[②]；"其地东接中华，西通西域"[③]；大体上是在青海东部、甘肃西南部和川西北岷县、松潘山谷一带。

党项，"西羌之别种"[④]，或称"西羌之遗种"[⑤]。近代研究确定，是羌族的一支。自秦汉魏晋以来，党项人居住在青甘川交界处，所以它的西邻同"发羌"（此见于《后汉书》，"发"读波）即吐蕃相接，与北吐谷浑相邻，"南杂春桑、迷桑等羌"[⑥]。由于党项人大部分居于青海，反映三国蜀汉时期的《后出师表》中所说的"賨、叟、青羌"，青羌当即党项人，同蜀汉有来往，其中有的成为蜀汉的武装力量。

---

① 《隋书》和《北史》有关党项的记载，文字全同，《北史》的作者李延寿曾参与了《隋书》的纂修工作，二书有关党项的记载，当是同出李延寿之手。

② 《北史》卷九六《党项》。

③ 《魏书》卷一〇一《宕昌》。

④ 《通典》卷一九〇《边防六·党项》；《旧唐书》卷一九八《党项羌》。

⑤ 《新五代史》卷七四《党项》。

⑥ 《旧唐书》卷一九八《党项羌》。

大夏或者西夏是由党项拓跋氏家族建立起来的，拓跋氏很早便成为党项的一部，于是拓跋氏的族源便成为学术界长期争论的一个问题，即：建立夏国的拓跋氏是出自党项族呢，还是出自东北的鲜卑族？唐林宝《元和姓纂》称：党项拓跋氏“亦东北蕃也”；元昊称帝之日，公然表明：“臣祖宗本出帝胄，当东晋之末运，创后魏之初基”①，也认为来自于鲜卑拓跋部。晚清治西夏史者如《西夏纪》的作者戴锡章也持有这一见解②。陈寅恪先生则不同意这种说法，在50多年前的《李德裕贬死年月及归葬传说辨证后记》③一文中指出：“夫拓跋思恭之自称为拓跋氏，不过自托于后魏之裔以自夸耀，近代混淆鲜卑族之拓跋与党项族之拓跋为同一族类误矣。”近30多年来，这个问题又提了出来，依然是两种对立的意见，何时能够取得一致，还需要进行认真研究。

汉魏六朝之际，是我国古代各族大分化、大改组、大融化的历史时期。特别是在北部草原地区，诸族分散离合的情况尤为剧烈和复杂。鲜卑拓跋部的一部分融合到党项族中，或者党项族的一部分融合到拓跋部中而改称为拓跋氏，都有可能的。但，不论是哪种情况，当某一部或某一氏族融合到某一族中，即逐渐地失去原有的民族性，具有了新的民族特征。因此，即使建立夏国的拓跋氏出自鲜卑拓跋部，经过几百年的融合，早已同党项族融为一体，失去了鲜卑族的特征。从西夏人追述他们先世业绩的诗歌中，便充分地说明了这一点。如：

> 黔首石城漠水畔，红脸祖坟（或译作赤面父冢）白河上，高弥药国在彼方；
>
> 母亲阿妈起（族）源，银白肚子金乳房，取姓嵬名俊裔传；
>
> 大千世界无比伦，白上国里圣贤君。④

这个诗歌是记述党项拓跋族起源的最为原始亦最为可靠的材料。它深刻地反映了以下几个问题：

---

① 司马光：《涑水记闻》卷九；《宋史》卷四八五《夏国传》。

② 戴锡章：《西夏记》卷首即称“其先魏拓跋氏后也”。

③ 陈寅恪：《金明馆丛稿二编》第49页，上海古籍出版社版。

④ 转引自陈炳应：《西夏的诗歌、谚语所反映的社会历史问题》，载《西夏史论文集》第146～149页。

第一，所谓“红脸祖坟白河上”，“白上国里圣贤君”，指的是党项族最先发源地在白河。白河系岷江上游的白龙江，亦即白水。白水有两源，“一为白龙江，源于四川阿坝藏族自治州之北境；北境甘肃，其地为郎木寺，东南流经甘肃之叠部，今称迭部，舟曲（西固）、武都，南至碧口上游与白水汇合。白水江发源于松潘北部之马蹄子，北流入甘肃南部，折而南流，经四川之南坪，东南流入甘肃之文县，即古称阴平道地，又东南流至碧口上游与白龙江汇合，自古皆以白水称之”[①]。党项族的这个传说，与《北史》《旧唐书》所载党项“东界松州”即青甘川交界山谷一带是一致的，因而白河也就是党项拓跋部的发祥地，他们自己称之为白上国。这个传说是真实可信的。

第二，诗歌中所谓的“红脸”或“赤面”，指的是党项人赭面的习俗，赭面本是吐蕃人的习俗，由于信佛教，从佛教发源地印度传来以赭色涂面这一习俗，也谓之“佛妆”。党项与吐蕃同为羌族，又密迩相接，所以从吐蕃传来了佛教，学会了赭面。而这一习俗则是早期鲜卑拓跋部所没有的（建立北魏的拓跋氏贵族先是信奉道教，后来才皈依佛教的）。从这一点来看，建立夏国的拓跋部要么不是来自于鲜卑族，要么就是来自于鲜卑族，但已彻底党项化，从而失去了固有的民族特征。

第三，诗中还提到了弥药的问题。《旧唐书·党项传》上说：“其后吐蕃强盛，拓跋氏渐为所逼，遂请内徙，始移其部于庆州，置静边等州以处之，其故地陷于吐蕃，其处者为其役属，吐蕃谓之弥药。”这条记载认为留处在故土、为吐蕃奴役的党项人是被称为弥药的。这个说法并不确切。事实上，党项人从来是自称为弥药的，前引的同一首诗中曾经提到：“我处皇族不间断，弥药皇储代代传”，即可论证。“弥药”、“弥娥”以及“于弥”，都指的是党项族。建立夏国的拓跋部源自党项族是非常清楚的。

---

① 李范文：《试论党项族的来源和变迁》一文附录《邓少琴教授来函摘要》，载《西夏史论文集》第 77 ~ 78 页。

第二节　党项族的东迁；拓跋思恭据有银夏诸州

长期居住在青甘川交界的党项人，自北周“灭宕昌、邓至之后”[①] 开始强大起来。可惜好景不长，党项的东部面临了统一中原地区的隋唐两个强大的王朝，西部的吐蕃又代突厥而崛起于青藏。夹在两个强大势力的中间，党项人感到了异常沉重的压力，不得不从其故居东迁，向中原王朝臣服。[②]

党项的东迁，始于隋代：“〔党项在〕魏周之际，数来扰边”；“开皇四年（584），有千余家归化”，“五年，拓跋宁丛等各率部诣旭州内附，授大将军”；“十六年复寇会州”，“大破其众”；因而“相率请降，愿为臣妾”[③]。

唐初，党项拓跋赤辞因与吐谷浑通婚，联合拒唐，受到唐的沉重打击。而自唐贞观八年（634）以来，吐蕃以咄咄逼人之势，向东扩张，到仪凤三年（678），“尽收羊同、党项及诸羌之地”[④]。党项虽曾拼死抵抗，终于承受不了吐蕃的强大压力，向唐请求内徙，于唐玄宗开元之时徙至庆州（今甘肃庆阳一带），唐“置静边州以处之”。从此，党项拓跋部远离青甘川故土，东迁至陇山一带陕甘边境。

安史之乱以后，唐内忧外患交加，吐蕃势力炽张，唐为确保其在关中地区的统治，采纳郭子仪建策，于广德二年（763）将党项拓跋部自静边诸州又东迁银夏诸州。当时，迁居在庆州的党项谓之东山部；拓跋朝光所部，居于“银夏至青白两地（当作池），地惟沙碛，俗谓平夏”[⑤]，所以这一部党项人称之为平夏部。唐之所以东徙党项诸部，唯恐党项诸部被吐蕃吞并，于唐更加不利。但，党项族经过这一迁徙，远离了当时民族纠纷的漩涡所在，在一个较为安定的地方，则有利于自己的发展。后来一度迁至石州，到唐宪宗元和九年

① 《旧唐书》卷一九八《党项羌》。
② 《旧唐书》卷一九八《党项羌》。
③ 《隋书》卷八三《党项传》。
④ 《旧唐书》卷一九六上《吐蕃》上。
⑤ 《宋史》卷二六四《宋琪传》。

(814) 诏令复迁宥州之后，党项诸部在唐督护之下，定居银夏诸州。在此前后，党项同唐政府或边防将官之间产生这样或那样的矛盾，基本上向唐政府交纳贡赋，使诸部成为一个独立的共同体。

唐末，中原地区，豆分瓜剖，进一步陷于分裂割据局面之中，演变为五代十国。在此期间，党项贵族拓跋思恭曾率部协助了唐皇朝对黄巢起义军的镇压，不仅赐姓为李，而且被任命为定难军节度使，辖有银、夏、绥、宥、静五州之地。从此，这个地区实际上成为了以拓跋思恭家族为首的党项诸部统治的地区。在割据这个地区之后，面对中原地区的纷争，拓跋思恭及其后嗣采取了坐观虎斗、相机扩大统治范围的策略，并取得了成功。拓跋思恭在位期间据有了夏、绥、银、宥、盐、鄜、坊、丹、延九州之地，至李思谏仍握有“银、夏、绥、盐、宥、延”六州之地[①]。拓跋贵族的统治在此奠定了初基。

党项诸部在其故居青甘川交界地区是过着游牧生活的，已处于氏族社会末期父家长制阶段，已具有了松散的部落联盟的组织：诸部是按“姓别自为部落”[②]，“其种每姓别自为部落。一姓之中，复分为小部落，大者万余骑，小者数千骑，不相统一”[③]。在氏族、部落之中，《通典》记载是，“有细封氏、费听氏、往利氏、颇超氏、野律氏、房当氏、米擒氏、拓跋氏，而拓跋最为强族”，《旧唐书》的记载是，“有细封氏、费听氏、往利氏、颇超氏、野辞氏、房当氏、米擒氏、拓跋氏，而拓跋最为强族”。记载略有差异，如野律氏或作野乱氏，也就是在西夏统治中起过重要作用的野利氏。唐代的党项氏族、部落，直到西夏建国时还一直保留着这一外观，当然随着人口的繁衍，氏族成员显然有了较多的增长。认识这种情况至为重要，党项族自氏族制解体、进入奴隶制，又自奴隶制演进到封建制，宗族制一直延续下来，长时期作为各种经济制度的外观或表现形式，从而构成西夏社会经济制度的一个重要特征。

党项东迁之后，诸氏族、部落便分散在陕、甘、宁边界诸州，形成为一个个地独立的实体。其情况分述如下。

---

① 参阅史卫民：《党项族拓跋部的迁移及其与唐五代诸王朝的关系》，载《西夏史论文集》。
② 《魏书》卷一〇一《宕昌》；《北史》卷九六《党项》。
③ 《通典》卷一九〇《边防六·党项》；《旧唐书》卷一九八《党项羌》。

（一）在庆州一带的有：

“芳池州都督府，寄在庆州怀安县界，管小州十……并党项野利氏种落”①；

“宜定州都督府，领州七：党州、桥州、乌州、西戎州（贞观五年以拓跋赤辞部落置，初为都督府，后为州，来属）、野利州、米州、还州”；

“安化州都督府，领州七：永和州、威州、旭州、莫州、西沧州、琮州、儒州（本西盐州，贞观五年以拓跋部置，治故后魏洪和郡之蓝川县地）”②；

“庆州怀安县，古居近党项藩部，开元十年（722）检逃户初置，故以名怀安”③。

（二）在银州一带的有：

“静边州都督府，旧治银郡界内，管小川（当作州）十八”；

“归德州，寄治银州界，处降党项羌”。

（三）在夏州一带的有：

“云中都督府，党项部落寄在朔方县界，管小州五：舍利州、思壁州、阿史那州、绰部州、白登州，户一千四百三十，口五千六百八十一”；

“呼延州都督府，党项部落寄在朔方县界，管小州三：贺鲁州、那吉州、跌跌州，户一百五十五，口六百五。”④

此外还有桑乾都督府、定襄都督府，不多引证。这是东迁后党项诸部分散诸地情况，所谓小州，当是根据党项部落或强大氏族配置的土地，建小州以统辖。

到宋代，根据《太平寰宇记》的记载，以灵州为中心，党项诸部分布的情况是：

（一）在黄河南岸，灵州“城下管蕃部三”，“傍家外生族巡检司使移香一族，媚家族巡检使保尾一族，越邦族巡检使罗香一族”；“清远镇管蕃部九：青天门一族、泥悉逋一族、罗泥一族、罗泥磨庞一族、嗉埋一族、嗓铯移一

---

① 《旧唐书》卷三八《地理志》一。
② 《新唐书》卷四三下《地理志》七下。
③ 《元和郡县志》卷三《庆州怀安县》。
④ 《旧唐书》卷三八《地理志》一。

族、封家一族、宗家一族、越邦一族”；

（二）在黄河北岸，“昌化镇管蕃部一，吐蕃村巡检使委尾一族”；“保静镇管蕃部六，吐蕃村巡检使委尾一族，右厢巡检使成悉逋等一族，右厢巡检使榜下义征阳尉等一族，右厢务下义征使罗庆等一族，鬼悉涡巡检使庾子等一族”；“临河镇管蕃部三，小父儿义征使嗺悉逋一族，鬼悉涡巡检副使庾子一族”[①]。

（三）在灵州“北至碛岭弥娥川水一千里”，亦即在黄河北的贺兰山一带也有党项人的踪迹，从“弥娥水”一词就可以知道。[②]

此外，在通远军，“四面并是蕃部”，“东南至蕃部独家族一十五里，西南至蕃部 拽利族一十三里，东北至蕃部鼻家族一十里，西北至蕃部傍家族一十五里”[③]。不过，不论是通远军的“四面”，还是前面说过的吐蕃巡检使，阿史那州等类记载，不一定都是党项人，有些明显地是非党项人的蕃族。如阿史那州很可能是此前突厥人的孑遗。再如范仲淹所说的横山一带，“东至麟府，西至原渭，二千余里”“惯习战斗”[④] 的蕃族，也有不少的非党项人的蕃族。

以上简略地把唐宋以来党项氏族部落分布的情况作了说明。实际上，这些氏族部落已经是大小强弱不等的宗族，作为一个个的独立的社会实体而存在各地区，这一点后面再加说明。就上述情况看，自唐中叶以来，党项诸部是以夏州、银州和灵州为中心，分散在陕甘宁边界一带的。这个地区，不仅有党项诸部，而且也有吐蕃、回鹘诸族，甚至有突厥的遗族。汉族在这个地区也占有一定比重，大约自汉建立朔方郡，移民戍边，以加强边防，虽不断迁移流动，但毕竟保留了不少汉民。因此，这个地区的居民情况，正如《太平寰宇记》作者乐史所说的，是“蕃汉相杂”的。蕃汉诸族到底有多少人口，很值得研究。今从两唐书地理志、《元和郡县志》和《太平寰宇记》所载户口，制成下表，以资考察。

---

① 乐史：《太平寰宇记》卷三六《关西道一二·灵州》。

② 《太平寰宇记》卷三六《关西道一二·灵州》。

③ 《太平寰宇记》卷三七《关西道一三·通远军》。

④ 范仲淹：《范文正公文集·政府奏议》下《三陕西攻策》。

州军	《旧唐书·地理志》	《新唐书·地理志》	《元和郡县志》	《太平寰宇记》
庆州	旧户 5971 口 35019 天宝户 23949 口 124336	户 23949 口 124336	开元户 17981	主户 4294 客户 7587
灵州	旧户 24640 口 21462 天宝户 11456 口 53163	户 11456 口 53163	开元户 9606	2661 蕃汉相杂
会州	户 4594 口 26662	户 4594 口 26660	开元户 3540	开元户 3540 蕃汉相杂
盐州	旧户 932 口 3956 天宝户 2929 口 16665	户 2929 口 16665	开元户 3025	开元户 3025
夏州	旧户 2323 口 10286 天宝户 9213 口 53104	户 9213 口 53014	开元户 6132 元和户 3100	汉户 2096 蕃户 19290
绥州	旧户 3163 口 16129 天宝户 10867 口 89111	户 10867 口 89112	开元户 87515 元和户 840	主客户 2885
银州	旧户 1495 口 7702 天宝户 7602 口 45527	户 7620 口 45527	开元户 6120	开元户 6120
宥州	户 7083 口 32652	户 7813 日 32652	长庆户 7590	汉户 200
胜州	户 4187 口 20952	户 4187 口 20952	开元户 4095	
丰州	户 2813 口 3669	户 2813 口 9641	开元户 1900	长庆蕃 汉户 1739
通远军				蕃汉相杂 主户 2272 客户 2235
保安军				蕃汉户相杂 主户 714 客户 270

上表《新唐书》一栏所载户口大抵来自旧志，《太平寰宇记》户口记载则

来自《元和郡县志》，其间歧互之处，只能从版本、校勘方法上解决，而且可以互校，以定其得失，此处不多论。就这一地区情况看，从唐开元天宝到宋初200多年，户口变动情况是较大的，但“蕃汉相杂”则是这一地区的一个基本点，即不仅有党项人、汉人，也有回鹘人、昭武九姓和突厥人。

“蕃汉相杂”，各族究竟有多少人口，目前还无从了解清楚。从《太平寰宇记》所载夏州户口情况看，北宋初年汉户为2096户，蕃户为19290户，蕃户占户数约为90%，而汉户仅10%。夏州是党项东迁后的最为集中的一个地区，谓之平夏部，这里的蕃户主要的是党项户。如果以夏州的党项户作为估计的基础，加上银、盐、灵诸州，以及庆州会州等地的党项人，不少于五六万户、三十几万口。在陕甘宁边界、“蕃汉相杂”的地区，党项人则居于绝对的优势。唯其如此，在这个地区建立了以党项族作为统治民族的夏国，便不难理解了。

第三节　党项从原始公社制解体到阶级社会的过渡

自从有文字记载的历史以来，党项人即过着牧畜生活。在青甘川故居时便是这样，“无文字，但候草木荣落，记其岁时”①，过着浑浑噩噩的生活。东迁至陕甘宁地区，气候亦然是“多风寒，五月草始生，八月霜雪降”②，与此前无大区别，都属于高寒地区。这样的自然条件，使党项人长时期地“不知稼穑”③，“不知耕稼，土无五谷”④，“牧养犛牛、羊、豕，以供衣食”⑤，“以犛牛马驴羊以供其食”⑥。即使在东迁之后，在当地生产影响之下，有了农业生产，但就党项人来说，畜牧业依然是占第一位的，生活资料来源主要取给于此。

---

① 《魏书》卷一〇一《宕昌》；《北周书》《北史》所载亦同。
② 《旧唐书》卷一九八《党项羌》。
③ 《北史》卷九六《党项》。
④ 《通典》卷一九〇《边防六・党项》。
⑤ 《魏书》卷一〇一《宕昌》。
⑥ 《旧唐书》卷一九八《党项羌》。

由于地理条件属于高寒地区，虽然以畜牧为主，但“俗皆土著，居有室宇，其室织犛牛尾及羖羊毛覆之”[①]，“织犛牛尾及羖䍽毛为屋，服裘褐，披毡为上饰”[②]。东迁之后，居室制度并未改变，“每年一易”[③]；而贵族们的住所则发生较大的变化，向豪华奢侈方向发展。

在党项族内，如前面说过的，形成了不少的氏族、部落，其中强大氏族的代表者则是细封氏、野利氏、往利氏和拓跋氏等。还在青甘川故居时，这些氏族落部之间，形成比较松散的氏族联盟，它的基本特征是：

（一）各氏族、部落，“酋帅皆有地分，不相统摄”[④]，到东迁内附之后的一些年份里，依然是“不相统一”[⑤] 的，即各氏族、部落都有自己较强的独立性，自行其是，没有形成部落联盟的强有力的共主。

（二）正是由于没有强有力的共主，更没有形成高高在上的国家机构，所以也就“国无法令，又无徭赋”[⑥]；东迁之后虽然是“俗尚武”，发展起来了掠夺欲，仍然“无法令赋役”[⑦]。

（三）平居无事之时，“各事生业，不相往来”[⑧]，“惟战伐之时，乃相屯聚”[⑨]，即在各氏族部落之间纠集武装力量，共同战斗。

（四）诸氏族、部落，“三年一聚会，杀牛羊以祭天”，东迁以后，在唐代仍然是这样。

在党项氏族社会中，已经达到父家长制阶段，男子在党项社会中居于绝对的统治地位。从婚姻关系看，已经实行了族外婚，“不婚同姓”，这是父家长制历史阶段普遍实行的一种婚姻制度，不过，“父子、伯叔、兄弟死者，即以继母、世叔母及嫂、弟妇等为妻”[⑩]，或者说，“妻其庶母及伯叔母、嫂、子弟

① 《魏书》卷一〇一《宕昌》。
② 《北史》卷九六《党项》。
③ 《旧唐书》卷一九八；《旧五代史》卷一三八。
④ 《魏书》卷一〇一《宕昌》。
⑤ 《通典》卷一九〇《边防六·党项》。
⑥ 《魏书》卷一〇一《宕昌》。
⑦ 《通典》卷一九〇；《旧唐书》卷一九八。
⑧ 《魏书》卷一〇一；《北史》卷九六。
⑨ 《魏书》卷一〇一；《北史》卷九六。
⑩ 《魏书》卷一〇一。

之妇”[①]。因此，《北史》《通典》等书作者，无不称“其俗淫秽蒸报，于诸夷中为甚”，给以道德上挞伐。其实，这种婚姻形式，前于党项的匈奴人，以及与党项同时或稍后的契丹人、女真人，也在他们中间存在。其所以产生这种特殊的婚姻形式，主要由于氏族制末期私有财产制的发展造成的。在这个时代，每个人都有自己的私有财产，即使女子也是如此。每个氏族为使氏族内的财产保存下来，对于氏族内失去丈夫的女子，重嫁给本族以内，就可以使她的那份财产保留下来了。复继婚制产生的历史背景就是这样，所以它在我国周边各族中便频频出现，反映了它的内在规律性。

在青甘川故居时，党项人往往“求大麦于他界，醖以为酒”[②]，这是通过交换取得大麦来酿造的。到东迁至农牧业相兼的地区，就无须与他部交换，便可取得像大麦这类酿造的原料了。但不论怎样取得这种酿造的原料，它深刻地反映了这一情况，即：党项人除去必需的基本的生活资料供给之外，已经有了剩余，所以才能够用交换的办法，或生产的办法，以用不了的原料去进行酿造。认识这一点非常重要，正因为劳动有了剩余，为阶级、阶级社会的形成提供了一个重要的物质条件。党项东迁以前便具备了这一物质条件，从而为党项人跃进阶级社会奠定基础。

东迁之后，随着私有财产制的发展，党项氏族部落实质上是强宗大族之间的掠夺也遂而加剧。史料上称其：“不事产业，好为盗窃，互相凌劫”[③]；“不事生业，好为盗贼”[④]，便是这一情况的反映。不管是“凌劫”，还是“盗贼”，总之是靠掠夺来扩大私有财产。唯其如此，在党项社会中，少壮者也就据有独特的地位：“人年八十以上死者，以为令终，亲戚不哭；少死者，则云夭枉，共悲哭之。”[⑤] 从对死者的态度中，反映了“贵壮贱老”的意识，与匈奴等族在对人的价值观上有着共同的趋向。

由于掠夺活动的加剧，氏族部落（宗族）之间的仇杀也就无法避免，氏

---

① 《旧唐书》卷一九八《党项羌》。
② 《通典》卷一九〇《边防六·党项》。
③ 《旧唐书》卷一九八《党项羌》。
④ 《旧五代史》卷一三八《外国列传第二》。
⑤ 《北史》卷九六《党项》。

族间的复仇、打冤家层出不穷："尤重复仇，仇人未得，必蓬头垢面、跣足、疏食，要斩仇人而后复常。"[①] 这类血族复仇直到党项建国之后仍然保持下来："俗喜复仇，然有凶丧者未复，负甲叶以为记。不能复者，集邻族妇人，烹牛羊，具酒食，介而趋仇家纵火焚之。其经女兵者，家不昌，故深恶焉！"[②] 作为妇女，不论是在父家长制时代，还是进入阶级社会，其社会地位是低于男子的，但由于她有自己的一份财产，又由于宗族血缘关系，能够得到本族的支持，于是在血族复仇中就有着她的特殊性，发挥重要的作用。"女兵不祥"，反映了妇女在党项社会中的地位。

党项之向阶级社会跃进，一个非常重要的表现是对人口的掠夺。《旧五代史》卷一三八《党项传》上说：

> 自河西回鹘，朝贡中国，道其（指党项）部落，辄邀劫之，执其使者，卖之他族，以易牛马。

实际上，这类掠夺，并不限于对回鹘的使者，正如《通鉴》上所记载的：

> 自灵州至邠州方渠镇，使臣及外国入贡者，多为党项所掠。[③]

本来自周隋以来，党项"或叛或朝，常为边患"，东迁之后，利用其控扼六盘山、陕甘交通的要冲，敢于对外国使节（其中多数为商人）进行掠夺，这反映了，在扩大私有财产动因推动之下，党项对财产、人口的掠夺，达到何等强烈的地步了。

如上所述，东迁之后，党项族内部孕育了向阶级社会过渡的一些条件，以及党项贵族们具有强烈的掠夺欲，这是一方面。另一方面，拓跋思恭据有银夏，获得银绥夏节度使、夏国王的称号，这个虽然很不完备的政权形式，但对党项社会之进入阶级社会，却起了极大的杠杆性质的作用。"万事俱备，只欠东风"。东风就是拓跋思恭所建立的割据政权。

党项在东迁之后，还仅仅是一个缺乏凝聚力的松散的民族共同体。所谓芳池州都督府，辖属几十个羁縻州，实质上每个州是党项的一个氏族、部落亦即宗

---

① 《通典》卷一九〇《边防六·党项》。

② 《隆平集》卷二〇《夏国》。

③ 《通鉴》卷二七七，后唐长兴三年春正月记事。

族，或者一个强大的氏族部落亦即宗族辖若干个州。这些氏族部落不仅无共主而“不相统一”，而在他们之间又不断造成仇杀。只是由于唐皇朝的衰落，才使他们能够保持这个松散的民族共同体。这种局面能否长期维持，不受其他势力的干扰、分割，还要取决于外部条件。而这个条件摆在党项族面前的则是相当苛刻，或者说形势相当严峻的。在它的东北方面，出现了强大的契丹，并于9世纪初建立了国家，声势所及，远被北荒。尤其是，经过多年的纷争，中原地区在唐末农民战争后朝着统一的方面前进，代表这一统一方面的便是后周和宋，终于到960年建立了宋皇朝。统一的中原王朝对于边境，特别是西北二边是不会漫不经心、淡然视之的。这个外部条件也就迫使党项人从松散走上凝聚，据有银夏的拓跋思恭的历史际遇即在于此，对党项人的功绩亦在于此。时代赋予的拓跋思恭的历史任务就是，既要利用这个初具雏形的政权力量发展私有财产和阶级制度，又要利用来之不易的党项共主的名义结束党项族的内部纷争，由此形成一个有凝聚力的民族共同体，使党项族真正自立于民族之林。拓跋思恭及其后嗣便是在这一历史际遇的条件下，朝着党项社会发展的客观实际前进的。

但，朝着历史的客观实际的方向前进，究竟走的什么样的社会制度？从上述党项社会实际情况看，无疑义地是向奴隶占有制的社会经济制度发展的。但，这里又遇到了一个外部条件，即党项早就同中原王朝所代表的封建制度接触，特别是在党项东迁的所在地区银、夏、宥、灵诸州，虽然这里的生产还很落后，但依然是以封建制居于统治地位的。唐政府让党项人东迁，仅是迁徙在这个地区的空旷所在，所以它并没干扰或破坏这个地区原有的社会生产和封建经济制度。北宋初年乐史的《太平寰宇记》对这一地区的记载，也反映了这一点。因此，党项在向奴隶制发展中，境内原有的封建制仍然存在，这就表明，党项贵族对境内封建制不仅没有干扰、破坏，而且是适应的。这样，在党项的历史的客观实际的方面前进时，既发展奴隶制，又保存或适应封建制，从而表现了党项社会发展的特殊性。实际上，在此后党项社会经济的发展中，奴隶制和封建制是结合在一起的，奴隶制逐步在缩小，封建制逐步在扩大，终于在夏立国后的百年当中封建制成为占主导地位的经济制度。

第十一章　党项夏国的建立和发展；党项贵族统治集团的建国方针

第一节　李继迁建立夏国及其“联络豪右”的建国国策

自拓跋思恭以来，银夏诸州即成为党项贵族们的世袭领地。宋太宗太平兴国五年（980），李继捧继任定难军留后，“以季弟袭职”①，“诸父昆弟，多相怨怼”②，造成族内的争权夺势，迫使李继捧不得不于太平兴国七年入朝，向朝廷献五州之地，以示臣服。

但，李继捧的这一行动，受到族弟李继迁的强烈谴责和反对：“吾祖宗服食兹土逾三百年，父兄子弟，列居州郡，雄视一方”，宗族哪能够轻易离开这块土地，应诏进入京师受人摆布？因此李继迁与其弟李继冲、亲信张浦商定，决计“走避漠北”③，“奔入蕃族地斤泽（今内蒙古伊克昭盟巴彦淖尔）”④，拉开了反对宋专制主义封建统治的序幕，试图建立党项族为主体的独立王国。

不过，摆在李继迁面前的一个实际的关键性的问题是，他究竟利用、依靠什么力量同宋封建统治抗争，借以实现其建立独立王国的野心？拓跋氏贵族在银夏地区有其不可忽视的影响，特别是自拓跋思恭以来获得唐政府的任命，成

① 吴广成：《西夏书事》卷三。

② 《长编》卷二三，太平兴国七年五月己酉记事。

③ 《西夏书事》卷三。

④ 王称：《东都事略》卷一二七。

为党项族的共主，愈益扩大了这个影响。李继迁首先利用他的祖先的这一影响，向党项族作为号召："出其祖彝兴像以示戎人，戎人皆拜泣"[①]，这是团结党项人的一个重要步骤。尤为重要的是，张浦提出的这一建议："走避漠北，安家立室，联络豪右，卷甲重来。"[②] 所谓"走避漠北，安家立室"，指的是在荒漠中找好一个根据地，使自己立于不败之地。这一建策，对力量还很弱小的李继迁来说，是极其必要的。而所谓"联络豪右，卷甲重来"，则径直地提出了李继迁依靠什么人这一根本性的问题。前面说过，东迁以后的党项，氏族贵族以宗族为形式，往往领几十、几百甚至几千个族帐（一个族帐即为一户），聚居在这个地区上；每个宗族也都有自己的武装力量，分布在银夏各地。实际上，这些宗族（或氏族部落）也都是一个个的独立实体。"联络豪右"也就是把这些分散的强宗大族，集合在拓跋氏贵族的周围，形成党项贵族们的地方政权，同宋政权对抗。这是一方面。如果作更深层次的考察，就可以看到，党项社会各部有着奴隶占有制向宗法封建制过渡的趋势，也需要一个强有力的政权为之催生。党项的氏族贵族（亦即强宗大族的首领）便是党项社会内奴隶制度的代表者，他们当然渴望建立政权，由此来扩展自己的政治经济力量。正是在这样的社会历史条件下，李继迁便和党项的"豪右"结合起来了。紧密地依靠党项的"豪右"，以豪右作为党项贵族统治的根基，是以李继迁为首党项统治者建国的总方针总政策，应当给以充分的重视，并加以认真的研究。

那么，采取什么办法去团聚"豪右"、大族？通婚，是李继迁及其后嗣们团聚"豪右"、大族的一个办法。所谓"于是羌豪野利等族皆以女妻之（李继迁）"[③]；"继迁复连娶豪族，转迁无常，渐以强大，而西人（指党项族人）以李氏世著恩德，往往多归之"[④]。"联络豪右"这一基本方针使李继迁得到了极大的好处，李继迁的后嗣也都谨守而不敢有所逾越。李继迁子赵德明继位，也是以通婚的方式联络豪右的："德明娶三姓，卫慕氏生元昊，咩迷氏生成遇，

① 《长编》卷二五雍熙元年九月记事。
② 《西夏书事》卷三。
③ 《西夏书事》卷四。
④ 《宋史》卷四八五《夏国传》。

讹藏屈怀氏生成嵬。”[1] 德明子元昊也是如此，他一共七娶，除契丹兴平公主外，其余六娶为卫慕氏、索氏、都罗氏（早死）、咩迷氏、野利氏和没啰氏[2]，也都是大族。李继迁及其后嗣联姻豪右的结果，在强化党项贵族专政的同时，也强化了拓跋氏族系在党项贵族中的统治地位。当然，一些后族利用外戚的地位，擅权专政，这也是不可避免的。但总算起来，联姻豪右的政策是取得成功的。

不仅以通婚的办法联络豪右，更重要的是给豪右以相应的政治地位，使其在建立党项的新政权中发挥自己的作用。雍熙二年（985）李继迁攻下银州后，“蕃族附者日众”，于是有人建议推李继迁为定难节度西平王，以“号令蕃众”，李继迁的心腹张浦则认为：

> 自夏州入觐（指李继捧入朝），无复尺疆。今甫得一州，遽尔自尊，恐乖众志。宜先设官授职，以定尊卑，预署酋豪，各领州郡，使人自为战，则中国疲于备御，我得尽力于西土矣！[3]

张浦的这一建策是非常高明的，首先是要李继迁不要称王“自尊”，避免在群众中主要是豪右们的误解，从而“以乖众志”。特别重要的是，要“设官授职，以定尊卑”，从反抗宋统治过程中建立自己的一套森严的等级制度和秩序。而且在设官授职中，让各地酋豪首领“各领州郡”，把他们推到反宋斗争的第一线，为党项新政权拼死卖命。李继迁又采纳了张浦的另一建策，自称都知蕃落使，权知定难军留后，并将左右亲信和豪右大族担任各种官职，初步建立了政权。张浦联络豪右的建策，以及预署酋豪“各领州郡”的做法，为党项立国及其后经济的发展都有着重要作用。

李继迁再一重要的建国方针是，据有银夏，伺机扩张，囊括全部河西走廊，以树立党项夏国的牢固统治。这一建国方针也为其后嗣所承继。

李继迁是在太平兴国五年（980）揭起反宋的大旗的，而在此前一年，即太平兴国四年（979），宋太宗于下太原之后又复进攻幽州，从此与辽展开了

---

① 《宋史》卷四八五《夏国传》。

② 《西夏书事》卷一八，参阅《长编》卷一六二庆历八年春正月辛未记事。

③ 《西夏书事》卷四。

争夺燕山要区的长期战争。在这样的形势下，李继迁既然要摆脱宋封建统治的羁绊，就必然同辽联手，因而有附辽之举。附辽制宋，这是李继迁建立党项贵族统治过程中的一个重要策略，也可以说是重要的战略决策。这个策略与其实现向西发展的建国方针是一致的。等到河西走廊的战略目标实现之后，党项贵族的腰杆子更硬了，便将此前的附辽转而与契丹贵族平起平坐，同宋鼎足而三。因而这个策略也是很重要的。

李继迁走入地斤泽后，“收部曲散亡者，劫西羌种落”[①]，同宋开始了抗争。连年游动于银夏诸地，不时进行袭击和掠夺，宋在这一带的地方统治不得安宁。984 年，知夏州尹宪与都巡检使曹光实给李继迁以突然袭击，俘其族帐羊马甚多，连李继迁的母亲妻子也成为俘虏，李继迁终于得到党项豪族的支持而摆脱出了困境。雍熙三年（986），李继迁臣服于契丹，“假其援助，以为后图”。契丹则如韩德威所指出的，“河西为中国右臂，向年府州折氏与银夏共衡刘汉，致大兵援应无功，今李氏来归，国之利也”[②]，而且，“既得继迁，诸夷皆从”[③]，所以辽圣宗授李继迁以定难军节度使、都督夏州诸军事的头衔[④]。就在这一年，宋太宗又发动了第二次进攻幽州的战争，契丹接纳李继迁的臣服，实际形成了契丹与党项的军事联盟，辽从北方正面遏止宋的进攻，李继迁则从西北方向牵制宋军，宋在军事形势上是不利的。

李继迁以毛乌素沙漠为寄托，以弱小之军经常袭击宋军，宋军处于被动不利局面。在此关键时刻，宋政府采用陕西转运副使郑文宝建议，禁青白盐。青白盐产于盐州乌白二池，党项人以畜牧为业，“树艺殊少”，主要靠青白盐与边民私自贸易，“交易谷麦”。青白盐之禁，切断了这一贸易，给党项人、边民都带来了极大的不利：“银夏之北，千里不毛，但以贩青白盐为命尔，请禁之。许商人贩安邑、解县两池盐于陕西，以济民食，官获其利，而戎益困，继迁可不战而屈!”[⑤] 盐禁的结果，“西人”固然“大困”，“沿边熟户，无以为生”，于是

① 曾巩：《隆平集》卷二〇。
② 《西夏书事》卷四。
③ 《辽史》卷八二《韩德威传》。
④ 《辽史》卷一一《圣宗纪》二。
⑤ 《宋史》卷二七七《郑文宝传》。

一万多帐归附了李继迁，大大地加强了李继迁的力量，李继迁与42族首领会盟杨家堡，加剧了反宋斗争。

青白盐这场经济战失败之后，宋太宗又于至道二年（996）对李继迁发动了大规模的进攻。五路兴师，分进合围，试图一举歼灭李继迁集团。“先是，帝亲部分诸将攻讨继迁，令［李］继隆自环州，丁罕自庆州，范廷召自延州，王超自夏州，张守恩自麟州，凡五路，率兵抵平夏，皆授以成算。”① 然而，这五路大军都要穿越毛乌素沙漠，如不能速战速决，给养补给就是一个重大问题。宋将李重贵曾评论对李继迁采取的军事行动说：“贼居沙碛中，逐水草牧畜，无定居，便战斗，利则进，不利则走。今五路齐入，彼闻兵势太盛，不来接战，且谋远遁，欲追则人马乏食，将守则地无坚垒。”② 李继迁机动骑兵队的灵活作战方式方法，又加上地理条件熟悉，“［宋军李继隆］与丁罕合兵，行数十日不见虏，引军还”；“张守恩见虏不击，率兵归本部”；仅王超、范廷召两军“至乌白池与贼遇，大小数十战”，终因“诸将失期，士卒困乏”③，不得不撤退。

李继迁击退宋五路之师，乘势包围了灵州。宋朝廷出现一片慌乱，弃地之议纷纷出笼。李继迁“大集蕃部”④，采取围困方式，并开屯田以解决军粮，最后攻下灵州，以为西平府，从而牢固地据有了银夏五州。党项夏国在这个地区站稳了脚跟。

第二节　赵德明据有河西走廊；元昊统治期间夏国立国规模

宋景德元年（1004），李继迁子赵德明继位。是年，宋以高昂代价，同契丹贵族签订了澶渊之盟，换来了和平。赵德明也抓住这一机会，于翌年派使向宋真宗奉表臣服。景德三年，宋真宗授德明定难军节度使、西平王，赐予银万

---

① 《宋会要辑稿》兵八之一九；《太宗皇帝实录》卷七九。

② 《宋史》卷二七九《李重贵传》。

③ 《宋会要辑稿》兵八之一九；《太宗皇帝实录》卷七九。

④ 《宋史》卷四八五《夏国传》。

两、绢万匹、钱二万贯和茶二万斤①。与此同时，在宋夏边境开设榷场，进行贸易，又特别准许夏以使臣名义到汴京收购各类物品。宋夏之间的暂时和平，首先得利的是以赵德明为首的党项贵族集团。

宋夏之间的和平，党项贵族南线上的军事压力大为减轻，从而赵德明竭尽全力，向河西走廊发展。

李继迁立国之后，向东向南同契丹、宋相撞，没有发展的可能性，而只有向河西走廊发展，才是军事战略的重心。所以，在稳定南线局势后，李继迁率兵攻克凉州。但在吐蕃潘罗支伪降的策略下，李继迁战败受伤而死。于是同吐蕃回鹘争夺河西走廊便落在赵德明的肩上。经过长期拉锯战，赵德明派其子赵元昊攻陷甘州。甘州，“东据黄河，西阻弱水，南跨青海，北控居延，绵亘数千里，通西域，扼羌瞿，水草丰美，畜牧孳息”。而所谓“河西殷富，带河为固”，便是指的这一地区。“今德明得之，恃其形势，制驭西蕃，灵夏之右臂成矣!”②

甘州攻下之后，甘州以西的瓜沙诸州孤立西陲，不得不于天圣八年（1030）降伏于党项。明道元年（1032），经过多年的战斗，元昊终于攻下西凉府，占有了全部河西走廊。西凉府即凉州，“南界横山，西通西域，东距河西，土宜三种，善水草，所谓凉州畜牧甲天下者也。昔汉人取之，号为断匈奴右臂。德明立国兴灵，不得西凉，则酒泉敦煌诸郡，势不能通，故其毕世经营精神全注于此。”③ 河西走廊，宜农宜牧，为蕃息马匹的胜地，兼又绾连中西交通，是商业必由之路，赵德明与宋达成妥协，以终生之力，向西推进，“经营精神，全注于此”，能够最后圆满成功，既能守李继迁之业，又有开拓之功，实为党项夏国史上一个有重要贡献的历史人物。

明道元年（1032），赵元昊继位。在囊括河西走廊之后，元昊踌躇满志，于是着手建立夏国。首先，将兴州改兴庆府，作为夏国的国都。原来赵德明即认为，“西平（指灵州）土俗淳厚，然地居四塞，我可以往，彼可以来，不若

---

① 《长编》卷六四，景德二年十月丁丑。
② 《西夏书事》卷一一。
③ 《西夏书事》卷一一。

怀远，西北有贺兰之固，黄河绕其东南，西平为其障蔽，形势利便，洵万世之业也。”① 元昊在兴庆大兴土木，这一点将另加叙述。夏国疆域，“方二万里”，“其地东西二十五驿，南北十驿，自河以东北十有二驿，而达契丹之境”②；河南有灵、洪、宥、银、夏、石、盐、南威和会九州，河西有兴、定、怀、永、凉、甘、肃、瓜、沙九州③，其势力迫及青海河湟一带，形成了辽夏宋三国鼎峙局面。

由于西夏是在战争中诞生的，为与宋辽抗争，元昊着手建置了一套完整的国家机器，特别是筹建了一个庞大的军事系统：“置十二监军司，委豪右分统其众，自河北至午腊、蒻山七万人，以备契丹；河南洪州、白豹、安盐州、罗落、天都、惟精山等五万人，以备环庆、镇戎、原州，左厢宥州路五万人，以备鄜、延、麟、府；右厢甘州路三万人，以备西蕃、回纥；贺兰驻兵五万、灵州五万人、兴州兴府七万人为镇守，总五十余万。”④ 与契丹辽国一样，党项夏国所实行的是一种全民兵役制，即达到规定年龄的男子都要承担兵役。即使全民皆承担兵役，十二监军司辖属50余万兵，恐非事实。庆历四年，赵师民曾经上疏：

> ……羌贼所盗陕右数州，于本路十分之二，校其人众，七八分之一，虽兼戎狄，亦不过五六分之一。穷塞之地土产至薄，校其财力，二十分之一。今乃举天下之兵，引海内之财，未有成功，益为虚费，固有以使之然也。⑤

有关赵师民对党项夏国人口的估计是非常重要的一份材料。按宋徽宗崇宁年间宋代户口发展到二千多万户，达到顶峰，为宋仁宗庆历年间户口的200%，庆历时人口仅千余万户。崇宁时陕西路与秦凤路户口计177万户，庆历时则不过八九十万户。如果按赵师民“虽兼戎狄，亦不过五六分之一”估计约算，党项境内全部户口仅15万～18万户之间，总而言之，为20万户左右、100万人

---

① 《西夏书事》卷一〇。
② 《隆平集》卷二〇。
③ 《宋史》卷四八六《夏国传》下。
④ 《宋史》卷四八五《夏国传》上。
⑤ 《长编》卷一四六，庆历四年二月丙辰载赵师民奏疏。

上下。这个约数大致是可信的。认识这种情况非常重要，对了解党项的国力及其社会生产力有重要意义。根据这一户口情况推算，《隆平集》中称“德明时兵十余万而已，曩霄之兵逾十五万”①，较前之50余万，则更加符合客观实际。

西夏立国的物质基础极为薄弱，但元昊并不认识到这一点，在建立起一套国家机器之后，胜利冲昏头脑，更加狂妄起来。一方面抗击契丹大军的入侵，另一方面自康定宝元以来，大举向宋沿边进攻，以实现其掠夺和扩张的野心。庆历四年，迫使宋签订和约，“朝廷岁赐绢十三万匹、银五万两、茶二万斤；进奉乾元节回赐银一万两、绢一万匹、茶五千斤；贺正贡献回赐银五千两，绢五千匹，茶五千斤；仲冬赐时服银五千两、绢五千匹；及赐臣（元昊）生日礼物，银器二千两、细衣著一千匹、杂帛二千匹”②。以元昊为首的党项贵族从战争中得到了极大的好处。

如果说，元昊还多少懂得如何通过战争、战争讹诈来实现自己的利益，那么，他的后嗣如谅祚、秉常既不懂得如何利用战争手段，又不顾及党项细小的国力，却轻启边衅，同宋进行了长期对抗。这固然使宋耗费巨大的财力物力，而西夏则连年用兵，对夏的经济发展带来极为不利的影响。以至国势日衰，对女真贵族稽颡称臣，最后灭亡于蒙古贵族的铁蹄之下。

① 《隆平集》卷二〇。

② 《长编》卷一五二，庆历四年十月己丑。

第十二章　党项夏国的社会生产

党项夏国立国于我国西北部黄土高原、沙漠、草原交错的地区，寒冷而又干旱。但当时的自然生态环境与今天大不相同。陕甘一带的陇山亦即六盘山，林木茂密，是一个极其重要的、富有经济价值的林区：

> 〔秦〕州西北夕阳镇，连山谷多土木，夏人利之。〔高〕防议建采造务，辟地数百里，筑堡要地。自渭而北，夏人有之；自渭而南，秦州有之。募卒三百，岁获木万章。[①]

从宋夏双方竞相伐木的情况看，这一带森林覆盖面还相当可观。不仅秦州与夏连接之处多林木，宋在凤翔还设有造船务，年造数量可观的船只；宋初赵普等宰执大臣们在秦陇市木，成为当时著名的案件；——这些，也都说明了这一带林木之多、采伐之盛。就是在党项统治的腹心地区——灵州，如何亮在《安边书》中所提到的："地方千里，表里山河，水深土厚，草木茂盛，真牧放耕战之地。"[②] 即使是黄河北岸地区，如定州省嵬山：

> 在怀远西北百余里，土地膏腴，向为蕃族樵牧地。[③]

贺兰山：

> 阳屏西夏，阴阻北蕃，延亘五百余里，树木青白，望如驳马。北人呼驳为贺兰，故名。[④]

也是郁然成林的。由于林木茂密，西北地区的自然生态环境相当良好，给党项

---

① 《宋史》卷二七〇《高防传》。
② 《长编》卷四四，咸平二年六月戊午载。
③ 《西夏书事》卷一〇。
④ 《西夏书事》卷一八。

夏国的社会生产，特别是畜牧业农业生产创造了有利条件。

第一节　畜牧业

> 〔元昊〕数谏德明无臣中国，德明辄戒之曰：吾久用兵，终无益，徒自疲耳！吾族三十年衣锦绮衣，此圣宋天子恩，不可负也。元昊曰：衣皮毛，事畜牧，蕃性所便。英雄之生，当王霸耳，何锦绮为?![1]

从元昊与德明的对话中，所谓“衣皮毛，事畜牧，蕃性所便”，深刻地说明了，畜牧业在夏国建国后的社会生产中，依然是占有首要地位，党项人生活资料主要地取自畜牧业。一部西夏文字典《文海》对“牧”字解释道：“管理牲畜，寻求水草也”[2]，也反映了畜牧业在党项经济生活中的地位。

实际上，党项夏国的自然条件是非常适合畜牧业的经营的。前引何亮《安边书》中提到的灵州系“牧放耕战之地”，其他地方也是如此：

（一）夏州，“惟产羊马，贸易百货悉仰中国”[3]；

（二）盐州，“地居沙卤，无果木，不植桑麻，惟有盐池，百姓採漉以为业”，“风俗以牧养牛羊为业”[4]；

（三）丰州，“自汉魏以后，多为胡羌所侵，人俗随水草以畜牧，迫近戎外，唯以鞍马骑射为事，风声气俗，自古而然”，“尤宜牧畜”[5]；

至于河西走廊地带，更是天然的极好的畜牧场所。汉武帝据有河西之地，匈奴人一片唉声叹气，称：“失我祁连兮，使我六畜不得蕃息”。吴广成《西夏书事》记有：

凉州，“土宜三种”，“所谓凉州畜牧甲天下者也”；

---

① 《长编》卷一一一，明道元年十一月壬辰记事；《西夏书事》卷一一。

② 《文海研究》第五五二页。

③ 《通鉴》卷二九二，显德二年春正月庚辰记事。

④ 乐史：《太平寰宇记》卷三七《关西道·盐州》。

⑤ 《太平寰宇记》卷三九《关西道·丰州》。

甘州，“水草丰美，畜牧孳息”[①]。

而在宋夏交界，并为双方激烈争夺的横山地区，也是一个宜稼宜牧的富庶地区：“横山亘袤，千里沃壤，人物劲悍，善战多马”[②]；“多马宜稼，人物劲悍善战”[③]。

总之，除去夏州一带的毛乌素沙漠地区，西夏境内大都是能够放牧的好场所，加上党项族从来是以畜牧业作为本族传统的生产事业，西夏畜牧业便随之而发展起来了。

党项畜牧业产品甚多，《文海》这部字典中即载有马、骆驼、牛、羊、驴、骡、猪、犛、牛等等。其中最重要和最有名的是马。元稹《估客乐》一诗中曾经提到：“北买党项马，西擒吐蕃鹦”[④]，可见自唐中叶党项人迁移到这个地区后，马即成为名牌产品，并用来同其他各族进行交换。我国自古以来马匹即产自北部草原地区，而西北草原的产品尤为精良，直到今天河西草原依然繁衍优良品种的马匹。这一方面由于自然条件，马喜欢高寒的草原地带，另一方面则是由于党项人的精心饲养。马不仅作为党项人生活资料的来源，而且是重要的军用物资，用以组建骑兵，同宋、契丹对抗，所以马在榷场贸易中受到严格的限制。由于马匹重要，元昊时专门设立群牧司，“司内外九牧国马”[⑤]，专门负责国马的蕃息，更足以说明马在畜牧中的特殊地位。同时，还反映了党项的畜牧业有国有和私有的区分。马，直到明代，仍然是宁夏向朝廷的土贡之一[⑥]。

羊是党项畜牧业占第二位的产品。羊的品种甚多，《文海》对此分析得极为细致，“有绵羊、山羊、羖攊、一岁大的羊、守羊等等”[⑦]。羊是党项人同各族特别是同宋进行贸易的大宗产品，在党项人的经济生活中占有重要地位。近一二百年来，我国毛皮市场上有所谓北口西口之分，北口指张家口，西口指的

---

① 《西夏书事》卷一一。

② 《长编》卷三二八，元丰五年七月丙戌记事。

③ 《宋史》卷三三五《种谔传》。

④ 元稹：《元氏长庆集》卷二三。

⑤ 《宋史》卷四八五《夏国传》；《西夏书事》卷一一。

⑥ 胡汝砺：《嘉靖宁夏新志》卷一。

⑦ 参阅白滨：《从西夏文字典〈文海〉看西夏社会》；杜建录：《西夏的畜牧业》，《宁夏社会科学》1990 年第 1 期。

是宁夏银川的滩羊皮。滩羊皮既轻且暖，毛色洁白而多弯曲，驰名于世。这种滩羊是否是由党项人培养出来的品种？存此待查吧！

畜牧产品中再一值得提出的是犛牛。“犛牛生西羌，似牛而尾甚长，毛可为翲，异产也。”① 宋人康与之称这种牛为“竹牛”，“重数百斤，角甚长，黄黑相间，用以制弓极佳……夏人常杂犀角以市焉”②。党项人除了有身份地位的贵族官宦人家的住房是瓦房，而一般贫苦人家所居住的“皆土房”，房顶则以所“织犛牛尾及羊毛”覆盖③。由此看来，犛牛在党项人的经济生活中是非常重要的。

在古代民族的生产活动中，经营畜牧业的也往往从事狩猎。前于党项的契丹人，后于党项的女真人，都曾经如此。党项人也同样从事狩猎。如元昊每欲举兵，“必率酋豪与猎，有获，则下马环坐饮，割鲜而食，各问所见，择取其长。”④ 夏向宋、契丹进贡礼单中，有一部分皮毛系各类兽皮，就是狩猎所得。党项人中以狩猎为生的猎户也是存在的。

第二节　农业生产

> 夏国赖以为生者，河南膏腴之地，东则横山，西则天都、马衔山一带，其余多不堪耕牧。⑤

吕大忠在宋哲宗元祐年间所上奏章中的这几句话，扼要地说明了夏国农业生产区，主要的是黄河南灵州一带的大片土地，以及横山、天都山一带的片段土地。此外，还有河西走廊宜耕宜牧的地区，也是农业生产区。

先说灵州或者兴灵一带。

兴、灵是党项夏国的腹心地区，从自然条件说，黄河东北流向，折而为东，又折向南，兴灵就是黄河转折的地区，东、西、北三面皆河。秦始皇同匈

---

① 《西夏书事》卷三。

② 康与之：《昨梦录》。

③ 《旧唐书》卷一九八《党项羌》。

④ 《长编》卷一一五，景祐元年十月丁卯记事。

⑤ 《长编》卷四六六，元祐六年九月壬辰载；《西夏书事》卷二八亦载此数语。

奴角力较量，将匈奴逐出了河南地，建朔方郡，派兵戍守。西汉继之，不仅建置郡县，还迁徙了关东无地农民，进行开发，借以加强这一地区的防守。因此，中原地区的耕作技术早已传到这里。特别由于三面靠河，历代戍守总是修渠灌溉，从秦到西夏立国以来，载诸史册的著名河渠有：

（一）秦家渠　“相传始于秦，因河水南入渠口”①，“自黄河开闸口，长七十五里，灌田九百余顷”②。

（二）汉光禄渠　据吴广成的考证，《汉书》太初三年夏四月遣光录勋徐自为筑五原塞，列城西北至卢朐，遂名为光禄塞，“则光禄渠应即自为所开”③。这一考订可以成立。到唐代，又经李听开凿，称唐梁渠，长袤 320 里，唐宪宗元和十五年（820）六月，李听为灵盐节度使，“境内有光禄渠，废塞岁久，欲起屯田以代转输，听复开决旧渠，溉田千余顷，至今赖之。”④

（三）汉源渠　一名汉渠，当即《嘉靖宁夏新志》（卷上）上所说的汉伯渠。汉顺帝永建四年（129）尚书仆射虞诩建议，在朔方一带行屯田，派谒者郭璜“浚渠”，“省内郡费岁一亿计”⑤，这条渠就是汉源渠。渠在灵州灵武“县南五十里”，“从汉渠北流四十余里始为千金大陂，其左右又有胡渠、御史、百家等八渠，溉田五百余顷”⑥。到明洪武初又加以开复，自黄河开河，长 95 里⑦。

（四）艾山渠　在灵州迴乐县，系北魏薄骨律镇将刁雍所修，或称薄骨律渠⑧。北魏太平真君五年（444），刁雍在薄骨律镇看到旧来的渠堰完全凿通已不可能，因而提出，“今艾山北，河中有洲渚，水分为二。西河小狭，水广百四十步，臣今求入来年正月于河西高渠之北八里、分河之下五里，平地凿渠，广十五步，深尺步，筑其两岸，令高一丈。北行四十里，还入古高渠（按即

① 《西夏书事》卷二〇。
② 《嘉靖宁夏新志》卷三《灵州千户防御所》。
③ 《西夏书事》卷七。
④ 《旧唐书》卷一三三《李听传》。
⑤ 《后汉书》卷八七《西羌传》。
⑥ 《元和郡县志》卷四《关内道·灵州灵武县》。
⑦ 《嘉靖宁夏新志》卷三。
⑧ 《魏书》卷三八《刁雍传》。

前面所说之旧高渠），即循高渠而北，复八十里，合百二十里，大有良田，计用四千人，四十日功，渠得成讫。所欲凿新渠口，河下五尺，水不得入。今求从小河东南岸斜断到西北岸，计长二百七十步、广十步，高二丈，绝断小河。二十日功，计得成毕。合计用功六十日，小河之水，尽入新渠，水则充足，溉官私田四万余顷。一旬之间，则水一遍，水凡四溉，谷得成实。官课长充，民亦丰赡。”[①] 这条水渠直到北宋初年依然发挥它的作用，“人今赖之”[②]。元代郭守敬主管这一地区的水利，又改造了这条水渠，“因旧谋新，更立牐堰，役不逾时而渠皆通利，夏人共为立生祠于渠上”[③]。

（五）七级渠　在灵州南，郭子仪曾于此击败吐蕃的进犯，可见这条渠也是在唐代或唐代以前修建的。“灵州绕城旧有黄河分水大渠三重，及沟澮纵横灌注，水所溉田约二十里”[④]，大渠三重当然包括了七级渠。

（六）特进渠　在灵州以西迴乐县，系长庆四年（842）诏开，溉田六百顷。[⑤]

（七）据《郭守敬行状》[⑥]，“西夏濒河五州，皆有古渠，其在中兴州者，一名唐来，长袤四百里，一名汉延，长袤二百五十里。其余四州又有正渠十，长袤各二百里，支渠大小共六十八”。据胡汝砺《嘉靖宁夏新志》记载，有新渠、红花渠、良田渠、满答剌渠、五道渠、东南小渠、西北小渠，以及在今中卫黄河东西的水渠如蜘蛛渠、石空渠、白渠、枣园渠、中渠、羚羊角渠、七星渠、贴渠、夹河渠、柳青渠、胜水渠等等，等等。其中虽然有元明两代兴修的，但多数是在宋、夏立国后以及前代修建的。

（八）李王渠（或昊王渠）　这条渠大约是在元昊统治期间修建的，“南北长三百余里”，但后来湮塞成为废渠。明弘治年间，王珣奏请开凿，终因“石坚不可凿，沙深不可浚”，没有能够成功[⑦]。

---

① 《魏书》卷三八《刁雍传》。
② 《太平寰宇记》卷三六《关西道·灵州》。
③ 齐履谦：《郭守敬行状》，载《元文类》卷五十，校以四库本1367－648。
④ 《长编》卷三二一，元丰四年十二月戊午记事。
⑤ 《新唐书》卷三七《地理志·灵州灵武》。
⑥ 齐履谦：《郭守敬行状》，载《元文类》卷五十。
⑦ 《嘉靖宁夏新志》卷一《水利》。

在《番汉合时掌中珠》这部字书中，还记有“井渠”。井渠亦即坎儿井，早在我国古代中原地区即已利用这种水利方法，汉代传入西域的。井渠是在兴灵还是在河西走廊一带实行，还不清楚，志此待考。

上面之所以把党项统治及其以前的干渠和支渠不惮其烦地记述下来，主要由于，尽管这里的自然生态环境与元明清有所不同，但它毕竟属于降雨量少的高寒地区，水利灌溉之重要性，之成为农业的命脉，在这个地区尤显得突出。从秦汉到夏立国，经过历代的修复，这里形成了较为完备的灌溉系统，“计溉田九万余顷”①，对这个地区的农业发展，具有决定性的意义和作用。“汉唐渠水流潏潏，冬则涸兮夏则溢”②，诗句虽然不算美好，但它反映了，享受灌溉之利的后代人对前世修渠者的一种仰慕。

其次，叙述一下横山、天都山若干片段的农业情况。

从兴、灵越过毛乌素沙漠，即到横山、天都山。这里是夏国的南部边陲，东自绥州（即绥德县），西至兰州。在这个东西狭长地带，由于当时自然生态环境较好，有着成片的膏腴之地，如史料上所显示的有：

（一）“绥、兰之地，皆并塞美田。”③

（二）“先代（指元昊谅祚等）常能为边患者，以幕南有山界（指横山一代）之粟可食，山界之民可使，有山界之水草险固可守。”④

（三）“无定河东满堂铁笳”等平地膏腴，“夏人赖以为国，自中国城绥德，不得耕种者数年。”⑤

（四）“葭芦、米脂二城，里外良田不下一二万顷，国人谓之歇头仓，又名真珠山、七宝山，言其出禾粟多也。”⑥

（五）“臣观河南故地，惟兰会至灵州，川原宽广，土脉膏腴，今兰州贼中窖积悉经官军开发。”⑦

---

① 《郭守敬行状》。
② 潘元凯：《贺兰九歌》之一，载《嘉靖宁夏新志》卷七。
③ 《长编》卷三六六，元祐元年二月丙子载吕大防奏言。
④ 《长编》卷三二六，元丰五年五月丙午记事。
⑤ 《西夏书事》卷二三。
⑥ 《西夏书事》卷二六。
⑦ 《长编》卷三二一，元丰四年十二月戊寅载李宪奏言。

（六）“横山亘袤，千里沃壤。”①

（七）“金汤、白豹据横山之麓，环以良田千顷……定边川摖移二处，皆占横山美田万顷。”②

（八）“定西一带，川原广阔，昔花麻所居西市，夏人置仓以积谷，质孤（《长编》卷四六〇作智固）胜如川，伪号御庄，自归本路，其土人皆走天都山及会州之境。”③

（九）“臣观金城（即今兰州），北临大河，西边之地偪隘，南有皋兰马衔山之阻，惟龛谷、质孤胜如平沃，且有泉水可以灌溉，古称榆中，其地肥美，不诬矣。定西以东，平原大川，皆膏腴上田，其收亩十余斛。”④

（十）“南岸会伪内所在天都畜牧耕稼膏腴之地，人力精强，出产良马”⑤；天都会正是西界膏腴耕牧衣食根本之地，又更咫尺黄河。”⑥

（十一）“泾原兵（指刘昌祚部，系宋神宗五路出兵攻夏中的一路）既破磨脐隘，行次赏移口，有二道：一北出黛黛岭，一西北出鸣沙川”，“刘昌祚曰：……吾闻鸣沙有积粟，夏人谓之御仓，可取而食之，灵州虽久，不足忧也。既至，得窖藏米百万……”⑦

（十二）“大军过龛谷川，秉常僭号御庄之地，极有窖积及贼垒一所。”⑧

以上资料充分地说明了，从无定河而西，沿横山到天都山，再展而西至会兰等地，这个千余里宋夏边境交界地区，确实是一个宜农宜牧的经济要区。夏以此为倚托，进可以攻掠鄜延、环庆、泾原、秦凤四路，退则保护其兴灵心腹地区，因而又是一个战略要地。宋夏战争经常在这一线进行，实质上又是对这一要区的争夺。在此情况下，这一地区的生产当然就要产生相应的影响。继李继迁统治之后，赵德明统治期间，虽然对宋的四路时有骚扰，但他主要的用兵

① 《长编》卷三二八，元丰五年秋七月丙戌载种谔奏言。

② 《长编》卷四九四，元符元年春正月甲寅载孙路奏言。

③ 范育知熙州时奏言，载《历代名臣奏议》卷三四六，校以四库本 442－667。

④ 《长编》卷四六〇，元祐六年六月丙午载范育奏言。

⑤ 《长编》卷五〇四，元符元年十二月己卯载章楶奏疏。

⑥ 《长编》卷五〇五，元符二年春正月丁巳载章楶奏疏。

⑦ 《长编》卷三一八，元丰四年冬十月辛巳记事。

⑧ 《长编》卷三一六，元丰四年九月乙未记事；《西夏书事》卷二五。

方向是河西走廊，因而这二三十年中，大体上是处于和平状态。所以范仲淹在给元昊的信中特别强调指出："塞垣之下，逾三十年，有耕无战，禾黍云合"①，呈现了欣欣向荣的景象，对宋夏双方都是有利的。由于党项贵族统治集团的贪得无厌，谅祚秉常又从元昊那里学会了战争、战争讹诈等手段，轻启边衅。宋哲宗亲政后，一反元祐反变法派对西夏妥协退让政策，以浅攻挠耕、逐步向横山腹里修筑堡塞的战略战策，痛加挞伐，使西夏受到沉重打击。由于宋"建筑去处，皆系膏腴"，夏人不胜哀叹："唱歌作乐田地都被汉家占却"，"又云夺我饭碗"②。从这里可以看出宋夏交界的横山边面，在党项人的心目中占有什么样的地位了。

再说河西走廊地区。

自汉占有河西走廊、建立四郡，这里不仅是重要的畜牧区，而且靠祁连山雪水，"甘凉之间，则以诸河为溉"③，也是一个重要的农业区。到唐代，自陇西至河西，形成一片兴旺景象。"吾闻昔日西凉州，人烟扑地桑柘稠"④；"闾阎相望，桑麻翳野"⑤，便反映了这一地区农桑发展的情况。此后虽然迭经战乱，由于吐蕃的衰落，唐末五代大体上是安定的。西夏占有这一地区后，在经济上军事上都得到不小的好处。

从西夏字书《文海》和《番汉合时掌中珠》的记载中，可以看出西夏农耕的某些情况。如对田畴的解释是，"种田也，出粮处也"（《文海研究》第521页）；"畴"谓："畦畴也，地也，开埂边上种田之谓也"（《文海研究》第500页）；"畦梗"（当作埂）谓："初未种土畴，畴种之谓也"（《文海研究》398页）；"渠"，"挖掘地畴中，灌水用是也"（《文海研究》404页）；"耧车"，播种用，"撒谷物籽，种田也"，又可看出是使用直播法的。从对田、畦、埂、埁等的区分，以及灌溉播种情况看，西夏对农业的实践和认识，早已脱离了原始农业和农业的粗放经营方式，进入了深耕细作经

① 范仲淹：《范文正公集》卷九《答赵元昊书》。

② 《长编》卷四八五，绍圣四年夏四月壬辰。

③ 《宋史》卷四八六《夏国传》下。

④ 元稹：《元氏长庆集》卷二四《西凉使》。

⑤ 《明皇杂录》。

营方式。西夏农耕方面的这一进步，与这一地区长时期受内地影响是分不开的。

“西羌之俗，岁时以耕稼为事，略与汉同。”[①] 自秦汉以来，由于内地贫民移边和政府措置屯田，兴灵一带农耕早已使用犁耕。唐代王方翼任夏州都督，由于牛疫，“无以营农”，创造了“人耕之法，施关键，使人推之”[②]。这一事实充分说明了，兴灵一带同内地在农业生产方面早已是息息相关的。从安西榆林窟有关西夏壁画来看，西夏的牛耕是以二牛抬杠的方式进行的，即两牛用一杠相连，牵引铁犁进行耕作。这是汉武帝以后使用大田器、开始深耕的一种耕作方法，逐步推广到各地。兴灵一带便是采用这一传统的耕作方法的。可惜的是，由于宋夏之间的对立，宋代东南地区先进的耕犁没有传过来，深耕技术远远落后于宋。

《宋史·夏国传》上说：“其（指夏）地饶五谷，尤宜稻麦”。《金史·夏国传》上称夏“土宜三种”。小麦、水稻，显然是兴灵一带的重要农作物。从《番汉合时掌中珠》记载看，西夏产有小麦、大麦、粟、床、粳、糯、豌豆、黑豆、荜豆、荞麦等农作物，有香菜、芥菜、苏子、菠薐、胡萝卜、汉萝卜、蔓菁、瓠子之类的蔬菜。但，在这一带，粮食也罢，蔬菜也罢，产量毕竟是不高的。一般的贫苦的党项人和汉人，连基本需要都满足不了，不断发生饥荒。“西北少五谷，军兴粮馈多用大麦、荜豆、青麻子之类，其民春食鼓子蔓、咸蓬子，夏食苁蓉苗、小芜荑，秋食席鸡子、地黄叶、登厢草子，冬则畜沙葱、野韭、拒霜、灰条子、白蒿、咸松子，以为岁计”[③]，而只有党项贵族才能享受到最好的产品，过着最优遇的生活。

第三节　手工业

党项的社会生产虽然落后于中原地区，但就其自身发展来看，手工业已经

---

① 《长编》卷一三五，庆历二年二月庞籍奏言。
② 《旧唐书》卷一八五《良吏·王方翼传》。
③ 《西夏书事》卷九。

同农业分离，在冶炼、纺织等生产部门中有了显著的发展，其中有的产品，堪与中原地区相比美。下面分别叙述手工业各部门的情况。

一、矿冶和冶铁业

从《文海》有关对各类矿藏的解释，反映了党项人在这方面实践和认识水平。如：

矿藏，此者矿藏也，宝物种种出处也。①

矿，此者料石也，铁矿之宝出处也。②

这种认识，也就使党项人分清了不同矿产品之间的区别和联系。如：

银，矿物中出也。③

金，黄金也，石中出，与铁同类。④

铁之类矿产，“使石熔为铁也”。⑤

不仅如此，党项人还懂得了某些矿产品在冶炼时还需要另一种矿石作为媒介。如：

鍮，“熔铜撒药为鍮”。⑥

还懂得“坩埚”是“熔用”之类的器物，懂得利用石炭进行冶炼。党项人在矿冶生产方面的知识是可观的。

铁冶是西夏矿冶生产最为重要的一个生产部门，元昊时有了突出的发展，同侵宋战争有着密切的关系。西夏的冶铁中心在横山以东的夏州。所谓“横山亘袤”，“且有盐铁之利”⑦；“西贼所恃茶山铁冶竹箭财用之府”，“传闻葭芦山以北一带，茶铁财用之饶，贼界所恃”，“〔宋〕麟、府军马出界，众传过铁冶川”⑧，茶山、葭芦山一带党项的铁产地。元昊约于康定元年

① 《文海研究》第410页。
② 《文海研究》第502页。
③ 《文海研究》第487页。
④ 《文海研究》第514页。
⑤ 《文海研究》第514页。
⑥ 《文海研究》第514页。
⑦ 《长编》卷三二八，元丰五年秋七月丙戌载种谔奏言。
⑧ 《长编》卷二二〇，熙宁四年二月壬戌等条载范育奏言。

(1040) 在夏州“州东设铁冶务，去河东麟、府界黄河西约八十里”[①]，这是见于历史记载的夏国国家所有的一个冶铁中心。在灵州党项统治腹心地区，似乎也有冶铁作坊之类。宋仁宗明道元年遣杨告为旌节官告使，往见元昊制授以西平王王位。杨告在同元昊会面时，“又闻屋后有数百人锻声”[②]，如果事实无误，很可能这是一个拥有数百人的冶铁甚至是制造铁兵器的作坊。

党项人不但知道利用石炭冶铁，而且在冶铁中还使用了较为先进的竖式风箱。安西榆林窟中存在的西夏壁画中有“锻冶图”，上面画有：

> 两铁匠持锤，在铁砧上锤炼。一人推拉双木扇风箱，风箱之后有炉火焰。这种带木扇风箱的《锻铁图》，是我国现存的最早的《锻铁图》之一。

这种竖式风箱，“利用双木扇可以推拉互用，将风连续吹入炼炉，使炉始终保持高温”[③]，对于铁的锻冶是极为重要的。

正因为冶锻技术先进，党项人制作的各种武器如刀、剑、甲之类产品，都很负盛名。“夏人剑”被太平老人《袖中锦》誉为“天下第一”。晁补之也称赞夏人刀剑的精良，在《赠戴嗣良歌》中说：

> 红妆拥坐花照酒，青萍拔鞘堂生风。螺旋铓锷波起脊，白蛟双挟三苍龙。试人一缕立褫魄，戏客三抬森动容。……[④]

特别值得提出的是西夏冶铁的冷锻法，用这种方法制成的甲胄，异常坚固，受到宋人的广泛赞美。庆历元年（1041）任陕西经略安抚判官的田况，曾对宋夏双方制作的铁甲，作了如下的比较，他指出：

> 工作器用，中国之所长，非外蕃可及。今贼（指党项）甲皆冷锻而成，坚滑光莹，非劲弩可入。自京赍去衣甲皆软，不足当矢石……今请下逐处，悉令工匠冷砧打造纯钢甲。[⑤]

---

① 《西夏书事》卷一四。

② 《长编》卷一一一，明道元年十一月癸巳记事。

③ 王静如：《敦煌莫高窟和安西榆林窟中的西夏壁画》，载《西夏史论文集》第406~415页。

④ 晁补之：《鸡肋集》卷九，吴天墀先生《西夏史稿》第193页注曾最先引用此诗。

⑤ 《长编》卷一三二，庆历元年五月甲戌载田况奏兵策。

对冷锻铁甲，沈括也有记载，称："青唐羌善锻甲，铁色青黑莹彻，可鉴毛发，以麝皮为䌷旅之柔薄而韧"；"凡锻甲之法，其始甚厚，不用火，冷锻之，比元厚三分减二乃成。其末留筋头许不锻，隐然如瘊子，欲以验未锻时厚薄，如浚河留土筍也，谓之瘊子甲"①。青唐羌属吐蕃族，由此看来，西北党项、吐蕃诸族在铁甲的制作方面都是很高明的，应当受到人们的称赞。

从《文海》汉译中有关铁制器物，大体上可以分做三类。一类是刀、铠、三刃箭等兵器，一类是犁铧、刀、镰、锹、镢、锯等农具和手工工具，再一类是生活中的用品，诸如针、镊子、锅、铲、铫（煮茶用具，《文海研究》第405 页）、钩等等。字典上记载得这样详细，显然是这些物品大都是由党项人自己的冶铁业制造成功的，用来满足党项诸族人民生产生活上的以及军事上的需要。

二、冶铜和铸钱业

前引《文海》中的"鍮"字，解释是"融铜撒药为鍮"，是以证明党项已经懂得了黄铜的冶炼，只是由于"灵夏产铁少铜"，不得不向契丹购买，而契丹又禁止铜的出口，西夏冶铜业便受到极大的限制。铜少，铜钱的铸造自然受到相应的限制。据载，到西夏晚期仁孝天圣十年（1158）五月，才建立通济监进行铸造。事实上，早在通济监建立之前，谅祚在位期间已经开始了铜钱的铸造，钱监的设置应提到谅祚在位之时。夏钱分为铜钱和铁钱两种，将放在商业货币的流通中加以叙述。

三、制盐业

西夏有丰富的池盐。早在《元和郡县志》中即已提到："〔夏州朔方县〕城西南有二盐池，大而青白，青者名曰青盐，一名戎盐，入药分也。"② 这种盐，"不劳人力，水泽之中雨少，因风则自然而生矣。"③ 与宋解盐的成长颇为

① 沈括：《梦溪笔谈》卷一九。
② 《元和郡县志》卷四关内道五《夏州朔方县》。
③ 胡汝励：《嘉靖宁夏新志》卷三。

类似，但不同的是，宋则靠畦户“种”盐，即造畦引盐水晒制而成功。宋初盐州白池县的乌池、白池，即是青白盐的产地①。另外还有瓦池、细项池②。其实，西夏境内盐池为数不少，在灵州境内有温泉池、两井池、长尾池、五泉池、红桃池、回乐池、弘静池等③。《太平寰宇记》中只提到温泉池，距迴乐县40里，周围31里。怀远县“有盐池三所，隋废”④，这废去的三池是红桃、武平和河池⑤。此外《宁夏新志》还记有：“今盐池之在三山儿者曰大盐池，在故盐州城之西北者曰小盐池，其余若花马池、孛罗池、狗池、硝池、石沟儿池，皆分隶大盐池。”⑥ 会州西120里有河池，也产盐，产量也很可观，被宋占有，因系北宋晚期，具体情况缺乏记载。

所有盐池，统统属党项夏国所有，夏岁调畦夫数千，专门制盐，产量在10万石以上。按宋制每石盐为50斤，10万石当在500万斤以上，这些盐供给党项诸族的需要是绰绰有余的，因而在“银夏之北，千里不毛，诸羌部落树艺殊少”的情况下，盐也就成为与“边民交易谷麦”⑦ 的一项重要物品，对此问题将在商业贸易中谈及。

四、纺织业

不论从西夏字书《文海》等的记载看，还是在其他的文献材料中，党项夏国有缕、绸、锦、绢等许多丝织品，有的属于丝织品中高档次的物品。但，党项地处西北高寒地区，“无蚕织之功”⑧，因而这些丝织品不是宋政府的赠品，就是从宋输入的。夏国设有绢织院，这可能是为党项统治者服务的一个机构，情况还不够清楚。很可能，院中的工匠来自于宋，原料也是从榷场贸易中交换来的。总之，党项夏国没有丝织业大致是可以确定的。因此夏国的纺织业

---

① 《太平寰宇记》卷三七《关西道盐州》。
② 《新唐书》卷五四《食货志》四。
③ 《新唐书》卷五四《食货志》四。
④ 《太平寰宇记》卷三六关西道一二《灵州》。
⑤ 《宁夏新志》卷三盐池。
⑥ 《宁夏新志》卷三盐池。
⑦ 《宋史》卷二一七《郑文宝传》。
⑧ 《长编》卷五〇，咸平四年十二月丁卯载杨亿奏疏。

可以分为麻织业和毛纺织业两类。

先论麻纺织业。《文海》中有“麻”字，释义是“此者麻草，可做纱布也”（《文海研究》第411页）。麻布以及用毛纺制的“褐”，大概是党项个体家庭中的与畜牧业或农业相结合的家庭手工业。

党项以畜牧业作为它的生活资料的主要来源，毛皮（包括狩猎来的各类兽皮如沙狐之类）在其经济生活中占有重要地位。一方面，为适应西北高寒气候，“衣皮毛”是党项人生活的必需，另一方面，也是党项人用来同邻近各族进行交换的重要物品。同时，党项人还利用羊毛、驼毛之类，制成毛纺织品。《文海》中称为毛布，“毛料做褐用”（《文海研究》第518页）；“褐”则是以粗毛线织成的毛料产品（《文海研究》第530页）。羊毛不仅做“褐”，而且用来做毡毯，所制作的是极其精致的。《马可波罗游记》提到夏都兴庆府，“城中制造驼毛毡不少，是为世界最美丽之毡；亦有白毡，为世界最良之毡”，“所制甚多，商人以之运售契丹及世界各地”[①]。毡靴、毡帽等等之类，也极为可观。

五、陶瓷、建筑材料业

各类烧瓷诸如碗、碟、罐、壶、瓶之类，为日常生活必需，当然需要制作。从近年石咀山市（夏定州者省嵬城）、银川西夏陵墓发掘报告，可以知道党项夏国有着自己的陶瓷烧制业。所发现的瓷器有的为白色，如西夏陵八号墓发现的瓷碟，“胎白色，釉乳白色或青白色”，白釉瓶“青白色釉，有冰裂纹”，白瓷高足碗，“白胎、白釉、园足”[②]；石咀山市发掘出来的碗也施白釉[③]，也有酱褐色的瓷器；1965年在原伊克昭盟伊金霍洛旗敏盖村发现的酱褐釉剔花瓶两件，刻有牡丹花纹，“酱釉与瓷胎二色相间，色调明快美观”[④]，受到人们的称赞。

---

① 此据冯承钧译本，本段材料为吴天墀先生《西夏史稿》第175页最先引用。

② 宁夏博物馆：《西夏八号陵发掘简报》，载《西夏史论文集》。

③ 宁夏展览馆：《宁夏石咀山市西夏城址试掘》，载《西夏史论文集》。

④ 陈炳应：《西夏文物研究》第424页，宁夏人民出版社1985年版。

从银川缸瓷井西夏窑址的发掘中[1]，可以看出这个窑场是专门烧制建筑材料的。窑址中发现了兽面纹瓦当、砖色兽脊、绿琉璃脊饰，方形和长方形的砖、莲纹滴水等等。虽然都是断瓦残片，显然是提供建筑之用的。提供的建筑，不是为住土屋的贫苦的人，而是为皇室贵族们烧制的。

六、刊刻印刷业

元昊不仅武功卓著，也很重视文治。在他统治期间，建立了蕃学、汉学。从黑城发现的西夏文物《新修太学歌》中，夏仁宗仁孝乾祐二十三年（1192）重建了太学[2]，就可以知道西夏统治者对学校教育是很重视的。同时党项诸族对佛教信仰也非常虔诚，不仅党项统治者大修高台寺等辉煌的寺院，民间也往往利用化缘、布施在各地修建寺院。修学校就需要各种教材，建寺院就得贮藏佛经，其中一部分可以得自宋政府的赐予，但为了提高本族的文化素质，就必须以本族文字写成的教本教材，用以教育党项人。正是在这样的社会需要下，西夏刊刻业得以发展起来了。

保存下来的西夏文佛经为数不少，单是在北京图书馆收藏的不下百部，加上流落到国外的西夏文佛经，尤为可观。从黑城被劫掠走的西夏文刊印、抄本计8000多种，佛经占总量的80%。其间，西夏统治者国母梁氏（当是秉常之母）参与翻译成西夏文的《西夏译经图》，也保留下来，并经过学者对译经图作了某些解说[3]。保留最早的西夏文佛经是《金光明最胜王经契》，当刻于乾祐十六年（1185）。西夏文佛经有的是在元代浙西道杭州路大万寿寺雕刻成功的。[4]

除西夏文佛经外，还有文学艺术、医书、法律等方面的文献，儒家经学译成西夏文的亦为数不少，并保留下来。像《番汉合时掌中珠》《文海》是属于字书一类；《治疗恶疮要论》《本草》等属于医学一类，可惜残缺不全；《西夏法典》系天盛年间的法令汇编；《三世属明言集文》则是诗文集；《圣立义海》

---

① 宁夏博物馆：《银川缸瓷井西夏窑址》，载《西夏史论文集》。
② 聂鸿音：《西夏文新修太学歌》，载《宁夏社会科学》1990年第3期。
③ 史金波：《〈西夏译经图〉解》。
④ 王静如：《西夏活字版佛经与铜牌》，载《西夏史论文集》。

则属于诗集一类[①]。总之，所有西夏文雕版印刷品，成为西夏学的重要的原始资料。

西夏文各种雕版书籍，主要由“刻字司”、“造纸院”等机构承担的，属于党项国家所有。雕版印刷业推动了西夏文化事业的发展。

① 参阅陈炳应:《西夏文物研究》有关部分。

第十三章　西夏的商业贸易及其与各族之间的交换

第一节　西夏境内的商业交换

党项夏国的商品货币经济，远远落后于宋统治下的中原地区，但在它的内部，以及与中原地区、各族之间的交换，却都相当频繁。其所以如此，是由党项社会生产的特殊性决定的。以畜牧和狩猎作为其生活资料主要来源的氏族、部落，总是以其畜牧产品和各种皮毛，向邻近的或其他的氏族、部落去交换各类农产品及其他手工业产品，互通有无，以补其所不足。党项夏国，特别是作为国家主要的统治民族党项人，以畜牧业（也包括狩猎在内）作为其主要生产部门，当然也要通过交换，而且是首先要通过与生产先进的中原地区进行交换，才能使自己的生活资料生产资料得到补充和满足。对此，周世宗看得非常清楚，他曾说过："夏州惟产羊马，贸易百货，悉仰中国。"①

西夏在建国前，确实如周世宗所说，主要以其所产羊马同中原、各族交换，但自李继迁建立夏国以来，情况又发生了变化。以李继迁为首的党项贵族在执掌国家政权之后，把许多零散的个体生产，集中为国家控制下的规模较大的生产，例如青白盐由几千人从事生产，产量达10万石以上，生产有了明显的发展。在这种情况下，满怀垄断商业高额利润的党项贵族，在对盐的贸易交换方面，胃口就比以前要大得多了。国家群牧司畜牧的羊、马、牛等，数量之

① 《通鉴》卷二九二，周显德二年春正月庚午记事。

大远超过任何一个拥有数百上千族帐的党项大族所畜牧的数量。丰富的产品，推动夏国对国内外贸易交换，要求更加紧迫，势头更加强劲。

在唐代，商品货币经济的发展，虽然超过了魏晋南北朝，但货币的投放满足不了市场需要，因而在中原地区出现了所谓的“钱荒”，交换中不得不钱帛并用。而在包括党项人居住的生产落后的地区，连钱帛并用都不可能，只能是以物易物、物物交换。唐代宗大历五年（770）二月《平党项德音》中说：

> 通商之法，自古明规，但使处流行，自然不烦馈运。委边镇宜切招引商旅，尽使如归，除禁断兵器外，任以他物于部落往来博易。①

到北宋，商品货币经济有了进一步的发展，虽然还不时地发生钱荒，但货币流通量基本上满足了市场的需要。在此条件下，党项夏国受到宋的重要影响，从物物交换过渡到货币交换，交换跃进到一个新阶段。

夏国钱币铸造，前面作了简要说明。从传世最早的西夏钱币看，是夏毅宗谅祚时候的福圣（1053～1056）宝钱（西夏文），著录于罗福苌《西夏国书略说》一书中。西夏货币的铸造，大约是在谅祚时候开始的。此后，西夏历代都有铸造，出土和传世的西夏钱币为数可观。今据牛达生同志《西夏钱币辨证》一文所列《西夏钱币简表》，摘其主要部分，以资考察：

币　名 （西夏文币名从略）②	铸造年代	主要著录文献	主要出土地点
福圣宝钱	夏毅宗（1053～1056）	《西夏国书略说》 《西夏史专号》	传世品
大安宝钱	夏惠宗（1075～1085）	洪遵《泉志》 《吉金所见录》	武威、贺兰山
大安宝钱（折二）	夏惠宗	《泉志菁华录》	传世品
贞观宝钱	夏崇宗（1102～1114）	《介绍新发现一种西夏文钱》	传世品

① 宋敏求：《唐大诏令集》卷一三〇，四库影印本426—967。

② 原文载有西夏文币名，引者删去。

续表

币　　名（西夏文币名从略）	铸造年代	主要著录文献	主要出土地点
乾祐宝钱	夏仁宗（1170～1193）	《古泉汇》《西夏国书略说》	武威、贺兰山
天庆宝钱	夏恒宗（1194～1205）	《古泉汇》《西夏国书略说》	武威、贺兰山
汉文夏钱			
元德通宝	夏崇宗（1120～1126）	《吉金所见录》《古录汇》	武威
元德重宝	夏崇宗（1120～1126）		1979 年于鄂托克旗盐池出土
天盛元宝	夏仁宗（1149～1169）	《钦定钱录》《吉金所见录》	武威、贺兰山灵武
天盛元宝	夏仁宗（1149～1169）	《吉金所见录》《古泉汇》	包头
乾祐元宝	夏仁宗（1170～1193）	《吉金所见录》《古泉汇》	武威、贺兰山
乾祐元宝	夏仁宗（1170～1193）	《吉金所见录》《古泉汇》	临河
天庆元宝	夏恒宗（1194～1205）	《钦定钱录》《吉金所见录》	武威、贺兰山
皇建元宝	夏襄宗（1210～1211）	《吉金所见录》《古泉汇》	武威、贺兰山
光定元宝	夏神宗（1211～1222）	《吉金所见录》《古泉汇》	武威、贺兰山银川、灵武

从上表可以知道，夏国历代统治者对钱币的铸造是极为重视的，由于铜原料的缺乏，铜币铸造量不足，不得不铸造铁钱。由于通货少，夏国对私运或销毁货币的禁令特别严厉：“禁止任何人向他国贩卖钱币，禁止工匠毁铸或走私钱币”，“鼓铸走私百文至五百文者，处三个月苦役”，“十缗者处十二年苦役”，

“过十缗者，对罪犯处绞刑”①。即使如此，仍然解决不了夏国市场的需要。因而，同建国稍前的契丹辽国和建国稍后的女真金国一样，大量地套购、吸引宋钱作为通货。从近年在银川、贺兰山、灵武等地发现的夏国窖藏钱币看，历代钱币夏无不使用，其中有汉代的五铢钱，而以两宋铜铁钱特别北宋铜铁钱为最多。宋钱所标志的经济力量，不仅是对辽、对金，而且是对夏，是中原地区与西北地区联结的一个强有力的纽带。

即使夏国历代统治者采取多种措施来解决通货问题，但材料证明，夏国境内依然存在物物交换的现象。从《西夏文天盛廿二年（1170）卖地文契》看到，耶和氏宝引寡妇将自己的22亩土地出卖，“价齿全二骆驼，一双峰（骆驼），一御体（代步骆驼）等四”②，亦即价格是4匹骆驼，便充分证明了在夏黑水城一带，以其盛产的骆驼作为交换的等价物，依然是以物易物进行交换的。以物易物不仅表现在这个卖地文契上，而且从西夏《文海》这部字书中，所谓“比物交换”，所谓“等物交换”，其涵义就是以物易物，同“比价取值”之落实在货币上是具有明显的不同的。白滨同志的《从西夏文字典〈文海〉看西夏社会》一文，称之为“西夏的两种交换方式”③，这显然是正确的。而“比物交换”或“等物交换”，当然是在交换市场上货币短缺的一个反映或表现。

西夏国内交换主要集中在所辖州府及诸监军司所在地，这里是居民、军队、官府集中的地方。西夏大约同唐宋一样，在州府城圈中，划定一个专门地点作为交换的场所。《文海》对“巷”字的解释是，“此者市井也，买卖人过处之谓”（《文海研究》第483页）；对“市”字的解释，与“巷”字全同。这可见，市、市井、巷，都是西夏州府等城市中专门进行商业贸易交换的场所。一些城市如凉州（武威），“当四冲地，车辙马迹，辐辏交会，日有千数”④，在西夏是少见的繁盛的城市。余如甘州、兴州、灵州的交易也当然可观。

既然在市场上交换，物品的轻重、大小、长短等，就必须由相应的度量衡制加以计量。宋代设文思院，专门制作各种衡器为尺、秤、权、斛、斗等，作

① 《西夏法典》第441条，第207页。
② 引自黄振华：《西夏文天盛廿二年卖地文契考释》，载《西夏史论文集》第315页。
③ 载《西夏史论文集》第174页。
④ 《凉州重修护国寺感应塔碑铭》，《西夏史论文集》第456页。

为标准规定。西夏也有文思院的设立，大约也承担衡器的制作。西夏度量衡制在《文海》字当中也有反映，如容量“斛”，释义是“十斗算一斛”，合、升、斛等都采用十进位制。又如量制中的“铢”，释文为“称算用也；十黍一累，十累一铢，六铢一钱，四钱一两”，这一制度则是继承汉制，而与宋制又有所不同。西夏衡制，据研究与宋不同，宋一两为40克，而夏一两则38克。① 宋夏双方衡制存在这种差别，在交换中如何予以解决，就无从知道了。

在西夏市场交换中，有所谓的“赊”。《文海》对“赊”的解释是，“此者买卖”，“有后还为之谓也”（《文海研究》第433页）。即买主先将货物从卖主手中接过来，经出手后奉还货价。在宋统治下的中原地区，也有这类交易，谓之“赊卖”。日本著名学者加藤繁氏首先发现了这一问题②，几年以前，本书作者乔幼梅同志在《从唐中叶到北宋钱荒问题的考察》一文中指出：“正是由于宋代钱荒，商品贸易才不得不采用‘赊买’方式，而赊买方式的采用又多少弥补了‘钱荒’造成的缺陷。”③ 夏国交换中的赊买同样是由钱币短缺造成的，交换中的赊买也就多少弥补了钱币短缺造成的困难。

市场从来就是强有力的货币持有者的天堂。货币力量的大小，决定货币持有者获利的多寡。货币持有者们不仅从百物懋迁中大获其利，而且在古代钱“孳乳而浸多也”的历史条件下，钱能够生钱，又从放高利贷中大获其利。在西夏，高利贷资本也在市场中活跃起来。从黑城发现的天庆十一年（1204）典当契约中，就可以看出这种情况：

〔天庆十一年五月〕初三日立文人兀女浪粟今〔将〕〔自己〕□□袄子裘一领，于裴处〔典到大麦〕〔五〕斗加三利，小麦五斗加四利，共本利大麦〔一石〕〔三〕斗五升。其典不充，限至来八月〔一日不赎来时，一〕任出卖，不词。

立文人兀女〔浪粟〕押

知见人讹静〔□□〕押④

---

① 本段参阅白滨同志：《从西夏文字典〈文海〉看西夏社会》，载《西夏史论文集》。

② 加藤繁：《宋代商业习惯“赊”》，《中国经济史考证》第2卷，第189页。

③ 载《历史研究》1990年第2期，第72页。

④ 陈国灿：《西夏天庆间典当残契的复原》，《西夏史论文集》第325页。

按此契系天庆年间15件残契之一，经陈国灿同志研究，得以复原。从这件契约看，兀女浪粟以一领袄子裘典得大麦五斗，加三利，即还时为六斗五升，小麦五斗加四利，还时为七斗。三个月的利息为30%～40%。如果是全年，那么利息早已超过“倍称之息”！很明显，高利贷资本促使了甚至加剧党项社会内部阶级分化，陷于高利贷罗网中的小生产者的前景便不难测度了。

第二节　西夏与宋的交换和贸易

党项诸部与中原王朝的交换、贸易是由来已久的。在唐代，除“口马器械”①、“旗帜甲胄五兵”② 不得售与党项外，其余的都是可以交换、贸易的。但是，在唐文宗开成年间，“富贾人赍缯宝鬻羊马”之时，边将们乘机勒索敲诈，巧取豪夺，以致激起党项的反抗。因而如何处理中原王朝同党项诸部之间的交换和贸易关系，成为当时的一个重要问题。

宋建国后，同前代一样，继续与党项诸部进行贸易和交换。但，自李继迁结合党项贵族与宋政府处于对抗地位，双方的交换和贸易就受到干扰，不得不停顿下来。可是，由于多少世纪形成的经济上的联系，则是无法割断的。自宋皇朝来看，和市是迫使党项贵族就范、归服宋朝的一个重要的经济手段：

> 何谓禁其私（当作和）市？西夏所居，氐羌旧壤，地所产者不过羊马毡毯，其国中用之不尽，其势必推其余与他国贸易；其三面皆戎狄，鬻之不售；唯中国者，羊马毡毯之所输，而茶綵百货之所自来也。故其人如婴儿，而中国乳哺之矣！③

对党项贵族集团来说，从战争挑起和讹诈中，固然可以迫使宋政府妥协，从中获得大批的岁赐；但在维持自己独立的尊严的统治地位，仅在名义上给宋朝皇帝以尊崇、向宋朝归服称臣，自战争转向和平，则通过和市也可带来非常可观的好处，这好处甚至超过从战争中掠夺过来的。从李继迁到赵德明，总是交互

---

① 《唐会要》卷九八《党项羌》。

② 《新唐书》卷二二一《西域，党项传》。

③ 司马光：《温国文正司马公文集》卷五〇《论西夏札子》。

利用战争与和平两种方式从宋政府、中原地区获得巨大利益。这一点，宋人也看得非常清楚："元昊遣使，因缘边吏，卑辞纳款，顿颡称臣……原其私心亦未必不贪中国之财、思私（当作和）市之利故也。"① 宋政府以和市作为压服西夏的一个经济手段，党项贵族则通过和市达到它掠夺战争以外获取财富的目的，在这两种动因背后，则寓存着宋统治下的中原地区同党项贵族统治下的西北地区双方长时期形成的经济联系。

西夏同宋的贸易、交换有三种形式，一是贡使贸易，二是榷场贸易，三是双方边民私自的贸易，下面分别说明。

一、贡使贸易

从赵德明向宋称臣、归服之后，自宋真宗景德二年（1005）夏即派使入贡，开始了这一形式的贸易。到景德四年（1007）"请使至京市所需物"②，得到了宋真宗的认可，于是夏使直接到汴京进行采购，贡使贸易有了进一步的发展：

> 〔德明〕称藩日久，岁遣人至京师货易，出入民间如家。③
>
> 朝聘之使，往来如家，牛马驼羊之产，金银缯帛之货，交售其利，不可胜纪。④
>
> 从德明纳款后，来使蕃汉之人，入京师贾贩，憧憧道路，百货所归，获中国之利。⑤
>
> 入贡至京者，纵其为市。⑥

对于包括党项在内的诸族贡使所携带的物品，宋政府采取等价交换的原则。宋真宗大中祥符二年四月壬辰的一道诏令上说：

> 诏：诸蕃贡物，咸令估价酬之。如闻左藏库减抑所直，目曰润

---

① 《温国文正司马公文集》卷五〇《论西夏札子》。

② 《宋史》卷四八五《夏国传》。

③ 苏舜钦：《苏学士文集》卷一六《韩亿行状》。

④ 范仲淹：《范文正公全集》卷九《答赵元昊书》。

⑤ 《长编》卷一三九，庆历三年二月乙卯载韩琦范仲淹奏言。

⑥ 《宋史》卷一八六《食货志》下八。

官，自今宜禁之！[1]

而且夏使私人携带的物品免除宋政府商税税收的：

〔真宗〕大中祥符七年十一月乙未，鄜延路钤辖张继能言：赵德明进奉人挟带私物，规免市征，望行条约。上曰：戎人远来，获利无几，第如旧制可也。[2]

因此，夏使往往以价值五六万贯或七八万贯的物品运至汴京，可以获得高额厚利。苏轼在元祐二年（1087）所上的一道札子上曾经指出："每一使赐予贸易，无虑得绢五万余匹，归鬻之，其直匹五六千，其民大悦，一使所获率不下二十万缗。"[3]《西夏书事》的作者吴广成继而指出："再以他物计之，一使所获，不下三十万缗，故以进奉为利。"[4] 夏使自己也带来马匹一类的私货，成为宋人竞相购买的紧俏货，获利极大，朝廷曾一度禁止。贡使贸易主要地满足党项贵族的愿望和要求，与党项人民的关系不大。

二、榷场贸易

榷场贸易是宋夏双方在指定地点，进行官方和私人之间的贸易。宋真宗景德四年（1007），"赵德明请许蕃民赴保安军榷场贸易"[5]，从此宋夏双方开展了榷场贸易。当时官方的贸易是："以缯帛、罗绮易驼、马、牛、羊、玉、毡毯、甘草，以香药、瓷漆器、薑、桂等物易蜜蜡、麝脐、毛褐、羱羚角、硇（硇）砂、柴胡、苁蓉、红花、翎毛"。除上述官方市易物品之外，"听与民交易"，即民间商贩间的贸易[6]。按照宋政府规定，"官给客人公据，方听与西人交易"[7]。有官府给予的营业凭证，才算合法，才能进入榷场的门槛。这一制度到宋金榷场贸易依然继续下来。

---

① 《长编》卷七一，大中祥符二年四月壬辰记事。

② 《长编》卷八三，大中祥符七年十一月乙未记事。

③ 苏轼：《经进苏东坡文集事略》卷三二《因擒鬼章论西羌夏人事宜札子》，亦载于《诸臣奏议》卷一三九。

④ 《西夏书事》卷二七。

⑤ 《长编》卷六六，景德四年秋七月己巳记事。

⑥ 《宋史》卷一八六《食货·互市舶法》。

⑦ 《温国文正司马公文集》卷五〇《论西夏札子》。

包括贡市在内的各种形式的贸易，由于元昊发动的掠夺战争而停顿下来，保安军榷场随之关闭。交换、贸易的停顿，首先是西夏吞食这一恶果："用兵来牛羊悉已卖契丹，一绢之直为钱二千五百"[①]，"贼中匹布至十余千"[②]。顺便在这里一提，宋神宗、哲宗时由于同样的原因同夏断绝贸易，同样使夏感到压力。"先帝（神宗）用兵累年，虽中国靡然，夏人困折亦几于亡……岁赐既罢，和市亦绝，虏中匹帛至五十余千"[③]。"梁氏淫凶，人心携贰，自岁赐和市两绝，财用困乏，匹帛至十千文"[④]。

元昊感到情况不利，在迫宋和议、榨取更多岁赐之后，又要求和市。庆历六年（1046），双方约定在保安军镇戎军两地开榷场，进行贸易。是年十二月己酉诏令上说："保安军镇戎军榷场岁各市马二千匹，博买羊一万口"[⑤]，这项大规模的羊马贸易比宋与契丹的同类贸易毫不逊色。

此外，在延州、麟州也置榷场贸易，但比不上保安军镇戎军[⑥]。在麟州榷场，放宽了官市，"令鬻铜、锡以市马"[⑦]，对缺少铜锡的夏国是有利的。

三、双方边民的私自贸易

双方边民的私自贸易，实际上是未经官府许可的不合法的走私贸易。"环州永和寨西北一百二十里有折薑会、庆州东北百五十里有金汤、白豹寨，皆贼界和市处也。"[⑧] 金汤、白豹"为蕃汉交易之市，奸商往来，物皆丛聚"[⑨]。河东麟州、府州沿边也有这类私自贸易的场所。

边民贸易当中最重要的一项是，党项人以自己的畜牧产品、青白盐同汉民交换粮食，以弥补粮食的不足。青白盐物美价廉，是宋西北沿边居民不可缺少

---

① 《长编》卷一三八，庆历二年十二月岁末记事。
② 苏轼：《东坡全集》卷八八《张方平墓志铭》，四库影印本 1108—420。
③ 苏轼：《经进苏东坡文集事略》卷三二《因擒鬼章论西羌夏人事宜札子》。
④ 《西夏书事》卷二六。
⑤ 《长编》卷一五九，庆历六年十二月己酉记事。
⑥ 此据杜建录同志：《宋夏商业贸易初探》，载《宁夏社会科学》1988 年第 3 期。
⑦ 《宋史》卷一八六《食货·互市舶法》。
⑧ 《长编》卷一三四，庆历元年十月乙巳记事。
⑨ 《长编》卷一三五，庆历二年正月载范仲淹奏疏。

的日用品。这种贸易对双方人民来说，以无易有，互相补充，都是有利的。宋太宗为制服李继迁，采郑文宝议，禁青白盐，“可不战而屈”。结果是，事与愿违，得不到粮食的党项人固然“相率寇边”，而归服宋朝的万余帐党项人也起而反抗，迫使宋太宗不得不废除这道禁令。此前已有说明，不复多赘。

宋仁宗与夏媾和之后，元昊要求以十万斛青盐与宋互市。十万斛青盐，“只以斛（当作解，即解池盐）盐半价约之，以及二十万贯”；如果“青盐只于保安军入中，必难尽易，当须官自辇置别州，且疲弊之后可复兴此劳役乎?”而且青白盐的大量倾销，对解盐是一个沉重打击，“解盐之利日渐侵削，而陕西财用不得不屈矣!”[①] 从这些情况来看，元昊试图把民间青白盐贸易合法化和扩大化，并纳诸官府贸易的轨道上，从而把盐利攘归西夏贵族统治集团。对宋政府来说，前此民间青白盐贸易尚可容忍，但既不希望这种贸易扩大化、合法化，更不愿意损害解盐盐利亦即宋政府的利益而使党项贵族坐享厚利！青白盐便在这个死结上解不开了。

民间贸易也视宋夏双方关系而定。如宋哲宗元祐元年（1086）二月庚午诏：“陕西河东经略司，应今后与夏国人私相交易，若取与者一钱以上，皆配江淮州军牢城，妻子诣配所”，甚至编管[②]。一般说和平年代并不这么严厉，而是相当宽松的。

夏宋之间的贸易交换是断断续续的。和平时期的贸易交换对双方都是有利的，对夏来说则更为有利。夏国贵族统治集团自元昊以后轻启边衅，应当说是不明智的，宋固然疲惫不堪，给夏带来的后果尤为严重。虽然如此，夏宋之间贸易交换对中原和西北地区经济的发展都是有利的，而且随着各种物品进入西北地区，包括儒家经典在内的各种书籍也流入西夏境内，对党项族汉化以及这一地区文化的发展也是有利的。

---

① 《宋会要辑稿》食货二三之三八至三九。

② 《长编》卷三六五，元祐元年二月庚午。

第三节　西夏与其他各族的贸易交换

一、与契丹辽国的贸易交换

由于夏辽都是以畜牧业生产为主，辽有燕云地区，生产方面虽胜于夏，但产品毕竟有限，因而双方贸易交换远不能同宋夏相比。夏辽之间的贸易，主要是贡使贸易。由于李继迁即位时向辽称臣，他的后嗣步李继迁后尘，继续称臣，因而夏每年派使去契丹朝贡。辽在上京临潢设有馆驿，“西南同文驿，诸国信使居之。驿西南临潢驿，以待夏国使”①。这算对夏国臣服的特殊待遇。夏对辽国的贡物主要是马、驼：“西夏、室韦各三百匹。”② 是时，德明“以良马二百匹，凡马百匹献，契丹主优赐之”③。但对夏使之在沿途上购买铜铁等物则是严加禁止的。

二、与西北诸族的贸易交换

自吐蕃崛起之后，丝绸之路与中原地区的交通便不大畅通；西夏占有河西走廊之后，中原同新疆各地和中亚诸地的贸易交换，党项贵族又插手其间，贸易关系就进一步复杂化了。由于“本界（夏界）西北,〔夏〕界连接诸蕃，以茶数斤，可以博羊一口”④，因而元昊在迫宋议和之后，“于茶数尤多邀索”。试图利用中原地区的赐茶，换取西北诸族的畜产品，从而成为名副其实的二道贩子。这是夏同西北诸族贸易交换的一个特点。

再一个特点是，西北诸族到中原地区贸易者，往往被党项贵族劫略，这自然算不上商业贸易，但有时则采取抽税的形式，从中捞取好处。回鹘“土多瑟瑟珠玉”，“药有腽肭脐（按即麝香）、硇（似当作硇）砂，香有乳香、安息、笃耨，善造宾铁刀剑、乌金银器”，“多为商贾于燕”（吴广成《西夏书

① 《辽史》卷三七《地理志一·上京临潢府》。

② 《辽史》卷六〇《食货志》下。

③ 《长编》卷一四九，庆历四年五月甲申载田况奏言。

④ 洪皓：《松漠纪闻》卷一，四库影印本407—697。

事》将此句改作“或为商贩市于中国契丹诸处”），“载以橐它（即驼）过夏地，夏人率十而指一，必得其最上品者，贾人苦之。后以物美恶杂贮毛连中，然所征亦不赀”。[①] 据此可知，夏人对过境商贾征收十分之一的商税，这可能是一种定制。

三、与金国的贸易

夏与金的贸易，虽然在金都城之内贡使可市购物品，“使副往来，听留都亭贸易”。但自金章宗即位，“诏曰夏使馆内贸易且已”[②]，至明昌二年恢复。

夏与金的贸易是榷场贸易，兰州、保安军、绥德是设榷场的所在。金世宗大定年间对西界榷场曾反复议论，最后确定在环州和绥德两处设场。金主要地市马，“大定三年市马于夏国之榷场”[③]。夏以珠玉（当系自西北诸族贩运来的）等同金贸易，引起金世宗的不满：“夏国以珠玉易我丝帛，是以无用易我有用也”[④]。从势头上看，夏金榷杨贸易远不及夏宋榷场贸易了。

① 洪皓：《松漠纪闻》卷一。
② 《金史》卷一三四《外国上·西夏》。
③ 《金史》卷五〇《食货五·榷场》。
④ 《金史》卷一三四《外国上·西夏》。

第十四章　西夏的宗法封建制

党项社会历史发展到什么阶段，社会性质是什么，学术界虽早已提出若干意见，但由于有关资料的短缺，好多问题还说不清楚，因而还需要进行认真的探索。

前面已经说过，党项东迁之后，从原始社会末期父家长制阶段过渡到阶级社会，亦即向奴隶占有制社会历史阶段发展。但，党项东迁后，所居住的银夏兴灵地区，尽管生产方面落后于中原地区，却早已进入封建制社会，因此该地区原有的社会经济关系，对党项社会的发展，便很自然地产生这样或那样的影响和作用。正如一些文献资料所显示的，党项东迁以来，以及在建国的过程中，奴隶制和封建制两种经济关系，在党项社会内部是纠结在一起的。这既是党项社会发展的一个特点，同时又是一个难点。因为人们很难认识清楚，究竟在什么时候是党项奴隶制的终结，又是在什么时候为党项封建制的开端。

特别值得注意的社会现象是，从东迁前后的氏族部落，到夏国建国以至灭亡时的豪右大族——党项宗族在不同的历史时期以不同的形式频频出现，贯串于党项社会和国家的全部过程。历史的探索和研究，总是要从那些最普遍、最常见、最大量的社会现象入手，才能由此及彼，由表及里，阐幽探微，寻绎出内在的本质的东西。因此，要想了解党项社会及其性质，必须从宗族这个贯串于党项社会和国家总过程的社会现象入手。

第一节　党项的宗族制度

有关党项东迁以前的氏族部落情况，《魏书》等史籍均有记述，但较为详细、完整的记载，当推《通典》所记。下面就是《通典》上的记述：

> （党项）每姓别自为部落，一姓之中复分为小部落，大者万余骑，小者数千骑，不相统一。有细封氏、费听氏、往利氏、颇超氏、野律氏、房当氏、米禽氏、拓跋氏，而拓跋最为强族。①

东迁以后，《新唐书》《元和郡县志》《太平寰宇记》诸书均有记载，其中以《新唐书》所载较为翔实。当时，党项大族林立，“不相统一”的局面则一如既往。《新唐书》提到在庆州的党项大族，“破丑氏族三、野利氏族五、把利氏族一”②，曾同吐蕃连结为患；大历以后党项所属“六州部落曰：野利越诗、野利龙儿、野利厥律、儿黄、野海、野窣等”③，这些材料也都说明，党项的主宰者是那些强宗大族。直到李继迁建国，这种情况一直未变，而且在“联络豪右”立国国策下，强宗大族进而成为党项夏国的统治基础，地位更加上升了。

由豪右组成的党项宗族究竟有哪些特点呢？

第一，宗族是区别于不同血缘关系组成的大家族组织。西夏字典《文海》中对“宗姓”一词的解释是，“此者宗族也，宗号也，分别族类用之谓也”④。所谓“宗族”，实际上是以区别不同血缘关系的组织。据沈括记载，“北狄多言黑山，黑山在大慕之北，今谓之姚家族，有城在其西南，谓之庆州”⑤。党项的宗族，也往往称××家族，上述姚家族就是一例，这在文献上并不少见，如所谓“旺家”、“慕家”、“苏家”、“媚家”、“封家”等等。家或家族是否与宗族有什么不同，则很难说，看来两者的涵义大体上是一致的。不过有一点则很明确，宗族也好，家族也好，可以分为若干支系，上述所谓“破丑氏族三”，即是有三个支系的。

第二，党项的每个宗族，都有自己的首领，文献上或者称之为大酋长，或称为大首领等等，他们都是世代继承的，所谓“父死子继，兄死弟袭”，采用两种继承办法。即使“家无正亲，则又推其旁属之强者以为族首”，即族首一

---

① 《通典》卷一九〇《边防六·党项》。
② 《新唐书》卷二二一上《西域上·党项》。
③ 《新唐书》卷二二一《西域上·党项》。
④ 《文海》汉译本，《文海研究》第543页。
⑤ 沈括：《梦溪笔谈》卷二四。

定由本宗的人继承。族首在族内居于绝对的、不可动摇的统治地位：“（族属）多或数百，虽族首年幼，第其本门中妇女之令亦皆信服。”①

第三，党项的宗族或家族都是称之为“族帐”的，“族”指的是宗族或家族，“帐”本义是“毡帐之谓”②，在“族帐”一词中则引申为户，即一个毡庐为一户，亦即一帐。一个强大的宗族或家族往往拥有数量可观的族帐。下面利用一些零散的材料来考察这个问题：

年　代	党项宗族数	属帐及各族平均帐数	材料来源
宋太宗雍熙元年（984）	豪酋二百七十余人	五万余落　族各一八〇帐	《长编》卷二五，雍熙元年三月丁巳
宋太宗雍熙二年（985）	三族寨诸部一百二十五族	一万六千一百八十九户	《宋史》卷四九一《党项传》
宋太宗至道元年（995）	睡泥族首领你乜逋	族内七百余帐被李继迁劫走	《宋史》卷四九一《党项传》
宋真宗咸平元年（998）	兀泥族在青冈岭等三处	族帐千五百户	《宋史》卷四九一《党项传》
宋真宗咸平五年（1002）	勒厥麻等三族	千五百帐族均五百帐	《宋史》卷四九一《党项传》
宋真宗景德元年（1004）	言泥族拔黄太尉	率三百余帐内属	《宋史》卷四九一《党项传》
宋真宗大中祥符九年（1016）	毛尸族军主浪埋骨咩族酋长乩唱巢迷族酋长冯移埋	一千一百九十口内附	《宋史》卷四九一
宋哲宗元符元年（1098）	大酋领李讹哆及手下人共投来	妻男并人户千人二千七十人	《长编》卷四九五，元符元年三月庚申

从以上摘述的材料看，党项的豪右大族（或者说宗族）的属帐，有几十户、几百户到上千户或几千户不等。泾原都钤辖曹玮在向宋政府提出的一条建议说：“原州熟户蕃部请以管百帐以上大首领补本族军主、次补指挥使、次补副

① 《宋史》卷一九一《兵志五·蕃兵》。

② 《文海研究》第470页。

指挥使，百帐以下并补本族指挥使。”[1] 也反映了党项族的首领有百户、百户以上的区别。一般史籍上说，“其（党项）部族，一家号一帐，小族数百帐，大者千余帐”[2]，这个概括性的记述，与党项族的实际情况是相符的。

第四，在党项强宗大族内部，同姓近亲族属自然是党项宗族的重要组成部分，但在此以外，还有非同姓、非党项人的一些成员。宋英宗治平年间同知谏院吕诲在一道奏章中曾说：“……逐部族今所存者，却有外来散户依附其间，或是连亲，或即庸力，混杂居处，例各年深。”[3] 奏章中有两点值得注意，一是依附于强宗大族的“散户”，在“散户”中既有“连亲”的党项人，也有不是“连亲”而是来“庸力”的外来户，这些人都是强宗大族的依附民，并且“混杂居处”，年深岁远，形成的一种依附关系。这种依附关系中既有“连亲”的党项，它深刻地表明了，党项族也同样产生了依附民，党项族发生了阶级分化。

第五，除依附民之外，党项强宗大族之中，还有自汉族或自其他各族俘虏来的所谓“生口”：

> 熙雍元年三月丁巳，上（宋太宗）谓宰相曰：十年以来，戎人所掠生口羊马数万计，悉还其主。[4]
>
> 初中国沿边军民之逃者，必为熟户畜牧，或以遗远羌易羊马，故常没者数百人，间有自归者，中道辄为夏人所得。是时仁宗闻落蕃户口日多，命夏州护送境上，德明遵诏送还之。[5]
>
> ……自元丰元祐以来，西夏背叛，边境不安……并边之民数被掳掠。[6]

被虏的除大批边民之外，宋的兵士成为战争的俘虏也为数不少。这些被俘的“生口”，不是强宗大族的奴隶，就是夏国国家的奴隶。宗族内既有依附民，又有奴隶，很明显奴隶制和封建制两种经济关系在宗族之内是纠结在一起的，

---

① 《长编》卷八二，大中祥符七年四月甲戌载曹玮奏言。

② 戴锡章：《西夏纪》卷六，宁夏人民出版社 1988 年版，第 155 页。

③ 杨士奇等编：《历代名臣奏议》卷三四三，校以四库本 442 - 604。

④ 《长编》卷二五。

⑤ 《西夏书事》卷十。

⑥ 《历代名臣奏议》卷三二三，载毕仲游：《论西夏利害》。

因而它的阶级结构就相当复杂的了！

第六，还有一个值得重视的特点，即党项族每个宗族都有着自己的武装力量，越是强宗大族，拥有和控制的武装力量也越大越强：

……西贼首领各将种落之兵，谓之一溜，少长服习，盖如臂之使指，既成行列，举手掩口，然后敢食……①

……有弟擦也香于前年走投夏国乞兵，却来本族界上招诱自己手下人马。②

银夏夷落散居川谷。平时虽各有鞍甲，并无魁首统摄……③

张浦兵还，德明遣万子等四军主悉其族兵取六谷，进图甘州。④

元昊虽然“选豪族善弓马五千人迭直”⑤，作为夏中央集权制的统治支柱，但夏的兵制则是建立在豪族武装的基础上，他所发动的任何一次战争，都是向强宗大族点集军队的。

概括上述几点，可以看出党项的强宗大族不仅是一个具有宗法血缘关系的社会组织，而且他们有着自己的“地分”或“族界”，有着世世代代相承的首领，和包括“庸力”在内的依附民和奴隶，形成一个生产有机体，同时还有着武装力量维护这个共同体的内部秩序，以及反对外族的掠夺，显然是一个地地道道的独立王国。由此就可以理解到，为什么李继迁揭起反宋旗帜之后，他的立国总政策就在于“联络豪右”。如果不这样做，即不联络豪右，就无法得到豪右的物质供应，也得不到豪右的强弓劲马，更得不到银夏的广土众民；不联络豪右，就无从建立政权，割据西北，与辽宋形成鼎足之势！因此，党项的豪右也就成为统治西北地区的贵族势力和党项夏国的统治基础。

---

① 《长编》卷一三二，庆历元年五月甲戌田况《上兵策十四事》。

② 《历代名臣奏议》卷三四三，载吕诲奏章，校以四库本 442－604。

③ 《宋史》卷二六四《宋琪传》《西夏书事》卷四。

④ 《西夏书事》卷九。

⑤ 《宋史》卷四八五《夏国传》上。

第二节　党项夏国的土地制度

西夏土地关系，从某些材料所显示的情况看，是比较复杂的。但由于资料的欠缺，许多问题还摸不清楚。例如，唐代前期是实行均田制、租庸调制的。及至后期均田制崩溃，封建租佃制得到发展，两税法取代了租庸调制。这一重要变革在当时的灵夏地区达到什么程度，以及对党项土地关系产生什么样的影响，就无法说得清楚。因此，在探讨这个重大问题时，不得不“摸着石头过河”，从零散琐碎的材料中，发掘它的涵义，寻求它的历史联系，尽可能地使问题弄得更明白一点。

西夏土地制度，大体上可以区分为西夏国家所有制、党项贵族占有制、寺院土地占有制和小土地占有制。《太平寰宇记》所记宋初户籍，虽有主户与客户的分别，但还无法说明汉族土地关系，只好付之阙如。下面分别将这几种土地所有制加以叙述[①]。

（一）西夏国有土地制度

战国秦汉以来，凡是未垦辟的“草田”，以及山泽，都为国家所有。为加强边防，自汉以来又形成了屯田和营田。在唐代，“或从十五北防河，便至四十西营田”[②]，也存在屯田、营田这两种形式的国有地。除去党项宗族各有“地分”之外，其他的无主荒地、草原、牧场，统统属于夏国国有土地，同时还继承了此前的屯田和营田两种形式的国有地。

西夏屯田始于宋真宗咸平四年（1001）李继迁进攻灵州之时。为围困灵州，并迫使宋放弃灵州，李继迁“据其（指灵州）山川险要，凡四旁膏腴之地，使部族万山等率蕃卒驻榆林大定间，为屯田计，垦辟耕耘”[③]。从此以后，屯田在夏国得到发展，成为国家控制下的国有地。

屯田之外，还有营田。按元昊所定西夏军制：“其民一家号一帐，男年登

---

① 此问题曾参阅了陈炳应同志《论西夏的社会性质及其演变》一文，原载《西夏史论文集》，以下不一一注明。

② 《九家集注杜诗》卷一，四库影印本 1068－13。

③ 《西夏书事》卷七。

十五为丁，率二丁取正军一人。每负赡一（？二）人为一抄，负赡者，随军杂役也。四丁为两抄，余号空丁。愿隶正军者，得射他丁为负赡；无则许射正军之疲弱者为之。”[①] 包括奴隶在内的一般党项人都要承担兵役，而承担兵役的前提条件是，须要有相应的田地、牲畜，或耕作、放牧，只有如此，家中有餬口之资——最基本的生活条件，才能够承担兵役。因此，夏国的营田也必然属于国有，使营田正军有田可耕，有畜可牧。但在夏国，每个强宗大族，各有地分，分割了所在地区，族中的一些人也要承担国家兵役，因而他们同样要有一块田地和牧场从事耕牧，所以这部分地可能为宗族所共有，或者是正军们个体占有的耕地或牧场，如果是前者，它的性质与夏国国有地是一样的，不过为党项大族占有而已。屯田、营田，直属于夏国农田司，但为李继迁家族支配，这一点也是非常清楚的。

在国有地上的耕牧者，当然有党项人，但也有汉人，“得中国人无艺者使耕于河外，或守肃州城，骁勇则刺为军。”[②] 从事耕牧的农夫和牧人，在西夏社会中的地位是很低下的，这一点在后面叙述。

由党项大族首领组成的贵族阶级，是仅次于李继迁族系的大土地所有者。早在氏族部落时期的公有地即已转化为宗族所有，由此进而为宗族首领们的私有地。宋神宗元丰四年（1081）九月讨伐夏国的敕榜上说[③]：

> 其先在夏国主左右，并嵬名诸部族同心之人，并许军前拔身自归，及其余首领能相率效顺……许依旧土地住坐，子孙世世常享安乐。……

敕榜中所说的“许依旧土地住坐”，意思是准许在原来的土地上继续生活。这不能不反映了党项贵族对土地的占有。党项贵族集团的土地占有欲是极其强烈的，宋夏疆界的纠纷往往由党项贵族兼并土地引起。麟州以西土地原为宋有，元昊时，麟州屈野西土地作为禁地，为双方的缓冲地带。可是，为占有河西闲田，党项贵族乘隙而入，声称：“我马足所践，即为我土!”于是，屈野河西

---

① 《宋史》卷四八六《夏国传》下。

② 《隆平集》卷二〇《夏国》。

③ 《长编》卷三一六，元丰四年九月乙巳记事。

“皆为虏田矣”。宋地方官虽与之一再交涉，“然虏得耕久晏然自以为己田”[1]。这个如此强梁霸道的党项贵族不是别人，就是元昊妻族没藏讹庞，他将强占的这块土地的收入悉数入其腰包。

不仅在麟州，宋夏交界的许多土地同样为党项大族占有：“初，鄜延地皆荒瘠，占田者不出租赋，倚为藩蔽。宝元用兵后，凋耗殆尽，其旷土为诸酋所有。”所谓“诸酋”，自然是党项强宗大族的首领。赵卨城绥德之后，“又检括境内公私闲田，得七千五百余顷”，就足以说明这种情况。

党项贵族们占有大片土地，究竟采取什么样的关系进行生产？可以肯定地说：在宋夏交界地区的党项人，不仅进入封建制阶段，而且在汉族影响下向封建租佃制阶段发展。赵卨在建绥德城时，曾招集占有大片土地的党项宗族首领，进行对话：

> (卨）因招问曰：“往时汝族户若干，今皆安在?”
>
> 对：“大兵之后，死亡流散，其所存止此。”
>
> 卨曰：“其地存乎?”
>
> 酋无以对。
>
> 卨曰：“听汝自募丁，家使占田充兵，若何？吾所得者人尔，田则吾不问也。”
>
> 诸酋皆感服归募，悉补亡籍。[2]

自李继迁割据银夏，宋为巩固西北边防，对沿边的吐蕃、党项（未归夏国的所谓熟户）诸族，尽力团结，对其首领则分别情况给以军职，对其部民则建立弓箭手制，给以田地。这项政策措施最早出自曹玮的建议，而赵卨在绥德的上述做法，则是此前的继续，漆侠先生《宋代经济史》（上册）对此已作了叙述[3]。上述对话中值得注意的地方是，“听汝自募丁，家使占田充兵”。所谓“自募丁”，所“募”的既可能是诸首领的部下，也可能是汉人，因而这个“募”字所包涵的依附关系，与农奴制是有所不同的。而在熙宁六年（1073）

① 《宋会要辑稿》兵二七之四一至四四。

② 《宋史》卷三三二《赵卨传》。

③ 《宋代经济史》（上册）第289~291页。

知熙州王韶建议制定的“熙河官庄法”中，曾规定弓箭手人员“立功换班行，名下土田自今勿以自随，止令子孙或佃户刺填弓箭手”[1]。这是陕西沿边普遍实行的弓箭手制度，所谓“佃户刺填”云云，说明了佃户与原来立功的弓箭手及其以上官员们的土地关系是封建租佃制关系。

沿边党项族土地关系之向封建租佃制发展，当然不是始自于赵卨城绥德之时。宋仁宗天圣五年（1027）十二月知环州史方的奏言中提到：

……如有汉户百姓将带妻口等投熟户蕃族内居住者，以违制断。若止自身与蕃部合种口苗从违制……

天圣四年泾原路副总管康继英定夺百姓弓箭手不得典买租蕃部地土，许令蕃汉愿合种利害闻奏。[2]

上述材料至为重要。宋代一些蕃汉杂居的地区，蕃汉之间总会产生一定形式的土地关系，如土地买卖、转让、租佃等等，政府的行政命令很难予以遏止。尽管天圣年间继淳化景德以来的诏令，严禁汉人去蕃人处“住坐”，但始终禁止不住。其中特别引人注目的是，“自身与蕃部合种口苗”一事，所谓“合种口苗”是宋代土地租佃经营的一种方式，日本草野靖教授对此多有论述。在这种方式下，汉人只身到蕃部佃种蕃人土地，宋政府却禁止此事，恰好反映蕃汉之间的租佃关系，不是个别的偶发的一种现象，而是在边境上常见的一种经济关系了。

至于在西夏腹心地区——兴灵一带，这里的党项贵族所代表的经济关系，还没有发展到封建租佃制阶段，而是处于奴隶制与封建农奴制相结合的阶段，对此将在后面加以叙述。

（二）西夏再一种土地制度是小土地占有制。从天盛二十二年（1170）卖地文契中反映了这种制度：

天盛庚寅二十二年，文状为者妇寡耶和氏宝引等，今自有畜牲一闲置地院，有房屋三茅舍、二木树等，一向情愿依，耶和女人于所卖为，一周言园，价齿全二骆驼，一双峰，一御体，等四，乃言，此后

① 《长编》卷二四八，熙宁六年十一月甲子记事。

② 《宋会要辑稿》兵二七之二二至二四。

> 彼地于诸人口系者无，若口系者有时，宝引等管（?）若之等言变时，戒条依罪领，服不有□官依三十斛麦罚纳，言体入茎随顺，□界院堂间有，二十二亩。北耶和回鹘茂与接，东南耶和些与接，西梁嵬山名与接。[①]

文契中所卖之22亩地，四周所至均与私家土地相接，这说明了黑水地区土地私有制发达的一般状况。其次是，白滨同志《从西夏文字典〈文海〉看西夏社会》一文，根据《文海》中的“亩”，“一边各十尺，四边二百尺算一亩”计算，西夏亩制是百步亩制，与宋240步亩制不同，因而西夏22亩仅合宋制9亩多，这块土地的所有者耶和氏，是一个小土地所有者。像这样的小土地所有制，在西夏占有一定的比重。

第三节　以李继迁族系为首的贵族统治阶级及其所代表的宗法封建制

西夏政权是李继迁族系“联络豪右”共同建立起来的贵族专政，这个政权也可以说是强宗大族联合建立的共同体。“设官授职，以定尊卑，预署酋豪，各领州郡。”[②] 西夏从中央政权到地方政权，完全被这个贵族阶级控制。作为一个阶级，党项贵族集团有哪些特征呢？

第一，族大、人众、兵多，是区分党项贵族的一个基本的重要的标志。因此，在党项贵族当中，李继迁族系以及与之有姻亲关系的没藏氏和梁氏，成为西夏或党项的三大族。李继迁“联络豪右”的基本国策就建立在这一基础上，而强宗大族与西夏统治息息相关，并相始终的。

第二，在上述族大、人众、兵多的决定性条件下，又造成强宗大族在政治上的优势，于是权势是区别党项贵族的又一个重要标志。上述西夏三大族，长期控制西夏政权，其中央机构和州郡、十二监军司即地方军政机构，全都由大族们把持。并且这种政治权力能够世世代代地继承下去，形成为世官世禄的局

---

① 引自黄振华：《天盛廿二年卖地文契考释》，载《西夏史论文集》第315页。
② 《西夏书事》卷四。

面。同殷、周、春秋时代所形成的“上世亲亲而贵私”的局面是极为相似的，与辽金也多有相似之处。贵族之所以为贵，就是在于握有政治特权。《文海》上解释“贵”、“贵势”的词义是，“强势也，强力也”[①]，“强力也，势力也，强健能拒之谓”[②]。为使贵与贱之间有明显的分别，元昊作了不少的规定，在服饰上的区分是：“文资……紫衣、绯衣……武职……衣紫旋襕”[③]，“民庶衣青绿，用此以别贵贱”[④]。西夏的等级制度是森严的。

第三，不言而喻，财富也是区分党项贵族的重要标志。在党项的社会观念中，是“以富为贵，以贫为丑”的[⑤]。富者就是贵者，贵者也就是富者，两者是一致的。党项贵族对这个教条是拳拳服膺，至为虔诚的。为使获得更多的财富，不惜发动战争去掠夺牲畜、生口等等。牲畜、生口都是财富，土地也是财富。每个贵族在他们的“地分”之内，也都有自己的大片土地，但豪族们并不以此为满足，继续侵掠、兼并田地，其中包括兼并邻国的田地，前述没藏讹庞侵掠宋麟州屈野河以西的土地即是一例。对本国臣民的土地，同样进行兼并。西夏晚期的晋王察哥，“为将贪”，“晚年货贿公行，威福自用……有园宅数处，皆攘之民间者。”[⑥] 在西夏史料中虽然仅有这么一笔记录，但党项贵族贪婪的本性则予以暴露出来了。“［夏］地处沙碛，不事耕织，国多世禄之家，悉以奢侈相高”[⑦]，党项贵族将其侵吞兼并来的大量财富，恣意挥霍浪费，从而使他们成为一个不事生产、专门消费现成的东西这样一个多余的阶级。

第四，最根本的特征是，党项贵族是宗法封建制的代表者。

每个党项宗族也都是一个个经济实体。贵族们在这个实体中占有大片田地、牧场，并拥为数众多的劳动生产者。抛开宗族内的田主、牧主和个体所有者（指小土地所有者）不计外，贵族们田地、牧场上的劳动者都是些什么人，他们同贵族们结成什么样的经济关系？文献上所显示的，奴隶、农夫、牧人、

---

① 《文海研究》第 413 页。
② 《文海研究》第 426 页。
③ 《宋史》卷四八五《夏国传》上。
④ 《长编》卷一一五，景祐元年冬十月丁卯记事。
⑤ 按嘉草轩本《蕃汉合时掌中珠》无此句，转引自白滨同志的文章。
⑥ 《西夏书事》卷三六。
⑦ 《西夏书事》卷三七。

依附人和工匠，既都是党项国家控制下的劳动生产者，也是党项贵族控制下的劳动生产者。关于奴隶的情况后面详加叙述，党项贵族拥有大量奴隶，无疑义地具有奴隶主的身份。更加重要的是，农夫、牧人和依附人同党项贵族所结成的关系是农奴和农奴主的关系，这里需要加以说明。

党项贵族控制下的农夫、牧人和依附人之具有农奴身份性质，是从《凉州重修护国寺感应塔碑铭》记载中透露出来的。感应塔修成之后，西夏皇太后、乾顺帝除赐给护国寺金银钱谷之外，还有“官作四户”，“充蕃汉僧常住，俾晨昏香火有所资焉”①。据陈炳应同志的研究②，“这里提的‘官作’，据西夏文可确知是农业劳动者（第三字为‘农’‘耕’的意思），其身份处于国家农奴与奴婢之间”。据此可知，“官作四户”系国家控制下的农户，作为赏赐品赐给凉州护国寺的。这类劳动者同党项国家、寺院和贵族有着严格的人身隶属关系，社会地位是极为低下，这在西夏的法律中也得到反映，后面再作解说。尽管这些劳动者社会地位低下，但他们是以“户”为单位，称作“官作户”，而不称为奴婢或奴婢户，可以肯定地说不是奴婢而是农奴，虽然这两者都是可以充作赏赐品的。

在《西夏法典》中有如下一条律令：“依附于某人之人，从别人处借债，或债主放债，则［立债契时］应找信用委托人。……无委托人时，应处借债人以罚金。不许用［其］主人之畜财抵债。……”③ 法典是从西夏文译成俄文，又从俄文转译过来，当然不够确切。律文中的依附人指的是“徒附”、“客户”一类的生产者。上述的“官作户”，以及农夫、牧人也都是这类依附人。他们从事借贷，必须有“保任”，不许以“主人畜财抵债”，更清楚的反映了他们同主人之间的关系。在西夏，所谓的“主人”，包括一般的“牧主”、“田主”，当然也包括党项贵族。因此，《西夏法典》中提到的“依附人”，与“官作户”、“农夫”、“牧人”的地位是一样的，同党项贵族结成的是封建依附关系。西夏统治腹心地区的党项贵族，同宋夏边境上被称之为熟户的党项宗族

① 罗福颐：《西夏护国寺感应塔碑铭介绍》，载《西夏史论文集》第456页。
② 陈炳应：《重修护国寺感通塔碑》，载《西夏史论文集》第460页。
③《西夏法典》第92页。

首领之间的区别在于：前者发展到宗法封建制的农奴制阶段，而后者则进入封建租佃制阶段，但仍然以宗法血缘关系作为宗族这一实体的外观。在前者，主人与依附者，或者农奴主与农奴，都是世代相袭的。

第四节　党项贵族以外的社会诸等级；西夏的寺院经济

在西夏，贵族与庶人的区分是非常明显的。贵族是世官世禄，庶人则无官无禄；贵族衣紫衣绯，庶人衣青绿。“官”是区分贵族与庶人的一个简单而又明显的标志，所以《文海》上说：

庶人兵（名）此者兵卒也，庶人非是官之谓。[①]

这条解释，是划分西夏社会等级间贵族与庶人（自由民）的一个重要依据。

庶人是党项社会阶级构成中一个极为重要的等级。这个等级低于贵族而高于农夫、牧人、奴婢诸等级，他们来自党项氏族时期的氏族成员，是宗族这个实体中有自己的独立财产和独立人格的人户，或可称之为自由民。庶人当中的经济力量也很不相同，在《文海》中有所谓的“牧主”，这是因为党项“立国西陲，射猎为务”[②]，畜牧狩猎在党项经济生活中占头等重要地位，从这个生产部门中分化出“牧主”来是很自然的。同时，东迁以后的党项人也从事农业生产，从中分化出来一批农主或田主（经济力量高出于一般农民，使用少量的依附人即农奴、雇佣和奴婢进行生产），也是很自然的。所以，在庶人等级中，根据其经济力量的大小，细分为“牧主”、“田主”和“牧民”、“农民”两个级别，是合乎实际状况的。

庶人是党项全民兵役制中的主力军。兵役是党项人普遍性的义务和负担，据夏国兵制的规定，“其民一家号一帐，男年登十五为丁，率二丁取正军一人。每负赡（从《隆平集》作“担”似较胜）一人为抄，负赡者随军杂役

① 《文海研究》第512页。

② 《西夏纪》卷二二。

也。"[1] 被选为正军之后，"给长生马、驼各一"，随时听调出征。对庶人诸等级，兵役产生的作用也很不一样。对"牧主"这个等级来说，他们与贵族一样，同样是"以富为贵，以贫为丑"这一教条的虔诚信奉者，出兵打仗，掠夺更多的财富，使自己成为富者贵者，因而在对外掠夺上往往与贵族的立场一致。但对于占绝对多数的下层庶民来说，兵役则是一个极其沉重的负担，是促使其贫困化的重要原因。夏乾顺贞观十二年（1112），御史大夫谋宁克任的奏疏中说：

> ……国家自青白两盐不通互市，膏腴诸壤浸就式微，兵行无百日之粮，仓储无三年之蓄，而惟恃西北一区，与契丹交易有无，岂所以裕国计乎！自用兵延庆以来，点集则害农时，争斗则伤民力，……山界数州非侵即削，近边列堡有战无耕，于是满目疮痍……岂所以安民乎？[2]

在沉重兵役压迫下，"一有征调，辄妨耕作，所以土瘠野旷，兵后尤甚。"[3] 西夏兵役之重，连宋人都看得很清楚。张方平在宋仁宗庆历初（1041）即曾指出："今羌戎乃汉唐郡县，非以逐水草射猎为生，皆待耕获而食，贼每点集资粮器用，人自为备，须岁年为计，乃能一大举。"[4] 过多的征调出军成为党项庶人的重负。前面引用赵师民的奏疏，指出西夏国小，不过20万户上下、百万人口左右，而自元昊以来，从战争中养肥了自己的党项贵族，便走上了穷兵黩武的道路，宋固然筋疲力尽，受到不小的影响，而党项的人民群众，则在兵役重压之下日趋贫困化，西夏国势日益衰颓不振。

寺院是贵族、牧主以外的一个重要经济力量。

前章曾经提到，党项人有赭面的习俗，从而说明党项人普遍地信奉佛教。同契丹统治集团一样，党项统治集团对佛教也是大力崇奉的。德明元昊不仅屡次向宋献马以换取藏经，"供佛五台山"[5]，而且元昊在天授礼法延祚十年

---

① 《宋史》卷四八六《夏国传》下。

② 《西夏纪》卷二二，宁夏人民出版社1988年版第520页。

③ 《西夏书事》卷四二。

④ 《历代名臣奏议》卷三四二，校以四库本442－572。

⑤ 《西夏书事》卷一二。

(1047）二月于“兴庆府东一十五里，役民夫建高台寺及诸浮图，俱高数十丈，贮中国所赐大藏经，广延回鹘僧居之，演绎经文，易为蕃字（西夏文)”①。福圣承道三年（1055），皇后没藏氏修承天寺，“延回鹘僧登座演经”②。高台寺、承天寺以及兴庆府的戒坛寺，是西夏著名的三大寺。此外，河西各地也有一些著名的寺院，凉州护国寺即是一个，寺内感通塔碑是西夏修建的，成为保存至今的一项重要文物，塔碑铭文是研究西夏史的重要史料。塔碑上说：“至于释教，尤所崇奉，近自畿甸，远以荒要，山林磎谷，村落坊聚，佛宇遗址，只椽片瓦，但仿佛有存者，无不必葺，况名迹显敞古今不泯者乎?”③ 材料反映了西夏境内佛教兴盛之一斑。

党项统治者在经济上给寺院以大力支持。凉州护国寺感通塔碑建成之后，即“特赐黄金一十五两、白金五十两、衣著罗帛六十段、罗锦杂幡七十对、钱一千缗，用为佛常住，又赐钱千缗、谷千斛、官作四户，充番汉僧常住，俾晨香火者有所资焉”④。这些赐予是可观的，而且值得注意的是，赐予中有“官作四户”，是从事农业生产的劳动者，可见西夏寺院同样占有相应数量的田产。忽必烈至元元年（1264）曾经下令：“禁宁夏良田为僧侣所据者，听蒙古人分垦。”⑤ 此时西夏已灭亡近40年，寺院所占良田如此之多，以至由忽必烈亲自下令干预，使蒙古人得以染指其间。

第五节　西夏劳动者诸阶级阶层：工匠、牧人、农夫和奴隶

党项从氏族制跃进到奴隶制、封建制，因而它的经济关系阶级关系都是比较复杂的。即使在劳动者之间，也有不同的阶级阶层，可以区分为工匠、牧人、农夫和奴隶。下面分别予以叙述。

---

① 《西夏书事》卷一八。
② 《西夏书事》卷一九。
③ 《凉州重修护国寺感通塔碑铭》，载《西夏史论文集》第455~456页。
④ 《凉州重修护国寺感通塔碑铭》，载《西夏史论文集》第455~456页。
⑤ 胡汝砺：《嘉靖宁夏新志》卷四《沿革考证》。

一、工匠

工匠在党项劳动人民中的社会地位较高。这是因为，从事手工业生产的各类专业户，或是在社会分工中没有分离出来，或是分离出来的不多，而手工业产品则是社会上的急需，所以工匠地位由此而受到普遍的重视。前于党项建国的契丹，后于党项建国的女真，也都是如此。

党项贵族统治集团以及西夏社会需要大量的手工业产品，为此曾要求宋政府赐予工匠，遭到宋政府的拒绝。但党项统治者则从宋军俘虏中获得了不少的手艺人和工匠。自澶渊之盟以后，宋军管理松弛，日趋腐败，兵士“游嬉廛市间，以鬻巧绣画为业”[①]；在抗击西夏的陕西禁军当中，“有匠氏、乐工、组绣、机巧百端名目”[②]；而宋的“管兵之官”，则将“军士有手艺者”“每指挥抽占三分之一”[③]，从事各类生产，从中获利。因此，夏在同宋军战斗中，对宋军有手艺的，则加以优待：“逡巡下令艺者全，争献小技歌且吹，其余劓馘放之去。”[④] 这是夏国获得工匠的一个来源。在宋夏边境的居民中，也有不少工匠，或者被夏俘虏，或是到夏统治地区找活路，是夏得工匠的又一个来源。自然在党项族中也会分化出来制作毡毯的工匠。

工匠中的一部分为党项国家占有。从西夏《天盛年改旧定新律令》中看到，除文思院外，西夏还有冶金司、织绢院、铁工院（元昊时的铁冶务）、木工院、造纸院、砖瓦院、出车院等等[⑤]，可见夏国国家拥有“百工”、“众匠”，能够从事门类众多的手工生产。正因为拥有百工众匠，元昊时才能在贺兰山下修建宫室、寺院等规模庞大的建筑群。

民间也有大批工匠。《凉州重修护国寺感通塔碑铭》上刻有“石匠人员韦移移崖任遇子康狗”、“刘苟儿石匠”等名字[⑥]。在“车辙马迹辐辏交会”的

---

① 苏舜钦：《苏学士集》卷一〇《上范公参政书并之咨目七事》。

② 赵抃：《赵清献公文集》卷一三，《论陕西官员占留禁军有妨教阅》。

③ 《长编》卷一三二，庆历元年秋七月记事。

④ 《苏学士集》卷一《庆州败》。

⑤ 参阅白滨同志：《从西夏文字典〈文海〉看西夏社会》一文，《西夏史论文集》第170～173页。

⑥ 《凉州重修护国寺感通塔碑铭》。

凉州，当然不限于上述几个石匠，也不限于修建寺塔的建筑工，还有其他行当的工匠。工匠是个体生产者，除承担西夏的赋役外，身份是独立的，人身是自由的。

二、牧人和农夫

牧人和农民中也存在等级差别，前面提到的党项宗族之中的自由民，其中的“牧主”或“田主”是地位较高者。在这个等级之下，靠个人双手劳动来养活自己及家口的牧民和农民，则是自食其力的党项人。这些人的地位低于牧主、田主，而比其他的劳动者的地位则较高。

从《天盛年（1149~1169）改旧定新律令》这部西夏法典中，还可看到低于牧民、农民的一个阶层，即所谓的牧人和农夫。法典有关谋反条令中曾经规定：

> 谋反者子、女、妻、孙、子媳，不问参与谋反与否，亦不问与其同居与否，包括（其）父母、祖父母、兄弟、未嫁姊妹，若这些（亲属）〔与谋反者〕同居，则〔全部〕获罪，沦为牧人和农夫；其畜谷、财物、田宅、部曲——即全部所有皆没官。①

对“怂恿谋反”的人，“不论是命官或是庶民，都应依上述对谋及（当作反）者家口断律处罪，即应沦为牧人和农夫”②；

对“图财发冢、毁拆宗祠、宫阙金物或先皇圣像金身”的罪犯斩首之外，“其妻及与其同居之子女”，“沦为牧人和耕夫”③；

其［谋反者］“父母役满后，即于配处落户，成为耕牧人”④。

单是从上述几条法令中即可看到：西夏对谋反者、怂恿谋反和杀害亲属等犯人的家属处理是，“沦为牧人和耕夫”或“耕牧人”等，可见这类牧人和耕夫社会地位的低下，同自战俘中的“中国人无手艺者使耕于河外”这类农夫的地位是相同的。至于犯人在刑满之后，“于配处落户，成为耕牧人”，此类

---

① 《西夏法典》，宁夏人民出版社1986年版第4页。
② 《西夏法典》第5页。
③ 《西夏法典》第7~8页。
④ 《西夏法典》第8页。

耕牧人是否有较多人身自由的独立的小生产者，还无法知道。但从一般情理揣测，刑满后的耕牧人与负刑期间的耕牧人应有所区别，前者的地位要高于后者。不论怎样说，西夏国家控制下的牧人和耕夫之为社会的底层则是确切无疑的。

牧人和耕夫地位之低下，还可从法典谋反律第一条第八款的规定中看出。怂恿谋反的“妻、子媳、奴婢”等，“即属于主子或官家［之非自由］者，又是可以转赠者”①。所谓属于主子的是奴婢或部曲，属于官家的不自由者即“沦为耕牧人”的罪犯，“又是可以转赠者”，这些人亦即奴婢、部曲、耕牧人可以作为主子或国家的转赠品、赐品！

从上述分析，对前引凉州护国寺塔碑铭文中的“官作四户”这条记载，理解得也就更加清楚更加深刻了。这些官作户原是从属于西夏国家的农耕者即农夫或耕夫，他们被作为赐品给护国寺，同上述可以转赠的不自由人——即因犯罪而“沦为牧人和耕夫”，其社会地位是相同的。他们同拥有一小块土地的自耕农和拥有一定数量牲畜的牧民的地位相比，显然是低下的；但与奴婢相比，又有所不同，他们可以被认为是国家控制下的、人身依附关系甚强的农奴。

归纳起来，西夏从事耕牧诸等级或诸阶层，大体上有如下几个类别：

（1）“牧主”或“田主”，这是西夏庶人的上层，低于贵族、高于其他劳动者；

（2）牧民、农民，西夏庶人中的下层，占有一块耕地、拥有一定数量的牲畜，是有人身自由的个体小生产者，在党项、汉族和其他各族中都有这类生产者；

（3）“官作户”、刑满后的牧人和耕夫，是国家控制下的具有农奴性质的劳动者，贵族之家占有的部曲与此类似；

（4）负刑期的牧人和耕夫，与国家人身隶属关系甚强，但还不是奴婢。

三、最后叙述奴隶的状况

奴隶制与党项夏国统治相始终，而且它的存在和发展则先于党项夏国的建立。

---

① 《西夏法典》第5页。

党项早在东迁之前即已进入父家长制社会阶段，通过掠夺生口财富，逐步形成了奴隶制。东迁以后，党项仍然循着这个方面发展，所以掠卖奴隶的活动，在宋夏交界以及夏与其他各族交界处便层出不穷。如：

宋太宗淳化二年（991）六月庚寅，禁陕西缘边诸州阑出生口。①

秋七月己亥，诏陕西缘边诸州，饥民鬻男女入近界部落者，官赎之。②

陕西沿边诸州“阑出生口”，或“饥民鬻男女入近界部落”云云，指的是汉人被卖到党项做奴隶，这是党项发展奴隶制的一个途径。

最为重要的途径是战争掠夺。自李继迁建国之始，及其后嗣德明、元昊等，在同宋交战中，或掠夺沿边诸州，或俘获一部分宋军，使党项奴隶的数量为之大增。治平二年（1065），宋英宗指责谅祚：

其泾原秦凤路一带熟户及弓箭手地分，宜遵誓诏，自今不可更行侵扰；所掠过生口，并须发遣，各还住坐，其孳畜等亦各令归户下！③

这是党项统治集团掠夺沿边诸州而且是掠夺归附宋朝的党项“熟户”的一例。战争中的俘虏不胜举述，宋哲宗元祐四年（1089）在给乾顺的诏书中，指出元丰五年间永乐失陷宋军情况道：

然念城初失守，众即散亡，或为部落所得，或为主者转鬻，非设购募，恐有所遗。④

被俘宋军或者成为党项大族的奴隶，或者被转卖出去做奴隶！

在党项族内，也由于两极贫富分化，贫穷者转化为奴隶的社会现象也是存在的。西夏天佑民安七年（1097）秋，发生严重饥荒，“国中大困，民鬻子女于辽国西蕃以为食”⑤，即可看出事态之严重。

在西夏，奴隶广泛存在，很难说是奴隶制残余。西夏文《杂字》中有

---

① 《宋史》卷五《太宗纪》二。
② 《宋史》卷五《太宗纪》二。
③ 张鉴：《西夏纪事本末》卷二一。
④ 《西夏纪》卷一九。
⑤ 《西夏书事》卷三〇。

“□奴仆隶，断僮奴仆”的记录[①]；《文海》中，奴、僮、奴仆、奴婢、佣人的涵义大都相同，都是属于受人奴役的社会最底层。奴隶隶属于党项国家、党项贵族，党项的牧主或田主也可能有少量奴隶或“依附人”。奴隶们除承担家务杂活外，也不排除从事耕作牧放等生产活动。

西夏奴隶制有其特殊的色彩。奴隶虽然可以充作赠品，可以投到市场上买卖，但也可以投军打仗。投军打仗必须有武器装备，诸如贵重装备如马匹甲胄之类，是否可以配备给奴隶？《西夏法典》中曾经有如下的规定：

> 关于奴仆战具，三种〔战具〕（战马甲胄），若奴仆要求，则可视其财产状况（真正的“牲畜类别”）发给二种甲胄，即人用和马用。[②]

这条材料极为重要，即根据奴隶的“财产”配给甲胄的。所谓财产标准则以“牲畜类别”而定，法典第二九六条规定：“若拥有价值五十只羊和五头牛财富者，则［他们］应［为军］献一匹烙印战马。若［这种人］拥有［价值］百只羊和十头牛［财产］，则应向［他们］索捐一匹马和一套标准甲胄。若［这种人］拥有［价值］二百只羊和二十头牛［财富］，则应向其本人索捐三种［主要战具］［一匹马和甲胄］”[③]，根据拥有的牛羊数量向国家提供武器装备。奴仆不但有自己的财产，而且财产可以达到供应武器装备的水平，否则西夏政府是不会供给马匹甲胄这三种重要战具装备的。

奴隶之有财产，在第四〇六条律文中也得到反映：“奴婢逃跑……则其随带之畜财分给举发和捉获［他们］者一份后，依正军律，其余应［没官?］。”[④]

党项奴隶之有自己的私有财产，以及上述牧人耕夫社会地位的低下，即使党项社会阶级构成别具一格，又使党项宗法封建制富有时代特征。

所谓党项宗法封建制，是指党项社会以宗族为表现形式，在保留氏族宗法制大量残余条件下，在发展奴隶制的同时，又进入初期封建制，使这两种制度在宗族这个经济实体中纠结在一起。在这样的历史条件下，牧人和农夫本来比

① 此据陈炳应同志：《略论西夏的社会性质及其演变》，载《西夏史论文集》第139页。
② 《西夏法典》第131页。
③ 《西夏法典》第143页。
④ 《西夏法典》第191页。

奴隶的社会地位要高上一个等级或层次，但在党项贵族奴隶主“以富为贵，以贫为丑”的教条影响下，以及严重鄙视劳动的劣根性作祟，把牧人和农夫视为社会的底层，使他们不像封建制下的牧人和农夫。由于党项社会从氏族社会末期、奴隶制没有充分发展的条件下进入封建制，在历史大转变、大波动之下，奴婢有了自己的私有财产，使其与奴隶制社会的奴隶有所不同，而不像奴隶。决定社会性质的劳动生产者们——牧人农夫不像封建制下的牧人农夫，奴婢不像奴隶制下的奴婢，从而表现了党项宗法封建制的时代特征。

本章结论　（一）宗族不仅是党项社会的基本组织，而且是一个经济实体。早在党项建国之前即已广泛存在，并与夏国兴亡相终始，因而是了解党项社会的一个基本问题。

（二）在宗族这个经济体内，包孕着奴隶制和封建制两种经济成分；一分为二，形成党项社会发展的两种前途。

（三）在宋夏边界上有不少的熟户，也同样是党项的一些宗族，由于在宋封建租佃制高度发展的影响下，向封建租佃制的方向发展。

（四）在夏兴灵银夏统治腹心地区，党项社会则沿着宗法封建制方向发展。

（五）党项宗法封建制的基本特征是，在保留氏族宗法大量残余情况下，既发展了奴隶制，但党项的奴隶有着自己的私有财产，不像奴隶制下的奴隶；同时又急剧地进入初期封建制，牧人、农夫是社会的主要生产者，但他们的社会地位低下，不像封建制下的牧人和农夫，而这些恰反映了党项社会形态的特征。

第三编

女真金国经济史

第十五章　女真自原始公社制到奴隶制的飞跃

第一节　女真族的早期历史和经济生活[①]

女真是我国东北地区的古老的民族之一，长时期地居住在白山黑水之间。自外兴安岭以南、大兴安岭以东，直到鞑靼海峡滨海地区，都有女真人活动的足迹，但主要地生活在松花江沿江一带草原上。这里地处寒温带，冬长夏短，无霜期不过120天，因而对农业特别是对古代的农业就有其一定的限制。但这里又多山多水，草深林密，沼泽地区又多鱼雁，因而又是天然的狩猎牧畜的好场所。女真人就是在这样的自然条件下逐步地发展起来的。

女真人早在两周之际，称之为“肃慎之国”；秦汉以来，称为“挹娄”[②]；魏晋南北朝时期谓之“勿吉”[③]。《魏书·勿吉传》上说：“国有大水，阔三里余，名速末水”，速末水，以及后来文献上的拉林河、末流河，都指的是松花江；“国南有徒泰山，魏言大白”，即是长白山。《北史·勿吉传》上之“从泰山”当作“徒泰山”，“大皇”当作“大白”，系字形近似，转抄中出现的失误。隋唐时，称为靺鞨，隋分粟末靺鞨、黑水靺鞨等七部[④]。粟末靺鞨在诸部之南，因受到高丽特别是受到唐文化的影响，发展速度较快，建立了渤海国，

① 本节参阅了漆侠《女真族从原始社会向奴隶制社会的过渡》（载《求实集》）、华山《略论女真氏族制度的解体及国家的形成》（载《辽金史论文集》），附志于此。

② 见《后汉书》卷八五《挹娄传》；《三国志·魏书》卷三〇《挹娄传》。

③ 见《魏书》卷一〇〇《勿吉传》；《北史》卷九四《勿吉传》。

④ 《隋书》卷八一《靺鞨传》。

到10世纪被契丹灭掉，从此这部分居民便遭到契丹的统治和奴役。唐代靺鞨，“其国数十部”，“黑水靺鞨最为北方，尤称雄健”①。黑水靺鞨便是女真人的先代。黑水靺鞨亦即黑水部，虽亦羁属于契丹辽国，但大都不编户贯，因而多少还保持了自己的独立性。女真这一名称是在唐末五代才在史籍上出现的，其中不编户贯的女真人被称为“生女真”，金国就是由生女真发展壮大之后建立起来的。

从后汉到唐代，亦即从2世纪到10世纪，有关女真先代的记载来看，这部分居民的社会经济生活状况，大致如下②：

（一）在这个时期，女真人过着畋猎生活，采集经济在其经济生活中还占有一定的比重。弓箭是主要的生产工具，弓长三四尺，箭长一尺二寸，除箭镞用石料制成外，箭竿等是用木制成的，有“角弓楛矢”之称。箭镞上涂上毒药，能毒死禽兽。但，这时候畜牧业已成为女真人生产中的一个重要部门。“其畜宜猪”，“多猪无羊”，“好养豕，食其肉，衣其皮。冬以豕膏涂身，厚数分，以御风寒。”到唐代时，女真富人养猪多至数百口。早期女真人饲养的大约是黑毛猪，所以东汉初朱浮在给彭宠的信中说：“往时辽东有豕，生子白头，异而献之。”后来逐渐改养白毛猪，到宋时，反以白彘多出名了。

（二）女真人还从事农业生产，“有五谷”，“有粟及麦穄，菜则有葵”等若干农产品。特别值得注意的是，女真人已经比其他原始部落的居民有了较多的生活资料和较为进步的生产技术，能够将其剩余的粮食“嚼米为酒”，这种酒已是“饮能至醉”，高出了一般甜酒的度数。这一事实说明农业已经有了进步，而且已经同畜牧业分离，家庭手工业有了进展，粮食产量有所增长。

（三）相应着畜牧业和农业的分离，女真人已经进入了半定居的生活方式。严寒的气候这一自然条件也迫使女真人寻求定居的场所，同时也是由于女真人在生产上的需要，形成了女真人季节性的迁徙和居住——“夏则出逐水草，冬则入居穴中”。女真人居住的地方，多靠山近水，凿成土穴，穴的周围

---

① 《旧唐书》卷一九九下《靺鞨传》。

② 下面的记述，是从《后汉书》《三国志》《魏书》《北史》《隋书》和《旧唐书》有关挹娄、勿吉、靺鞨的记载，综合写成，不再一一注明。

筑上“堤”亦即墙，其上架木，覆以泥土，形状像冢墓，从上面开口，利用梯子上下，“大家深九梯，以多为好”，“聚族而居”。

（四）这时候的女真人，还过着以氏族、部落为单位的社会生活，所谓“无君长，邑落各有大人”，“邑落各自有长，不相总一”，没有形成一个统一的部落联盟的组织或共主。尽管如此，《旧唐书·靺鞨传》上说，女真人已是“父子相承，世为君长”，氏族选举制已被家族世袭制代替了。如果这一记载确切不误，同样是一个值得注意的现象。

（五）长时期以来，女真人同邻近诸族诸部落（包括契丹人在内）处于敌对状态，互相侵略。同与他们发展阶段相同或类似的诸如匈奴人、突厥人、契丹人、党项人等一样，在女真族内也“贵壮贱老”。其所以如此，是由于他们已经进入到以掠夺别人财富为光荣的历史阶段，勇敢的青壮年成为时代的主人，衰老的老年人不得不让位了。不仅如此，在男子女子的社会地位上，也发生了巨大的变化。《北史·勿吉传》上有如下的一段记载：“其妻外淫，人有告其夫，夫辄杀妻而后悔，必杀告者，由是奸淫之事终不发。”这一现象表明，女真人在向一夫一妻制过渡之后，还存在对偶婚制的残余，两性关系还有一定的自由，但在父权制或父家长制确立之后，男子的地位相对提高的情况下，男子可以多妻，但对妻子却片面地提出了贞操的要求，这进一步展示了男子在社会生活中的地位。

从以上情况可以看出，2 世纪至 9 世纪的女真人，已经进入了父家长制历史阶段，随着生产的发展，氏族中已经有了富者，氏族民主制已经由“父子相承”家族继承制而受到了损害，女真人同邻近诸族的掠夺活动频繁起来，女真氏族制度已经出现了动摇。

第二节　女真原始公社制的解体

女真人自完颜部始祖函普时才开始有了自己口头传说的历史，这些传说被作为信史在女真创造文字后追记下来，自第六世景祖乌古迺才有了生卒纪年

(1021～1068)[①]，经世祖劾里钵、肃宗颇剌淑、穆宗盈歌兄弟相传，到康宗乌雅束，最后于1115年阿骨打建立金国。这段历史大约有150～200年，即自10世纪中至12世纪20年代。这时代是女真族从原始公社制跃入到奴隶制的重要的转折时代。

先说女真族原始公社制崩溃瓦解的状况。

在这个重要的转折时期，女真社会生产力有了飞跃的发展，他们从邻近部落传来了铁器，自己也学会了冶铁和制造铁工具：

生女直旧无铁，邻国有以甲胄来鬻者，倾赀厚贾以与贸易，亦令昆弟族人皆售之。得铁既多，因之以修弓矢，备器械，兵势稍振。[②]

随阔（即绥可）教人烧炭炼铁，刳木为器，制造舟车，种植五谷，建造屋宇。[③]

〔乌春〕阿跋斯水温都部人，以锻铁为业。因岁歉，策杖负檐与其族属来归。景祖与之处，以本业自给。[④]

加古部乌不屯，亦铁工也，以被甲九十来售。[⑤]

这类铁工是否为与农业脱离的独立的手工匠人，已无法确定，但不论怎样看，由于铁器的制作和应用，女真人已经脱离了“角弓楛矢”的石器时代，大大增强了他们同自然斗争的能力。

由于冶铁业的发展，农业成为女真社会生产中的决定性部门。松花江附近的肥沃的黑土带，是女真人长期耕垦的地区，到其献祖绥可时徙居于海姑水，“耕垦树艺”，并建立了“纳葛里”即居室制度[⑥]。从此以后，女真人便在按出虎水（今哈尔滨南阿什河）定居下来。按出虎水被女真人视为发源地，因而有金源之称。这时候居住在河谷草原之间的女真人，已是“联木为栅，屋高数尺，无瓦，覆以木板，或以桦皮，或以草绸缪之。墙垣篱壁，率皆以木，门

① 此据《金史·世纪》，并参阅施国祁：《金史详校》。
② 《金史》卷一《世纪》。
③ 《三朝北盟会编》卷一八引《神麓记》。
④ 《金史》卷六七《乌春传》。
⑤ 《金史》卷六七《乌春传》。
⑥ 《金史》卷一《世纪》。

皆东向。环屋为土床，炽火其下，而寝食起居其上，谓之‘炕’，以取其暖”①。显而易见，绥可时女真人已经从土穴中跃上了土炕，农业定居生活上了一个新的台阶。

铁制工具之对草原垦辟的作用，是不言而喻的。唯其如此，它也就受到女真人的重视。1115年阿骨打建国称帝，宗室阿离合懑等以耕具九相祝贺，让阿骨打“毋忘稼穑之艰难”②。阿骨打攻下黄龙府（今吉林农安），获得了数千件农具，即将其分配给诸军③。从这里既可看到铁制农具的重要，又可看到农业在女真社会生产诸部门中的地位。

畜牧业在女真人的经济生活中依然占有重要的地位，除养猪以外，马牛羊也是女真人大量饲养的畜种。女真向以“土产名马”著称④，除了“野居女真”专事放牧以外，从事农耕的女真人，也多亦耕亦牧，拥有成群的马匹。马成为女真人财产的重要组成部分。直撕里部盛产良马，金建国前，阿骨打派婆卢火率兵讨伐该部的辞勒罕、物孛得兄弟，辞勒罕投降后，丧气地说：“我之马牛财货尽矣，何以为生。”⑤ 女真富户大多拥有众多马匹，富者粘罕一次被盗马匹就有300匹之多⑥。马既是女真人的生产生活资料，又是重要的武装装备。女真人“善骑，上下崖壁如飞，济江不用舟楫，浮马而渡”⑦。“用兵专尚骑”⑧。总之，围猎、出行、打仗全都离不开马。辽统和四年（986）正月，枢密使耶律斜轸、林牙勒德等讨伐女真，一次就掠获“马二十余万匹”⑨，后来，女真每年向辽贡马万匹还成为定例⑩，足见产马之多。牛的牧养稍晚，但最迟到公元10世纪，即女真始祖函普时代，牛已为女真人广泛饲养。“牛者农

---

① 《三朝北盟会编》卷一。
② 《金史》卷七三《阿里合懑传》。
③ 《金史》卷二《太祖纪》。
④ 《三朝北盟会编》卷三。
⑤ 《金史》卷七一《婆卢火传》。
⑥ 《金史》卷六七《腊醅麻产传》。
⑦ 《三朝北盟会编》卷三引《松漠纪闻》。
⑧ 《三朝北盟会编》卷二四四。
⑨ 《辽史》卷一一《圣宗纪》。
⑩ 《辽史》卷六〇《食货志》下。

耕之资”[1]，又可“以牛负物，或鞍而乘之”[2]。所以，牛也是女真人的重要财产。在女真婚俗中，牛马是不可或缺的彩礼和嫁资。订婚时，男方要送彩礼：“婿牵马百匹，少者十匹，陈其前，妇翁选子姓之别马者视之，好则留，不好则退。留者不过什二三，或皆不中选，虽婿所乘亦以充数。”[3] 成婚后，婿要在妇家执仆隶役3年，然后携妇归。此时，女家要“用奴婢数十户，牛马数十群，每群九牝一牡”，作为嫁资，送到男家[4]。传说为了解决完颜部两族相斗的“打冤家”，而由始祖函普提出的金国旧俗征偿法，规定：“凡有杀伤人者，征其家人口一，马十偶，牸牛十，黄金六两，与所杀伤之家，即两解，不得私斗。……女直之俗，杀人偿马牛三十自此始。”[5] 说明马牛作为重要财产，其地位和作用已为习惯法所肯定。羊也是女真人衣食所需的重要生活资料，最迟到阿骨打建国前的12世纪初，羊已和猪、马、牛一样，成为女真人大量饲养的畜种。《高丽史》载：女真“土饶猪、羊、牛、马”[6]，宋人也说女真“多牛羊”[7]。

畋猎在女真人经济生活中也占有重要地位。女真人所居地区，草深林密，禽兽甚多，可供猎取。女真人又擅长骑术，精于射猎，“每见鸟兽之踪，能蹑而推之，得其潜伏之所”[8]。射虎、刺熊和捕鹿是女真人畋猎的重要内容。尤其是捕鹿，女真人用桦皮为角，吹出呦呦的鹿鸣声，将鹿群引来而射杀之，更加表现了他们在这方面的才干。畋猎不仅供给女真人以可观的生活资料，而且还锻炼了女真人，使他们从这种生产实践中创造出自己的独特战术。女真人善于使用布置在两翼、以便包抄合围的“拐子马阵”，就是从这种“打围”形式的狩猎生活中产生的。宋人马扩在观察了女真人的围猎之后说：“其行军布

① 《金史》卷六《世宗纪》上。
② 《三朝北盟会编》卷三。
③ 《大金国志》卷三九。
④ 《大金国志》卷三九。
⑤ 《金史》卷一《世纪》。
⑥ 《高丽史》卷一四《睿宗世家》三。
⑦ 《三朝北盟会编》卷三。
⑧ 《三朝北盟会编》卷三引《松漠纪闻》；此段并以《松漠纪闻》校正。

阵，大概出此（打围）。”[①] 甚具识见。

生产的发展，导致了交换的发展。女真诸部之间互相交换之外，还同邻近诸部如契丹人等进行经常性的交换活动。在宁江州（今吉林五家站）榷场上，女真人以其土特产诸如北珠、人参、生金、松实、白附子和麻布等，同辽人交易。[②] 但，在这期间，“买卖不用钱，惟以物相贸易”[③]，依然处于交换的低级阶段，直到建国之后的若干年尚未改变。

总之，从景祖乌古迺以来的百余年间，由于社会生产力的突飞猛进，女真人口也有了显著的增加，散居于山谷之间的女真户不下十余万[④]。与此同时，女真社会内部私有财产制也相应地发展起来，从而导致了女真氏族公社制的解体。

女真在唐代为数十部，宋代则有 30 部，宋人以及《金史》的记载大都如此。但在《金史》的《国语解》姓氏条，共记有 31 个姓氏。按女真一个姓氏构成为一部，31 个姓氏显然是有 31 部。不论 30 部或是 31 部，每一部又分为若干小部，如徒单部分为 14 部，乌古论部 14 部，蒲察部 7 部，完颜部为 12 部。[⑤] 所谓 30 部或者 31 部，当系女真原有的氏族，这些氏族经过繁衍，人口增多，从中分泌出若干个小部。这些小部为了纪念原来的共同始祖母，仍然采用“以部为氏”的做法。诸部以及部内的诸小部，其人口的多少，也就成为该部兴旺发达的重要标志。所谓“小者千户，大者数千户”[⑥]，就说明了这个问题。这时候，女真诸部的血缘关系虽然还很浓重，但它基本上是按地域来区分诸部的居民。一个极为明显的例证是，《金史》对一些人物的记述，在指出是哪一部的时候，必先冠以地名以示区别，因而有所谓泰神忒保水完颜部、神隐水完颜部等等，所谓星显水纥石烈部、陶温水纥石烈部等等，都足以说明。而“以部为氏”，不过是一个外壳而已。

---

① 马扩：《茆斋自叙》，《三朝北盟会编》卷四引用。
② 《大金国志》卷九。
③ 《宣和乙巳奉使金国行程录》，《靖康稗史》本。
④ 《三朝北盟会编》卷三。
⑤ 《三朝北盟会编》卷三。
⑥ 《三朝北盟会编》卷三。

每个小部都有自己的部长，此前称之为“大人”，而现在谓之孛堇。《金史》中勃极烈，以及清史有关记载中的贝勒，都是孛堇不同的对音。孛堇由该部成员推举，所谓“自推雄豪”者是也[①]。平时，孛堇是一部的首领，战时则率领部民执戈打仗，又成了军事首领，称做猛安谋克。阿骨打于建国后根据各部大小，建立的猛安谋克制度，实际上是孛堇制的延续，不过改由皇帝任命罢了。诸大部的部落长也是推举出来的。孩懒水乌林答部的石显夺得了完颜部长石鲁柩木说：“汝辈以石鲁为能而推尊之，吾今得之矣！”[②] 石鲁之子乌古迺也是由完颜部内推举而成为部落长的。诸部落长在诸小部部长处理本部事务不公之时可以对他进行批评、呵责。完颜部长世祖劾里钵曾因乌春“虐用其部（阿跋斯水温都部）人，部人诉于世祖，世祖使人让之曰：吾父信任汝，以汝为部长，今人告汝有实状，杀无罪人，听讼不平，自今不得复尔为也！”[③] 近亲氏族之间、部落之间的许多纠纷，也都由部落长调停，并用“征偿”法解决氏族间血仇等问题。[④]

但是，孛堇以及诸部落长，早在唐代即已“父子相承”，到此时更加成为氏族显贵人家的世袭之职。阿骨打的先世石鲁、乌古迺以后，完颜部部落长一职，完全由这个家族以兄终弟及的方式世代承袭，即可充分说明这一问题。部落长之下的“国相”一职，是部落长的助手[⑤]，主管部内的案件及其处理[⑥]，而这个重要职务，是乌古迺同雅达做交易得到的：“雅达称国相，不知其所从来。景祖（乌古迺）尝以币与马求国相于雅达，雅达许之，景祖得之以命肃宗（颇剌淑）。”[⑦] 可见，氏族公社民主制在私有财产的冲击下受到破坏！“向父权制的过渡，如在希腊和罗马一样，使官职由选举逐渐为世袭，从而促成了各氏族中显贵家庭的发生。”[⑧] 在女真族，也同样由于官职的世袭，产生了氏

① 《三朝北盟会编》卷三。
② 《金史》卷六七《石显传》。
③ 《金史》卷六七《乌春传》。
④ 参阅《金史》卷六七《钝恩传》。
⑤ 《金史》卷一《世纪》。
⑥ 《金史》卷七〇《撒改传》。
⑦ 《金史》卷六七《桓赧散达传》。
⑧ 《马克思恩格斯文选》（两卷集）第二卷第293页。

族显贵家庭。阿骨打家族即是完颜氏的显贵家族。同样地，徒单、拏懒、唐括、蒲察、裴满、纥石烈、仆散诸氏，也都是所在各部中的显贵家族。这些家族，既有势，又多财，因而贫弱的氏族成员（包括同宗族的贫弱户）便向这些显贵家族依附。洽鲁直之所以能使拏邻麻吉等七水之人“附丽”，同他的“以财富”称雄于“乡里”是分不开的[1]。贫富的形成，私有财产制的发展，不仅冲击了氏族公社的民主制，也改变了氏族家庭内部的各种关系。

女真的诸小部是由一个或若干个包括三五十族帐形成的。每个族帐或相间隔、或相聚在一起，都是以水以村即地点来命名的。宗族近亲还有较为亲密的血缘关系，但一般说来，血缘关系已经疏远了。这是因为，依附者不仅有本宗族的，也有宗族以外的。此外，还有成批被俘虏来的人，也成为了族帐中的成员。这类具有公社性质的大家族公社则发生了如下的一些变化：

（一）一个个小家庭从大家族中或者从大家庭公社中分离出来。《金史·世纪》上曾说：“生女直之俗，生子年长则异居。”女真异居制度始于何时，已无法知道，但至迟在11世纪中叶便有了确切的记录。乌古迺有九子，其中五个嫡子都是分居的，长子劾者和次子劾里钵住在一起，三子劾孙与四子颇剌淑住在一起，而最小的盈歌则因“承父母之业”，被留在乌古迺夫妇身边。分居之后，都有自己的一份财产。《金史·世纪》载盈歌的牧马被腊醅抢掠，就足以说明。大家庭公社内部的私有财产便同氏族公有制对立起来，终于瓦解了氏族公有制；而小家庭的私有制同大家庭公社制相对立，也终于导致大家庭公社制的瓦解。

（二）在家庭公社中，尽管分化出一个个小家庭，但仍然是共同耕作的。金世宗大定二十二年（1182），参政粘割斡特剌曾经指出：“〔女真〕旧时兄弟虽析，犹相聚种。”[2] 便说明了这种共耕制度的存在。上面说过，乌古迺诸子是分居的，但在乌古迺死后，他的妻子唐括氏仍然对这个家庭的生产起着组织督导的作用：“景祖没后，世祖（劾里钵）兄弟凡用兵皆禀于后（即唐括氏）而后行，胜负皆有惩劝。农月，亲课耕耘刈获，远则乘马，近则策杖，勤于事

---

① 王彦潜：《完颜娄室神道碑》，载《满洲金石志稿》。

② 《金史》卷二《太祖纪》。

者勉之，晏出早休者训励之。”[①] 这条材料具体地说明了，女真在析居之后依然存在共耕的事实。

（三）确立了一夫一妻制、同姓不婚制。完颜部先代自函普至绥可都只有一妻，但自石鲁以后都有几个妻，而且石鲁从乌萨部还抢掠来一个妻。女真人一般地是一夫一妻制，但氏族显贵们则是一夫多妻制，同姓不婚制已经确立下来，阿骨打攻下宁江州后的诏令说：“同姓为婚者，杖而离之”[②]，则进一步巩固了这种制度。

（四）同这种婚姻制度密切相关的是财产继承制度的确立。家长的财产由诸子继承，少子在财产继承中，因与父母同居，“承父母之业”，占有突出的地位。石鲁妻徒单氏生乌古迺和乌古出，乌古出好酗酒，徒单氏和乌古迺一道杀死乌古出，引起部人的不满：“此子性如此，在国俗当主父母之业，奈何杀之?”欲杀乌古迺。徒单氏匿藏了乌古迺，对众人说：“为子而悖其母，率是而行，将焉用之? 吾割爱而杀之，乌古迺不知也，汝辈宁杀我乎”?[③] 方才平息了这场风波。最小的儿子继承父母之业，反映到父家长阶段的政治生活中，就形成了兄终弟及制，自劾里钵以下都实行这种继承法，掌握了完颜部以及女真诸部的权力，直到金建国初期依然如此。更加重要的是，嫡庶的观念，也从这种财产继承关系中产生出来。这种继承只限于嫡亲兄弟，庶出兄弟则是无份的。像石鲁抢掠来的妻子所生跋黑，虽是幼子，却没有继承石鲁夫妇那份财产的权利。这样，由于财产的以及权利的再分配，便在女真家庭内部产生了尖锐的矛盾。跋黑与其侄即乌古迺之子劾里钵相争，就是这类矛盾的具体表现。后来金熙宗、海陵王和金世宗对皇位继承的攘夺，则是这一继承制残存形态的表现。

（五）《三朝北盟会编》载有女真社会关系中的这类现象：“父死则妻其母，兄死则妻其嫂，叔伯死则侄亦为之，故无论贵贱人有数妻。”这类现象也见于匈奴社会中，契丹、党项也存在这类现象，前面已经分别叙述。“妻其

---

① 《金史》卷六三《昭萧皇后传》。
② 《金史》卷二《太祖纪》。
③ 《金史》卷六五《乌古出传》。

母”，应是“妻其后母”。在女真先世中，仅找出弟妻其嫂的一个例子，即前面提到的乌古迺5个嫡子，长子劾者是与四子颇剌淑同居的，劾者死后，颇剌淑即妻其嫂。在这类复继婚的后面，同样是由于财产关系决定的，即使妇女的那份财产仍然保留在家族中。劾者妻成为颇剌淑的妻子，她的财产就保留在颇剌淑家庭中了。这种婚姻制度反映了女真人对私有财产的重视达到了什么程度。

私有财产的发展，引起女真人内部贫富的分化。此前，女真人当中已经有了几百头猪、几百匹马的富人，已经说明了女真内部分化的趋势。私有财产的发展，既导致了女真一部之内、部与部之间，以及女真诸部同邻近诸部的矛盾斗争，也导致了奴隶制的形成和发展。

第三节　女真建国前奴隶占有制的形成

种种迹象表明，女真早在建国之前，没有文字的传说时代，即已经形成了奴隶占有制。大体上可以说是开端于完颜部始祖函普时期，约在10世纪中期或11世纪初。《金史·刑志》曾有如下的一条记载：

> 金国旧俗，轻罪笞以柳葼豊，杀人及盗劫者，击其脑杀之，没其家赀，以十之四入官，其六偿主，并以家人为奴婢，其亲属欲以马牛杂物赎者，从之。①

这条极其重要的材料，也见之于《大金国志》卷三六《科条》和《三朝北盟会编》卷三，文字略有不同。《刑志》上说，这是“金国旧俗”，这一句是其他记载所没有的，值得注意。那么，究竟是金国什么时候的“旧俗”呢？《金史·世纪》对这一问题做了回答。

据传说，完颜部始祖函普初到本部之后，恰好碰到“〔完颜〕部人尝杀他族之人，由是两族交恶，哄斗不能解”。于是函普提出了调停的办法，从而使两族的“打冤家”得到了和解。这个办法就是：

> 乃为约曰：凡有杀伤人者，征其家人口一，马十偶、牸牛十、黄

---

① 《金史》卷四五《刑志》。

金六两，与所杀伤之家，即两解，不得私斗。[1]

上述“征偿法”也见于《三朝北盟会编》等记载，因而《金史·刑志》上称是金国的旧俗，《世纪》上称来自于函普，大致是可信的。材料所显示的，当然可以视作氏族之间为和缓血族复仇的一种表现形式，但，还不限于此。更进一步看，它涵蕴更加深刻的意义：

第一，以几十匹马牛和六两黄金作为对受害者的赔偿，这正好说明，完颜部对私有财产的维护，也反映了函普时期完颜部私有财产发展的一般状况。

第二，在征偿法中，用征其人口的办法作为赔偿，尤为值得注意。以人口赔偿，从表面上看，无非是用来补偿被伤害之家所失去的一个人手。如果说，当时的劳动生产率尚停留在一个人生产的物品仅能够维持一个人的生存这样的低下水平，而无任何剩余，那么，征偿人口的办法就失去了它的实际价值和意义。反之，除养活本人之外，还有剩余，征偿人口也就具有了它的实际价值和意义，即“征其家人口一”，在于获得这个人的剩余劳动——而这一点，正是奴隶制产生的物质基础。所以，《世纪》这条记载虽然没有明确规定所偿人口作为奴婢，但只要将它同上述《金史·刑志》《大金国志》和《三朝北盟会编》联系起来考察，便不难理解“征其家人口一”的含意及其前景了。实际上，女真社会生产力在这200年中有了明显的发展，每个生产者的生产所得，除了供给他个人消费外，还有了剩余，从而为奴隶制的萌生奠定了物质基础，所以奴隶制在这个时候产生绝不是偶然的。

第三，联系苗曜《神麓记》的记载，函普曾“教人举债生息，勤于耕种者遂至巨富”，“若遇盗窃鸡豚狗马者”，“用柳条笞挞外，赔偿七倍”[2]。可见，在函普时代，已经发生“举债生息”现象，已经有了“巨富”，说明完颜部内贫富分化已经非常明显。而这样一来，“举债生息”，便在私有制发展、贫富分化的基础上，进一步推动了奴隶制的形成和发展。

私有财产是一种酵母菌，它的发展，如前面提到的，必然引发出女真族内（包括在一部之内和诸部之间）的纷争。但是，函普所制定的征偿法没有能够

---

① 《金史》卷一《世纪》。

② 《三朝北盟会编》卷一八引《神麓记》。

制止女真族的纷争，于是就只有依靠萨满教的巫觋们的“诅祝”①：

> 国俗，有被杀者，必使巫觋以诅祝杀之者，乃系刃于杖端，与众至其家，歌而诅之曰：……其声哀切悽婉，若蒿里之音。既而以刃画地，劫取畜产财物而还。其家一经诅祝，家道辄败。

其实，“一经诅祝，家道辄败”，奥秘并不在于萨满教巫觋们的念念有词，而在于他们指挥下的掠夺活动——“以刃画地，劫其畜产财物而还!”

如果说，在巫觋们掩护下的掠夺还带有某种文质彬彬的神秘的色彩，那么，持枪弄杖去进行掠夺，则是一种赤裸裸的强盗行为。事实上，在完颜部统一女真诸部之前，正如摩尔根所说，那些以“美女和胜利品”，作为父家长制时代的英雄们“恬不知耻”的口号和信条，完颜部内及诸部之间的掠夺活动是罄竹难书的，掠夺的规模也越来越大。一个颇为典型的例子是，完颜部邑屯村的桓赧、散达兄弟，为与劾里钵家族一争雄长，曾纠合不术鲁部卜黑（或作灰）、蒲察部撒骨出，以及混同江左右匹古敦水北诸部，向劾里钵家族实行攻击，他下达的动员令说：

> 今天门开矣，悉以尔车自随，凡乌古迺夫妇宝货财产恣尔取之！有不从者俘略之而去!②

这道动员令不仅鼓动部属去掠夺“宝货财产”，而且那些所谓的“不从者”也要“俘略之而去”。很明显被“俘略之而去”的“不从者”，便成为掠夺者的奴隶了。桓赧、散达兄弟与劾里钵都属于完颜部，是存在着血缘关系的，但私有财产制却撕破了他们之间的这种关系，而且在他们观念中，把掠夺财产看作是一种极为荣耀的事情，便不顾一切地进行掠夺。桓赧、散达兄弟并没有把乌古迺夫妇的宝货财产作为胜利品运回，而是被打得大败。这是关键性的一仗，这一仗奠定了劾里钵家族在完颜部中的地位，并为统一诸部也创造了条件。劾里钵得胜之后，派人到阿鲁绀出村同撒骨出议和，撒骨出用如下幽默的语言作答：

> 我本欲和，壮士巴的懑不肯和，泣而谓我曰：若果与和，则美衣

① 《金史》卷六五《谢里忽传》。

② 《金史》卷六七《恒赧散达传》。

肥羊不可复得！是以不敢从命。①

美衣和胜利品是这些英雄们不可动摇的信念和教条！

女真族内部的掠夺，越来越具有掠夺财富、掠夺奴隶的性质。如世祖劾里钵围攻窝谋罕部，“破其城，尽俘获之，以功差次分赐诸军”②；腊醅“乃由南路复袭野居女真，胜之，俘略甚众”③；太祖阿骨打“至撒改军，明日遂攻破留可城，城中渠帅皆诛之，取其孥累赀产而还”④ 等等。不言而喻，函普时期萌生的奴隶占有制，正是通过上述一系列的掠夺活动而形成和发展起来的。这是女真奴隶制形成和发展的一个极其重要的途径，值得注意。

女真奴隶制的再一条发展的道路是通过女真族内的贫富分化。女真族内贫富分化是非常明显的，前面已经举出了若干例证予以说明。实际上，女真诸大部和诸小部的氏族显贵，都拥有非常可观的私有财产，被称之为“富者”或“巨富”的，在《世纪》记载中，以及建国前人物的列传中，并不少见。而另外一些贫穷者，在“举债生息”等的剥削压榨下，到阿骨打建国前的七八年当中，女真族内的债务奴隶，随着贫富的分化而大量地增加，从而引起女真内部阶级关系的日益紧张，几乎达到破裂、甚至发生尖锐对抗的严重地步：

康宗（乌雅束）七年（1109），岁不登，民多流莩，强者转而为盗。欢都等欲重其法，为盗者皆杀之。太祖（阿骨打）曰：以财杀人不可。财者，人所致也。遂减盗贼征偿法为征三倍。民间多逋负，卖妻子不能偿，康宗与官属会议，太祖在外庭以帛系杖端，麾其众，令曰：今贫者不能自活，卖妻子以偿债。骨肉之爱，人心所同。自今三年勿征，过三年徐图之。众皆听令。……⑤

收国二年（1116年，即建国后的第二年）二月乙巳，诏曰：比以岁凶，庶民艰食，多依附豪族，因为奴隶，及有犯法，征偿莫办，折身为奴者，或私约立限，以人对赎，过期则为奴者，并听以两人赎

① 《金史》卷六七《恒赧散达传》。
② 《金史》卷一《世纪》。
③ 《金史》卷六七《腊醅麻产传》。
④ 《金史》卷六七《留可传》。
⑤ 《金史》卷二《太祖纪》。

一为良。若元约以一人赎者，即从元约。[1]

上述两条材料都极为重要，它集中反映了女真在建国前后的七八年间社会矛盾的发展。在奴隶占有制这一经济制度决定性的作用下，加上自然灾害等因素，女真人有的由于“艰食”依附于豪族而成为奴隶，有的因犯征偿法而成为奴隶，有的因为债务而降为奴隶。于是，在社会变动如此剧烈的基础上，便产生了“强者转而为盗”的现象，亦即女真族内贫困得无以为生的人民，以起义的方式，展开了反对女真贵族奴隶主的斗争。通过女真族内的贫富分化，向奴隶制发展，就成为一条具有火药味异常浓厚的道路。在女真社会中，起着决定性作用的显贵们，亦即贵族奴隶主阶级，是继续沿着这条道路发展奴隶制呢，还是采用缓和族内阶级矛盾的办法，找到另一条发展奴隶制的道路呢？一个异常严峻、异常迫切的问题，摆在取得统一女真诸部胜利的英雄们的面前！

① 《金史》卷二《太祖纪》。

第十六章　金国建立后女真奴隶制的发展

第一节　金国的建立及阿骨打贵族统治集团立国国策

完颜阿骨打于1115年正月即位，是为收国元年。一个粗具规模的金国政权建立起来。阿骨打继续实行兄终弟及制，以其同母弟吴乞买为谙版勃极烈，作为自己的继承人；其宗亲撒改为国论勃极烈，辞不失为阿买勃极烈，弟斜也为国伦昊勃极烈，分掌军政大权，形成了完颜氏贵族奴隶主专政的局面。

阿骨打贵族统治集团立国的最根本的国策是，发展以前形成的势不可遏的奴隶占有制。

女真金国是在女真社会内部阶级矛盾和外部与契丹贵族统治的民族矛盾白热化发展趋势下产生的，因而它是阶级矛盾和民族矛盾的产物。

前章最后提到，女真建国前的七八年间，由于自然灾害、债务抵押、征偿赔补，造成大批女真人沦为奴隶和“强者转而为盗”的严峻局面。从族内贫困化发展奴隶制固然是一个极为重要的道路，但这条道路走下去，必然激起女真社会内部贫者反对富者、奴隶反对奴隶主的拼死斗争。而斗争的结局，两大对抗阶级不是同归于尽，就是两败俱伤。这样下去，恰好达到契丹统治者长期对女真人实施挑拨离间，分化瓦解，以便分而治之的目的，为契丹统治者拍手称快。因此，在这个关键时刻建立起来、高高凌驾于女真社会之上的国家机器，它对那些造反的“强者”实行镇压，以维护新建立起来的奴隶制社会秩序，由此体现它的根本职能。但是，由于强敌契丹压境，新政权的当务之急就是缓和女真内部的阶级矛盾，并且把矛盾的视野转移到对契丹的民族斗争上去。这样做，不仅避免了族内的火并，而且如果顺利的话，通过反对契丹斗争的这条道路，也能够发展奴隶制。阿骨打不失时机地转换了女真统治集团发展奴隶制的总政策，并由此获得了反抗契丹统治的民族英雄的美名。

女真人同辽国统治集团长期处于尖锐的矛盾中。辽国统治者不仅奴役了松花江以南的女真人，而且还试图插足于松花江以北，进一步奴役女真诸部。他们在实施军事镇压的同时，还采取挑拨、分化等手段，加剧女真诸部的分裂，获收渔人之利。女真人除了被契丹人俘作生口、遭受各种奴役之外，还受到各种压迫：

（一）辽国统治者经常在春初率领人马至鸭子河泺一带钩鱼捕雁，谓之“春捺钵”。捕雁需要一种鹰鹘，产自海东（今鞑靼海峡一带）的一种，“小而俊健，能擒鹅鹜，爪白者尤以为异”，被称为“海东青”，“辽人酷爱之”。为此，辽统治者每年遣使征调女真甲马，开辟这条“鹰路”，转战千里而后获得。这一劳役给女真人带来极大的痛苦①。

（二）不仅契丹皇帝向女真诸部榨挤贡品，辽国派来的使臣也百般需索，稍不如意，即“召其长加杖，甚至诛之”。而且，使臣们以征服者的姿态，任意侮辱女真的妇女，“惟择美好妇人，不问其有夫及阀阅高者”②。这就又在压榨之外，增加了对女真人在人格上的侮辱。极大地伤害了女真人的民族感情。

（三）辽国的沿边官吏，如所谓东京留守、黄龙府尹之类，亦上行下效，对女真人“依例科敛”，他们的走卒亲信也跟着“邀求百出”③。

（四）在宁江州榷场上，女真人以自己的土特产同契丹人交易，契丹不仅压低价格，搞不等价交换，而且还不时加以拘辱，谓之“打女真”④。

辽国统治集团的奴役和压迫，极大地激发了女真的民族性，也极大地调动了女真人的反抗性。为摆脱契丹贵族的奴役，从乌古迺到阿骨打的六七十年中，女真贵族们采用了“以其人之道，还治其人之身”的策略，即以拉拢对拉拢，以诡计对诡计，表面对契丹统治者十分驯顺，实际上则是拉大旗做虎

① 此据《三朝北盟会编》卷三，《契丹国志》卷九、卷一〇。
② 此据《松漠纪闻》《契丹国志》卷九。
③ 《三朝北盟会编》卷三。
④ 《契丹国志》卷一〇。

皮，利用契丹统治者所给的合法身份去诛杀女真族内强有力的显贵家族，为完颜部统一女真诸部扫除了种种障碍，最后于1114年阿骨打揭起了反抗契丹统治的大旗，把女真诸部凝聚在抗辽的民族斗争中去。

阿骨打究竟采取了哪些政策去缓和女真族内的阶级矛盾，又采取了哪些政策凝聚全部女真人投身于抗辽的民族斗争呢？

第一，允许抗辽有功的奴婢得到解放，成为自由的良民。阿骨打在1114年反辽的誓师大会上，命诸将传梃而誓，誓言明确地宣布：

> 汝等同心尽力，有功者，奴婢部曲为良，庶人官之，先有官者叙进，轻重视功。苟违誓言，身死梃下，家属无赦。①

第二，允许赎奴为良。前引收国二年（1116）诏令，其中明确规定，凡女真人沦为奴婢者，“并听以两人赎一为良。若元约以一人赎者，即从元约”②。

第三，在有条件地允许赎奴为良的同时，通过反辽战争，掠夺财富和人口，以适应奴隶制发展的需要。如1114年九月，阿骨打攻克宁江州后，十月，“次来流城，以俘获赐将士”；“师还，谒宣靖皇后，以所获颁宗室耆老，以实里馆赀产给将士”③。

事实证明，阿骨打在关键时刻转换了他的立国的总政策，取得了极大的胜利，终于在十多年间灭掉了辽国，使女真人摆脱了契丹统治的桎梏。阿骨打的继承者吴乞买和金熙宗合剌等，继续执行了阿骨打所制定的这一基本国策，努力延缓女真族内的阶级分化，尽可能地保持和扩大自由民即良民的队伍，以加强女真的统治力量，为此，采取了下述三项措施：

一是禁止“买民为奴”：

> 〔天会三年（1125）七月〕己卯：诏权势之家毋买贫民为奴。其胁买者一人偿十五人，诈买者一人偿二人。④

即使已卖身为奴的女真人，也要归还本贯，成为自由的良民：

---

① 《金史》卷二《太祖纪》。
② 《金史》卷二《太祖纪》。
③ 《金史》卷二《太祖纪》。
④ 《金史》卷三《太宗纪》。

〔天会八年（1130）正月〕庚申，诏曰：避役之民，以征直鬻身权贵之家者，悉出还本贯。①

二是对卖身为奴者，允许赎还：

〔天会元年（1123）十二月〕甲午，诏曰：比闻民间乏食，至有鬻其子者，其听以丁力等者赎之。②

〔天会三年（1125）〕汾州初下，居民多为军士掠去，城邑萧然。〔郭〕企忠诣帅府力请，愿听其亲旧赎还。帅府从之。③

〔天会七年（1129）三月〕诏军兴以来，良人被略为驱者，听其父母夫妻子赎之。④

对戍守新疆土的“戍边户”，尤为注意保护，不仅使其不致沦为奴隶。而且还使其有足够的奴隶使用。早在天会二年（1124）即曾下诏，“赎上京路新迁宁江州户口卖身者六百余人。”到天会九年（1131）又下诏，“新徙戍边户，匮于衣食，有典质其亲属奴婢者，官为赎之。户计其口而有二三者，以官奴婢益之，使户为四口。又乏耕牛者，给以官牛，别委官劝督田作。”⑤

三是优待曾经附辽的女真人和奴婢：

〔天会元年（1123）十一月己卯〕诏女直人，先有附于辽，今复虏获者，悉从其所欲居而复之。其奴婢部曲，昔虽逃背，今能复归者，并听为民。⑥

总之，女真金国的基本国策就是，和缓女真族内的社会矛盾，尽可能团结更多的女真人，把矛头引向外部——契丹统治者，并通过反辽战争来发展奴隶制。事实证明，女真贵族统治集团在反辽侵宋战争中发了横财，女真奴隶占有制正是通过战争掠夺而发展起来的。

---

① 《金史》卷三《太宗纪》。
② 《金史》卷三《太宗纪》。
③ 《金史》卷八二《郭企忠传》。
④ 《金史》卷三《太宗纪》。
⑤ 《金史》卷三《太宗纪》。
⑥ 《金史》卷三《太宗纪》。

第二节　反辽侵宋战争和女真奴隶制的发展

1114 年阿骨打掀起了反辽战争，到 1125 年即将辽灭掉。随着战争的胜利，女真贵族统治集团的掠夺欲越来越大。1126 年，女真贵族制造了事端和借口，悍然发动了侵宋战争。继 1127 年灭北宋之后，女真贵族的征骑又越过长江天险，追击南宋赵构小朝廷。到 1160 年完颜亮南侵失败，女真贵族发动了无数次的战争，充分暴露了他们的贪得无厌。

1126 年第一次侵掠汴京时，女真贵族即“厚载而归，辎重既众，驱掠人口（原作妇女，此据《三朝北盟会编》卷三七所引改正），不可胜计”①。第二次攻掠汴京，愈益变本加厉，单是破大名、成安二县，驱掠子女即达二千余人②；攻破汴京之后，除勒索千百万金银布帛之外，俘掠的宋宗室男妇及平民百姓不下二十万，“富室子弟，降为奴隶，执炊牧马”③。金军所到之处，“良田沃土，悉为茂草”④。给社会生产，给各族人民，带来重大灾难。

在女真贵族掠夺战争带来的种种灾难中，天会八年（1130）粘罕一手制造的大搜索、大拘捕的事件，实为历史所罕见：

> 〔建炎四年（1130）十二月辛未〕是日金左副元帅宗维（当为宗翰，即粘没喝）命诸路州县，同以是日大索南人及拘之于路，至癸酉罢。籍客户拘之入官，至次年春尽，以铁索锁之云中，于耳上刺官字以志之，散养民间，既而立价卖之，余者驱之鞑靼、夏国以易马，亦有卖于蒙古、室韦、高丽之域者。……寿州初得客户六十八人，而误报六百八人，宗维不容诉，于是州官驱穷民孤旅四百五十人以充数，至则以例卖之，莫能辨也。⑤

---

① 李纲：《靖康传信录》卷中，《梁谿全集》卷一七二。

② 《三朝北盟会编》卷三九。

③ 《呻吟语》，《靖康稗史七种》本。

④ 《宋会要辑稿》食货二之一四。

⑤ 李心传：《建炎以来系年要录》卷四〇，建炎四年十二月辛未。《大金国志》系此事于天会八年，略同。

海陵王南侵失败，金军败退途中“无复纪律”，在淮南大肆掠夺，“百姓苦之”，仅金将移剌道一人，就“有二百余”人自愿投靠做他的奴隶①，以免劫掠之苦。金中期以后，对蒙古诸部不时加以扫荡，也是以掠夺奴隶为重要目的：

迄今中原人尽能记之，曰：二十年前山东河北谁家不买鞑人为小奴婢，皆诸军掠来者。②

即使到金亡国前夕，女真的将军仍然剽掠奴隶。完颜陈和尚曾评论枢密副使蒲瓦说：

副枢以大将而为剽劫之事，今日得生口三百，明日得牛羊一二千，而士卒以喘死者不复计，国家所积，必为是家破除尽去矣。③

所有上述事实，深刻地说明了，以阿骨打为首的女真贵族在政策上及时而不失时机的转换，即通过战争掠夺财富和人口，以获得大批奴隶，并把奴隶制强制性地推行到它所占领的地区，成为女真族发展奴隶制的一个重要手段，它贯串于金国对外战争的始终，也贯串于女真建国后贵族奴隶制发展的全过程。

对于掠夺来的奴隶，则是由女真贵族统治阶级所代表的国家进行分配，任何将帅都不能够私自占有。否则，便要受到惩罚。咸州都统斡鲁古被劾里保等指控有许多犯法的事情，其中有“攻显州时所获生口财畜多自取”这件事；捏里也控告窝论、麻吉等“多取生口财畜”。事情核实之后，“诏降斡鲁古为谋克，而禁锢窝论”④。处罚是相当严厉的。

国家分配或者说赏赐奴隶的多少，则根据军功的大小而定。如：

〔熙宗以宗弼伐江南，逼南宋划淮水为界，割地赔款有功〕赐宗弼人口牛马各千、驼百、羊万，仍每岁宋国进贡内给银绢二千两匹。⑤

---

① 《金史》卷八八《移剌道传》。

② 孟珙：《蒙鞑备录》，丛书集成本。

③ 元好问：《遗山先生文集》卷二七，《赠镇南军节度使良佐碑》。

④ 《金史》卷二《太祖纪》，卷七一《斡鲁古孛堇传》。

⑤ 《金史》卷七七《宗弼传》。

〔石土门与睿宗讨平黄龙府之叛〕睿宗赐以奴婢五百人。①

帅府嘉其〔乌延吾里补〕功，以奴婢百、牛三十赏之。②

〔彀英〕前后以功被赏者十一，除无数的金银财物之外，还有奴婢百三十人。③

〔护步答冈之役〕上（太祖）嘉宗雄功，执其手劳之，以御介胄及御战马、宝货、奴婢赐之。④

〔仆散忠义攻冀州先登、攻大名府以本部兵力战〕赏以奴婢、马牛、金银、重采。⑤

〔夹谷吾里补进攻高永昌〕太祖嘉之，赏奴婢八人。⑥

此外，海里等人的传也都有赏赐奴婢的记载。

不是靠战功，而是靠政治上的特权，同样能够得到奴隶的赏赐。如：

〔熙宗因皇后生皇子〕封皇后父太尉胡塔为王，赐人口马牛五百，驼五十，羊五千。⑦

海陵既立，以〔大〕兴国〔与海陵同谋弑熙宗〕为广宁尹，赐奴婢百口，犀玉带各一，钱绢马牛铁券如其党。⑧

从上述对奴婢的赐予中，可以看到赐予的数量从几个到几十、几百、上千，数量虽有差别，但亦相当可观。正是由于赐予奴婢数量之多，才形成了女真大贵族奴隶主阶层。所以说，女真贵族通过战争而使奴隶占有制得到急遽的发展，当是毫无疑义的。

---

① 《金史》卷七〇《石土门传》。
② 《金史》卷八二《乌延吾里补传》。
③ 《金史》卷七二《彀英传》。
④ 《金史》卷七三《宗雄传》。
⑤ 《金史》卷八七《仆散忠义传》。
⑥ 《金史》卷八一《夹谷吾里补传》。
⑦ 《金史》卷八〇《熙宗二子济安传》。
⑧ 《金史》卷一三二《逆臣·大兴国传》。

第三节　猛安谋克向北中国的大量迁移：女真奴隶制的扩展

如果说，女真贵族在军事上以发动战争作为发展奴隶制的一种重要手段，那就应当说，利用屯田等土地占有方式，亦即政治的和经济的手段，将猛安谋克户大量迁移到新占领区，则是女真贵族扩展奴隶占有制的又一种重要手段。这两种手段，相辅相成，互相补充，而后者的作用更显得重要。

金太祖天辅二年（1118）七月癸未的一道诏令上说："匹里水路完颜术里古、渤海大家奴等六谋克贫乏之民，昔尝给以官粮，置之渔猎之地。今历日已久，不知登耗，可具其数以闻。"① 将一些猛安谋克中的"贫乏之民"、"置之渔猎之地"，显然是女真建国最早的一次移民，至少也是后来大规模移民的先声。

女真规模较大的移民，始自天辅五年（1121）二月之向泰州移民：

> 天辅五年二月，遣昱及宗雄分诸路猛安谋克户之民万户屯泰州，以婆卢火统之，赐耕牛五十。②
>
> ……婆卢火旧居按出虎水，自是徙居泰州，而遣拾得、查端、阿里徒欢、奚挞罕等俱徙焉。③
>
> 〔宗雄〕既而与蒲家奴按视泰州地土，宗雄包其土来奏曰："其土如此，可种植也。"上从之。由是徙万余家屯田泰州。④

这种迁移到泰州的猛安谋克户达万家之多，规模是相当大的。所迁移的虽然是从诸路猛安谋克户选择出来的，但大抵都属于同一宗族，亦即合族迁移，这一点是女真奴隶社会的一个特点，后面还要提到。迁至泰州的猛安谋克户是到女真新的占领区进行垦辟，有利于新地区经济的发展。但，女真贵族统治集团则是利用移民的形式扩大其对土地的占有，亦即扩大女真国有土地。泰州位于女

① 《金史》卷二《太祖纪》。
② 《金史》卷二《太祖纪》。
③ 《金史》卷七一《婆卢火传》。
④ 《金史》卷七三《宗雄传》。

真统治腹心上京会宁府以西偏南的地区，随着女真统治集团军事上的不断胜利，屯田制便向西、向西南推进，亦即向北中国推进。他们采取步步为营、稳扎稳打的策略，逐步吞并原来辽宋统治地区。

金天会五年（1127）灭北宋，对女真贵族来说，这个意想不到的巨大胜利会来得这样快，因而如何统治这个新占领区就成为女真贵族统治集团面临的重大问题。开始是设立伪政权作为缓冲，于是继伪楚张邦昌这个短命傀儡政权之后，又设立了伪齐刘豫政权。这毕竟是权宜之计。女真贵族为长期牢固地统治北中国，乃于天会十一年（1133）下令大批猛安谋克户向北中国迁移，形成了猛安谋克户南迁的第一次浪潮：

> 是秋，金左副元帅宗维悉起女真土人散居汉地，惟金主及将相亲属卫兵之家得留。[①]
>
> 秋起女真国土人散居汉地。[②]

金熙宗天会十五年（1137），伪齐刘豫傀儡终于被废，诏书写道："建尔一邦，逮兹八稔，尚勤吾戍，何用国为?"所谓"尚勤吾戍"，不过是借口之词而已！在废除这个傀儡政权之后，金熙宗于皇统初年（1141）第二次下令，大规模迁移猛安谋克户，从而形成了猛安谋克户第二次大迁移的浪潮：

> 金人既复取河南地，犹虑中原士民怀二三之意，始创屯田军，及女真、奚、契丹之人，皆自率本部徙居中州，与百姓杂处。计其户口，授以官司（田?），使自播种，春秋量给衣焉。所遇出军，便给其钱米（《大金国志》卷三六《屯田》载：月给钱米，米不过十斗，钱不过数千）。凡屯田之所，自燕之南、淮陇以北俱有之，多至五六万人，皆筑垒于村落间，至此不废。[③]
>
> ……今屯田去处，大名府、山东、河北、关西诸路皆有之，约一百三十余千户，每千户止三四百人。所居止处皆不在州县，筑寨处村落间，千户百户虽设官府，亦在其内。[④]

---

① 《建炎以来系年要录》卷六八，绍兴三年九月。

② 《大金国志》卷八《太宗纪》。

③ 《建炎以来朝野杂记》卷一三八，绍兴十年十二月记事。

④ 《大金国志》卷三六《屯田》。

海陵王贞元元年（1153）迁都燕京之后，又掀起了猛安谋克户迁移的第三次大浪潮。金世宗曾对宰臣们说：

海陵自以失道，恐上京宗室起而图之，故不问疏近，并徙之南。[①]

这个评论虽然也有合理的因素，但海陵王满怀渡江攻灭南宋的野心，大规模迁徙猛安谋克户，除加强对北中国的统治外，与实现这一野心有密切的关系。这次迁移的规模也很大，连完颜氏的宗亲贵族也随之南下，如宗雄第二子按答海就是在这次迁移的：

海陵时，自上京徙河间，土瘠，诏按答海一族二十五家，从便迁居近地，乃徙平州，诏给平州官田三百顷，屋三百间，宗州官田一百顷。[②]

经过三次大迁移，猛安谋克自女真统治的腹心地区上京会宁府一带迁至包括辽、北宋统治地区在内的北中国。我在《猛安谋克在中原的土地占有制和红袄军起义》一文中曾予以粗略估计[③]，内迁的猛安谋克户约占全部猛安谋克户的64%。作为北方的统治民族，以迁移猛安谋克户的办法来加强对新占领的北中国的统治，也是一项值得注意的女真建国的基本国策。

迁移到北中国的猛安谋克户，既然是维护和巩固女真在中原地区统治的重要支柱，也就得到了金政府给以的特殊照顾和优待。由国家拨给官田，官田不足则“括民地”，“土薄者易以良田”，“无牛者官给之”，“无力者官津发之”，出兵打仗时又给以“钱米”[④]，可谓无微不至。可是女真统治集团没有料到，对猛安谋克户的优待，却激化了同北方广大汉族的矛盾。

在迁徙的猛安谋克户中，既有一般的女真自由民，也有世袭的猛安谋克等大大小小的贵族，以及他们的家属和奴婢。伴随着猛安谋克户的三次大迁移，从上京会宁推进到燕京、汴京一带，女真奴隶占有制也就从金国的统治腹心地区扩展到北中国了。猛安谋克迁移的实质即在于此。此外，金统治者还以诏令

① 《金史》卷八《世宗纪》下，大定二十三年十二月癸酉记事。
② 《金史》卷七三《按答海传》。
③ 载《中国农民战争史集刊》第4辑，1985年6月版。
④ 《金史》卷四七《食货二》；《大金国志》卷三六《屯田》。

的方式，使债务奴隶制在中原地区得到了合法的扩展。金熙宗天眷元年（1138）夏，“元帅府下令，诸欠公私债无可还者，没身及家属为奴婢偿之。”①便有力地说明了这个问题。在此前的契丹统治地区，原来具有农奴性质的二税户，也由于奴隶占有制在北中国的扩展，乘机向奴隶制倒退，二税户重新变成了奴隶：“锦州龙宫寺，辽主拨赐户民俾输税于寺，岁久皆以为奴，有欲诉者害之岛中。”② 同样说明了奴隶占有制在地域上的扩大。总之，女真贵族之将其统治地区向北中国扩展，也就是将其奴隶占有制向北中国扩大，女真奴隶占有制之向经济高度发达的地区扩展、渗透，对中国古代历史发展的进程，不能不带来严重的影响。

第四节　女真奴隶制及其特征

从1115年女真金国建立，到1160年完颜亮南侵失败，在这四五十年中，女真奴隶占有制发展到了它的顶峰，表现出如下特征：

奴隶，按照女真语，奴曰亚海，婢曰亚海轸③。作为一个阶级，奴隶是由于他们自身的使用价值才存在的。因此，首先表现为奴隶是其主人——奴隶主财富的一部分。金朝廷上曾议论贫富区分，臣僚们说：“括其奴婢之数，则贫富自见”；金世宗说：“一谋克户之贫富，谋克岂有不知？……设如一谋克内，有奴婢二三百口者，有奴婢一二人者。”④ 可见，占有奴婢的数量，是区分女真贫富、户等高低的重要标志之一。女真的户等、兵役、差徭，根据各户物力来定，奴婢是评定物力的极为重要的内容。

在财产继承中，奴隶也占有重要的位置。早在女真建国之前，嫡庶之间对财产的继承即有差别，对奴隶的继承也同样如此。这一差别直到金世宗时照样维持。如：“突合速以次室受封，次室子因得袭其猛安。及分财异居，次室子取奴婢千二百口，正室子得八百口。久之，正室子争袭，连年不决。”最后由

① 《大金国志》卷十。
② 《金史》卷九六《李晏传》。
③ 洪皓：《松漠纪闻》。
④ 《金史》卷四六《食货志》一。

金世宗亲自裁定："次室子岂当受封邪!"[①]

奴婢还成为私人之间的馈赠品。如海陵的贵妃定哥因药师奴知道她同阎乞儿之间的暧昧关系，就用奴婢18口赠给药师奴，要求"无言与乞儿私事"，为其保密[②]。在婚姻中，特别是在贵族奴隶主之间的婚姻中，男方以"马百匹，少者十四"作为送女方的彩礼，女方则在三年之后于归之时，"用奴婢数十户，牛马数十群，每群九牸一牡"[③]，作为嫁资送到夫家。

尤为重要的是，同土地一样，奴隶也是奴隶主的"生生之资"，各项生产劳动都落在奴隶的身上。崔遵居"松山二十年，课僮仆治生，生理亦粗给"[④]。所谓"治生"，包括的范围很广，耕作、纺织、经营，以及各种杂活，都在其内。金世宗大定二十年（1180）曾经诏禁"上京路女真人户，规避物力，自卖其奴婢，致耕田者少，遂以贫乏"[⑤]。耕田是奴隶们最主要的生产劳动。诸王府打算征发役夫为他们修建庭院，金世宗对此颇不以为然，他说："二王（指越王永中、隋王永功）各有引从人力，又奴婢甚多，何得更役百姓?"[⑥] 诸王府靠奴婢、引从、人力即能够从事各项修建制作，不必役使百姓。可见奴婢还要从事这些杂务劳动。还有一部分来自富室多丁户的奴隶，则"使之司牧，谓之群子，分牧马驼牛羊，为之立蕃息衰耗之刑赏"[⑦]，奴隶同时又从事畜牧业。

金政府曾下诏规定："简阅沿边士卒，毋用孱弱之人，毋以仆隶代役。"[⑧]可见，以奴隶代主人服兵役的事情，也不少见。

奴隶主对待奴隶，只当做会说话的工具加以使用，从来不给以人道的待遇。遇有凶恶的奴隶主如郑建充之类，"常畜狾犬十数，奴仆有罪既笞，已复

---

① 《金史》卷八〇《突合速传》。
② 《金史》卷六三《后妃上·贵妃定哥传》。
③ 洪皓：《松漠纪闻》。
④ 元好问：《中州集》卷七《崔遵》，四库影印本1365－242。
⑤ 《金史》卷四六《食货志》一。
⑥ 《金史》卷六《世宗纪》上，大定九年五月戊辰记事。
⑦ 《金史》卷四四《兵制》。
⑧ 《金史》卷八〇《阿离补传》。

嗾犬啮之，骨肉都尽。”[①] 奴隶还像商品一样，被投到市场上买卖。在奴隶当中，也有“倚仗将军势”如冯子都之类的恶奴，如绰号叫“闲郎君”的忽睹，只要能够弄到钱，无任何顾忌，“所至纵家奴扰民”[②] 就是一个具有典型性的事例。

与广大奴隶相对立的，是骑在奴隶头上的女真贵族统治集团为首的奴隶主阶级。女真奴隶主，包括其统治集团在内，具有聚族而居的特点，这是血缘关系的表现形态之一，在白山黑水间的故土时便是如此。“土庐不满百，皆陈王乌舍（即兀室或悟室），完颜希尹聚落”[③]，亦即陈王兀室家族聚居的所在。尔后在向新地区以及中原地区迁移时，仍然保留这个特点。如：

> 天辅五年率领猛安谋克去泰州垦辟的婆卢火，即是从“旧居按出虎水”“徙居泰州”的。只有“族子撒剌喝尝为世祖养子，独得不徙”[④]，其余全部都被迁走。
>
> 海陵王时，宗雄次子按答海也是“一族二十五家”，“自上京徙居河间”，因土瘠而又迁往平州，当时给平州官田三百顷、宗州官田一百顷，安排这一家族。[⑤]“有宗室居河间，侵削居民，〔蒲察〕鼎寿奏徙其族于平州”[⑥]，大约也指的是这一族。
>
> 金世宗欲重用徒单克宁，使其至京师，对徒单克宁说：朕欲尽徙卿〔指徒单克宁〕宗族在山东者居之近地，卿族多，官田少，无以尽给之。乃选其最亲者徙之。[⑦]

聚族而居，不仅是女真社会的一个特点，殷、周、春秋时奴隶制，以及契丹和西夏的奴隶制也都具有这一特点，因而对我国古代民族和古代社会来说，则具有普遍意义。从经济情况看，聚族而居的各个家庭是很不相同的，即使是嫡亲兄弟之间，也存在差别。一般说来，族内既存在经济实力不相同的奴隶主

---

① 《金史》卷八二《郑建充传》。
② 《金史》卷一二〇《世戚·忽睹传》。
③ 洪适：《盘洲文集》卷七四《先君述》。
④ 《金史》卷七一《婆卢火传》。
⑤ 《金史》卷七六《按答海传》。
⑥ 《金史》卷一二〇《世戚传》。
⑦ 《金史》卷九二《徒单克宁传》。

诸阶层，也存在有一二奴婢或一个奴婢也没有的自由民。族内的阶级分化比较缓慢，聚族而居的血缘关系则是阻碍族内阶级分化的重要因素。

至于女真奴隶制的阶级构成，还有待于进一步的研究。今据《金史·食货志》所载大定二十三年（1183）通检推排后的户口、垦田、奴婢数量情况，列为下表，它虽然是处于女真奴隶制衰落时期的情况，但对于女真奴隶制的阶级构成还是可以勾勒出一个轮廓来的。

大定二十三年金国猛安谋克户口、奴婢、垦田数量表

户　别	户　数	口　数	正口及其所占百分数	奴婢口及其所占百分数	户平均占有奴婢数	垦田数及每户平均占田数
在都宗室	170	28780	989	27808	163.58	368375
将军司			3.41	96.59		2166.91
猛安谋克	615264	6158636	4816229	1345967	2.19	169038000
户	（含猛安202 谋克1878）		78.15	21.85		274.58
迭剌唐古	5585	137544	119463	18081	3.24	460247
二部五纠户			85.82	14.78		808

本表采用了梁方仲先生《中国历代户口田地田赋》一书所载甲表42、43两表，有关迭剌唐古二部五纠垦田数字有所不同，本表则据中华书局点校本《金史·食货志》所载。上表虽系大定二十三年（1183）通检推排后的数字，反映女真奴隶制由最盛到衰落时的景象，但我们结合其他方面的记载，仍可以对女真奴隶主阶级构成获得一个初步认识。

（一）如果将表内三项口数相加，则女真总人数为6324960，而奴隶口数为1391856，占总口数的22%多。在女真奴隶制走向衰落时期，奴隶的数量仍然占有这个百分比，那么，在完颜亮之前，奴隶制发展阶段，奴隶数量所占百分比显然还要高一些。因此，本表所载，有力地说明了女真奴隶制社会的一般情况。

（二）在都宗室将军司共170户，每户平均占有163.58个奴婢、2166.91

亩田，充分说明了完颜氏宗族属于女真贵族大奴隶主阶级。当然，在这些大奴隶主中，占有的奴隶数也有差别，前引赐予宗弼的奴隶即达千口以上。这些大奴隶主占有的奴隶，往往从几百到几千，金世宗为亲王时，竟有一万多奴隶[①]。即使到金后期，贵族奴隶主仍占有众多的奴隶，如术虎筠寿“家累巨万，僮仆千人”[②]。他们不仅有强大的经济力量，而且在金国政权中亦居于举足轻重的地位。

（三）在猛安谋克一栏中，看到每户平均占有 2.19 个奴隶，这同当时的实际情况距离较大。金世宗对当时的科差不均曾加批评道：“一谋克户之贫富，谋克岂不知？……设如一谋克内，有奴婢二三百口者，有奴婢一二人者。”[③] 这里明确地指出了谋克内占有奴隶的多少有极大的差别。在全部猛安谋克户中，有 202 个猛安和 1878 个谋克，这两千多家也都属于“世袭簪缨”，因而也都享有相应的政治特权。他们当中有一部分因占有数量相当可观的奴隶和田地，属于大奴隶主阶级；其余的则属于中等奴隶主阶级。他们与一般奴隶主的区别在于有无世袭猛安、谋克这样的地位。

（四）在一般猛安谋克户中，有极少的或者说个别的户，能够像金世宗所说那样占有二三百个奴隶。这些人也应当列于大奴隶主阶级，但与金宗室和世袭猛安相比，他们没有多少政治特权，算不上权贵。还有一部分占有数量不等的奴隶，则属于中小奴隶主阶级。绝大多数的猛安谋克户属于自由民，他们可能占有一两个奴隶，也可能一个没有。在这个自由民阶层中，贫富分化极为严重，以至越来越没落，不仅导致奴隶制的衰微，也使金国统治力量日趋削弱，金国后期政治军事局面之江河日下，与女真自由民这一极其重要的中间阶层（介于奴隶主与奴隶之间）的衰落是分不开的。另一方面，内迁猛安谋克户，在北中国封建制度这样发达的地区，形成为若干个点，在封建海洋的包围和冲击下，不能不受到这样或那样的影响，于是在猛安谋克户中的中间阶层，又率先地向封建制衍化，而这一点又是主持内迁的女真贵族始料不及的。

---

① 《金史》卷四六《食货志》一。

② 元好问：《遗山先生文集》卷二七《龙虎卫上将军术虎公神道碑》。

③ 《金史》卷四六《食货志》一。

第十五、十六两章结论 居住于白山黑水之间的女真人，长时期地停滞在“楛弓角矢”的时代，到9～10世纪之后，由于铁制工具的广泛使用，社会生产力的空前提高，便从原始公社父家长制阶段，跃进到奴隶制社会阶段。生产的发展，生产关系的变革，总是从生产工具的变革开始，这个道理虽然是平凡简易，无甚深邃之处，确是一条不折不扣的真理。

随着女真私有制的急遽发展，女真奴隶制也急遽地发展起来，在女真民族成员间，早已出现了一批贵族、奴隶主，与此同时，由于不断的灾荒、诸部之间频繁的你抢我夺以及由于债务和部内征偿法的施行，为数不少的女真人下降为奴隶。到女真建国前后，女真社会内部由于贫富两极分化的加剧，以及贫困者同富有者、奴隶同贵族、奴隶主之间的矛盾冲突，达到极其尖锐严重的地步。正是在这样的历史条件下，产生了女真国家，所以，它一开始就表现了国家是镇压敌对阶级的阶级性质。

除了女真社会内部条件之外，还有它的外部条件。契丹贵族一直插手于女真诸部的纷争，实现其分而治之的目的。在这一条件下，女真社会内部冲突的结果，或者是对抗双方两败俱伤，或者是一败一伤，但不论是那种结果，对契丹贵族统治集团来说，都是非常有利的。不管完颜阿骨打在主观上对这一形势有什么样的认识，但他不失时机地转换了女真上层统治集团的政策，采取了和缓女真内部阶级对抗的措施，并因势利导，凝聚了女真族内的力量，转化为抗辽的民族斗争。阿骨打在女真社会面临危机的关键时刻所采取的政策转换，顺应了女真社会的发展，并成为女真族的英雄人物。

从理论上考察，女真金国是在内部冲突激化情况下建立的，一开始就具有阶级镇压的职能，它体现了国家的最基本的性质。凌驾女真社会之上的金国政权，采纳了阿骨打的建议，和缓族内的社会矛盾，因而它又具有了调节的职能，虽然这一点不是主要的，但调节社会内部矛盾，对统治者来说同样十分重要。

第十七章　从残破到恢复的金国农业生产

第一节　人口分布的不平衡性和增长的飞跃性

金代户口总数为 9879624 户，63525982 口[①]。其特点是分布的不平衡性和增长的跳跃性。

先说分布的不平衡性。东北地区按金代的行政区划为上京路、咸平路、东京路、北京路和临潢府路，这一地区主要是女真、契丹、奚和渤海等族居住。西北地区为鄜延路、庆原路、凤翔路和临洮路，居民主要是汉族。东北地区和西北地区约占金统治区面积的四分之三，仅有 1635017 户，占金总户数的 16.55%，可谓地广人稀[②]。造成这种现象的主要原因首先是由于该地区特别是东北地区经济比较落后。虽然，原辽代在东北的统治区已经封建化，女真建国后也缓慢地进入封建化。但从总体看，这一地区社会经济由于原来的基础薄弱，奴隶制经济相当严重，加上地理位置偏北，气候寒冷，冰冻期较长，无霜期较短，对农、牧、渔业的生产发展十分不利，这是影响人口繁衍的主要原因。其次女真建国后，为了加强对中原地区汉族人民的统治和压迫，从天会十一年（1133）至海陵王迁都燕京后的二十年间，曾经三次大规模移民，把猛安谋克户从东北迁到中原。这三次大规模南迁的人数虽无完整的记载，但如据

---

① 此据《金史·地理志》记载的各路、府、州、军户数统计所得，王育民先生断定此数系采自贞祐以前全盛时的户口记录，从此说。见《中国史研究》1990 年第 4 期，《金代户口问题析疑》。人数系户均 6.43 人求得。

② 参见高树林：《金朝户口问题初探》，载《中国史研究》1986 年第 2 期。

《大金国志》卷三六屯田条所记载之金末大名府、河北诸路共有猛安130余个来看，则可以推知，全部202个猛安中约有64%迁到了中原。

金代户口增长状况表

年　代	户　数	增长百分率	口　数	年平均增长率(%)	每户平均口数
金世宗大定初年(1161)	300余万	100	19350000	本年为基数	6.45
大定廿七年(1187)	6789449	126.3	44705086	32.2	6.58
章宗明昌元年(1190)	6939000	131.3	45447900	29.4	6.55
明昌六年(1195)	7223400	140.8	48490400	27.0	6.71
泰和七年(1207)	7684438	156.1	45816079	18.7	5.96
宣宗贞祐元年(1213)	9879624	329.3	63525983		6.42

如按此比例推算，则三次迁徙的猛安谋克户不少于39万户，3969000口①。特别是海陵王将国都从上京会宁府迁到燕京，政治重心南移，人口随之大量向燕京集中，使人口密度本来就不高的东北地区更为稀少。虽然早在金初，统治者为了削弱中原地区汉族人民的反抗力量和运用中原地区的先进技术来开发东北地区的经济，曾经几次将“山西诸州”和燕京诸州的“氏族富强工技之民”迁徙到“内地”（即上京)②，但北迁的汉人毕竟比南迁的女真人要少得多，远不能填补南迁之数。

西北地区虽然是封建经济比较发达的汉族居住区，但这一带在北宋时与西夏交界，几十年来战争频仍，人民生活动荡，社会不稳定，人口多有流失。虽

① 《大金国志》卷三六《屯田》;《系年要录》卷一三八。
② 《金史》卷四六《食货志》一。

有黄河、渭水灌溉，但受西北高原气候的影响，除沿河两岸及灌溉区以外，土壤比较瘠薄，农作物产量不高，影响人口繁衍。所以在宋代，西北地区人口密度就不高，约 15.9。及至金兵南侵，两河人民纷纷南迁，西北州县为之一空。熙宗天会十五年（1137），金废伪齐刘豫傀儡政权之后，直接统治河南、陕西之地，西北人民再次逃亡，“襁负而归，相属于路”①。至于被金兵所杀、掳掠就更不待言了。这是西北地区人口稀少的直接原因。

中原地区按其行政区划为中都路、西京路、河东北路、河东南路、河北东路、河北西路、大名府路、山东东路、山东西路、南京路和京兆府路，土地面积约占金统治区的四分之一，而竟达 8244607 户（据《金史·地理志》统计所得），相当于金代户口的 83.45%。人口如此之多，主要由于该地区一个多世纪以来为北宋的政治、经济、文化重心所在，气候宜人，四季分明，多属平原，土地肥沃，对农作物十分有利。封建经济高度发展，人民生活相对安定，人口繁衍自然较快，北宋时人口密度为 19.4，略高于平均密度。女真奴隶主统治之后，自完颜亮当政，把中原地区变成金国政治经济的重心。猛安谋克三次大规模南迁，目的地正是中原，造成中原地区人口特别密集。

金代的户口经历了一个初期锐减、中期骤增的过程（见“金代户口增长状况表”）。金的统治区相当于原辽代全境和北宋的京畿路、京东东路、京西北路、河北东路、河北西路、永兴军、河东路、秦凤路和京西南路的唐、邓两州以及淮南东路的亳州、宿州、泗州、海州。据《宋史·地理志》记载，这一地区在北宋崇宁元年（1102）为 5862193 户，辽统治区为 150 万户②。辽宋合计约为 7362193 户。

金自太宗天会四年（1126）灭辽、灭宋之后，经熙宗、海陵三朝历时 35 年，到大定初年（1161）“天下户才三百余万”③，比辽北宋相加之数减少了四百多万户。金初户口锐减及其恢复的缓慢，原因是多方面的。最主要的原因则是金初对宋战争中实行烧杀掳掠政策造成人口大量流失。他们野蛮地掠夺财

① 《建炎以来系年要录》卷一一八，绍兴八年三月戊申。

② 据王育民先生统计。

③ 《金史》卷四六《食货志》一。

富，掳掠人口。庄季裕曾记其亲眼所见：“靖康之后，金虏侵陵中国，露居异俗，凡所经过，尽皆焚爇。”[①]“虏骑所至，惟务杀戮生灵，劫掠财物，驱掳妇人，焚毁屋舍产业。”[②]“敌纵兵四掠，东及沂、密；西至曹、濮、兖、郓；南至陈、蔡、汝、颍；北至河朔，皆被其害。杀人如刈麻，臭闻数百里。淮、泗之间，亦荡然矣！”[③] 金都统宗翰在云中（今山西大同）一次就“驱三千余人坑之城外”[④]。

在女真奴隶主的残酷杀戮下，人们纷纷南逃，出现了历史上又一次大规模北人南迁。女真人攻入汴京后，“在京衣冠、士族、百姓、诸军夺门南奔者数万，流徙于江淮之间”[⑤]。

北方人民不堪女真奴隶主杀戮，除了逃亡就纷纷抵抗，“今河东河西不随顺金人……而自保山寨者，不知其几千万人”[⑥]。

总之，由于女真统治者对中原地区大规模抢掠、杀戮、贩卖人口，使社会生产力遭到严重摧残，社会经济遭到极大破坏，致使原来十分富庶的地区变为“田野荒芜，民不聊生”[⑦]。这是金初中原地区人口锐减的根本原因。

金世宗在1162年即位后，采取了一系列有利于社会稳定和经济发展的措施，才使户口数迅速回升。首先，金世宗采取睦邻政策，对外休战，谋求与南宋讲和，于大定四年（1164）宋金议和，“南北讲好，与民休息”。淮河以北广大地区从此结束了30多年的征战，百姓免于战乱之苦，社会开始趋向稳定，这是恢复生产、人口增殖的基本前提。

其次，世宗及其嗣君，均推行重农政策。世宗、章宗尤为着力。金世宗多次遣使劝农，大定十七年（1177）“诏天下劝民力田，视每岁所入，以为官吏殿最”[⑧]，一改过去战争时期以军功论赏的标准，推行了严格的以劝课农桑为

---

① 庄季裕：《鸡肋篇》中。
② 《三朝北盟会编》卷一〇六引《赵子崧家传》。
③ 《建炎以来系年要录》卷四，建炎元年夏四月庚申。
④ 《建炎以来系年要录》卷四〇，建炎四年十二月辛未；又见《大金国志》卷六“太宗文烈皇帝”。
⑤ 庄季裕：《鸡肋篇》上。
⑥ 《三朝北盟会编》卷一一五引《宗泽疏》。
⑦ 《三朝北盟会编》卷一〇六引《赵子崧家传》。
⑧ 《大金国志》卷一七《世宗明皇帝中》。

主要内容的各级官吏考核制度，金世宗还下令禁止宰杀耕牛、马匹。

促使户口骤增的最明显的因素是，金世宗采取了许多使流民复业、士兵归田的措施。大定二年（1162）正月，“命河北、山东、陕西等路征南步军并放还家”。五年（1165）正月，“命元帅府诸新旧军以六万人留戍，余并放还”。二年（1162）二月，“招谕盗贼（按，“盗贼”，系指上山反抗的汉族人民）或避贼及避徭役在他所者，并令归业，及时农种，无问罪名轻重，并与原免”。三月，“诏河南、陕西、山东，昨因捕贼，良民被虏为贼者，厘正之”①。此外还有鼓励流民开荒种田的一系列宽松政策。所有这些政策都取得了明显的效果，使农民重新与土地结合，同时也就编入国家版籍。于是通过通检推排，核定户等，登入户籍，才使国家户口成倍地增长。

再次，大定二三十年间，曾经导致中原地区经济倒退的女真奴隶制迅速向封建制转化，其标志就是以家族奴隶制为特征的牛头地制度逐步被封建租佃制所代替。金世宗和章宗怀着极其矛盾的心情，不得不顺应这种封建化的总趋势，分别于大定二年（1162）、二十二年（1182）、二十九年（1189）几次下诏放奴为良，特别是解放二税户为民，并禁止奴隶买卖。随着女真向封建化过渡，极大地解放了生产力，使大批奴婢改籍为良，可以登入国家版籍，这是金户口骤增的又一个直接原因。

此外，金政府为了征敛赋役，通过通检推排，制定了严格的户籍制度，户口统计工作做得比较认真，比较切合实际。

由于上述几方面原因，在金世宗及其以后的几十年里，社会相对稳定，经济繁荣，“君臣守职，上下相安，家给人足，仓廪有余”②。“百姓滋殖，号为小康”③。

① 《金史》卷六《世宗纪》上。
② 《金史》卷八《世宗纪》下。
③ 《金史》卷七三《宗雄传》。

第二节　东北地区农业生产的恢复和发展

金代的农业按地理条件可划分为东北地区和华北地区。东北地区为女真族故地和部分辽统治区，原来就是以农业生产为主，辅以畜牧渔猎业，农牧业互为依辅。华北地区为原北宋统治区和部分辽统治区（燕云地区），是金国农业生产最为发展的地区，现分述之。

东北地区行政区划为上京路、咸平路、东京路、北京路和临潢府路。包括今黑龙江以北，外兴安岭以南、乌苏里江以东至海的广大地区。其中临潢府（今内蒙古巴林左旗南）一带及辽河流域为辽故地，契丹、奚族人民在此从事农耕。由于受汉族封建经济影响，基础较好。上京路一带为女真故地，农业经济发展较慢。由此可以认为，东北地区的农业经济状况是北部不如南部。

如前所述，女真在原始社会末期畜牧、狩猎都很发达，直到第四世献祖绥可时代才“耕垦树艺，始筑室，有栋宇之制”，开始定居，从此奠定了农业经济基础[①]。建国以后，自阿骨打始，历代嗣君都十分重视农业生产。阿骨打举行登基典礼时，宗族阿离合懑、宗翰“以耕具九为献，祝曰：使陛下毋忘稼穑之艰难”[②]。以示农业为立国之本。即使在激烈的抗辽战争中，阿骨打亦未忘记组织农业生产，他不断采取一些切实措施以保护、鼓励农耕。对于奚、汉、渤海、室韦等各族百姓来降附者或“择膏腴之地处之”，或以牛头地分配原则分给土地免除赋税以示优惠。阿骨打还命“典兵之官，无纵军士动扰人民，以废农业”[③]。金太宗对农事也十分重视，他不但“令所在长吏，敦劝农功”，而且“分遣使者诸路劝农”，甚至下令民间诉讼之事，待农闲时进行，他说：“新降之民，诉讼者众，今方农时，或失田业，可俟农隙听决”[④]。金熙宗为了扩大耕种面积，“诏罢来流水、混同江护逻地与民耕牧”，还将皇帝狩

① 《金史》卷一《世纪》。
② 《金史》卷七三《阿离合懑传》。
③ 《金史》卷二《太祖纪》。
④ 《金史》卷三《太宗纪》。

猎的“禁苑隙地分给百姓”[①]。待到金宋和议达成，战争平息，政治重心南移之后，世宗、章宗等最高统治者在发展新统治地区的同时，也同样没有忽略东北大本营农业经济的发展。世宗在晚年北巡祭祖时还下令“遣使临潢、泰州劝农”[②]。

由于女真金国是在反辽侵宋战争中发展壮大起来的，除掠夺所得，其本身并没有雄厚的经济实力作为支撑，而辽、宋的社会经济则都比金先进，所以金统治者就学习契丹人当初的做法——从中原大量移民，借用外力来发展东北经济，这就是“实内”，同时，又充分发挥猛安谋克亦兵亦农的特点，利用军屯来发展农业。因此，“实内”和军屯就是女真金国发展东北农业的特殊道路。

“实内”。金统治者把金源肇兴之地称为“内地”，行政区划即上京路（府治在今黑龙江阿城南的白城），金太祖、太宗、熙宗三朝一直把内地作为全国经济军事的中心，加以重点经营，在反辽侵宋战争过程中，一方面为了削弱中原汉族百姓的反抗斗争，一方面为了弥补“内地”劳动力之不足，并提高生产技能，以发展内地经济，便强制性地把一部分华北、中原地区具有先进农业文明的汉族人民迁到上京，谓之“实内”。从金太祖起定为一项国策加以积极推行。

> 太祖每收城邑，往往徙其民以实京师。[③]
>
> 天辅二年（1118），“辽通、祺、双、辽等州八百余户来归，命分置诸部，择膏腴之地处之。”[④]
>
> 天辅六年（1122）“既定山西诸州，以上京为内地，则移其民而实之。”[⑤]
>
> 天辅七年（1123），“以山西诸部族近西北二边，且辽主未获，恐阴相结诱，复命皇弟昂与孛堇稍喝等以兵四千护送，处之岭东……及七年取燕京路，二月，尽徙六州氏族富强工技之民于内地。”[⑥]

---

① 《金史》卷四《熙宗纪》。
② 《金史》卷八《世宗纪》。
③ 《金史》卷一三三《叛臣·张觉传》。
④ 《金史》卷二《太祖纪》。
⑤ 《金史》卷四六《食货志》一。
⑥ 《金史》卷四六《食货志》一。

天辅七年四月，“命习古乃、婆卢火监护长胜军，及燕京豪族工匠，由松亭关徙之内地。”[①]

太宗天会元年（1123），“以旧徙润、隰等四州之民于沈州之境。”[②]

经过三朝国君，历时五年的实施，从辽宋的燕京、山西、隰州等地强迫迁徙了大批能工巧匠和领导反抗斗争的义士，初步达到了“实内”的目的。然而海陵王于皇统十九年（1149）夺权上台后，为实现其吞并南宋之野心并解决统治集团内部的尖锐矛盾，一改“实内”国策，迁都、南下，重心南迁，把“实内”变成了“虚内”。折腾了十年之后他自己垮台，金世宗即位，又恢复祖宗之法，继续充实金源肇兴之地，盖“它日可为缓急之备也”[③]。他先将会宁府恢复为上京路治所，接着便调入人户，大定十三年（1173）“徙东北等戍边汉军于内地”[④]。十七年（1177）“又以西南西北招讨司契丹余党心素狠戾，复恐生事，它时或有边隙，不为我用，令迁之于上乌古里石垒部及京之地”[⑤]。大定二十四年（1184）“迁速频一猛安、胡里改二猛安二十四谋克以实”[⑥]上京，如果说太祖、太宗等的迁徙民户主要出于经济原因，那么，金世宗的派兵遣将，则多由于军事目的，即从军事上加强对上京的防卫，以保证经济的发展。

经过20多年持续多次大规模从中原向内地移民，加上战争中大量掳掠的汉、契丹、渤海、奚等族人民，东北地区户口大幅度增加，章宗明昌三年（1192）尚书省奏“上京、蒲与、速频、曷懒、胡里改等路，猛安谋克民户计一十七万六千有余”[⑦]。与上京路面积相当的辽代上京道据《辽史·地理志》统计所得为59000户，金之上京路比辽时增加了两倍多。值得注意的是上京路户口数是经过了三次南迁之后的统计所得，因此，.可以推测在南迁之前，远远超过此数。

---

① 《金史》卷二《太祖纪》。

② 《金史》卷四六《食货志》一。

③ 《金史》卷四四《兵志》。

④ 《金史》卷四四《兵志》。

⑤ 《金史》卷四四《兵志》。

⑥ 《金史》卷四四《兵志》。

⑦ 《金史》卷五〇《食货志》五。

大量的汉、契丹等族人民，不管他们原来的职业和社会地位如何，被掳掠、迁徙到内地后除个别首领外身份大多下降，其中多数充为猛安谋克户的奴隶，既承担家务劳动，也承担生产劳动。少数成为统治者的属民，虽独立门户，但这些新迁之户往往艰苦不能自存，有的“乏食至鬻子者”、“贫而卖身者”①，纷纷沦为奴隶。对他们来说乃是极大的灾难。尽管如此，他们毕竟来自封建经济高度发展的中原地区，程度不同地掌握了先进的农耕技术。几十万素质较高的劳动者进入处于奴隶制阶段的东北地区。使这一地区劳动者结构发生了巨大变化，作为生产力最活跃的因素，给东北地区经济带来新的活力。出现了土地辟、人口增、仓库足的繁荣景象，明昌三年（1192）章宗问尚书省臣，上京路诸县是否应建常平仓，尚书省报告说：上京路诸县“每岁收税粟二十万五千余石，所支者六万六千余石，总其见数二百四十七万六千余石。臣等以为此地收多支少，遇灾足以赈济”，不必置常平仓了。②

“实内”的结果不仅引起了生产工具和农业技术的极大变化，而且促进了女真奴隶制的解体，这一结果，虽然违背了女真奴隶主阶级的利益，也出乎女真统治者的意料，但客观上女真族与汉、契丹、奚等族人民在共同开发东北地区的过程中相互融合，推动东北地区的社会发展，则是应该充分肯定的。

屯田。女真统治者发展东北农业生产的另一个重要措施就是充分发挥猛安谋克户的作用——屯田。金代的猛安谋克组织，本来是兵农合一，《金史·兵志》称：“金之初年，诸部之民无它徭役，壮者皆兵，平居则听以佃渔射猎习为劳事，有警则下令部内，及遣使诣诸孛堇征兵，凡步骑之仗糗皆取备焉。”③

建国以后，金太祖阿骨打为了谋求向外发展，多次组织军屯，选择边界战略要地，移居人数不等的猛安谋克民户，进行屯田，其目的除了巩固新占领土，进一步向外扩展的军事意义外，还有开垦种植的经济意义。

因此，屯田的重点地区是所占领的辽军事要冲如宁江州、黄龙府和泰州。太祖于收国二年（1116）“分鸭挞、阿懒所迁谋克二千户，以银术可为谋克，

---

① 《金史》卷四六《食货志》一。
② 《金史》卷五〇《食货志》五。
③ 《金史》卷四四《兵志》。

屯宁江州”[①]。收国元年（1115）九月攻取辽之军事重镇黄龙府之后，太祖于天辅二年（1118）派娄室为万户、屯守黄龙府[②]。泰州是扼守辽上京道之要冲，阿骨打在攻取之后，立即派契丹降民二百户前往农耕，天辅五年（1121）又进行大规模屯田，“遣昱及宗雄分诸路猛安谋克之民万户屯泰州，以婆卢火统之，赐耕牛五十。”[③]

女真农业生产工具。女真族故地本无铁，经过五个多世纪的缓慢发展，到11世纪景祖乌古廼时，主要由于受邻近的契丹族的影响才有铁，《金史·世纪》称：“生女真旧无铁，邻国有以甲胄来鬻者，倾赀厚贾以与贸易，亦令昆弟族人皆售之。得铁既多，因之以修弓矢，备器械。”[④]

在抗辽战争中，女真人夺得大批铁制的武器、农具和其他用具。在攻灭北宋以后，又继承了华北平原高度发达的铁制农具和农业技术，因此在东北地区已普遍使用铁制农具，近年来考古发掘表明，从北向南自黑龙江、嫩江、牡丹江、松花江以及绥芬河，穆棱河流域的广阔地带，出土的金代铁器不下万件，其中以农业生产工具为多。如辽宁绥中县城东北的城后村金元遗址出土的犁铧、犁碗、蹚头、铁犁牵引挂钩、铁锄、锄板、垛叉、铡刀、镰、铲等。新民县前当铺村出土的千余件文物中有犁铧五件，镬四件，镰六件，铡刀一件，铁锹两件[⑤]。吉林省吉林市出土的金代农具有犁铧、蹚头、犁镜等[⑥]。在黑龙江肇东县八里城出土的700件铁器中也有犁铧、犁碗、蹚头、锄、镬、镰、锹等农具50多种[⑦]。

上述几处金代遗址所发掘的农具中都有犁铧，说明金代东北铁器犁耕已经相当普遍。我们特别要对犁作一点分析。犁由铧、犁碗（犁上的翻土器）、蹚

① 《金史》卷七二《银术可传》。

② 《金史》卷七二《娄室传》。

③ 《金史》卷二《太祖纪》，卷七一《婆卢火传》，卷七三《宗雄传》。

④ 《金史》卷一《世纪》。

⑤ 王增新：《辽宁新民县前当铺金元遗址》《辽宁绥中县城后村金元遗址》，《考古》1960年第2期；《哈尔滨东郊的辽、金遗址和墓葬》，《考古》1960年第4期；田华：《从三件铁器看金代农业》，《求是学刊》1980年第3期。

⑥ 见吉林省博物馆藏品目录。

⑦ 《黑龙江肇东县八里城清理简报》，《考古》1960年第2期。

头（铧上的分土器）、犁鑱、犁壁、牵引等部件组合而成，唐末陆龟蒙在其所著《耒耜经》中有所说明："耕之土曰墢，墢犹块也，起其墢者，鑱也，复其墢者，壁也……墢长一尺四寸、广六寸，壁广长皆尺，微椭。"① 这些文字叙述了犁上各个部件的明确功用。由此可知，鑱把土犁起，土经过犁壁又将土块翻下，这样可保证熟土在上，生土在下，有利于作物的生长。且鑱越大，耕的土就越深（当然，牵引的马力也要加大）。在黑龙江省最北部的逊克出土的金代犁铧，不仅结构、形制继承了中原地区的犁铧，且还有自己的特点，即把犁刀接铸在犁铧刃的一侧，这种犁极适应开荒的需要。特别值得注意的是牵引挂钩的出现，说明金代东北之铁犁也实现了动力机械与工作机械的分离，则是极大的进步。

铁制农具种类之多超过了辽代，但尚未达到北宋水平。北宋的多样化农具如插秧的秧马、中耕的耘荡和汲水灌溉的筒车（亦称水轮）还有兼下种与施肥为一体的下粪耧等，这些农具的使用，对农业生产的集约化及精耕细作和提高产量起着重要作用，而在迄今为止的东北金代遗址发掘中尚未见有上述农具的报道，因此，可以认为，金代东北地区属粗放型农业。与建国前相比，由于得益于从中原迁来的大批掌握了先进农业技术的劳动力，遂使农耕技术发生了质的飞跃。

值得注意的是汉族使用的水碓已经在东北女真人中推广使用，王寂《辽东行部志》记载：

> 〔明昌元年（1190）〕辛未，（三月十七日）次松瓦千户寨。……是日山行，始见水碓，予踟蹰良久，且叹其机巧，而伤其太朴之散也。作诗以纪其事云："世人多机心，技巧变淳古，水碓谁始有，石臼而木杵。决流注其尾，尾仰首自举，其法如权衡，轻重司仰俯。"②

水碓是借水为动力舂米的机械工具。将水流冲注木杵之尾端，尾仰首举，首落时即产生强大的冲击力，直冲石舂中的稻谷，周而复始，稻壳渐被冲去，露出

① 陆龟蒙：《甫里先生文集》卷一九。

② 王寂：《辽东行部志注释》，张博泉注释，黑龙江人民出版社1984年12月版。

白米。这一工具构造虽极简单，但要解决两个问题，一是计算出水的冲击力能将杵首举起；二是水冲的间隔时间要标准，否则达不到舂米的目的。据张博泉先生考证，松瓦千户寨在今四平市侧一面城。说明这里既有河水之利，又生产水稻。按北宋熙丰时的韦骧曾写有《水碓》诗，诗云：

杵臼功能自古施，更堪引水代人为。谁知满溢倾欹处，却是临机效力时。①

其后南宋的杨万里在《明发西馆晨炊蔼冈》诗中也描述了水碓：

也是水碓妙神通，长听舂声不见人。若要十分无漏逗，莫要戽斗镇随身。（原注：宣歙就田水设碓，非若江陵转以车辐，故碓尾大于身，凿以盛水，水满则尾重而俯，杵乃起而舂。）②

从北宋到南宋，从江东到两浙，都有自动化的水碓，它与王寂所记的水碓完全一样，由此可见，辽东水碓即使不是由宋人传去，也必然受到这一先进技术的影响制作而成。这一事实反映了金代东北地区的生产工具和技术与中原地区总是息息相关的。

第三节　华北地区农业生产从残破到恢复

在女真贵族统治中原地区的前期，由于同南宋处于对峙状态，30 年间，时和时战，并且发生过几次重大的战争，百姓不得安宁，尤其是熙宗天眷三年（1140）和正隆六年（1161）金统治者发动了两次大规模的侵宋战争，弄得“民皆被困，衣食不给”③。农业生产遭到极大摧残。天会十一年（1133）、皇统元年（1141）和海陵王贞元元年（1153）东北的猛安谋克有组织地向中原的三次大迁徙，引起的三次括地高潮，又把女真落后的奴隶制度带到中原地区，给先进的封建经济带来了极大的破坏，大批良田被占。或划为围场、禁地，或括给猛安谋克民户，汉族劳动者身份骤然下降，或降为农奴，或沦为奴

① 韦骧：《钱塘集》，四库影印本 1097－506/507。
② 杨万里：《诚斋集》卷三六。
③ 《三朝北盟会编》卷二三〇引《崔淮夫上府扎子》。

隶，或沦为流民，社会经济陷于停滞和倒退。直到1161年金世宗执政，与南宋订立“隆兴和议”，金宋才结束了30年的战争状态，社会渐趋稳定，至此，中原地区的农业经济才进入了恢复和发展时期，殆自章宗泰和以降，国内政治日益腐败，货币贬值，经济逐渐衰颓，阶级矛盾日趋尖锐化，对外与鞑靼、蒙古连年交兵，屡遭失败，内忧外患，接踵而至，中原地区的社会经济再度陷于混乱。综观有金一代，在其统治中原的107年中，前期30年（1127～1161）面临着残破的局面，其时金太宗和熙宗，对内着手于政治上的改革和协调统治集团内部矛盾，对外不断发动侵宋战争，统治者的主要精力并未集中在恢复社会经济和生产上，即或颁布一些鼓励农耕的政策，见效甚微，只有到了中期金世宗、章宗两朝50年间，为了巩固在中原的统治，切实采取了许多有利于恢复和发展农业生产的措施，取得了明显的效果，才使华北地区的农业经济从残破而逐渐恢复。

金统治者采取的恢复农业生产的措施主要有以下几个方面：

一、弛放禁地，扩大耕种面积

生活在气候寒冷、林草茂密的东北地区的女真人除农耕之外，也进行畜牧渔猎，把它作为经济生活的辅助部分而与农耕交替进行，同时也是女真人骑射习武的极好机会，因此狩猎就成为女真人的一种劳动内容和习俗。但对于帝王贵族、大奴隶主们则是另一回事了，狩猎是他们显示武功和消闲取乐的手段，他们为了获取更多的猎物并显示骑射的本领，便圈出大片林木繁茂的所在称作围场，让狐狼羊兔等野生动物在其中自然繁殖，待到入秋之后，动物肥壮，皇帝便亲自出猎，亲王后妃，重臣奴仆，浩浩荡荡开往围场。先由随驾军及役夫、奴隶从围场周边向中心轰赶，猎物惊吓得从草丛中四处奔突，于是目标显露，帝王乃射，是谓“围猎”。金章宗曾经一次就猎获黄羊四百七十一只。在东北地区，这种围场随处可见，这本是因地制宜，顺乎自然的安排。然而女真统治者入主中原后却违背自然条件，依照老办法行事，把一向宜于农耕不宜畜牧的大片耕田圈为牧地、苑圃和猎场，甚至为了专供皇帝围猎，“自京畿至真定、沧、冀，北及飞狐，数百里内皆为禁地”[1]，禁地内及其周围的土地，百姓不能耕作、打猎和采樵。上行下效，皇帝这样做了，其他王公贵族、猛安谋克亦照此办理。每年入秋以后，皇帝和亲王们几乎每月都要围猎。每次出猎，大批扈从人马，一路践踏过来，庄稼为之荡然。海陵王有一次到河南府出猎，“自中都（北京）至河南，所过麦皆为空”[2]。由于良田被划为“禁地”，被剥夺了土地的农民只有流落他乡，造成了严重的阶级矛盾和民族矛盾，这种倒行逆施对华北农业经济是极大的破坏。可以说，围场和围猎是女真统治者带到中原来的一大祸害。金熙宗、世宗、章宗等几位受汉族文化影响较深的皇帝意识到这个问题的严重性，常同大臣们议论解决之策。章宗的顾命大臣张汝霖就曾力谏取消田猎，但是要他们完全放弃围猎是不可能的，只能采取一些补救和限制措施。于是诸如弛放禁地、限制田猎、补偿猎区人民所受损失等措施先后出台。

熙宗皇统七年（1147）“以西京鹿囿为民田”[3]。这是金代在华北地区最早的弛禁措施。

金世宗为了维护统治集团自身的利益，曾于大定十年（1170）下诏“禁侵耕（山西）围场地”，围场周围五里之内不得耕垦，百姓因此流落他乡。世宗感到问题严重，第二年又下令“依旧耕种，毋致失业”[4]，缩小了一点“禁地”面积。世宗做得较多的是补偿百姓因他出猎所受的损失。大定三年（1163），“勅殿前都点检唐括德温：重九出猎，国朝旧俗。今扈从军二千，能无扰民，可严为约束，仍以钱万贯分赐之（指百姓）”[5]。大定十年（1170）“秋猎……勅扈从人纵畜牧蹂践禾稼者，杖之，仍偿其直”[6]。

到章宗当政，才推行实际意义上的弛禁，他首先对诸王、谋克田猎提出限制，明昌元年（1190），“制诸王任外路者许游猎五日，过此禁之，仍令戒约

① 《金史》卷九六《路伯达传》。
② 《金史》卷五《海陵王纪》。
③ 《金史》卷四《熙宗纪》。
④ 《金史》卷四七《食货志》二。
⑤ 《金史》卷六《世宗纪》上。
⑥ 《金史》卷六《世宗纪》上。

人从，毋扰民”，又“遣谕诸王，凡出猎，毋越本境”[①]。明昌三年（1192）“敕猛安谋克许于冬月率所属户畋猎二次，每出不得过十日”[②]。章宗对受扰民户的补偿办法比世宗更为切实，明昌元年（1190）十二月“免猎地今年税”[③]。明昌三年（1192）九月，“免围场经过人户今岁夏秋租税之半，曾当差役者复一年。”[④] 并多次诏谕“弛禁”，明昌四年（1193）“谕点检司，行宫外地及围猎之处悉与民耕，虽禁地，听民持农器出入”[⑤]。泰和四年（1204）“弛围场远地禁，纵民耕捕樵采”[⑥]。泰和八年（1208）谕有司：“方农作时，虽在禁地亦令耕种。”[⑦] 由封禁到逐步弛禁，说明女真统治者从与民争利到与民分利的转变过程。由于采取上述措施，使部分被剥夺了土地的农民得以继续耕垦，有利于生产的恢复。

二、鼓励耕垦官田

女真人在灭宋战争中的烧杀抢掠、入主中原后的圈地围猎，成批汉族人民上山抵抗，特别是猛安谋克三次大规模的括地高潮，种种原因，造成了许多农民失去土地，流落他乡，或沦为奴隶。因此，土地问题就成为贯穿有金一代的严重问题，也是民族矛盾和阶级矛盾的焦点。这一矛盾在统治中原初期尤为突出。金统治者为了缓和矛盾，恢复农业生产，采取了补救措施，鼓励耕垦官田就是一项重大措施。

官田的来源主要是从北宋辽继承的国有土地、因战乱而造成的抛荒地、滩涂和没收入官的土地。

“凡官地，猛安谋克及贫民请射者，宽乡一丁百亩，狭乡十亩，中男半之。”[⑧] 是说猛安谋克户和汉族贫困户都可向国家申请租佃官田。年届 17 ~ 59

---

① 《金史》卷九《章宗纪》一。
② 《金史》卷九《章宗纪》一。
③ 《金史》卷九《章宗纪》一。
④ 《金史》卷九《章宗纪》一。
⑤ 《金史》卷一〇《章宗纪》二。
⑥ 《金史》卷一二《章宗纪》四。
⑦ 《金史》卷一二《章宗纪》四。
⑧ 《金史》卷四七《食货志》二。

岁的壮丁，居宽乡者每丁最大限度可申请100亩，狭乡则为10亩；所谓“中男”系指16岁的男子，每人可申种5~50亩官田。

“请射荒地者，以最下第五等减半定租，八年始征之，作己业者以第七等减半为税，七年始征之”[①]，是说对开垦官荒地者分两种情况，一是如果租种官荒地，则“以最下第五等减半定租”，按金代“大率分田之等为九而差次之”，凡个人认租者，官方以第五等田的收租量的二分之一收租，开荒后的第八年征租即免租七年；二是开垦荒田为私有财产，则按第七等田税之二分之一收税，开荒后的第七年征税，即免税六年；条件都相当优惠。

唐、邓、颖、蔡、宿、泗等州，地处金宋交界，均属“水陆膏腴之地”，但由于长期战乱，逃户不少，闲田很多，于是在“隆兴和议”之后，尚书省奏：“河南地广人稀，若令招集他路流民，量给闲田，则河东饥民减少，河南且无旷地矣！”[②] 乃于大定廿七年在政策上作了一些调整：“民验丁佃河南荒闲官地者，如愿作官地则免租八年，愿为己业则免税三年，并不许贸易典卖。”[③] 免租年限由七年增为八年，而免税年限则由原来的六年减为三年，可见在“官田”和“己业”两者之间，政府更倾向于奖励租种官田，反映出金统治者强化对官田的控制。到章宗泰和八年，对租佃官田者免官租三年的政策没有变化，“作己业者”则由大定廿七年的原免三年减为免一年。女真统治者之所以更鼓励租佃官田，官田意识如此之强，固然是为了“增羡官租”，补充国家财政，但也与女真原始公社制的严重残余有关。

此外，对黄河退滩地也有规定。“佃黄河退滩者，次年纳租。”[④] 黄河于北宋仁宗年间改道之后，梁山泊的水源枯竭，河滩地十分肥沃，播种即得丰收，故规定“次年纳租”，只免租一年。

由于鼓励垦荒的政策比较优厚，各级官吏也能认真执行，收到了相当好的效果，大批流民得以归乡种地，大量的荒闲田得到开垦，河滩淀泺被争相耕种，以至于到大定二十年（1180），从白石门至野狐岭之间的淀泺滩地都被耕

① 《金史》卷四七《食货志》二。
② 《金史》卷四七《食货志》二。
③ 《金史》卷四七《食货志》二。
④ 《金史》卷四七《食货志》二。

植为良田，官民的牛羊杂畜都无处放牧了[①]。不少汉族豪强地主，利用官府政策，大量租种官田，或冒为己业，或强占民田，出现了新的大土地所有者，产生了新的矛盾，则是另外的问题了。

三、鼓励种植桑枣

金政府规定："凡桑枣，民户以多植为勤，少者必植其地十之三，猛安谋克户少者必课种其地十之一，除枯补新，使之不阙。"[②]

种植桑树枣树的面积，政府规定汉族百姓不得少于其耕种面积的十分之三，而猛安谋克户则不得少于十分之一，比汉族少种三分之二，因为女真人在东北地区不种桑枣，来到中原地区有一个学习种植的过程。规定的面积太多达不到也是枉然。事实上，猛安谋克户种植桑枣的积极性确实不高，甚至有"伐桑枣为薪鬻之"者，可能是猛安谋克的贫困户了。也有民桑被"牧畜吃毁"者，对这种破坏行为，金世宗命当地官员巡察严加制止，并亲自诏令"亲王公主及势要家，牧畜有犯民桑者，许所属县官立加惩断"[③]。皇帝责之虽严，王公贵族们并不执行，所以到章宗明昌元年（1190）尚书省奏："近制以猛安谋克户不务栽植桑果，已令每十亩须栽一亩，今乞再下各路提刑及所属州县，劝谕民户，如有不栽及栽之不及十之三者，并以事怠慢轻重罪科之"。明昌五年（1195）章宗又谕尚书省："辽东等路女直、汉儿百姓，可并令量力为蚕桑。"[④] 在官员们的严厉督促下，女真人终于逐渐习惯于种桑枣了。

四、推行以劝课农桑为标准的官吏考核制度

太宗天会九年（1131）五月"分遣使者诸路劝农"，这是金中央政府派遣劝农官之始。金世宗尤其重视农业，他常常亲自到近郊"观稼"，下令禁杀耕牛和耕马。大定十三年（1173）敕有司："每岁遣官劝猛安谋克农事，恐有烦

---

① 《金史》卷四七《食货志》二。
② 《金史》卷四七《食货志》二。
③ 《金史》卷四七《食货志》二。
④ 《金史》卷四七《食货志》二。

扰，自今止令各管职官劝督，弛慢者举劾以闻。”① 即不另设劝农官，由管理农业的职能部门官员经常劝督，以免扰民。金章宗更制定了严格的官吏考核制度，把是否努力劝农并见实效作为赏罚升降的标准。明昌五年（1194）规定“能劝农田者，每年谋克赏银绢十两匹，猛安倍之，县官于本等升五阶。三年不怠者猛安谋克迁一官，县官升一等。田荒及十之一者笞三十，分数加至徒一年。三年皆荒者，猛安谋克追一官，县官以升等法降之”②。并将此规定作为永久性的制度贯彻执行。由于最高统治者督责极严，赏罚分明，多数官吏均能恪尽职守。

五、恢复农田水利设施

金代自熙宗以降，君臣们对农田水利事业议论较多，却缺乏切实有效的措施，更没有兴办全局性的水利工程设施。与宋代相比，仅处于恢复阶段，在北宋原有水利工程的基础上修堵疏浚，而没有北宋时代水利方面的宏伟壮举。

大体看来，熙宗、海陵及世宗初年，由于统治者的主要精力没有用在经济的恢复上，因而在农田水利方面无甚大的作为，倒是有些地方官吏于大旱成灾的年份，组织灾民开渠溉田，接济民生。如熙宗天眷元年（1138）“陕右大饥，流亡四集”，临洮府尹兼熙秦路兵马都总管庞迪，组织民众“开渠溉田，流民利其食，居民藉其力，各得其所”③。又如熙宗皇统元年（1141），“陕西大旱，饥死者十七八”，陕西经略使傅慎微除了募粟救济饥民外，还“复修三白、龙首等渠以溉田，募民屯种，贷牛及种子以济之，民赖其利”④。马讽为雄州归信令时，其“境有河曰八尺口，每秋潦涨溢害民田，讽视地高下，疏决之，其患遂息”，还因此升了官⑤。河北的滹沱河经常泛滥，大定三年秋熟时，在深泽县附近“水忽暴溢”，县令刘仲洙“极力护塞，竟无害”⑥。大定廿八年

① 《金史》卷四七《食货志》二。
② 《金史》卷四七《食货志》二。
③ 《金史》卷九一《庞迪传》。
④ 《金史》卷一二八《傅慎微传》。
⑤ 《金史》卷九〇《马讽传》。
⑥ 《金史》卷九七《刘仲洙传》。

(1188) 平定县令卢庸修治旧堰，“引泾水溉田，民赖其利”[①] 等等。海陵正隆二年（1157）诏河南“各修水田，通渠灌溉”[②]。大定八年，滹沱河犯真定，金世宗“命发河北西路及河间、太原、冀州民夫二万八千，缮定其堤岸”[③]。

值得注意的是，地方官吏“开渠溉田”也罢，皇帝下诏修复堤岸也罢，都发生在灾荒之年，他们组织流民和居民抢修工程，采取以工代赈的办法，既解决了民工来源，使残破的水利工程得以兴修，恢复其灌溉功能；又使饥民能够度过荒年而不致流离失所，一举数得，实为有利于农业生产发展、稳定社会秩序的好办法。

此外，山西汾河流域人民，利用汾河水利大力开垦，取得丰收，是一个很好的实例。“晋地土厚而气深，田凡一岁三艺而三熟，少施以粪力，恒可以不竭，引汾水而溉，岁可以无旱。其地之上者，亩可以食十人，民又勤生力业，当耕之时，虚里无闲人，野树禾，墙下树桑，庭有隙地，即以树菜茹麻枲，无尺寸废者，故民皆足于衣食，无甚贫乏，家皆安于田里，无外慕之好。”[④]

黄河是金代北方最大的河。黄河之为患中国，唐宋以来特别严重。金初“数十年间，或决或塞，迁徙无定”[⑤]，成为全国上下防治水患的严重问题。世宗朝的水利事业主要集中在黄河的治理和防患上了。金代在沿黄河上下修了25埽，其中6个在河南，19个在河北，每埽设巡河官和若干埽兵，随时巡逻护堤。由于河务官和地方行政官两套人马，互不统属，出现了“沿河京、府、州、县官坐视管内河防缺坏，特不介意”的弊端[⑥]。大臣们纷纷建议改变这种体制，由“沿河京、府、州、县长贰官皆于名衔管勾河防事，如任内规措有方能御大患，或守护不谨以致疏虞，临时闻奏，以议赏罚”[⑦]。于是在大定廿七年（1187）决定不设专职河务官，改由黄河两岸4府16州44县之副职兼管河防事宜。中央由工部设一人专门负责，统一管理。这样工作效率就提高了。

---

① 《金史》卷九二《卢庸传》。
② 《大金国志》卷一四《海陵炀王中》。
③ 《金史》卷二七《河渠志》。
④ 余阙：《青阳集》卷三《梯云庄记》。
⑤ 《金史》卷二七《河渠志》。
⑥ 《金史》卷二七《河渠志》。
⑦ 《金史》卷二七《河渠志》。

黄河在大定三十年间曾经发生五次险情或决堤，世宗君臣们为预防水患，曾组织了四次大规模筑堤、护堤工程，投入民工近千万。明昌五年（1194）八月，黄河决阳武故堤，水灌封丘而东，造成极大灾害。都水监王汝嘉等殊不加意，不预经画，章宗处以“削官两阶，杖七十罢职”①。为解汴京以下黄河两岸之危，金政府曾经计划组织870余万民工“填筑补修”，后因费工浩大，议论再三，终未实行。总之，黄河之患伴随金代始终，由于朝廷采取以防为主的方针，减轻了水患的危害程度，有利于社会的稳定和农业生产的恢复。但另一方面，在河防工程中不少官吏玩忽职守，贪污自肥，徒然劳民伤财，又由于河防差役繁重，导致“沿河居民多困乏逃移”②，出现了新的社会矛盾，这是金代统治阶级所无法解决的。

六、推广水稻种植

金代的水利灌溉事业还与水稻种植密切相关。水稻虽然早在淮河以南大面积种植，但中原地区农民也因地制宜地进行种植。所以水稻是汉族农业文明的组成部分。而女真族由于东北北部自然环境使然，是从来不种水稻的。后来由于受到汉族官民的影响，女真统治者对于种植水稻的好处也逐渐有所认识，章宗对此尤为重视。世宗、章宗经常与大臣们讨论水稻种植的利弊得失。大定八年六月（1168），黄河于李固渡决口，“水溃曹州城，分流于单州之境”，朝廷遣官视察灾情时，河南统军使宗叙说：“大河所以决溢者，以河道积淤，不能受水故也。今曹、单虽被其患，而两州本以水利为生，所害农田无几”③。是说由于曹、单两州多种植水稻，黄河泛水正可以溉田，故反而减轻了水患的程度。泰和八年七月（1208）朝臣们议论规划水田时，“部官（按为工部）谓：水田之利甚大，沿河通作渠，如平阳掘井种田俱可灌溉。比年邳、沂近河布种豆麦，无水则凿井灌之，计六百余顷，比之陆田所收数倍。以此较之，它境无不可行者”④。贞祐四年（1216）八月，言事者程渊言：“砀山诸县陂湖，水至

① 《金史》卷二七《河渠志》。
② 《金史》卷二七《河渠志》。
③ 《金史》卷二七《河渠志》。
④ 《金史》卷五〇《食货志》五。

则畦为稻田，水退种麦，所收倍于陆地。宜募人佃之，官取三之一，岁可得十万石”[①]。

上述言论均说明沿河开渠，种植水稻，既可增加耕地面积，提高单位面积产量，又可在水泛时进行灌溉，减轻水害，是一举数得的好事。于是金政府尤其是章宗朝多次下诏开渠掘井，兴种水稻。明昌五年（1194）“诏下州郡”，“郡县有河者可开渠，引以溉田”；承安二年（1197）“敕放白莲潭东牐（闸）水与百姓溉田”。三年（1198）又命“勿毁高梁河闸，从民灌溉”。泰和八年七月（1208）令转运司就规划水田问题进行督导，“若诸路按察司因劝农，可按问开河或掘井如何为便，规画具申，以俟兴作”[②]。可谓抓得很紧很实。贞祐四年八月（1216）诏砀山诸县陂湖地区稻麦两作；同年十一月“敕令分治户部按行州郡，有可开者诱民赴功，其租止依陆田”[③]。直到金末元光元年（1222）朝廷还派遣户部郎中杨大有等到京东、西、南三路开发水田。

为推广水稻种植，金章宗对官吏制定了新的奖罚措施，把推广水稻的政绩作为官吏升降赏罚的标准。明昌六年（1195）十月，“定制，县官任内有能兴水利田及百顷以上者，升本等首注除，谋克所管屯田，能创增三十顷以上，赏银绢二十两匹，其租税止从陆田”[④]。政府对种植水稻的农民也给予优惠，“其租止依陆田，不复添征，仍以官赏激之”[⑤]。前已说明，水田的产量是陆田的数倍，而“其租止依陆田”，这意味着农民种水田所交租税要比陆田少得多，确实相当优惠。在各级政府的督促和组织下，北方劳动人民想方设法利用河水和地力，努力开发水田，于是北方的水稻种植又得到普及。如河东南路怀州大雄山南数里有唐帝古寺，“数泉出于祠下，南底于沁，上下数十里，灌溉田园，植竹种稻，获利益多。”[⑥] 金世宗的家臣张仅言筹建太宁宫时，发现宫左侧有泉水，于是因势利导，“引宫左流泉溉田，岁获稻万斛”[⑦]，如以每亩产3

① 《金史》卷五〇《食货志》五。
② 《金史》卷五〇《食货志》五。
③ 《金史》卷五〇《食货志》五。
④ 《金史》卷五〇《食货志》五，卷一〇《章宗纪》。
⑤ 《金史》卷五〇《食货志》五，卷一〇《章宗纪》。
⑥ 《金文最》卷六八，李纶《创修泉池碑》。
⑦ 《金史》卷一三三《叛臣·张仅言传》。

斛计，则泉水灌溉面积亦在3000亩以上。

北方种植水稻面积最多者要数南阳地区（今河南省境内），南阳“土性宜稻，今因久雨，乃更滋茂，田凡五百余顷，亩可收五石，都得二十五万余石”①。于是，南阳县令李国瑞积极推广水田，一年之内“创开水田四百馀顷”，由于他政绩卓著，金宣宗奖励他连升两级，并把他的事迹编成典型材料“偏谕诸道”，要求官员们效仿②。

大体看来，金代在中原种植水稻的地区有文献可征者为南京路之单州、邓州，河东南路之平阳府、怀州，山东西路之曹州、邳州，山东东路之沂州，中都路之安肃州、涿州、高粱河、卢沟河沿岸以及京兆府路之泾阳县。而金政府大力开发的是河南南阳地区。种植面积因资料缺乏无法统计，但从水稻种植地区之广泛来看，可以说已逐渐恢复到北宋的水平。

农作物的种类仍继承北宋品种，以麦、豆、高粱、黍为主，水利条件较好地区则种水稻。值得提出的是桑蚕和西瓜。前已说明，女真人“不事蚕桑”③，进入中原以后在上自皇帝下至各级官吏的严厉督责下他们终于学会种桑养蚕。明昌四年（1193）“邢、洺、深、冀及河北西路十六谋克之地，野蚕成茧”④。将近五千户女真人养殖的柞蚕结茧的确是很大的收获，说明女真人从“不事蚕桑”到从事蚕桑并获得丰收，标志着女真人商品性农业已渐渐开展起来，确实是不小的进步。由于有了蚕桑，丝织业也发展起来，从此结束了女真人只穿布衣的历史。

西瓜从中亚传入我国新疆之后大约在唐末五代又传到契丹辽国。胡峤《陷虏记》云：“明日东行……多草木，始食西瓜。云契丹人破回纥始得此种，以牛粪覆棚而种，大如中国冬瓜而味甘”⑤。说明西瓜是被契丹人从我国西北传到我国北部的。女真人灭辽灭北宋后，西瓜又随之在燕山南北、黄河两岸种植了。南宋著名诗人范成大于出使金国途经河南时说到了西瓜，在其《西瓜

---

① 《金史》卷一〇〇《李复亨传》。
② 《金史》卷五〇《食货志》五。
③ 《三朝北盟会编》卷三《女真传》。
④ 《金史》卷二三《五行志》。
⑤ 欧阳修：《新五代史》卷七三《四夷附录第二》。

园》诗注中云“味淡而多液，本燕北种，今河南皆种之”[①]。可见西瓜已在河南河北普遍种植了。被金国扣留十五年的南宋使臣洪皓于绍兴十三年（1143）获释后把西瓜种带回南宋，“予携（瓜种）以归，今禁圃乡囿皆有，亦可留数月，但不能经岁。”[②] 于是西瓜又在长江南岸广泛种植起来。西瓜之从新疆传入东北是契丹人的功劳，而又从东北传至黄河、长江南北则是女真人的业绩了。

综上所述，由于金统治者采取了有利于农业生产的措施，劳动人民努力开垦荒地，到世宗大定年间，出现了“中都、河北、河东、山东久被抚宁，人稠地窄，寸土悉垦”的景象[③]。耕地面积有所扩大。全国的垦田数缺乏记载，我们只能用一些局部的数字与北宋作一比较，据兴定三年（1219）的统计，河南（南京路）现耕之军民田为96万顷[④]，《文献通考》所载北宋熙宁十年约相当于金南京路的京西路开垦官民田数约为212835余顷[⑤]，则金比北宋多出4倍。这里有一个值得注意的问题是金代的官田也超过北宋，仍以南京路为例，宣宗贞祐三年，高汝砺言“河南租地计二十四万顷”[⑥]。租地即是官地，乃官府出租之地。《文献通考》引《中书备对》记载，北宋神宗熙宁十年，相当于金统治区的开封府、京东路、京西路、河北路、陕西路、河东路等中原六路共有官田37385顷53亩，还不到金之河南一地（南京路）官田数的六分之一[⑦]。垦田数的增加则是农业的发展和社会的进步。但金代官田的增加，且数字如此之大，相对于封建地主经济而言则不是一种正常的现象。

金代的单位面积产量大体相当于北宋的水平。根据漆侠先生《宋代经济史》的分析，北宋单产平均为1～3石不等。金代中原地区的单产根据《金史·食货志》记载，河南地区“上田可收一石二斗，中田一石，下田八斗”，平均也为一石。水稻产量则较高，“比之陆地所收数倍”，“河南水田之地，收

① 范成大：《石湖居士诗集》卷一二。
② 洪皓：《松漠纪闻》卷二。
③ 《闲闲老人滏水文集》卷一一《保大军节度使梁公墓铭》。
④ 《金史》卷四七《食货志》二。
⑤ 《文献通考》卷四《田赋四》。
⑥ 《金史》卷四七《食货志》二。
⑦ 此据《文献通考》卷四《田赋四》所载熙宁十年垦田数统计所得。

获多于陆地数倍”[①]。李复亨认为河南水稻亩产可收五石。可见单产也在3～5石之间，与北宋水平相当。

第四节　为保证军需的畜牧业生产

女真建国后，随着灭辽侵宋战争的胜利，金国疆域不断扩大，不仅吞并了辽统治区，而且占有了北宋统治的北中国大片土地。与此相应，金的畜牧业也进入了一个新的发展阶段。

这一新阶段的主要特点，就是一大批国有牧场即群牧所的建立和发展。

金国的主要兵种是骑兵，需要源源不断地供应战马，占领地域的扩大，需要大量的马驼牛等运输军需物资。为了保证军需供应，建立一批政府直接控制的稳定的生产补给基地，便成为当务之急。正是在这种情况下，作为国有牧业的群牧所便应运而生了。可以说，群牧所的性质，主要就是为军需服务。也正因为如此，金国皇帝大多十分重视群牧所的设置和管理。

群牧所基本上是在继承和仿效契丹辽国的群牧机构基础上发展起来的。畜牧业是辽国的主要生产部门，自呼伦贝尔大草原向西南直至冀北的燕山山区和张北一带，曾经是辽国畜牧业最为繁盛的地区。它们也正是金国设置群牧所的主要地区。

> 金初因辽诸抹而置群牧，抹之为言无蚊蚋、美水草之地也。天德间，置迪河斡朵、斡里保、蒲速斡、燕恩、兀者五群牧所，皆仍辽旧名，各设官以治之。……后稍增其数为九。契丹之乱遂亡其五。[②]

这里所说的“契丹之乱”，是指正隆六年（1161）西北路招讨司辖区内爆发的移剌窝斡领导的反金大起义，参加者主要就是诸群牧中的契丹、奚族的农牧民和奴隶，“山后四群牧、山前诸群牧皆应之。”[③] 起义历时四年，到大定四年（1164）才被镇压下去。这次起义对金的国有牧业是一次极其沉重的打击，

---

① 《金史》卷四七《食货志》二。
② 《金史》卷四四《兵志》。
③ 《金史》卷一三三《叛臣·移剌窝斡传》。

九个群牧所牧养杂畜总数虽不得而知，但金将仆散忠义在追击起义军途中曾“获杂畜十余万”[①]，这是起义的第二年，可想群牧所原有杂畜数必远过此数。到起义被镇压后，九个群牧只剩了四个，“四所之所存者马千余、牛二百八十余、羊八百六十、驼九十而已。”[②]

为了恢复国有牧业生产，约在大定七年（1167）前后，金世宗对群牧所进行了一次整顿，在抚州（今河北张北县）、武平（今内蒙古敖汉旗东白塔子村）、临潢（今内蒙古巴林左旗）和泰州（今吉林大安东南他虎城）等地共设置了七个群牧所，“曰特满、忒满、斡睹只、蒲速椀、瓯里本、合鲁椀、耶鲁椀”[③]。此后，到章宗时又有所增置，共有“群牧十二处”，包括“斡独椀（即斡睹只）群牧、蒲速斡（即蒲速椀）群牧、耶鲁椀群牧、讹里都群牧、椀斡群牧、欧里本（即瓯里本、斡里保）群牧、乌展（疑即兀者）群牧、特满群牧、驼驼都群牧、讹鲁都群牧、忒恩群牧、蒲鲜群牧。”其中，忒恩和蒲鲜两个群牧系“承安四年创置”[④]。但据《金史》卷一一《章宗纪三》记载，“初置蒲思衍（即蒲鲜）群牧”在承安五年（1200）七月。另据《金史》卷一〇《章宗纪二》记载，承安元年春正月，“大盐泺群牧使移剌覩等为广吉剌部兵所败，死之”。则可知在十二群牧之外，当尚有大盐泺群牧。由于有关记载过于简略，又有歧异，我们对金代群牧所的数量、名称和沿革已经难以了解得更清楚了。

群牧所的劳动者，在金初“因辽诸抹而置群牧所”时，以契丹、奚人为多。移剌窝斡起义失败后，金世宗为防范其继续反抗，将他们分别隶属于各女真猛安谋克[⑤]，另从奚、汉等族“诸色人内，选家富丁多、及品官家子、猛安谋克蒲辇军与司吏家余丁及奴，使之司牧，谓之群子，分牧马驼牛羊”[⑥]。其中的“猛安谋克蒲辇军与司吏家余丁”和“家富多丁”的“丁”为一种类型，

---

① 《金史》卷八七《仆散忠义传》。
② 《金史》卷四四《兵志》。
③ 《金史》卷四四《兵志》。
④ 《金史》卷二四《地理志》上。
⑤ 《金史》卷六《世宗纪》上。
⑥ 《金史》卷四四《兵志》。

当是奚、汉、契丹等族中应承担赋役的成年男子；而“品官家子”，似属家丁、仆之类，地位略低于“丁”；身份最低的“奴”，是奴隶，但是他们的待遇比之从事其他生产劳动的奴隶要好些。按照规定，“驼马牛羊群子、挤酪人，皆三贯石”①，虽然这点酬劳远远抵不上他们所付出的劳动的价值，但毕竟可以在那里生活下去了。

金政府对群牧所专门设置官吏进行管理。中央设提控诸乌鲁古（女真语乌鲁古即汉语群牧所）一员，正四品，总管全国群牧所事务，有属吏女真司吏二人，译人一人，通事一人。各群牧所设使一员，女真语亦作乌鲁古使，从四品，副使一员，从六品，掌检校群牧畜养蕃息之事；判官一员，正八品，掌签判本所事；知法一员，从八品；属吏有司吏四人，译人一人，挞马十六人，使八人，副五人，判三人。又设扫稳脱朵，分掌诸畜，所谓牛马群子也②。但《金史》卷五七《百官志三》又说：“惟板底因（即蒲速椀）、乌鲜、忒恩、蒲鲜群牧依此置。”说明在其他群牧所的官吏设置情况有所差异，由于记载缺如，不得其详。

从海陵王到世宗、章宗各朝，对群牧官吏和牧畜繁殖都有严格的考核奖惩制度。为保护国有的群牧牲畜不致流失，大定八年（1168）规定，“盗群牧马者死，告者给钱三百贯。”③ 这是因为经过移剌窝斡起义，各群牧所急需整顿恢复，所以要重奖重罚。世宗还经常遣使考察各群牧牲畜的实数，“缺则杖其官，而令牧人偿之，匿其实者监察举觉之”④。大定二十年（1180）三月，“更定群牧官、详稳脱朵、知把、群牧人滋息损耗赏罚格。”⑤

章宗时考核奖惩之制更为详备。明昌四年（1193）规定：

> 群牧官三周岁为满，所牧之畜以十为率，驼增二头，马增三匹，牛亦如之，羊增四口，而大马百死十五匹者，及能征前官所亏，三分为率，能尽征及征二分半以上，为上等，升一品级。驼增一，马牛增

---

① 《金史》卷五八《百官》四。

② 《金史》卷五七《百官》三。“扫稳脱朵”《金史》卷四四《兵志》作“详稳脱朵”。

③ 《金史》卷六《世宗纪》上。

④ 《金史》卷四四《兵志》。

⑤ 《金史》卷四四《兵志》。

二，羊增三，大马百死二十五，征前官所亏二分以上，为中等，约量升除。驼不增，马牛增一，羊增二，大马百死三十，征亏一分以上，为下等，依本等除。余畜皆依元数，而大马百死四十，征亏不及一分者，降一等。①

明昌五年（1194）又对部分规定作了调整：

制马牛羊亏元数十分之一，騋马百死四十，征亏不及一分者，降一等，决四十。若驼马牛羊亏元数一分，马百死四十，征亏不得者，杖八十，降同前。②

从上述规定可以看出，把牲畜的增损作为考核的唯一指标，并把指标完全量化，使考核者与被考核者双方都很明确，既便于操作和执行，又可减少舞弊。尤其是考核结果直接与官吏的升降赏罚紧密联系在一起，这种务实的原则显然有利于充分调动管理者的积极性。其效果确也十分显著，据大定二十八年（1188）统计，“马至四十七万，牛十三万，羊八十七万，驼四千。”③ 与大定初相比，群牧所牲畜的增长速度是相当快的。

群牧所不仅是军用、官用马牛驼羊等大牲畜的主要供给者，也是民间畜养牲畜的重要供给者。大定二十一年（1181），“敕诸所马三岁者付女直人牧之，牛或以借民耕，或又令民畜羊。”④ 明昌五年（1194）规定：“散騋马，令中都、西京、河北东西路验民物力分畜之。又令它路民养马者，死则于前四路所养者给换。”⑤ 马一般在三岁成熟，“騋马”指强壮之马，政府将群牧所内成熟、强壮的马和牛等交给民间畜养，可谓一举三得：一是把继续饲养成年牧畜的部分任务转嫁给民间，一定程度上减轻了群牧所的负担；二是可以使群牧所腾出部分精力培养和繁殖良种幼畜，有利于畜牧业的发展；三是在平时，分散畜养于民间的牲畜可供耕作和役使，有利于农业生产的发展。当然，散养于民

① 《金史》卷五四《选举》四。
② 《金史》卷五四《选举》四。
③ 《金史》卷四四《兵志》。
④ 《金史》卷四四《兵志》。
⑤ 《金史》卷四四《兵志》。

间的所有马牛羊等牲畜，依然归国家所有，国家“若欲用，则悉以送官”[①]。因此，归根到底，实质上是一种变相搜括民力以增加国有牧畜尤其是大量需要的军马的政策。事实上，“每有大役，必括于民，及取群官之余骑，以供战士焉。”[②] 不仅替国家养的马匹，连百姓私人所有的马匹，到了急需军马时，也难幸免被征。

除了群牧所以外，章宗泰和二年（1202），又设置了提举围牧所，“隶各路统军司”，“河南东路、河南西路、陕西路皆设提举、同提举，山东路止设提举。”[③] 由这些材料可以看出，设置围牧所的地区，大致上相当于今陕西、河南、山东一带，这些地方虽不如群牧所所在地区以大量牧养和繁殖马牛羊驼著名，但一则随着大批猛安谋克的南下，这些地方的畜牧业有所扩大；二则这些地方汉族农民原本也有以农为主以牧为辅的传统，马牛羊的牧养也有相当数量；三则金统治重心南移后，十分需要就近取得补给，仅靠北部群牧所系统供应已远不能满足需要，因此，急需开辟新的补给基地，以保证畜源，尤其是军马的供应。正是在这种情况下，围牧所便作为群牧所系统之外的一个补充供给系统建立起来。而将它们隶属于各路统军司，则再清楚不过地说明了围牧所的军事性质，它们主要是为了保证这些统军司的军需补给尤其是军马补给而设置的。

世宗、章宗两朝，可以说是国有牧业发展的黄金时期。到后期宣宗、哀宗时，金朝国势衰落，内外交困，国有牧业也迅速衰败。蒙古“下金桓州（今内蒙古正蓝旗），得其监马几百万匹，分属诸军，军势大振”[④]。近百万匹的数字可能有些夸大，但群牧所的大批马匹被蒙古军队夺去，毕竟是事实。随着蒙古军的不断向南推进，群牧所也相继丧失殆尽。

为了挽救面临危亡的国有牧业，宣宗贞祐年间（1213～1217）设置了典牧司，长官有“使，正七品；副，从八品；判官，正九品”。稍后，在兴定二

① 《金史》卷四四《兵志》。
② 《金史》卷四四《兵志》。
③ 《金史》卷五六《百官》二。
④ 《元史》卷一二二《槊直腯鲁华传》。

年（1218）又置围牧司，长官有“使，正七品；副，正八品；判官，正九品”[①]。有关上述二司的情况，史籍没有更多的记载。但我们从金后期骑兵的衰败、马驼等军需大牲畜的奇缺和政府千方百计搜括民间马匹的现象中，亦不难推知，上述二牧司的设置，恐怕也是流于形式而已。国有牧业就像金朝的国运一样走到了尽头。

在金建国后，私人牧业也有了新的发展。

女真人素有牧畜传统，下自平民百姓，上至贵族官僚，均有牧畜。连金世宗当皇帝前，也有“孳畜数千”[②]。“亲王、公主及势要之家”所养牲畜，常常“吃毁”百姓桑树，以至世宗不得不专门下诏：“牲畜有犯民桑者，许所属县官立加惩断。”[③] 可见私人养畜风气之盛。

正隆以前，私人牧畜主要在今东北三江平原、内外长城和燕山山脉一带。海陵执政后，随着政治重心南移，大批猛安谋克迁到中原，女真人在自身受汉族封建经济影响而迅速从耕牧并重转向以农业为主的同时，也影响了中原地区的畜牧业，使之有所扩展和强化。总起来看，私人牧业的发展实际上经历了与国有牧业相同的曲折过程。

在“隆兴和议”（1164）以前，由于频繁的战争，马驼等大量消耗，仅靠国有牧业补给远不敷所需，加之移剌窝斡起义使群牧所遭到惨重打击，因此，民间的私人牧畜便成为征发和掠夺的对象。海陵王为了攻宋，“大括天下骡马，官至七品听留一匹，等而上之”。“调诸路马，以户口为率，富室有至六十匹者。凡调马五十六万余匹。”[④] 由此可知，除七品以上官享受优待，可留一匹外，百姓及八、九品官之马几乎无一例外地遭到了大洗劫。南宋人崔淮夫等在上两府报告中说：金人“缘军下马耗，尽括民间私马”，“自括马之后，大约马耗八分，目即南京路正军皆阙马”[⑤]。搜括所至，连牛、驴也不能例外，

① 《金史》卷五六《百官》二。
② 《金史》卷四六《食货志》一。
③ 《金史》卷四七《食货志》二。
④ 《金史》卷一二九《李通传》，卷五《海陵纪》。
⑤ 《三朝北盟会编》卷二三〇。

“村落间往往椎牛以供筋革”①，直到大定十年（1170），磁州（今河北磁县）一带驴、马仍少而贵，“驴上等有直四十千者，马更高贵”。当地百姓记忆犹新地说：“旧时家家有马，炀王南征，尽刷去。”②“冀北虽号产马之地，自兴兵以来，所养至少。”③ 由此可见，海陵王时期，私人牧业确实受到了极大的打击和破坏。

金世宗上台后，采取了一系列有利于社会安定和生产发展的措施，私人牧业才开始走出困境，有了发展。

首先是大定四年（1164）与南宋达成了“隆兴和议”，使大规模战争暂时停息，老百姓没有了海陵时的“括马签军”之灾，可以相对安定地从事生产活动了。

其次是自大定四年开始实行的“通检推排”，使“昔海陵时，拘括马畜，绝无等级，富者幸免，贫者尽拘入官，大为不均”的情况逐步有了改变④。大定二十二年（1182）八月，世宗“诏令集耆老，推贫富，验土地牛具奴婢之数，分为上中下三等。”同年九月，又诏“毋令富者匿隐畜产，贫户或有不敢养马者”，“今并核实贫富选籍，有急即按籍取之，庶几无不均之弊”⑤。这里有两层意思：一是说将民户按资产即奴婢、土地和马牛等牲畜数量的多少，分为三等征收物力钱；二是说将民户所养马牛等牲畜按户等确定应征之数并登记在籍，亦即曹望之所说的“征断羊马入官籍数”⑥。这些登记在籍的应征牲畜，平时由民户饲养使用，一旦国家“有急”，“即按籍取之”。尽管在各次通检推排过程中，各地官吏执行情况好坏不同，但与海陵时任意拘括马畜相比，分等定籍、有法可依总是好了许多。

第三是禁杀、罢贡，保护牧畜资源，减轻民间负担。大定八年（1168），诏：“马者军旅所用，牛者农耕之资，杀牛有禁，马亦何殊，其令禁之。”大

---

① 《金史》卷五《海陵纪》。
② 《北行日录》下。
③ 《建炎以来系年要录》卷一八一，绍兴二十九年四月。
④ 《金史》卷四六《食货志》一。
⑤ 《金史》卷四六《食货志》一。
⑥ 《金史》卷九二《曹望之传》。

定十四年（1174）又诏："猛安谋克之民，今后不许杀生祈祭。"① 世宗还下令罢除向皇室和地方官吏贡献驼马羊等畜的陋习。"故事，招讨使到官，诸部皆献驼马，多至数百。"② 对皇室更是争相贡献。这种风气容易导致官吏腐败，而且加重百姓负担，对牧业生产发展不利。因而世宗于大定十一年（1171），诏罢同州沙苑羊，"诸路常贡数内，同州沙苑羊非急用，徒劳民尔，自今罢之"③。大定二十年（1180），"诏西北路招讨司每进马驼鹰鹘等，辄率敛部内，自今并罢之。"④ 大定二十二年（1182），又"立强取诸部羊马法"⑤。该法内容已不得其详，但联系前引大定八年为保护国有牧产而定的"制盗群牧马者死"的严厉措施，那么这个显然是为保护私人牧产而定的"立强取诸部羊马法"大约也不会宽松多少。

章宗继位后，继续关注私人牧业的发展。最值得一提的是对契丹人政策的放宽，世宗在平定契丹窝斡之乱后，为防契丹人继续反抗，曾罢契丹猛安谋克，将其户分隶女真猛安谋克，迫使契丹人离开自己长期放牧地区，成为受控于女真人的人户，并随女真猛安谋克散处各地，这对契丹人的私人牧业无疑是一大打击。时隔将近 40 年之后，这一政策终于开始有了变化。泰和元年（1201）夏四月，章宗"诏谕契丹人户，累经签军立功者，官赏恩例与女直人同，仍许养马、为吏"⑥。虽然并未全部解除对契丹人的限制，但毕竟是有条件地解放了一部分契丹人，使他们又可以发挥所长，牧养自己的牲畜了。

由于世宗、章宗两朝社会相对稳定，又采取了一些有利于私人牧业发展的措施，因而，金国的私人牧畜数量迅速增加，它们和国有牧畜一起基本上满足了国家的各种"急用"。这里就来看一看马以外的各种牲畜的一些供应情况。

---

① 《金史》卷七《世宗纪》上。
② 《金史》卷八八《移剌道传》
③ 《金史》卷六《世宗纪》上。
④ 《金史》卷七《世宗纪》中。
⑤ 《金史》卷八《世宗纪》下。
⑥ 《金史》卷一一《章宗纪》三。

羊：大定十七年（1177）七月，“岁以羊皮三万赐西北路戍兵。”① 十月，“诏以羊十万付乌古里石垒部畜牧，其滋息以予贫民。”② 明昌二年（1191）春正月，“诏赐陁括里部羊三万口、重币五百端、绢二千匹，以振其乏。”③ 承安元年（1196），蒙古广吉剌部入侵，被金军在大盐泺等地击败，金将完颜安国因军粮不继无法追击敌兵，建议：“人得一羊可食十余日，不如驱羊以袭之便。”获准后，“安国统所部万人疾驱以薄之，降其部长。”④ 据此计之，当需羊万余口。

驼：明昌六年（1195）三月，“以北边粮运，括群牧所、三招讨司猛安谋克、随乣及迭剌、唐古部诸抹、西京、太原官民驼五千充之。”⑤

牛：按大定二十三年（1183）八月尚书省所奏，全国有“猛安二百二，谋克千八百七十八……牛具三十八万四千七百七十一。在都宗室将军司……牛具三百四。迭剌、唐古二部五乣……牛具五千六十六”⑥。总计牛具数约为 39 万余，按规定“每耒牛三头为一具”，则有牛数约 117 万余头，而这还仅是汉族以外的私人所有牛数！

猪：上京会宁府（今黑龙江阿城县南白城）在大定二十五年（1185）以前曾每年“贡猪二万”，该府有“户三万一千二百七十”⑦，则相当于近三分之二户每户交猪一头，由此可以推断，实际存栏数当远大于贡猪数。大定二十五年罢除此项岁贡，亦从侧面说明中原地区养猪量的增多，因而不需要舍近求远，从东北运猪了。

金朝后期，随着蒙古军的南下，国土日蹙，国有群牧丧失殆尽，而战争消耗的军需马牛驼等大牲畜却与日俱增，所有的负担完全加到了私人牧业头上，一系列搜括民间牧畜的措施在宣宗时先后出台。最突出地表现在对头号军需用

---

① 《金史》卷四四《兵志》。
② 《金史》卷七《世宗纪》中。
③ 《金史》卷九《章宗纪》一。
④ 《金史》卷九四《完颜安国传》。
⑤ 《金史》卷一〇《章宗纪》二。
⑥ 《金史》卷四七《食货志》二。
⑦ 《金史》卷二四《地理志》上。

畜马的搜括上：一是“括缘边部落马”，据术虎高琪的估计，可得“亦不少矣”①。二是“定民间收溃军亡马之法，及以马送官酬直之格：上等马一匹银五十两，中下递减十两。不愿酬直者，上等二匹补一官，杂班任使，中等三匹，下等四匹，如之。令下十日陈首，限外匿及杀，并绞。”② 三是“遣官括市民马，立赏格以示劝：五百匹以上钞千贯，千匹以上一官，二千匹以上两官。”③ 直到金亡前夕的天兴二年（1233）七月，金哀宗在蔡州还没有忘记重新“定进马迁赏格：每甲马一匹，迁一官，升一等；二匹，二官，二等；三匹，三官，三等；止散官。职事已及三品者，进数虽多，一官，一等止。把军头目自愿进献者，递升官职”。“又定括马罪格”。但最后也仅“得千余匹”④。到了这种地步，私人牧业所处的困境已可想而知了。

总起来看，以海陵迁都燕京（今北京）为界，前后两个时期畜牧业在女真金国经济生活中的地位和作用是有所不同的。迁都前，包括建国前，特点是农牧并重、亦耕亦牧。这一特点的形成，和女真人所生活的地区，其自然环境宜耕宜牧有着不可分割的关系。金建国后到海陵迁都前，虽然占有地域明显扩大，但并未稳定，因此，这一特点尚未发生根本性变化。海陵迁都后的时期，特点是由农牧并重、亦耕亦牧转向以农业为主，畜牧业在金国经济中的地位和作用逐渐下降。这一转变的发生，与金国灭辽侵宋，国土扩大到华北地区，猛安谋克大批迁往中原各地，政治、经济重心南移，有着不可分割的关系，海陵迁都燕京正是这一变化过程基本完成的标志。与此相应，在中原地区发达的农业经济影响下，农业在金国经济生活中的地位和作用逐渐占据了主导地位，畜牧业的绝对规模和存养总量虽然扩大了，但其所占的比重、地位和作用则是下降了。虽然留居东北的女真人也许仍然基本保留着原来的亦耕亦牧传统，但南迁的女真人则大多放弃了牧畜生活，逐渐像汉人一样以农为务了。因此，无论从经济的规模、总量来看，还是从对经济生活的作用来看，农业都超过了畜牧业，这是毋庸置疑的。当然，即便在这一时期，畜牧业仍然具有特殊的意义，

---

① 《金史》卷一〇六《术虎高琪传》。
② 《金史》卷四四《兵志》，卷一五《宣宗纪》中。
③ 《金史》卷四四《兵志》。
④ 《汝南遗事》卷二；《金史》卷一八《哀宗纪》下，卷一一九《完颜仲德传》。

这就是它的军需价值。正是从这一点出发，海陵、世宗和章宗等历代嗣君都对畜牧业给予高度的关注，畜牧业也因而获得了相当的发展。但它并不能改变其地位和作用下降这一基本事实和发展趋势。

辽夏金三国在许多方面都不乏共同点，但就畜牧业的地位和作用而言，却颇为不同。和女真金国前期耕牧并重、亦耕亦牧，后期以农业为主导的情况相反，契丹辽国和党项夏国基本上是畜牧业在经济生活中占据着主导地位。

第十八章　恢复和发展中的金国手工业生产

第一节　采掘冶炼手工业、铸钱业

矿冶是金代手工业中较为重要的门类，它直接关系到生产工具、军事实力、生活用品、货币流通以及财政税收，因而矿冶一向受到女真统治者的高度重视。

女真人在1115年建国前就会刳木为器，制造车船、烧炭炼铁、打制弓箭，在征服辽、北宋之后，中原汉族先进技术传到东北地区，其冶炼手工业就迅速发展起来。在今黑龙江省阿什河滨，发现矿井遗址10余处，冶铁炉址50余处。[①] 在辽宁绥中县后村金元遗址出土的290多件各类器物中有数十件铁器，其中农具就有20余件，此外还有铁凿、斧、钻头等工具和铁锅、熨斗、剪刀及门拉手、折页、锁、环、箍等生活用品多件；辽宁新民县前当铺村金元遗址出土的千余件器物中有农具、工具、生活用品和少量兵器等铁制器物数十件。这些铁器有两个特点，一是多数为锻造，少量为铸造，因而其技术水平不是很高，产量也不可能太高；二是兵器极少，只有锏、矛等物[②]，说明东北地区冶铁手工业水平虽不太高，但已由初期的兵器产品为主向生产工具和生活用品为主的高级阶段发展。这是极大的进步。

至于中原地区，冶炼业恢复较晚，在建国后的40年即正隆二年（1157）

---

① 参见张博泉：《金代经济史略》，辽宁人民出版社1981年版。

② 王增新：《辽宁绥中县城后村金元遗址》，《考古》1960年第2期。

“始议鼓铸”[①]，“遣使检视随路金银铜铁冶”[②]，中原的冶炼业才逐渐恢复起来。金代中原地区的铁产地有大同府（今山西大同市）、朔州（今山西朔县）、云内州（今内蒙古土默特左旗）和大兴府（今北京市）、真定府（今河北正定）。[③] 其中云内州产青镔铁。金宣宗兴定三年（1219），又在汝州、宝丰、邓州（南阳）等产铁地区“募工置冶”[④]。由于文字记载太少，无从了解冶铁的技术水平、铁冶规模和产量，但金代中原的铁冶业远未恢复到北宋的水平则是肯定的，北宋曾在北方形成了兖、邢、磁、徐四大冶铁中心，其铁课超过唐代的三四倍。[⑤] 如此辉煌的成就是金代无法比拟的。

一、金银铜冶

金银，作为贵金属一向被人们当作财富宝藏。铜则自战国秦汉以来，都是被封建王朝用来铸造货币，同时也铸造生活用品，因此，金银铜的生产也同样受到金统治者的重视。以矿藏分布而言，金矿在北方较丰，而银铜则江南较富，北方则贫乏，因此如何筹措金银铜源就成为金代统治者需要大力解决的问题。由于记载缺乏，对金代金银铜矿冶的分布、冶炼技术及其产量还不能作出全面而系统的估量和分析，仅据《金史·地理志》记载，西京路大同府产石绿、绿矾，中都路大兴府“产金银铜”，河北西路真定府产铜，河东北路太原府有“炼银洞”，宝山县有银冶。又据《金史详校》记载，“集礼坟山在银山西北，岭南属奉先县，有银洞五十四处”；岭北属宛平县，有银洞 62 处，共为 116 处（按《金史·食货志五》：“坟山、西银山之银窟凡百一十有三”[⑥]，此少三处）。

金代行政区划为 19 个路，仅 4 个路有金银矿冶，东北地区未见有金银矿冶的记载。可见金代对金银矿冶的开发是较少的。为了多方筹措矿源，政府采

① 《金史》卷四八《食货志》三。
② 《金史》卷五《海陵纪》。
③ 《金史》卷二四、二五《地理志》。
④ 《金史》卷一〇〇《李复亨传》。
⑤ 漆侠：《宋代经济史》下册，第十三章，上海人民出版社 1988 年版。
⑥ 施国祁：《金史详校》。

取了开放政策，即由国家垄断改为“许民开采”。大定三年（1163）“制金银坑冶许民开采，二十分取一为税”[①]。即由冶户自行开采金银铜矿，国家向冶户从矿产品中抽取二十分之一即5%的税额，其余95%任由冶户自行处理，或卖与国家，或卖与民间，或自行铸造金银器物。值得注意的是金代“二十分取一为税”比北宋王安石变法时的“二八抽分”制还要低15%，如此低的税额，对于冶户来说的确具有极大的诱惑力，从而推动了矿冶生产的发展。大定五年（1165）进一步放开，规定“听人射买宝山县银冶”[②]。这里虽然是一个县的银冶“听人射买”，却有普遍性的意义，这一规定表明金代初步确定了冶户与国家的承买关系，税率依旧。以此为契机，到大定十二年（1172）就彻底放开了，“诏金银坑冶，恣民采，毋收税”[③]。让冶户任意开采，连5%的低税也不收取了。金世宗认为：“金银，山泽之利，当以与民，惟钱不当私铸。今国家财用丰盈，若流布四方与在官何异?”[④] 这是藏富于民的观点，殊为可贵。在世宗这一观点指导下，大定二十七年政府又颁布了一个加惠农民的政策，“听民于农隙采银，承纳官课。”[⑤] 这里的“民”不是指采矿专业户——冶户，而是指农民，政府为了使他们也得到一些利益，准许他们在农隙时采银，只是抽税的办法不同，采取课额制。虽由于史料缺乏，无从知道税额的比例，但有5%的低税比照，想来不至于太高。

由于金政府采取了承买和低税率政策，极大地刺激了冶户开采的积极性，国家因低税广收，反而获得了巨额金银，明昌二年（1191）“天下见在金千二百余铤，银五十五万二千余铤”[⑥]（不排除有南宋的赔款在内）。

也许是由于库藏太丰，不需继续开采了，提刑司提出了与以往政策背道而驰的建议：“封诸处银冶，禁民采炼。”[⑦] 但实际上是禁止不了的，虽“有禁之

---

① 《金史》卷四九《食货志》四。
② 《金史》卷五〇《食货志》五。
③ 《金史》卷五〇《食货志》五。
④ 《金史》卷四八《食货志》三。
⑤ 《金史》卷五〇《食货志》五。
⑥ 《金史》卷五〇《食货志》五。
⑦ 《金史》卷五〇《食货志》五。

之名，而无杜绝之实。”[①] 于是过了两年，御史台奏请恢复以前的开放政策，“请令民采炼随处金银铜冶”。金章宗命尚书省讨论，宰臣们认为：“国家承平日久，户口增息，虽尝禁之，而贫人苟求生计，聚众私炼。上有禁之之名，而无杜绝之实，故官无利而民多犯法。如令民射买，则贫民壮者为夫匠，老稚供杂役，各得均齐，而射买之家亦有余利。如此，则可以久行。比之官役顾工，糜费百端者，有间矣!”[②] 在矿冶开采的问题上，形成了两种意见的对立，有人主张开禁，有人主张封禁，最后经讨论还是继续开禁，这一主张之所以取得胜利，在于它符合了生产发展的要求。于是政府继续令民射买，并委派谋克和县令登记冶户，“召募射买”。又鉴于以往的弊端，禁止权要、官吏、弓兵、里胥参与射买。“令州府长官一员提控，提刑司访察而禁之”，监督执行[③]。由于政策对头，出现了普遍开采的兴旺景象，仅坟山、西银山两地就出现了 113 个银冶场[④]。

金政府的正确政策，既提高了矿产量，又使国家获得大量金银。为我国首次出现法定银币提供了物质基础。同时，由于95%的矿产品直接或间接地投放市场，既刺激了金银手工业的发展，又活跃了商品经济，真可谓一举数得。

至于金银器物的制造业，由于史料缺乏，还不清楚，但有制造金银首饰的私人作坊则是可以肯定的。在金上京（今黑龙江省阿城县南白城）出土的银镯内侧和银锭上，打印了“上京翟家”、“翟家记”字样，无疑这是私营作坊了。

二、铜、铸钱业

金代的铜主要用于铸钱，由于北宋高度发达的商品货币经济的影响，女真人统治北中国以后，商品经济也迅速发展起来，对铜钱的需求也就猛然增长，但铜钱的主要原料——铜，金代奇缺，因此，自正隆二年开始铸铜钱以后，金政府就千方百计筹措矿源。从大定初至大定十六年（1176）政府一方面派出

---

① 《金史》卷五〇《食货志》五。
② 《金史》卷五〇《食货志》五。
③ 《金史》卷五〇《食货志》五。
④ 《金史》卷五〇《食货志》五。

工匠、民夫，万里迢迢，“逾天山北界外采铜”，并在中原地区大力找矿，“命尚书省遣使诸路规措铜货”，“遣使分路访察铜矿苗脉”，甚至规定“能指坑冶得实者，赏”①。另一方面大量收括民间铜器。大定初年，对民间铜器除准许保留的日用品和装饰品及神器外，其他一律送官，“给其直之半”。为防止民间销钱铸器，规定民用铜器和装饰品一律实行官造官销，并由政府统一定价，严禁民间私造。经过十几年的筹措和“射买”、征税率政策得当，政府已掌握了相当数量的净铜，于是在大定十八年准备继续铸钱。在中央由尚书省总负其责，下设各铸钱监，具体组织实施铸钱事宜。每一监由皇帝直接指派一名相当于节度使一级的官员前往监制。大定十八年（1178）在代州设阜通监铸钱，结果质量不好，“所铸斑驳黑涩不可用”，气得金世宗将两位监制人李天吉和高季孙“削官两阶，解职”，还打了高季孙八十大板②，另派工部郎中张大节、吏部员外郎麻珪监铸，“其钱文曰‘大定通宝’，字文肉好又胜正隆之制，世传其钱料微用银云”③。质量如此之好，反映了金代铸钱技术之进步。但是大定钱质量虽好，产量并不高，两年才“铸至万六千余贯”。于是大定廿七年（1187）又在曲阳设利通监，与阜通监两监铸钱，年产量迅速上升到 14 万余贯④。与同时期的南宋年铸钱量相仿。宋代，铜主要产自南方，南宋当然应多铸钱，而仅与金铸造相等，这一对比深刻地反映了金的铜冶政策优于南宋。从正隆到大定廿七年（1187）前后共设五个监，即中都路的宝源监、宝丰监和京兆路的利用监、代州的阜通监、曲阳县的利通监。各监的生产情况因缺乏文字记载，还不清楚。但据张世南《游宦纪闻》记载北宋蕲春监的铸钱过程，得知要经历三道工序，即砂模作、磨钱作和排整作。料例（钱的原料）除铜外还有铅、锡，金代铜钱还要加些白银。此外高温熔铸矿产品需炭。料例和炭均需从产地运到铸钱监，金代运输均以科差抑配，“非所愿也，其顾直既低，又有刻剥之弊，而相视苗脉工匠，妄指人之垣屋及寺观谓当开采，因以取

① 《金史》卷四八《食货志》三。
② 《金史》卷四八《食货志》三。
③ 《金史》卷四八《食货志》三。
④ 《金史》卷四八《食货志》三。

赌"[①]。弊漏环生。造成铸钱成本极高。在大定年间，由于经济繁荣，政府财力充裕，对铸钱采取高补贴政策积极铸造。章宗大定廿九年（1190）阜通、利通两监，"岁铸钱十四万余贯，而岁所费乃至八十余万贯"[②]，成本高达币值的5.7倍。而北宋铸钱平均获利50%左右，金代铸钱成本如此高昂，成为政府无法承受的负担，章宗决定罢铸。后虽曾铸"明昌通宝"和"承安通宝"，但铸量极少，已不足以支持国家财政了。

第二节　纺织手工业

女真人善织布有悠久的历史，其先祖在靺鞨时代已有生产细布的记载，《大金国志·初兴风土》称：女真"地饶山林，田宜麻谷，土产……细布"[③]。《女真传》载"其市易则惟以物博易，无钱无蚕桑，无工匠"[④]，说明早期女真人主要以麻为原料织布，尚未种桑养蚕，既无工匠，也没有手工作坊，皆是自织自用。我们从《大金国志·男女冠服》记载，可知其布有多种：

> 土产无桑蚕，惟多织布，贵贱以布之粗细为别。又以不毛之地，非皮不可御寒，所以无贫富皆服之。富人春夏多以纻丝绵绸为衫裳，亦间用细布。秋冬以貂鼠、青鼠、狐貉皮或羔皮为裘，或作纻丝绝䌷，贫者春夏并用布为衫裳，秋冬亦衣牛、马、猪、羊、猫、犬、鱼、蛇之皮，或獐、鹿皮为衫。袴袜皆以皮。
>
> 至妇人衣曰大袄子，下领如男子道服，裳曰锦裙。〔裙〕去左右各阙二尺许，以铁条为圈，裹以绣帛，上以单裙笼之。[⑤]

根据上述记载，可知女真人的服装可分为两大类，一为皮制服装，一为麻织服装，即粗布、细布、苎丝（用苎麻纤维织成，因其洁白有光泽故称）和绵绸（即棉布）。品种如此之多，说明其纺织手工业分工较细，已普及到家家

① 《金史》卷四八《食货志》三。
② 《金史》卷四八《食货志》三。
③ 《大金国志》卷三九。
④ 《大金国志》附录。
⑤ 《大金国志》卷三九。

户户。入主中原以后，统治者又硬性规定每户定量种植桑枣，又从中原向内地迁去大量工匠，于是先进的纺织技术传到东北地区，从来不事蚕桑的女真人也学会了种桑养蚕，大约在章宗明昌年间，东北地区的纺织业开始发展起来，他们才穿上了真正的丝绸服装。

北宋时期的青、齐、河朔是著名的产绢地区，产量既多，质量又高，有“河北衣被天下”[①]“从来河朔富桑麻”[②] 之美誉。契丹人称之为“绫绢州”[③]，与蜀锦并列为全国头等产品[④]。辽之析津府是“绵绣组绮，精绝天下”[⑤]，单州成武的织纱，“望之若雾”[⑥]，亳州“轻纱若蝉翼”[⑦]，定州的刻丝更是首屈一指，都可称作特种手工艺品。

金代以北宋高度发展的纺织手工业为基础，在经济恢复时期，纺织业也逐渐得到恢复。虽然由于长期战乱导致生产凋敝、工匠流失，而远未达到北宋繁盛的局面，但从户调所纳丝、绵、绢、帛等纺织品推测，金代包括东北地区在内，与农业相结合的家庭纺织手工业已恢复得相当普遍，有的已形成地方特色，如东京辽阳府产师姑布，中都路的涿州产罗、平州产绫，此两种均为贡品。河北东路的河间府产无缝绵。山东西路的东平府盛产丝、绵、绫、锦、绢。大名府路的大名府产绉、縠、绢。河南东路的平阳府产卷子布，相州产缬(彩色的丝织品)。山东嘉祥县成氏则是上述家庭纺织手工业比较典型的例子。成氏自五代梁唐历十余世，到金大定初年，发展为三四百人的“巨族”，像这样一个素有“郡邑豪士”之称的大家族，何以能够“积年殷富”呢？成氏“上下十世”，只有70岁以上的三位老者，补过三个散官，因而不可能靠权势发财，亦未经商，而是靠种田为主。“以农□□（拟为“为业”二字），勤俭有节”，此外，“妇女治蚕丝麻枲，以制衣服”。很明显，成氏巨族的纺织业是

① 《宋史》卷一七九《食货志下》一。
② 曹勋：《松隐文集》卷一七《过真定》。
③ 晁补之：《鸡肋录》卷六二《张洞传》。
④ 太平老人：《袖中锦》把东绢列为全国第一。
⑤ 《宣和乙巳奉使金国行程录》，载《大金国志》卷四〇。
⑥ 庄季裕：《鸡肋篇》上。
⑦ 张诙：《乖崖集存》卷一《筵上赠小英》。

与农业紧密结合的家庭手工业，惟如此，“虽有荒焉”，也不致“罹冻馁之灾”[1]。当然不排除有部分纺织品在满足家族所需之余投入市场的可能，但与那些以买卖为目的的商品生产似不可相提并论。

由于纺织手工业的发展和丝织品的丰富，金政府把丝织品作为各级官吏的俸给，从王公大臣到九品外官，乃至猛安谋克直到最下层的阿里喜，其年俸中都有几十匹乃至几百匹数量不等的罗、绫、绢、绵。至于太子后妃将绫绢作为赏赐品馈赠则更不在话下。如此大量的消费并没有满足民间纺织手工业的市场需求，于是大量的优质绢又行销到南宋市场去，以换取南宋的铜钱和食粮。由于绢的产量多，价格也很便宜，故生意极好，成为金宋榷场的主要商品。

金统治者除了征收户调、收购各类纺织品以供皇室及官员的种种需要之外，还在真定、平阳、太原、河间和怀州等著名丝织品产地设置作坊，称绫锦院。主要生产绵、绮、纱、縠等高档产品。绫锦院隶属都转运司。此外，还有裁造署、文绣署、织染署等丝织品加工手工业作坊，均隶少府监。裁造署主要裁造“龙凤车具、亭帐、铺陈诸物，宫中随位床榻、屏风、帘额、绦结等，以及陵庙诸物并省台部内所用物”[2]。裁造署拥有裁造匠6人，当属技术工人，由他们将原料裁剪好后再由一般工人即女针工缝制。女针工共37人。文绣署绣造御用并妃嫔等服饰及烛笼罩道花卉。有绣工1人，即绣女都管，都绣头1人，副绣头4人，绣女496人，按技术水平分为两等，上等70人，次等426人，还有见习工若干人。织染署主要是织纴、色染诸供御及宫中锦绮币帛和纱縠。明昌七年并入祗应司。文思署造内外局分印合、伞浮图金银等尚辇仪鸾局车具亭帐和织染署、文绣署所用的金线。[3]

像文绣署这样的加工作坊，所雇用的工匠竟达500人之多，那么织造技术和工序更为复杂的绫锦院其雇用的工人和规模当大大超过此数，其产量也肯定较多，但由于产品主要供给皇室和臣僚所需，因而不具有商品生产性质。

纺织手工业的生产管理及其内部生产诸关系的状况由于资料缺乏，尚不能

---

① 《金文最》卷八六《成氏葬祖先坟茔碑》。
② 《金史》卷五六《百官》二、卷五七《百官》三。
③ 《金史》卷五六《百官》二。

作出较为全面的分析，仅从《金史·百官志》记载可以看出：官纺织手工业作坊的工匠是采取雇佣制，官方以月或日计酬。又根据每人的技术水平和劳动效率以及所承担的责任大小，薪饷有所不同。以文绣署为例，管理官员设署令（从六品）、署丞（从七品）和直长（正八品），署令、署丞主要负责组织生产，如原料的选择，各类服饰的规格、质量等。直长管理工匠。工匠中设绣女都管一人，是技术水平最高超者，下设都绣头、副绣头数人，他们是在直长领导下管理女工的工头。管理人员和绣工酬劳如下：绣女都管钱粟五贯石，都绣头钱粟四贯石，副绣头三贯五百石，中等细绣人三贯石，次等细绣人二贯五百石，习学本把正办人（学徒工）钱支次等之半，描绣五人钱粟三贯石。按月支付。至于纺织手工业工匠的身份因资料阙如，尚不太清楚。但从各类工匠均发月俸可以看出其身份和地位必定高于工奴。这是因为：第一，工匠与官方是雇佣关系，因此在法律上有人身自由，这就与作为奴隶主私有财产的奴隶大不相同。其次，工匠的生存权在一定程度上受到国家的保护。大定二十三年四月（1183）世宗处分了一个祁州刺史大磐，原因是他“无罪掠死染工，妄认良人二十五口为奴”，结果“削官四阶，罢之”[1]。大磐的父亲大臬是屡立战功、位至太师的金代四朝重臣，金世宗居然把大磐削职罢官，固然说明世宗的清明，但也着实反映出金代中期工匠身份地位的巨大变化和提高。

第三节　陶瓷手工业

瓷器的制作是我国古代独创的一种手工艺，经过长期发展，至宋代，瓷窑的规模、产量、品种、制作技术和工艺及其海外贸易，均超过了前代而达到一个新的高峰。金代继承了宋瓷的这一优势，在世宗大定年间，制瓷业逐渐得到恢复，在总体上虽未达到宋代的繁荣和辉煌，但在制作方法、品种等环节上则有创新和突破。

由于文献记载极少，我们只有从建国以来的考古发掘报告中作如下分析：

东北地区：在辽宁抚顺有大官屯窑和辽阳江官屯窑，上京会宁府也发现陶

---

① 《金史》卷八《世宗纪》下。

窑遗址。大官屯和江官屯两窑是在辽代窑址基础上发展起来的，大约与金国的存亡相始终。由于距两窑不远的抚顺富藏煤矿，故两窑就以煤作燃料，其产品除建筑用砖瓦之外，主要是生活用品，以碗、盘、碟为最多，其次是瓶、罐、壶等。值得注意的是瓶、壶、罐等器物多附有双系、三系或四系耳，是东北地区瓷器造型的突出特点。这是由于女真人骑马狩猎、交通运输便于背挂携带。但器物的工艺则比较简单、粗糙，胎质厚粗，含杂质，击之音色粗哑。釉色有黑、白、酱、绿等色，由于采取蘸釉法，烧技落后，釉面普遍污浊不纯。其烧制方法是将许多窑柱（亦称窑棒、砂缸腿）均匀地排列在窑床上，底部以耐火材料加以固定，顶部放置方型垫砖，垫砖上再放圆型垫饼，然后将毛坯支放在垫饼上，即可烧制。这种烧法的最大缺点是火焰与瓷坯直接接触，瓷坯承受的温度不均，造成釉面污浊，器物变形，其技术水平远落后于中原地区。但也有个别造型独特的成品，如辽宁省彰武公社出土的一件白釉黑花葫芦形壶，壶身上部有黑色点线组成之菱形图案，腹下有一圈浮雕莲瓣，壶咀上塑一老人骑流而坐，不失为风格独特的艺术珍品。①

中原地区：陶瓷业继承了北宋高度发展的优势并有所创新，但由于金世宗以前，几十年间处于和战不定状态，不少窑匠南逃，窑址荒废、破坏，生产迟迟不得恢复，直到世宗大定初年宋金和议实现，金政府采取鼓励生产措施，陶瓷业才渐渐地恢复起来。形成规模生产的有河北曲阳定窑、邯郸观台窑、河南禹县钧窑和陕西铜川市耀州窑等，现分别叙述之。

定窑。继承了北宋定窑生产技术。其窑址在河北曲阳磁间村一带。赵光林、张宁先生认为：从大同市南郊金墓遗址出土的瓷器看，胎质细白，釉调润泽多呈乳白色，制作规整精巧，装饰技法绚丽多姿，有的釉面作泪痕斑斑状，刻画花常常在轮廓线的一侧或两侧以细线衬托，借以增强纹饰的立体感，是典型的定瓷系风格。除复杂器物采用覆烧法外，简单器物多采用砂圈叠烧法，这是金人的创新。其法是在坯胎施釉后，将器物的内底部位先刮去一圈釉面，使其形成漏胎环，然后将器物之无釉底足放在砂圈上，一个个叠放，由于相叠双胎坯的底足均无釉，就避免了接触面焙烧后的粘结，既减少了工序，又提高了

---

① 参考赵光林、张宁：《金代瓷器的初步探索》，载《考古》1979年第5期。

工效，凡不带纹饰的粗略器物均采取叠烧法。金代耀州窑、淄博磁村窑以及金代遗址出土的瓷器中发现不少用砂圈叠烧法者，可见此种方法由于成本低，产量高而得到普遍推广。①

观台窑。在今河北省邯郸市峰峰矿区的观台镇，系北宋著名民窑磁州窑窑址之一。观台窑继承和发扬了北宋磁州窑系的风格。釉色有白釉、黑釉、白釉黑底、酱色釉和黄绿色釉等，以白釉黑花为最好。胎质坚细。器形有碗、盘、罐、碟、盏托、酒盅、瓷枕、花瓶、三足炉等，花纹以划花为多，还有剔花、绘花，花纹和图案富于生活情趣，活泼清新，笔法流畅。惟黄绿色釉似为分两次烧成，由于火候未掌握好，胎釉结合不好，脱落严重。磁窑在北宋时，河北、河南、山西一带已形成磁窑系，其中以河南修武县当阳和汤阴县鹤壁集二窑的风格最为典型。迨至金代，将这种风格发展到较高水平。这从中国历史博物馆收藏之金代白釉黑花罐和上海博物馆收藏之白釉黑花虎鸟纹瓷枕以及河北省博物馆入藏的白釉黑花鸭荷纹瓷瓶，无论造型或装饰艺术均可说明这个问题。②

钧窑。钧窑是北宋初年在钧州建立的官窑。瓷器制法是将瓷坯悬在窑中焙烧而成。以釉色见长，故无其他装饰，素烧之后上釉特别厚。由于配料中含有铜的化合物，经过焙烧就出现胭脂红这种鲜艳的颜色，称作窑变。各种釉色以“红若胭脂、朱砂为最，青若葱翠，紫若墨者次之”③。又因窑中温度变化，釉流入胎上裂纹中，鉴赏家称这种花纹为“蚯蚓走泥”，是钧窑的一个特色。北京大葆金代遗址中青釉葵瓣小碟，胎白坚硬，里外施青釉，底无釉。④ 还有一种钧釉碗，敛口，深腹，圈足，橘红胎，质坚而粗，里外施天蓝釉，有棕眼，底和圈足无釉，此外在辽宁省辽阳金墓、山西侯马金墓遗址中均有钧瓷发现。但与定窑相比，可能因悬烧、窑变等技术难度较大，产量似亦不多，迄今在金代遗址中发现甚少。

---

① 大同市博物馆：《大同市南郊金代壁画墓》，载《考古学报》1992 年第 4 期。赵光林、张宁：《金代瓷器的初步探索》，载《考古》1979 年第 5 期。

② 赵光林、张宁：《金代瓷器的初步探索》，载《考古》1979 年第 5 期，本节多参考赵文之分析。

③ 文震亨：《长物志》。

④ 《北京大葆金代遗址发掘简报》，《考古》1980 年第 5 期。

耀州窑。该窑最早是唐代的一座民窑，在今陕西省铜州市黄堡镇，到北宋时由烧制白瓷和黑瓷改为青瓷，花纹装饰有刻花、印花两种，都很精美。发展到金代，釉色以姜黄色青釉为主，也兼烧黑釉、酱色釉和白釉黑花。在大同市南郊金代壁画墓中有耀窑青瓷盅一件，“侈口圆唇、斜腹、小圈足。内腹印花，为繁缛的缠枝纹，口沿外侧饰凹弦纹一道。胎色青灰，十分坚硬，器身通体施青釉，釉层较厚，但厚度均匀，釉色润泽，釉层中含有均匀的微小气泡，圈足底面釉层极薄”①。此外在北京大葆金代遗址中发现有黑釉大罐、黑釉小罐，均为黄白胎，“质坚细，外壁施黑釉不到底，内壁亦施黑釉，釉色光亮厚重”②。值得注意的是该窑址发现有制瓷工作间，晾坯场，窑炉和大量瓷片。在工作间地表，发现有埋置的陶缸，缸内装有坩土粉末，当是搅拌瓷土之用。该遗址共有窑炉三座，分设窑门、火膛、窑床、烟筒，以煤作燃料。在烧作技术上多采用砂圈叠烧。此外在侯马金大安二年董玘坚墓遗址及北京通县金大定十七年石宗壁墓遗址中皆有耀窑瓷出土。可惜当时由于蒙古军侵犯，金蒙开战，黄堡镇“镇址窑场均毁于火”，有 600 年悠久历史的耀州窑“遂尔失传”③。

磁村窑。位于今山东省淄博市淄川区南的磁村，据赵光林、张宁先生研究，产品以白瓷为主，也有白釉黑花、黑釉、白釉黑边、酱色釉等，器形以碗盘较多，还有碟、盏托、盆、俑、儿童玩具等。饰纹除剔纹、刻纹外，还有篦纹、加彩、绞釉，这是金代磁村窑的创新。特别是黑釉起白线纹器物是磁村窑中最具特色者。

此外徐淮地区的安徽肖县的肖窑、宿窑和泗窑。肖窑采用托珠支烧法，即以托珠代替支钉，这在金代其他窑址中少见。④ 三窑产品均富有定窑、磁州窑的风格。

从以上叙述中可以得出几点认识：（一）金代的瓷窑业继承了宋代瓷窑业高度发展的技术水平，在烧制方法上由覆烧法发展到砂圈叠烧，质量好，产量

---

① 大同市博物馆：《大同市南郊金代壁画墓》，《考古学报》1992 年第 4 期。

② 《北京大葆金代遗址发掘简报》，《考古》1980 年第 5 期。

③ 《铜川县志》卷一三工商条。

④ 赵光林、张宁：《金代瓷器的初步探索》，载《考古》1979 年第 5 期。

高，是金代烧瓷技术的重大发展。定、钧、耀、肖等窑均在北宋的基础上保持并形成了各自的风格，在形制和花纹的绘制上显示了金代高度的艺术水平。（二）东北地区的瓷窑业无论其规模和产品质量均未达到中原水平。中原地区窑场分置最多者要数今山西地区，大大小小不下60余处，且深受钧、定诸窑风格的影响，这是由于山西地区自被辽占领后200年间未经历战争的破坏，瓷业发展较快。此外，很可能两河人民为逃避战火而纷纷出走，其中不乏瓷窑匠人，带着他们先进的技术汇集于此，使这一地区的瓷器体现了其他诸窑系的风格。惟瓷业内部的生产诸关系，因资料缺乏，尚不太清楚，只有留待以后再作研究了。

第四节　雕版印刷业

雕版印刷是一种特殊的手工业生产。它在两宋300年间已经有了很大的发展，特别是庆历年间毕昇发明活字印刷术及其在南宋淳熙、绍熙年间的实际应用[①]，将我国印刷技术推向了高潮，在全国形成了汴京、杭州、蜀和福建四大刻刊和印刷中心，引出了官方和私家大规模刻书的时代。

金代的雕版印刷业在北宋的基础上也逐渐恢复起来，及至金世宗、章宗时期，已形成了中都、南京、平阳和宁晋等四大刊刻中心。

中都的刊刻业主要在国子监，称监本，当然是官作坊。刻书主要内容有藏经、医书、文集、字典、诗文、戏文。赵城藏经原有7182卷，从皇统八年（1148）至大定十三年（1173），共雕刻了25年始成。国子监还大量刻印经史，作为教材，供各地学校学生习读。

平阳，是金代雕版印刷恢复最早且最为发达的地区，主要原因是平阳地处山西南部，金灭辽后再未遭干戈之苦，“故书坊时萃于此”[②]。其次，平阳盛产枣木和梨木，木质坚细，不受气候干湿影响而变形，是雕刻最为理想的木料。平阳还生产一种质地极好的以麻为原料的绵纸，薄软而富于韧性，雕版印刷时

① 参见漆侠：《宋代经济史》下册第二十章。
② 叶德辉：《书林清话》卷六。

极易吸墨而不破损，是金代闻名遐迩的上品。此外，太原有造墨场，供印刷之用。有此三者，平阳的雕版印刷业便迅速发展起来，出现了许多私家书坊和书铺，也涌现出许多著名的刻印商人，如李子文、张存惠等，前者刻印王朋寿《增广类林》等书，后者刻有《滏水文集》《丹渊集》《通鉴节要》等书。当地的地主、官僚们则“家置书楼，人蓄文库”，蔚成风气。平阳刻书，雕刻精致，“镌印极精”，是金代水平极高者。瞿镛在《铁琴铜剑楼藏书目录》中称：“金本地理图中有款一行曰：平水（按即平阳）刘敏仲编。盖即校刻之人也。每半页十三行，行大字二十六至二十九不等，小字皆三十五。蝇头小楷，雕镂极工，虽南宋精槧不能及也。”近年来从西夏黑水城遗址发现的大批金代平水刻本亦足以佐证。平水本的另一特点是除刻字外，还刊刻优美的版画和人物像，如赵飞燕、班姬、绿珠、王昭君等，人物形象生动活泼，极富神韵。我国木版镂雕，从最早的佛教经典到金代的人物图像，乃是版画雕刻史上一个重要的变化，无疑开启了元刻平话附图及明传奇附图之先河。

金代的雕版印刷还承担印刷纸币——交钞的任务。由户部属下的印造钞引库统一组织雕版印刷，工夫细微、考究。

金代的雕版印刷业的兴盛，与商业经济、城市生活、文化艺术的发展和繁荣密切关联，两者相互促进，又相互制约。尽管金代的雕版印刷业相当繁荣，但由于资料缺乏，对于官营和私营书坊、书铺的规模、经营情况及其内部诸关系尚不很清楚。此外，毕昇的活字印刷，虽然在金建国五六十年前就问世了，但在金尚未发现应用活字印刷的记载。这些都有待于进一步发掘和研究。

第五节　制盐业

盐是人们日常生活中与粮食同等重要的必需品，盐利在国家财政中占有极重要的地位。历代王朝都把盐利置于自己的控制之下，从生产到销售都加以干预。汉武帝确立了封建国家对盐的专利制度。唐代的盐利占国家赋税收入之首，辽宋时期制盐业有极大发展，金承辽、宋之制，十分重视盐业经营，加强了国家对盐利的控制。《金史·食货志》称：榷货之目有十，“而盐为称首”，

“国家经费惟赖盐课”[1]。可见盐业在金代财政中地位之重要了。

一、盐的种类和生产方法

我国盐的品种大致有四：形成于盐池之中者谓之池盐或颗盐，煮海水而成的谓之海盐或末盐，熬盐井之水而成的谓之井盐，在崖岸上自然生成的谓之崖盐或岩盐。金代由于地理资源所限，主要是池盐和海盐两种。

池盐。依靠风吹日晒，蒸发盐水的水分，结晶成盐。我国淮水以北地区，由于春天少雨、秋季凉爽，是池盐生产的极好自然条件。其生产方法据《太平寰宇记》《陶朱新录》记载：沿大渠两旁，垦田为畦，将渠中盐水引入盐畦，谓之“种盐”。夜晚灌入，白天风吹日晒，蒸发水分，结晶一层，而用耙将盐推到畦塍上，以利于下面的盐水结晶。例如解州，地理条件得天独厚，春三四月份，有“盐南风”，“每日暮引渠水平畦，次日昧爽前即有大风起于池上，谓之‘南风’，天欲明风止，畦水皆成盐矣。”[2] 大致每年三、四月和八、九、十月为种盐的最好季节，每年两种两收。金代中原地区的池盐产地主要是解州，东北地区的产地是肇州、大盐泺和乌古里石垒部。

海盐又称末盐。海盐产地多在滨海地区。由于金代海岸线较长，沿海州县多产盐，故金代的盐以海盐产量最丰。产地主要是山东、北京、西京、沧州、莒州、宝坻等州县。

海盐的制作方法比池盐复杂多了。据《太平寰宇记》《西溪丛语》记载：先是犁取盐土，再将盐土集中起来，“经宿，铺草藉地”，再将盐土搬到草上成溜，每溜“大者高二尺，方一丈以上”。然后以锹作卤井于溜侧，由妇女、小丁执芦箕用海水灌浇于溜，则流入井的为卤水。[3] 用莲子来测得卤水的浓度，“以莲子试卤，择莲子重者用之，卤浮三莲四莲味重，五莲尤重”，十莲全浮者全收盐，半浮者半收盐；或者“以鸡子、桃仁试之，卤味重，则正浮在上；咸淡相半，则二物俱沉”[4]。试卤完毕，可用者，“始贮于卤漕，载入灶

① 《金史》卷四九《食货志》四。
② 乐史：《太平寰宇记》卷四六，马纯：《陶朱新录》；《宋会要辑稿》食货二四之三九。
③ 乐史：《太平寰宇记》卷一三〇。
④ 姚宽：《西溪丛语》卷上。

室”，注入广袤数丈的铁盒内，以石灰封盘角，散皂角于盘内，起火煮卤[①]。“一溜之卤，分三盘至五盘，每盘成盐三石至五石”，“既成，人户疾着水履上盘，冒热收取，稍迟则不及。收讫，接续添卤，一昼夜可成五盘。住火，而别户继之”[②]。金代煮盐用柴草，故盐场附近均植有成片的芦苇杂草，称草场。

二、盐场分布、盐课额及经营管理

金代原在东北地区的有肇州、大盐泺、乌古里石垒部几处盐场，及至统治中原后，盐场增至数倍，计有山东、沧州9场、莒州12场、宝坻2场、解州2池、西京、辽东和北京2场。[③]

金代的盐年产量无记载，从“七盐司旧课岁入六百二十二万六千六百三十六贯五百六十六文”之数[④]，按“旧法”（当在大定二十九年之前）之价，“有每斤四十一文者，四十三文者”，取中，每斤四十二文（足陌）换算所得，则在大定二十九年前（1189）岁课额约为148253251斤，私卖盐不计。

金代对盐业的管理制度大抵承袭北宋，官榷是管理的根本原则。金政府在全国设置山东、沧、宝坻、莒、解、北京、西京等七盐司，盐司之下设场，再下设务。为防止私煮盗卖及盐司使扰民，世宗于大定二十八年（1188）“创巡捕使”，山东、沧、宝坻各二员，解、西京各一员。[⑤] 巡捕使秩从六品，直隶尚书省，各给银牌，独立执行监督和缉私任务。

盐的官榷原则贯穿于盐的生产、流通全过程。但与北宋相比，国家对生产者的控制程度大为放松，北宋对生产者的控制除监督经营、课以盐税之外，还实行相当严密的国家直接经营体制中的劳役制，劳动者亭户形同服差役，身份较为低下，所受剥削极为沉重，在此情况下，亭户没有什么劳动积极性可言。金代则不然，至少在中原地区尚未发现劳役制的记载，而是采取国家监督、官给盐本、灶户纳税、商人运销的经营管理体制。国家对灶户，通过纳税和榷买

---

① 徐度:《却扫编》卷中。
② 《太平寰宇记》卷一三〇。
③ 据《金史》卷四九《食货志》四。
④ 据《金史》卷四九《食货志》四。
⑤ 据《金史》卷四九《食货志》四。

进行间接控制。如宝坻盐区，国家“先一岁贷支偿直，以优灶户”。灶户对国家“计口承课”。灶户一年收成后，先还清国家的贷支，然后以“计口”交足盐课，在上述开支以后还有余额，“则尽以申官”，由国家收购、榷买，灶户不得自由买卖，否则即以盗卖论处。[⑤] 国家控制虽然极严，但毕竟“课外有余”部分卖给国家后所得归己，这就比北宋的劳役制前进了一大步。当然，北宋的劳役制度仅是盐业经营的一种方式，且也是呈缩小和衰弱趋势。

盐的运销则由商人进行，商人为国家向边境运输入中粮草，边关收到后给以“公据”，商人凭“公据”到榷货务领取运输入中粮草价值的凭证——盐钞或引，商人持钞引到指定盐场取盐。钞引在这里起了钱的证券作用，实际上是在硬通货较为短缺的环境下发挥了一些信用货币的职能。

为便于钞引的兑现，盐司使又规定了本地区统一的计数单位，即袋、席、套、石等，如山东、沧、宝坻，以300斤为一袋，25袋为大套，10袋为小套，每套相当于一钞，每袋相当于一引；解盐则论席，250斤为一席，5席为一套；西京等盐场以石计，5石为大套，3石为小套；北京4石为大套，一石为小套，辽东10石为大套。均一套为一钞，一石为一引[⑥]。北宋一石为50斤，金代一石多少斤，尚难定论。总之，各盐使司的计量单位各不相同，各行其是，对盐的运输和贸易十分不便，所幸国家规定了统一的盐价计价单位——斤，换算起来就方便多了。

盐的营销。金承宋制，行盐有严格的地域划分，出界有禁，越境受罚。所以如此，是为了保护本地区的课利不被侵占。这种人为的分割是抑配盐课的产物，对商品经济的发展极为不利。我国古代这种特殊的盐政制度，为世界所无。

盐商将盐运到规定的行盐地区之后，并非自由买卖，而是由政府按户籍抑配百姓，每户“计口定课”向国家交纳盐课，领取食盐。

盐的价格虽各地不同，却概由政府厘定。这其中就大有文章。按承安三年（1198）十二月上调后的盐价为：

⑤ 《金史》卷四九《食货志》四。
⑥ 《金史》卷四九《食货志》四。

山东、沧州、宝坻	42 文/斤
西京	28 文/斤
解州	25.6 文/斤
辽东、北京	15 文/斤①

从各地的盐价看，山东、沧州、宝坻最高，西京、解州次之，辽东、北京两地最低。其所以如此，并非各地盐的成本高低有别所致，而是与女真人的民族歧视政策有关。山东河北主要居民是汉人，西京解州虽有汉人，但契丹、奚、女真人亦不少，辽东、北京主要是女真人、契丹人居住，所以价格最贱，是明显的优待。从所耗成本看，“每斤官本十文”②，则池盐成本应低于此数，但官府不问池盐、海盐之别一律为十文，这对池盐盐民很不合理；再从成本与价格之比看也有问题，各地斤价高于成本1.5~4倍，说明女真统治者沉重剥削了生产者，又剥削了消费者，特别是山东、河北高价区的汉民。于此亦可看出，汉族人民所承担的盐课比女真人要高得多。女真人除了享受价格优惠外，有些地区的女真人还享受免费食盐。大定十二年（1172）“诏西北路招讨司猛安所辖贫（户）及富人奴婢，皆给食盐。宰臣言去盐泺远者，所得不偿道里之费，遂命计口给直，富家奴婢二十口止。”③ 是说西北路招讨司所属的猛安谋克贫户和富人的奴婢非但不纳盐课，政府还免费给盐，后因路远，干脆由国家“计口给直”，倒贴盐钱，让他到近处买盐。可谓关怀备至。

产盐区的百姓除“计口定课”外，还要以人户资产的多少再纳盐钱，由于政府并不给盐，故称为“乾办盐钱”，这原是五代时的苛政，金政府为了“杜绝私煮盗贩之弊”，也因袭了这一弊政，结果是“民既输乾办钱，又必别市而食，是重费民财，而徒增煎贩者之利也”④。河东北路的乾办钱每岁高达10万贯，逼得“民多逃徙”⑤。

由于国家的榷盐制度严重侵夺了盐民的利益，盐民们为了餬口，便以低于

① 《金史》卷四九《食货志》四。
② 《金史》卷四九《食货志》四。
③ 《金史》卷四九《食货志》四。
④ 《金史》卷四九《食货志》四。
⑤ 《金史》卷四九《食货志》四。

官价的价格进行私卖，消费者利私盐之贱，多买私盐，故国家的盐课必然亏空。宰臣们经过反复讨论，认为应以压低官价并取消乾办盐钱来制止盐的私卖。户部尚书邓俨说："官价既贱，所售必多，自有羡余，亦不全失所减之数。况今府库金银约折钱万万贯有余，设使盐课不足，亦足补百有余年之经用。"礼部尚书李晏说："所谓乾办者，既非美名，又非良法。必欲杜绝私煮盗贩之弊，莫若每斤减为二十五文，使公私价同，则私将自已。"① 可是章宗皇帝为了攫取厚利，没有采纳这些正确的意见，将盐价仅从 38 文减为 30 文。仍高于成本 20 文。历史证明，只要有官私差价存在，私盐就禁止不了。因此，国家虽有严刑峻法，私煮盗卖不仅屡禁不止，甚至连猛安谋克军人、"管勾、监同与合干人互为奸弊"，以致"私煮盗贩成党，盐司既不能捕，统军司、按察司亦不为禁"②，成为统治者十分头痛的严重问题。这正是国家榷盐制度造成的不可克服的矛盾。

有一个贩卖私盐的特例是不能不提的。这就是解盐向南宋的走私。光化军、均州、房州等地居民在北宋时一向吃解盐，北宋亡后，他们是南宋的臣民，而解盐则属金人管辖，光、均、房等州百姓则仍然按老习惯只吃解盐不吃淮盐。金国盐商们抓住这个机会，压低解盐价格，向南宋这一地带倾销，官盐私盐一齐涌入，满载南宋铜钱而归。鉴于这种形势章宗终于同意，认为这是吸引南宋铜钱的好办法，乃于泰和八年（1208）断然下诏"沿淮诸榷场，听官民以盐市易"③。于是铜钱源源流向北方。而解盐的官私贸易自然极为活跃。可惜金代盐的自由贸易区仅限于"沿淮诸榷场"，其他地区依然如故。

---

① 《金史》卷四九《食货志》四。

② 《金史》卷四九《食货志》四。

③ 《金史》卷四九《食货志》四。

第十九章　金代的商业、贸易

第一节　城镇商业状况

前面已经述及，金国建立之前，完颜部已经统一女真诸部，进入阶级社会。但是，这个时期，不论是女真诸部之间，还是女真同邻近的契丹等族之间的交换，均处于以物易物的状态，没有使用金属货币。诸如在宁江州（今吉林省王家站）榷场上，女真人以自己的土特产北珠、人参、生金、松实、白附子等与契丹人交易[①]，或者女真人“来易于辽者，道路缀属”[②]，以及“由苏州（今辽宁省金县）泛海至登州卖马”[③] 等等，大抵是以其所有而易其所无，“以物博易”[④] 的。这种情况，直到1125年即金建国后10年，在女真人居住的松辽地区，仍未改变。北宋使臣许亢宗在其出使金国的行程录中写道：“第三十六程……五里至句狐寨，自此以东，散处原隰间尽女真人，更无别族，无市井，买卖不用钱，惟以物相贸易”[⑤]。这就是说，在女真族聚居的地区，手工业、商业还没有从农业中分离出来，社会上还没有出现独立的商人，因而也就“无市井”，更不可能以金属货币作为等价物了。即使在富裕家庭的

---

① 叶隆礼：《契丹国志》卷一〇。
② 《辽史》卷六〇《食货志》。
③ 《三朝北盟会编》卷三。
④ 《大金国志》卷三九。
⑤ 《宣和乙巳奉使金国行程录》，载《大金国志》卷四〇。

婚嫁中也不过是“以牛马为币”而已[①]。

金建国后，随着对辽宋战争的胜利，占据了淮水以北广大地区。这一地区的商品货币经济曾经十分发展，已经形成了由城市、镇市和墟市构成的多层次、网络状的地方市场，并且出现了由若干个地方市场形成的区域性市场。以汴京为中心的北方市场即是宋代四大市场之一。在战争过程中，由于女真贵族的掠夺烧杀，使辽宋故地的社会经济受到很大破坏，商品货币经济一度倒退。但这些地区有着女真贵族所需要的包括手工业产品在内的各种社会财富，尽管女真族尚处于“无市井”、“无货币”的低级阶段，但他们不可能绝对排斥商品生产，而是需要商品生产为它服务。因此，女真统治者越是向商品经济发展的地区推进，就越必须适应那些地区的经济生活。这就是被女真金国统治的辽宋故地商品经济得以较快恢复的内在原因。

金代中原地区商业的恢复和发展，以城镇的恢复和兴盛为重要标志。海陵王执政后，大力修复和新建燕京、汴京等辽宋著名都会，并积极营建各路府州首善之地，使之成为既是政治中心又是商业、文化中心。随着各中心城市的恢复，以贸易交换为目的的城镇、墟市也陆续恢复起来。正隆六年（1161）海陵王“诏汝州百五十里内州县，量遣商贾赴温汤置市”[②]。温汤不过是汝州梁县境内的一个小村，地处北宋最为发达的北方市场区域之内，所以完全有条件召集州内商贾来此开辟一个新的市场。较能说明金代中原地区商业恢复和发展的要数宝坻县的创建。宝坻县远在隋唐时代不过是一个滨海小镇，名新仓镇，历经几百年，几度兴衰，到海陵王天德年间以其盛产海盐，加之水上交通便利而迅速兴旺起来。时人刘晞颜在《创建宝坻县碑》中写道：

> 于时居人市易，井肆连络，阛阓杂沓。……河渠运漕，通于海峤，篙师舟子，鼓揖扬帆，懋迁有无。泛历海岱青兖之间，虽数百千里之远，徼之便风，亦不浃旬日而可至。……其富商大贾，货置丛繁，既迁既引，隐隐展展然，鳞萃鸟集，鬻者兼赢，求者不匮，大率

① 《大金国志》卷三九。以牛马作聘礼，并非真以牛马作货币。参见洪皓：《松漠纪闻》。
② 《金史》卷五《海陵纪》。

资鱼盐之利。[①]

如此繁荣的商业景象，“虽名县，不是过也”[②]，于是金世宗在大定十一年（1171）冬到此巡视之后，就下诏升格为县的建制。如何命名呢？“谓盐乃国之宝，取如坻如京之义，命之曰宝坻，列为上县”[③]，居民发展到一万五千户[④]。“岁入课利，通计一百三十余［万］贯”[⑤]（笔者按：余后漏“万”字，查《金史·食货志四》载，明昌元年十二月，宝坻课岁“旧入八十八万七千五百五十八贯六百文，增为一百三十四万八千八百三十九贯”。据此，应为“通计一百三十余万贯”）。此外如“原原百货积，井井三壤赋”的河东上谷则是各路商品出入山西的集散之地[⑥]。

至于东北地区，在海陵王执政前，一直是金国政治、军事、经济重心所在，被视为“内地”而着意经营。随着1141年宋金绍兴和议达成，华北、东北地区均在金国的统辖之下。这种北方一统的局面，十分有利于中原地区向东北地区通商，并从而带动了东北地区商业由物物交换向货币交换飞跃发展。会宁府的兴盛很能说明这一问题。会宁府是上京路治所，最初是女真各部落长活动的中心村寨，谈不到有什么商业活动。金太祖在此称帝建都，太宗即位后，开始营造扩建，至熙宗时已发展成较为完备的宫殿建筑群。1153年海陵王迁都燕京后，统治中心虽然转移，但这里仍然是五京之一，许多宗室贵族聚居于此，除了官署和驻军以外，还有许多寺院、学校，有冶铁、铸造金银器物及陶窑等官私手工业作坊，到金中后期有居民3万多户[⑦]，俨然一个新兴的大都市了。从会宁府出土的60余件铜镜来看，有不少系会宁府制造的金代铜镜，还有一部分则是从中原传入的北宋铜镜[⑧]，足见与中原地区商业交换之兴盛。

此外，女真统治者出于边防目的，在今黑龙江、松花江流域建立许多边

---

① 《金文最》卷六九，刘晞颜：《创建宝坻县碑》。
② 《金文最》卷六九，刘晞颜：《创建宝坻县碑》。
③ 《金文最》卷六九，刘晞颜：《创建宝坻县碑》。
④ 《金文最》卷六九，刘晞颜：《创建宝坻县碑》。
⑤ 《金文最》卷六九，刘晞颜：《创建宝坻县碑》。
⑥ 《中州集》丙集第三，刘迎：《上谷》。
⑦ 《金史》卷二四《地理志》上。
⑧ 景爱：《金上京出土的铜镜研究》，载《社会科学战线》1980年第2期。

堡，为商业活动提供了极好的场所。在会宁府以北百公里的边防重镇肇东八里城遗址出土的79枚钱币，除了3枚为金代钱币外，其余均为北宋钱币。由此可以推测，商业活动已深入到遥远的边境地区了。

东北地区商业发展如此迅速，与道路交通方便有极大关系。女真统治者为加强对中原的统治，自太宗开始，建立通往各地的驿站，天会二年（1124）“自京师至南京（即燕京）每五十里置驿”[①]，以上京会宁府和东京辽阳府为中心，开通了两条通往燕京的交通路线，两府所属各路州之间又有道路相互贯通，形成了十分方便的交通网络，为东北地区内部以及东北与中原地区的商业活动提供了极为方便的条件。

近年来在今吉林斡安县、松花江两岸、黑龙江的肇东、兰溪、阿城县、辽宁的绥中县以及旅大市的金县等金代遗址出土的文物中，就有河北定窑系的乳白瓷器和福建龙泉系以及均州、磁州等地的瓷器，还有与中原十分相似的大铜釜、铁铧、铁锅等生产工具和生活用具，以及大量的两宋铜钱，充分说明东北地区商品货币贸易的兴盛和我国南北各地经济联系的加强。[②]

从上所述可以看出，金代东北地区的商业由以物易物的原始阶段迅速跃进到以货币为等价物的贸易阶段，与其说是基于农业、手工业生产的发展，毋宁说首先是由于女真统治者对财富和享受的需求，刺激了商业交换的发展，而后又刺激了手工业生产的发展。这是东北地区与中原地区商业发展道路的不同之处。

金代商业恢复和发展的另一个标志是先后设立各类商业和税收管理机构，以加强对市场的管理。金建国后的第五年即1120年，在渤海、辽阳等地“置榷莞库”，开始对往来商旅征收商税。这一事实说明，原属辽国统治区的商品经济得到恢复，金人也已适应这些地区的先进经济。太宗天会十年（1132）和十三年（1135），金政府又先后在黄龙府（今吉林省农安）和肇州设立了金代最早的管理钱币的机构——钱币司，使金国崛兴的故土也在先进地区的商品

① 《金史》卷三《太宗纪》。

② 散见于《文物参考资料》1955年第2、8期，1956年第1期；《考古》1960年第2期，1962年第11期，1964年第3期，1966年第2期；《文物》1982年第1期。

经济的影响下，走上了货币交换的道路。海陵王南迁后，以京师中都为重点陆续设置了各类中央和地方的管理机构。为“掌平物价，察度量权衡之违式，百货之估直”，在中都设“市令司”。为“掌税赋钱谷、仓库出纳，权衡度量之制”而在中都设“都转运司”，其他各路设转运司；为“掌干盐利以佐国用”而在全国产盐区设七个“盐使司”；为“掌监知人户酝造麯糵，办课以佐国用”，在中都设“都麯使司”，其他各路设“酒使司”；为检查偷税漏税，“从实办课”，“巡察匿税”，设中都都商税务司；为“掌官房地基，征收官钱”，设中都店宅务、南京店宅务等等。①

随着商业的发展和繁荣，商税遂成为全国财政的重要来源。为使财源滚滚流入国库而不致流失，金世宗于大定二年（1162）制定了“院务创亏及功酬格”，按各自管辖范围内税课的增亏定官吏的“升迁追殿”和奖惩。另一方面，为了鼓励商人，方便通商，又采取了一些宽松政策和减免税收的措施；如大定二年（1162），“罢诸路关税，止令讥察”。大定三年（1163），减免山东西路“坊场河渡”所欠的税额；章宗大定廿九年（1189），“户部言天下河泊已许与民同利，其七处设官可罢之，委所属禁豪强毋得擅其利”。这就大大减轻了行商的纳税负担，有利于商品流通。为防止地方豪强与官府勾结侵夺国家税利，明昌元年（1190），诏“提刑司，察提点官侵犯场务者，则论如制”；明昌二年（1191），“谕提刑司，禁势力家不得固山泽之利”。金世宗、章宗又几次下诏减免南京（今开封）等城市商人租赁“官房及地基钱”。章宗初年，又定“院务课商税额”,“比旧减九十四万一千余贯”，这里的“旧”系指何时已不可考，但国家减征大量课税则是肯定的。② 由于世宗、章宗两朝先后采取了切实的轻税、开放政策和正确的货币政策，有力地推动了商业的发展，活跃了城镇市场，国家税收非但没有减少，反而有所增加。以中都为例，“大定间，中都税使司岁获十六万四千四百四十余贯，承安元年（1196）岁获二十一万四千五百七十九贯”。十几年间，中都的商税增加了五万余贯。③

---

① 《金史》卷五七《百官》三。
② 《金史》卷四九《食货志》四。
③ 《金史》卷四九《食货志》四。

商业的恢复和发展导致了商人内部产生组织，金代商人参加同一行业的称“行人”，同一商行的头人为“行头”、“引领”，往往由大商人兼任，以垄断本行的商品流通和价格，控制小商人。

上述商业恢复、发展情况表明金代的商业虽未达到原辽宋故地的繁荣、发达程度，但已促使女真族从物物交换的原始阶段跃入货币贸易的发展阶段。女真统治者从战争过程中掠夺到的大量辽、宋金银、铜钱，正是实现这种飞跃的催化剂。

第二节 金代的货币制度

一、以钱为主，钱钞并用阶段（1154～1189）

商品交换和货币是商业链条上两个不可或缺的环节，相互制约，互为因果。如前所述，金统治者在战争中掠夺到的大量金银铜币曾经支持了金代初期的商品流通。但随着商品流通量的增加，流通区域的扩大，对货币的需求也就随之增加，尤其是金代的转运商业特别是长途贩运相当兴盛。这种商业虽然获利丰厚，但必须垫付收购商品所需的大笔资本，而且在辗转、长途贩运中货币周转速度较慢，加之当时的交通、运输条件毕竟有限，导致周转速度更加缓慢，这就不能不在一定时间内投入相当多的货币。恰恰在这个问题上，金国发生了一个极其尖锐的矛盾，这就是货币流通需要量大而货币短绌，造成通货的异常不足，即所谓“钱荒”。

钱荒问题还由于下述情况而显得更加突出：一是经常性的庞大的军费开支，使中央府库铜钱短缺。军人的廪给除粮、绢、衣之外，主要是发给铜钱。海陵王上台之后，加紧备战，企图一举吞并南宋。但是国库存钱不多，便向百姓预征5年的税钱来支付这笔开支。及至1161年（正隆六年）大举南侵时又无钱筹办军衣，只好从国库中拿出一万匹绢在汴京市场上以物物交换的形式换得“衣袄穿膝一万件以给军”[①]。金世宗继位以后，战争仍在进行，铜钱的消

① 《金史》卷四四《兵志》。

耗量更大，仅军饷一项开支，每年就需“一千万贯，官府止有二百万贯”[①]，连百官的供俸尚且不能全给，更无法弥补这八百万贯的差额了。与此同时，朝廷在镇压契丹族移剌窝斡起义时，也因国库“帑藏空竭”，几乎没有铜钱，只好下令“出内库金银十万两佐军用”[②]。另一方面，出现了民间极感钱荒，而地方府库大量藏钱的怪现象。大定十年（1170），皇太子问山东来的使者，民间何所苦，使者曰：“钱难最苦，官库钱满有露积者，而民间无钱，以此苦之。”[③] 所谓“民间无钱”，即市场缺乏钱币，说山东府库的藏钱多到“露积”的程度似太夸张。但可以看出地方府库大量藏钱而不投入流通，的确是加重钱荒的一个原因。实际上，金世宗也已经看到了这一点，他说：“官钱积而不散，则民间钱重，贸易必艰”。所以曾三令五申，要求诸处州府将贮藏的钱币投入市场，购买“金银丝帛”，促使流通[④]。当然，仅此一项措施，是远远不能解决钱荒的。

那么，如何解决这个重大问题呢？金政府除沿用宋代短陌之法以外[⑤]，主要采取以下三种方法：一是印行交钞，二是铸造铜钱，三是大力吸收南宋铜钱。关于最后一点，将在“榷场贸易”另有详述，此不赘。

（一）印行交钞

宋元明清历代政府都是先铸造铜钱后发行纸币，金代却别开生面，先印行纸币而后铸造铜钱。这是因为，金统治区铜矿贫乏，北宋时虽曾在徐州、太原府、河南府登封、卫州的共城、隆州的垣曲、京兆的乾裕、陕州、华州等地铸钱，但远不能同南方相比，北方铜产量占总产量不过百分之几。到金初，这些铜矿又经过停顿、破坏，短时期内更难以恢复。金统治者就只有印行纸币来解决这个课题了。先印纸币后铸铜钱，这是金代在中国古代货币史上的一个特例。贞元二年（1154）经户部尚书蔡松年的倡议，金政府便第一次印制了交

① 《金史》卷四四《兵志》。

② 《金史》卷一三三《叛臣·移剌窝斡传》。

③ 《金史》卷一九《世纪补》，又见《续文献通考·钱币考》。

④ 《金史》卷四八《食货志》三。

⑤ 对短陌的具体规定宋金略有不同，宋制七五、七七为陌，金制大定十年七十为陌，大定二十年八十为陌。

钞，以铜钱为本位，与辽宋钱并行。印造、发行和管理交钞的机构，在中央是交钞库、印造钞引库和物料场；地方机构则称随处交钞库、抄纸坊。贞元初，仅在中都、南京两地设钞库或交钞所。随着货币经济的发展，到宣宗贞祐二年(1214)，全国19个路除东京路外都设随处交钞库、抄纸坊。在商业、交通比较发达的中都路、北京路、西京路和河北东路所属的瑞、蔚、通、顺、蓟、平和清州，还设立分支机构，亦称随处交钞库、抄纸坊。①

交钞分大钞和小钞两种，贞元年间，大钞分一贯、二贯、三贯、五贯、十贯五等，小钞分一百（文)、二百、三百、五百、七百五等。与铜钱的比值是1∶1。

交钞的形制最初可能比较粗陋，流通30多年之后渐趋精美。长方形的钞面，“外为阑，作花纹，其上衡书贯例，左曰‘某字料’，右曰‘某字号’。料号外，篆书曰‘伪造交钞者斩，告捕者赏钱三百贯’。料号衡阑下曰‘中都交钞库，准尚书户部符，承都堂劄付，户部覆点勘，令史姓名押字’。又曰‘圣旨印造逐路交钞，于某处库纳钱换钞，更许于某处库纳钞换钱，官私同见钱流转’。……库掐、攒司、库副、副使，使各押字，年月日。印造钞引库库子、库司、副使各押字，上至尚书户部官亦押字。其搭印支钱处合同，余用印依常例”②。史籍记载和某些交钞实物的钞面文字虽各有差异，但项目和内容则大致相似，均载明钞额、字料、字号，伪造罪和赏格，印造、发行、批准权限和机关，钱钞兑换地点，流通地区，各级主管部门的官吏押字以及印造工墨钱和纳旧换新的手续等。

交钞最初发行时，仅限于黄河以南地区使用，“过河即用见钱，不用钞”③。这虽然有抵制南宋、防止铜钱南流的一面，但主要还是因为河南是当时商品经济最发达的地区，对交钞的需求最为迫切。后来，随着商品经济的发展，纸币“便于持行”、“利于致远”的优越性日益为人们所认识，加上金世宗时期对纸币的发行始终比较谨慎，注意控制发行量，因此，币值稳定，信用

① 《金史》卷五六《百官》二。
② 《金史》卷四八《食货志》三。
③ 范成大：《揽辔录》。

甚高，商旅“乐于以钱买（即换）钞”，而且流通的地区也越来越广，终于跨过黄河，连远处东北的上京、咸平等府也都使用交钞。

交钞是一种区域性流通的纸币，最初仅限于一个路流通。《揽辔录》作者范成大于大定九年（1169）在南京看到的交钞，就是由“南京置局印刷”。仅限河南路作现钱流转的交钞，以后逐渐发展成为合同交钞，即由中央与地方联合发行，两方联合称合同交钞，三方联合称三合同交钞，持钞者可到参加合同的各路流通或互换钱钞。合同交钞始于何时，未见明确记载，但笔者以为最晚当不迟于大定廿九年（1189）。据《金史·食货志》记载，泰和二年（1202）以前，流行较多的是三合同交钞。从流传下来的实物看，贞祐二年（1214）和三年的五合同交钞，是迄今已知的流通地区最广的合同交钞。由于各路都与中央订立合同，所以各种合同交钞都可以到京师流通或兑换，这就形成了一种纵的联系；各路之间也可通过合同互相沟通，发生横的联系。于是，就组成了一个以京师为中心向各路辐射的蛛网状交钞流通系统。合同交钞发展到这样的水平，表明了它有着一种向全国流通纸币发展的趋势。这是与它同时发行的南宋淮交、湖会等地域封闭性很强的纸币所无法比拟的。

初期发行的交钞，规定以“七年为限，纳旧易新”①，即七年为一界，到期以旧换新，旧钞不能再用。这是学习宋代交钞分界法而来。分界制度虽有利于国家控制、调节交钞的流通量和发行量，但又不利于保持纸币的稳定和信用，不利于商业的发展。于是在此法实行了 30 多年之后，君臣们就要不要继续发行交钞和保持七年厘革制开展了一场争论，那些重钱轻钞的人主张干脆把七年厘革制连同交钞一起取消。而了解实际情况的大臣们则充分肯定了交钞对商业发展的积极作用。他们说：“交钞旧同见钱，商旅利于致远，往往以钱买钞，盖公私俱便之事，岂可罢去?”同时指出，人们所以对交钞缺乏充分信任，并不是交钞本身的过错，而是七年厘革制度造成的后果。“止因有厘革年限，不能无疑”。于是在金章宗大定廿九年（1189）就毅然取消了七年厘革之制。从此，交钞可以不分界期，“不限年月行用”。如果在流通过程中“岁久

① 《金史》卷四八《食货志》三。

字文磨灭，许於所在官库纳旧换新，或听便支钱”，交一点手续费就可以了[①]。纸币从有界期发展到无限期流通，标志着它作为金属货币的符号在商品交换中取得了更加重要的地位，因此是一项具有重大意义的突破。在金代取消交钞界期制以后60年，南宋的会子才实行了无限期流通，从这一方面也说明金代这一做法的突出意义。

（二）铸造铜钱

这一时期金代货币史上的另一件大事就是自铸铜钱。金王朝在发行交钞三年之后，于正隆三年（1157）开始铸造铜钱，在“中都置钱监二，东曰宝源，西曰宝丰。京兆置钱监一，曰利用。三监铸钱，文曰‘正隆通宝’，轻重如宋小平钱，而肉好字文峻整过之，与旧钱通用”[②]。此外还有一种铸钱文曰“正隆元宝”，大约是在太原府铸造的[③]。但由于铜源太缺，海陵王又是一个短命的皇帝，前后一共只铸了三年，他一死，就不铸了。所以南宋范成大说：“炀王亮尝一铸正隆钱，绝不多，余悉用中国旧钱。”[④] 金代大量铸钱是在金世宗时代。

世宗继位之后，便积极筹措铜源，为铸钱作准备。一是收括民间现存铜货。大定初年，对民间铜器除准许存留的日用品和装饰品外，进行分类定价收敛，并且为防止销钱铸器，规定民用铜器和装饰一律实行官造官销，并由官府统一定价，禁止民间私造。二是广察铜矿，许民开采。大定初年，政府一面派出工匠民夫，万里迢迢“逾天山北界外采铜”，一面在中原地区大力找矿。大定十二年，“以铜少，命尚书省遣使诸路规措铜货，能指坑冶得实者，赏。”[⑤] 大定十六年，又遣使分路访察铜矿苗脉。为了广泛开采，对金银坑冶实行开放政策，收税极低。大定三年，曾规定“金银坑冶许民开采，二十分取一为

---

① 《金史》卷四八《食货志》三。

② 《金史》卷四八《食货志》三。

③ 《说郛》卷八四《钱谱》；吴文炳：《钱币图说》卷六；近30年来，在鞍山、耀县、肇东县、绥中县、榦安县、邓县以及金县等处出土的金代钱币中，只有黑龙江肇东县发现一枚正隆通宝，余皆为正隆元宝，说明元宝钱虽不见于正史，但为数可能比通宝要多。

④ 范成大：《揽辔录》。

⑤ 《金史》卷四八《食货志》三。

税”[①]。到大定十二年更加放宽，世宗认为，“金银山泽之利，当以与民，惟钱不当私铸。”[②] 连1/20的税也不收了，诏“金银坑冶听民开采，毋得收税”[③]。

经过十几年的筹措，政府已经掌握了相当数量的铜，乃于大定十八年（1178）在代州立阜通监铸钱，文曰大定通宝和大定元宝[④]，“字文肉好又胜正隆之制，世传其钱料微用银云。”[⑤] 大定钱质量虽好，产量不高，两年才“铸至万六千余贯”。于是大定二十七年又在曲阳设利通监，两监铸钱，年产量迅速增加到十四万余贯[⑥]。与同时期南宋的年铸量相仿。由于铸钱增多，又大力吸收南宋铜钱，就使钱荒暂时得到缓解。

在金代历史上，大定年间被认为是社会经济相当繁荣的时期。其所以如此，原因是多方面的，但金政府以铜钱为主、钱钞并行的货币政策执行得当，较好地适应了商品经济发展的要求，无疑也是一个重要的因素。事实上，由于货币制度的稳定发展，人们乐于用钞，钱荒有所缓和，确实给商品经济的发展增添了活力。谨举二例为证。首先是赋役制度的变化，女真人本来实行“辨物行征之制”，即根据需要随时征调各种实物。进入中原地区以后，两税、牛头税和户调等正税虽仍以实物形式征收，但也有了明显的变化，这就是以货币形式征收的各种杂税和差役迅速增多。其中数量最大的军需钱即始征于大定三年。仅这一年所征即达800万贯。相当于资产税的物力钱，亦正式确立于大定四年，岁入达305万贯。[⑦] 至于盐、茶、酒、醋等榷货则有10种之多，最大的一项榷盐，在大定年间岁入亦达622万贯。[⑧] 此外，其他杂税及差役钱如赁房税、地基税以及河夫役钱、水利银钱、司吏、坊正、里正雇钱、输佣钱、家户军钱、铺马钱等等，名目既多，税额自亦不少。据《金史·梁肃传》记载，

---

① 《金史》卷四九《食货志》四。

② 《金史》卷四八《食货志》三。

③ 《金史》卷七《世宗纪》。

④ 《说郛》卷八四《钱谱》。又吴文炳：《钱币图说》卷六，认为大定元宝系世宗即位时所铸，不确。因当时政局尚未稳定，且那里既无铜矿，又少技匠，是不可能铸钱的。

⑤ 《金史》卷四八《食货志》三。

⑥ 《金史》卷四八《食货志》三。

⑦ 《金史》卷四六《食货志》一。

⑧ 《金史》卷四九《食货志》四。

大定十七年“计天下岁入二千万贯以上”。巨额的货币收入，固然反映了金统治者的加紧搜括，但毕竟也反映了货币在国家总收入中所占比重的迅速增加。相反，实物税的征收却并非如此，作为地税的两税，夏秋二季加在一起平均亩收粟5.3升，秸1束15斤，与北宋时秋税中等田亩收米8升相比，减少34%。猛安谋克户的牛头税，天会四年（1126）定制为“每牛一具，赋粟五斗”，约相当于亩税0.124升，税额更少。把货币税与实物税略作对比，便可以看到由实物税向实物——货币税迅速发展的趋势是十分明显的。另一方面，由于以货币形式征收的赋税越来越多，势必迫使农民把更多的农副产品投入市场，以换取足够的货币去纳税，从而也就促使农民与市场发生更加密切的联系，在一定程度上有助于商品经济的发展。

再从雇佣关系的发展来看，在货币经济的刺激下，一方面是官府劳役的雇佣化程度有了增加，例如漕运，由漕户承担，官给雇值。大定初每年开支达45万贯，后减去三分之一，仍在30万贯左右①；皇帝出巡，四时捺钵，沿途所用杂役，也属雇佣。大定二十二年三月“谕户部，今岁行幸，此后……虽所用人夫，并以官钱和雇”，大定二十三年正月，“如春水，诏夹道三十里内被役之民与免今年租税，仍给佣直”②；边防穿壕筑障之役，除发戍边军民从役外，亦“募饥民以佣即事”③；其他官府营造等役，也逐渐由无偿征发向雇佣发展。大定九年，越王、隋王二府有所兴造，发役夫，世宗知道后即下令禁止，规定“自今在都浮役，久为例者仍旧，余并官给佣直，重者奏闻”④。另一方面，从官府手工业作坊劳动者来源与身份待遇的变化来看，女真人原来广泛使用奴隶劳动，立国以后特别是进入中原地区以后，封建关系才逐渐发展起来，到大定年间，官府手工业作坊已有相当规模，工匠的身份待遇也显然不再是奴隶。以尚书省工部所属的修内司为例，该司置于大定七年，掌宫中营造之事，有兵匠1065人，兵夫2000人，大约还有非固定的从民间雇来的匠夫若

① 《金史》卷九七《刘玑传》。
② 《金史》卷八《世宗纪》。
③ 《金史》卷九四《襄传》。
④ 《金史》卷六《世宗纪》。

干[①]。按照规定，匠夫均有俸给，“工匠四贯石，春秋衣绢各二匹，军夫除钱粮外，日支钱五十（文）、米一升半。百姓夫每日支钱一百（文）、米一升半。”[②] 可见，这些匠夫已在某种程度上具有了雇佣的性质。当然，无论是赋税制度还是雇佣关系的发展水平，金代都还稍逊于宋代，但是就它自身而言，不能不说是有了很大的进展，而这种进展的取得，应当说，与货币经济的发展是分不开的。

二、币制的混乱和崩溃阶段（1190～1234）

金代的经济发展，世宗大定年间达到顶峰，此后便逐渐走向下坡。章宗即位初期，财政还不太拮据，据明昌五年统计，府库积粟可供官兵五年之食，积米可备四年之用，积钱虽少，也可支二年以上。[③] 但由于政治日益腐败，官僚搜括，黄河成灾，农村经济受到极大破坏，阶级矛盾激化，先后发生契丹族德寿领导的反金起义和山东河北的农民起义，又对鞑靼、蒙古等族连年用兵。这一时期仅就史籍可考的几笔军费开支，即达银 70 万两，绢 5 万匹，铜钱近 100 万贯[④]，政治经济已危机四伏了，货币制度也随之日趋混乱、衰败，终于不可收拾，陷入绝境，诸如铸钱成本太高，“病民而多费”，交钞阻滞，钱荒严重等等问题相继出现。为了摆脱这种困境，金朝君臣竭尽全力，采取了以下几项主要措施：

（一）消极铸钱。金代由于铜源奇缺，铸钱成本高昂，因此在是否自铸铜钱的问题上，一直存在着争议。大定年间是金代铸钱数量最多的时期，当时经济相对繁荣，政府财力比较充裕，因此世宗从解决钱荒、利于经济发展出发，对铸钱采取积极态度。他在反驳铸钱得不偿失的论调时说：“或言铸钱无益，所得不偿所费。朕谓不然，天下为一家，何公私之间，公家之费，私家得之，但新币日增，公私俱便也”[⑤]。然而长期实行经济补贴政策，毕竟是一项沉重的负担。随着政治日暗，官吏任意克剥，弊病也越来越大。到金章宗即位时

① 《金史》卷五六《百官》二。
② 《金史》卷五八《百官》四。
③ 《金史》卷五〇《食货志》五。
④ 《金史》卷一〇《章宗纪》二；《大金国志》卷一九《章宗纪》。
⑤ 《金史》卷四八《食货志》三。

(1189),“岁铸钱十四万余贯,而岁所费乃至八十余万贯。”[①] 成本高达币值的5.7倍,显然已经成为无法承受的负担。于是,章宗只好下令“罢铸”。此后,虽又铸过明昌通宝和承安宝货两种铜钱,但已经失去了世宗时的那种热情和势头,而且,与其他手段相比,铸钱对解决财政困难的重要性也大大下降了。

(二)积极限钱。宰臣们片面地认为:“民间钱所以艰得,以官豪家多积故也。”[②] 于是因袭唐元和年间的限钱法,企图用行政手段迫使民间蓄钱进入流通和转入国库。从明昌五年(1194)开始实行限钱。“令官民之家以品从物力限见钱,多不过二万贯,猛安谋克则以牛具为差,不得过万贯,凡有所余,尽令易诸物收贮之。有能告数外留钱者,奴婢免为良,佣者出离,以十之一为赏,余皆没入。”[③] 限钱之法虽严,无奈“人多不遵”,限了四年,收效甚微。于是只得让步,于承安三年(1198)“复减原限之数,更定民存留钱法”,以原有钱为基数,“三分为率,亲王、公主、品官许留一分,余皆半之。”即亲王、公主、品官许留原有钱的三分之一,其他居民许留一半,“其赢余之数,期五十日内尽易诸物,违者以违制论,以钱赏告者。”[④] 但实际上仍然行不通,到泰和四年(1204)只好宣布作罢。限钱失败的根本原因是由于社会经济衰退,铜钱就越被更多地储藏起来或外流另找出路。

(三)发行银币。白银在金代初期虽然主要被人们当作一般社会财富加以宝藏,但也一向厕身流通领域,“谓时所给官兵俸及边戍军须,皆以银钞相兼”。通常以银铤和碎银的形态出现,还没有形成法定的货币,“旧例银每铤五十两其值百贯,民间或有截凿之者,其价亦随低昂”。因此,流通不如铜钱方便和广泛。但在铜钱罢铸、限钱失败、交钞阻滞的情况下,金统治者为了摆脱困境,自然就想到有着巨额库存的白银。据《金史·食货三》记载,明昌二年(1191)“天下见在……银五十五万二千余铤”,折合铜钱5502万贯,等于明昌五年库存铜钱数的165%,数量相当可观。因此将白银铸成便于流通的法定银币,投入流通,大可以缓和钱荒。遂于承安二年(1197)开铸银币,

---

① 《金史》卷四八《食货志》三。
② 《金史》卷四八《食货志》三。
③ 《金史》卷四八《食货志》三。
④ 《金史》卷四八《食货志》三。

名曰“承安宝货”。“一两至十两分五等，每两折钱二贯”，“与钱兼用，以代钞本”[①]。这样，金代就在我国货币史上第一次铸造了法定计数的银币。

1981 年在黑龙江省首次发现的五枚金代银币，均镌有“承安宝货”，“壹两半、库、部”的錾文和金代特有的押记符号，形状与 1978 年在黑龙江省阿城县出土的金代银铤相似，呈砝码形，长 4.8 厘米，铤首宽 3 厘米，束腰宽 2.1 厘米，厚 0.55 厘米，重 58.8 克。边缘四周为三道水波纹[②]。表明金代银币的形制系由银铤演变发展而来。“承安宝货”的发行，是唐宋以来白银大量参与流通的必然结果，是金代继发行无界期交钞之后的又一创举，也是中国货币史上闪光的一页。但是，由于它不是商品经济高度发展的产物，而只是在钱荒严重、交钞贬值、财政困难的背景下采取的应急措施，是“权时之制，非经久之法”。加上“承安宝货”问世之后，私铸蜂起，“多杂以铜锡”，使币质滥恶，受到使用者的抵制，以致“京师闭肆”，因此仅仅流通了三年，到承安五年（1200）便“寝不能行”，朝廷被迫罢铸，停止使用。

（四）疏通交钞。章宗大定二十九年罢铸铜钱，取消交钞七年厘革制以后，铜钱越来越缺，交钞越发越多，以至钞多于钱。明昌四年，交钞阻滞危机首先在陕西路爆发。章宗被迫下令陕西路“榷税及诸名色钱，折交钞”，以回收部分纸币。并在官兵俸饷中减少钞的比例，“许钱、绢、银、钞各半之”，如银、钱实在不足，才全给交钞，以防止交钞贬值。但随着财政不断恶化，一贯以上的大钞又发生阻滞，朝廷便以行政命令限制铜钱的流通，强迫人们使用一贯以上大钞。承安三年（1198）“命西京、北京、临潢、辽东等路一贯以上俱用银钞、宝货，不许用钱，一贯以下听民便”[③]。其次是大钞不行发小钞。承安二年首先从西、北二京、辽东路开始发行小钞，并规定可“与它路通行”，承安四年以后连一贯以下小钞也不受欢迎了。于是又提高小钞身价，把它当作与铜钱相等的钞本，实质就是使交钞成为无铜钱为基金的无本之钞。金代推行滥发纸币的通货膨胀政策，章宗实为始作俑者！交钞只能越多越滞。

---

① 《金史》卷四八《食货志》三。
② 《黑龙江文物丛刊》1982 年第 1 期。
③ 《金史》卷四八《食货志》三。

应当看到从纸币本身发展来说，承安二年开始发行的小钞和过去区域性流通的合同交钞相比，是有明显的进步。它已是由中央统一印刷、发行的全国流通的纸币。这在中国历史上还是首次出现，也是金代在中国货币史上作出的又一重大贡献。只是由于小钞的发行在当时主要为应付财政危机，故而未能真正促进商品经济的发展。

总之，在明昌、承安年间，金统治者虽然竭力调整货币政策，企图消除财政危机，但由于这些措施只是治表不能治本，没有从根本上解决造成危机的原因，其结果必然是每采取一项修补漏洞的措施，漏洞反而越大，危机反而越深，终于恶性发展。

贞祐以后，金朝内部形势日益恶化，山东、河北的红袄军起义如火如荼、汹涌澎湃。外部形势亦更加严峻，北方自成吉思汗建立蒙古国之后，从1211年开始便不断南下掳掠，终于迫使金宣宗于1214年迁都汴京，至此金朝国土日蹙，经济残破，内外交困，已经危机深重，病入膏肓了。

在此严重的局面下，财政危机愈益加剧，金统治者穷于应付，只好乱投药石，泰和年间再次开铸铜钱，文曰“泰和通宝”，成本更高，“率费十钱可得一钱”。后来为了省铜、省费，又铸当十大钱，篆文曰“泰和重宝”。这种用财政手段使铸币的名价高于实价的做法，破坏了货币价值尺度职能的发挥，非但无助于解决危机，反而促使币制更加混乱。章宗以后，虽曾陆续铸过“崇庆通宝”、“崇庆元宝”、“至宁元宝”和“贞祐通宝”等钱，不过是货币经济衰败过程中的回光返照罢了。限钱之法在泰和四年暂时放弃之后，仅仅过了三年又重新恢复，“品官及民家存留见钱，比旧减其数，若旧有见钱多者，许送官易钞”。为保证此法实施，还专门“遣官分路巡察”，但藏钱过限者依旧不交，虽然政府悬赏号召奴婢告发其主，奴婢却往往“默令其主藏匿而不以实告”。至于交钞，自泰和财政危机恶化之后，便被金统治者当成万应灵药，开始大力推行滥发纸币的通货膨胀政策，“专以交钞愚百姓”，泰和七年专门立了“钞法条约”，添印大小钞，增设钞库官员，实行高压政策，严禁民间怨嗟非议，强制流通交钞，严格限制使用和携带铜钱数量，敕“民间之交易、典质，一贯以上并用交钞，毋得用钱，须立契者三分之一用诸物”。“商旅赍见钱不得过十贯”，“十贯以上不得出京”。并把推行交钞作为考核官吏的重要标准，“以钞法流通为称职”，“否则不称职”，“但犯钞法者虽监察御史举其能干，亦不准用”。河北按察使斜不出，出巡钞法推行情况时，按例得补助交钞一贯。他因交钞难以使用，不肯接受，要求换成现钱，被御史“以诅坏钞法劾之”。章宗也勃然大怒说：“纠察之官乃先坏法，情不可恕。”“杖之七十，削官一阶，解职”①。1211 年蒙金会河之役后，金向蒙古赔款，一次就装了交钞 84 车，交钞之滥于此可见。

金宣宗迁汴后，经济濒于崩溃。统治者为苟延残喘，横征暴敛、滥发纸币。据《金史·食货志》记载，金后期 20 年间，先后发行过六种纸币，有贞祐宝券、贞祐通宝、兴定宝泉、元光珍货（绢制）、重宝及天兴宝会等。各种纸币轮番登场，“大钞滞更为小钞，小钞弊改为宝券，宝券不行易为通宝。”②每翻新一次花样，便意味着剥削的加重，人民苦难的加深和商品经济衰败的加速。因此，币制的混乱，是金朝行将灭亡的征兆。

镇南节度使温迪罕思敬上书说：“军兴以来……军旅调度，悉仰于钞，日之所出动以万计，至于填委市肆。”纸币越滥，贬值就越严重，贞祐二年，“钞每贯仅直一钱，曾不及工墨之费”，物价也跟着飞涨，贞祐四年，“观、沧等州斗米银十余两”③。纸币既然信用扫地，人们自然拒绝使用。于是，“市易多用见钱”。南宋人吴潜曾说：“金人之毙，虽由于鞑，亦以楮轻物贵，增创皮币，或一楮而为三缗，或一楮而为五缗，至于为十为百，然人终不以为重，其末也百缗之楮止可以易一面，而国毙矣。”④ 确是至论。

纸币贬值和阻滞，势必造成政府收入减少，就越要加紧搜括。兴定元年（1217）二月“兴定通宝”发行不过数月，参知政事高汝砺就反映，“省部以岁收通宝不充所用，乃于民间敛桑皮故纸钞七千万贯以补之，又太甚矣。而近又以通宝稍滞，又增两倍。”甚至不惜推行自我窒息政策，用权臣胥鼎之言，“禁见钱，且令计司以军须为名，量民力征敛”，结果人民更加穷困，商品经济更加衰败。“自是，钱货不用，富家内困藏镪之限，外弊交钞屡变，皆至窘

① 《金史》卷四八《食货志》三。
② 《金史》卷一〇七《高汝砺传》。
③ 《金史》卷五〇《食货志》五。
④ 吴潜：《许国公奏议》卷一《应诏上封事条陈国家大体治道要务凡九事》。

败，谓之‘坐化’。商人往往舟运贸易于江淮，钱多入于宋矣！”[①]

钞既贬值，钱又禁用，民间交易就只有转向用银了。元光元年（1222）发行的“兴定宝泉”和次年发行的“元光珍货”行用不久，便出现“银价日贵，宝泉日贱，民但以银论价”的现象。于是朝廷又来堵塞漏洞，下令限制银价及银的流通量，“银一两不得过宝泉三百贯，凡物可直银三两以下者”用“宝泉”及“珍货”、“重宝”。“京师及州郡置平准务，以宝泉银相易，其私易及违法而能告者罪赏有差”。结果“是令既下，市肆昼闭，商旅不行”，商品经济摧残殆尽。[②]

金自哀宗始，已日暮途穷，货币制度也彻底败坏。虽然在金亡前数月还发行过最后一次纸币“天兴宝会”，无异于又增加一堆废纸而已。历史证明，金朝的通货膨胀政策，违背经济规律，必然招致失败。

第三节　高利贷的发展

商业资本和高利贷资本是最古老的资本形式，“并且出现在极不相同的社会经济形态中。”一般说来，社会秩序不稳，经济落后，币制混乱，高利贷资本就乘机肆虐。反之，经济正常运转，社会稳定，行政干预能力较强，币值稳定，则高利贷资本就比较收敛。金代的高利贷资本虽也十分活跃，但不如北宋已形成“库户”、“钱民”为中心的高利贷网络，也不似元代官私高利贷资本的登峰造极。[③] 金代高利贷资本的流向，前期伴随着奴隶制发展，以借贷为主要形式的高利贷剥削曾使无数平民沦为债奴，这是金代高利贷资本的一个特点。

金代中后期，女真奴隶主向封建地主转化过程中，高利贷资本又与官僚、商人结合投向土地，推动了女真的土地兼并和高度集中。

金代高利贷从资本所有权角度看，可划分为私人借贷、寺观放债和官府典肆几种。高利贷资本遍及城镇、乡村乃至边关地区。官营典质业及其机构的普

① 《金史》卷四八《食货志》三。
② 《金史》卷四八《食货志》三。
③ 参见乔幼梅：《宋元时期高利贷资本的发展》，《中国社会科学》1988 年第 3 期。

遍设立和典质管理制度的建立是金代高利贷资本的又一特点。

私人高利贷资本早在女真建国前私有制出现后即已存在。康宗七年（1109）“民间多逋负，卖妻子不能偿”[①]。这当是女真人有放债的最早记载。高利贷内容有以谷物为主的实物借贷、货币借贷和典雇良人。太祖初年，由于贫富两极分化，加之抗辽战争，百姓负担沉重，不少平民因借贷、被典雇而破产沦为奴隶。金太祖为了团结女真贵族的抗辽力量，防止更多的百姓沦为债奴，并安抚降附之民，对这种高利贷加以行政干预。天辅元年（1117）诏“被虏及鬻身者并许自赎为良”。天辅二年（1118）元月诏“有司禁民凌虐典雇良人及倍取赎直者。”[②] 尽管太祖下令禁止，但“典雇良人”和“倍取赎直”的残酷剥削并未收敛。于是金太宗当政后又三令五申，天会元年（1123）十二月诏：“比闻民间乏食，至有鬻其子者，其听以丁力等者赎之。”[③] 是对“倍取赎值”的极大限制。天会二年（1124）则更进一步，令“同姓之人有自鬻及典质其身者，命官为赎”。所谓“同姓之人”是指完颜部，乃是阿骨打起兵反辽的核心力量。对完颜部的典身者，由官府偿还赎金。并且声明这是为了落实太祖的诏令。[④] 本此政策，于同年四月命将新近从上京迁到宁江州的六百多卖身者全部由官府赎还[⑤]。天会三年（1125）又诏“权势之家毋买贫民为奴，其胁买者一人偿十五人，诈买者一人偿二人，皆杖一百”[⑥]。天会八年（1130）诏“避役之民，以微直鬻身权贵之家者，悉出还本贯。”一点赎金也不付[⑦]。从天会元年到八年，八年间太宗下了五道诏令对私人高利贷加以限制，但由于战争和社会动荡，私人高利贷的残酷剥削并未得到遏制。甚至它的触角还伸到遥远的边关，“新徙戍边户，匮于衣食，有典质其亲属奴婢者。”[⑧] 乃至灭辽、灭北宋后，女真奴隶主在掠夺中迅速发展，贫富两极分化也随之加

---

① 《金史》卷一《世纪》。
② 《金史》卷二《太祖纪》。
③ 《金史》卷三《太宗纪》。
④ 《金史》卷三《太宗纪》。
⑤ 《金史》卷三《太宗纪》。
⑥ 《金史》卷三《太宗纪》。
⑦ 《金史》卷三《太宗纪》。
⑧ 《金史》卷三《太宗纪》。

剧，代表奴隶主利益的金熙宗改变了太祖太宗对高利贷者遏制及官为赎偿的政策，推波助澜，下令“诸欠公私债无可还者，没身及家属为奴婢偿之”①。于是借贷者无力偿还时只有卖身为奴，在灾荒年代尤为严重，大定四年（1104）“平蓟二州，近复蝗旱，百姓艰食，父母兄弟不能相保，多冒鬻为奴”②。债务奴隶在华北地区也迅速发展起来。

大批猛安谋克迁到华北地区括地、占地之后，私人高利贷又转而经营土地和住宅。田宅的典质有多种原因，多数人是由于贫穷无奈而典质，如素有清官之誉的广宁尹移剌子敬死后，“家无余财，其子质宅以营葬事。”③ 但还有一些新强豪猾的暴发户，在通检推排时为了规避物力而弄虚作假，“虚作贫乏，故以产业低价质典，及将财物徙置他所，权止营运。”④ 把典田地作为一种掩盖财富的手段，虚穷而实富。由于田宅的典质相当普遍，并经常发生，令人真伪难辨，金章宗也只好顺水推舟，“自今典卖事产者随业推收”，不管真典假典，按现有产业通推纳税⑤。

王公贵族、世袭猛安放债者亦为数不少。《归潜志》的下述记载颇能说明问题：“时辽东路多世袭猛安、谋克居焉，其人皆女直功臣子，骜亢奢纵不法。会郡民负一世袭猛安者钱，贫不能偿，猛安者大怒，率家僮辈强入其家，牵其牛以去。”幸好遇到了一位清官（王翛然）主持公道，将该猛安“杖杀于市”⑥。章宗明昌元年（1191）八月曾下令“禁指托亲王、公主奴隶占纲船、侵商旅及妄征钱债”⑦。说明亲王公主妄征钱债之事带有普遍性。

此外，还有官吏放债和军借民债者。如“故同判大睦亲府事谋衍家有民质券，积其息不能偿，因没为奴”⑧。河平军节度使兼都水监奥屯忠孝“在卫州勾集河防军（按原文为“妨农军”不当，此从注）借民钱不令偿，由是贫

① 《大金国志》卷一〇《熙宗纪》二。
② 《金史》卷六《世宗纪》上。
③ 《金史》卷八九《移剌子敬传》。
④ 《金史》卷一〇七《高汝砺传》。
⑤ 《金史》卷四六《食货志》一。
⑥ 刘祁:《归潜志》卷八，中华书局1983年版。
⑦ 《金史》卷九《章宗纪》一。
⑧ 《金史》卷九六《李宴传》。

富不相假贷，军民不相安”，受到降职处分①。

寺观僧道也有放债者。“有僧讼富民，逋钱数万缗”，官司虽没有打赢，反被富民勾结官府所害②。但寺院的和尚居然放债放到“数万缗”，说明其高利贷资本相当雄厚了。

金代官府高利贷形式之一是“和籴”、“赈贷”。多发生在春季青黄不接之际，或有灾害之年。从金太祖起，历代嗣君均有“赈贷”之举，其目的多为救济灾荒，缓和矛盾，因而利息较低。熙宗时为了做好赈贷工作，制定了“借贷饥民酬赏格”。大定二十一年三月（1181）世宗“初闻蓟、平、滦等州民乏食，命有司发粟粜之，贫不能籴或贷之。有司以贷贫民恐不能偿，止贷有户籍者”。金世宗知道以后“更遣人阅实，赈贷”③。

金代官府高利贷独具特色者是流泉务。《金史·百官志》记载：

> 大定十三年，上谓宰臣曰：闻民间质典，利息重者至五七分，或以利为本，小民苦之。若官为设库务，十中取一为息，以助官吏廪给之费，似可便民。卿等其议以闻。有司奏于中都、南京、东平、真定等处并置质典库，以流泉为名，各设使、副一员。凡典质物，使、副亲评价直，许典七分，月利一分，不及一月者以日计之。经二周年外，又逾月不赎，即听下架出卖。出帖子时，写质物人姓名，物之名色，金银等第分两，及所典年月日钱贯，下架年月之类。若亡失者，收赎日勒合干人，验元典官本，并合该利息，赔偿入官外，更勒库子，验典物日上等时估偿之，物虽故旧，依新价偿。仍委运司佐贰幕官识汉字者一员提控，若有违犯则究治。每月具数，申报上司。大定二十八年十月，京府节度州添设流泉务，凡二十八所。明昌元年，皆罢之。二年，在都依旧存设。④

上述记载可以作出以下分析：首先，金世宗创设流泉务的动因有二：一是鉴

---

① 《金史》卷一〇四《奥屯忠孝传》。
② 《建炎以来系年要录》卷一八，建炎二年十二月。
③ 《金史》卷八《世宗纪》下。
④ 《金史》卷五七《百官》三。

于私人高利贷者的利息太高，“小民苦之”；二是官吏廪给不足，需找财源。而开设流泉务，以低息取利，既“可便民”又为廪给开辟了财源，乃一举两得之事。当然，实质上是官府与私人高利贷者争夺自典质者身上榨取出来的高额利润。

其次，官私利率问题。流泉务收取的利率，金世宗原想定为10%，后经有司议定为14%，而私人典质利率高达50%～70%，甚至以复利计算。在灾荒年代，私人高利贷的盘剥尤为凶狠：“比年以来屡艰食，虽由调度征敛之繁，亦兼并之家有以夺之也。收则乘贱多籴，困急则以贷人，私立券质，名为无利而实数倍。饥民惟恐不得，莫敢较者，故场功甫毕，官租未了，而囤已空矣。此富者益富，而贫者益贫者也。国朝立法，举财物者月利不过三分，积欠至倍则止，今或不期月而息三倍。”① 这里可以看出，官府高利贷法定为30%，最高不得超过本金的一倍，而私人高利贷利率不到一个月，即高达本金之三倍，即300%！因此，可以认为，就借贷业利率而言，官与私之比为1∶3；就典质业而言，官与私之比约为1∶4。大体上，金代高利贷利率，官私相比，官利较轻，私利较重，私人利率大于官府利率。

第三，金代流泉务的分布十分广泛。大定十三年（1173）只在中都、南京、东平、真定等处设立，到大定二十八年（1188），在“京府节度州添设流泉务，凡二十八所”。据《金史·地理志》记载，金有五京十九路三十六节度州，而《金史·百官志》记载则为三十处节度州，两处记载虽不一致，但在全国二十八个节度州设立流泉务，说明官府典质业机构遍布全国各地，分布如此之广，发展如此之迅速，为历代少有。究其原因，当与金代商品货币经济之活跃密切相关。

第四，特别值得注意的是流泉务的内部管理相当严格，从质物入库到出库、利息计算标准，质物过期处理办法、质物亡失赔偿办法以及各级官吏的职责范围等均有极为明确而细微的规定，这在我国高利贷发展史上亦属少见。应该说，流泉务的创设是金代高利贷的一大特点。

---

① 《金史》卷五〇《食货志》五。

第四节　金与宋的贸易

自 1142 年“绍兴和议”之后，从战乱中摆脱出来的北部中国开始复苏。在号称“小尧舜”的金世宗统治时期，经济的恢复尽管还没有达到北宋原有的水平，但商品交换已经有了明显的发展，连榨取了大量地租、转变成地主的女真贵族，也“怀金跃马”，试图远道经商①，牟取商业利润。

一、金宋榷场贸易

“绍兴和议”之后，宋金双方开始了以榷场贸易为主要形式的交换活动。在西起秦州、东沿淮水广袤的分界线上，南宋于盱眙、楚州之北神镇、杨家寨、淮阴县之磨盘、安丰军之水寨、花靥镇、霍邱县之封家渡、信阳军之齐冒镇及枣阳军和光州（即蒋州）等开设榷场，而以盱眙为中心榷场②；金亦于泗、寿、颍、蔡、唐、邓、凤翔府、秦州、巩州、洮州以及密州胶西县等处置场，而以泗州为中心榷场③。双方榷场一般随和战交替而时兴时罢，但最为重要的盱眙和泗州两个榷场却一直没有关闭过，从而使南北经济交流的合法渠道始终保持畅通。

根据《宋会要辑稿·食货》和《建炎以来系年要录》卷一四〇的有关记载，当时南宋的榷场官制大致如下：总领兼提领官，知军兼措置官，通判兼提点官。榷场设主管官二员，押发官二员。主管官系朝廷差派，押发官由措置官辟差。所以实际支配榷场的是兼措置官的知军、知州，主管榷场事务的则是主管官。榷场贸易分商人贸易和官营贸易两类。

官营贸易由朝廷支降本钱或以香药、虔布、木棉、象牙、玳瑁等物折计，作为资本。各处榷场的本钱数各不相同，中心榷场盱眙达十六万五千余贯，而邓城镇这样的小榷场则仅为五万贯。榷场主管官运用支降的本钱，与金国贸易。朝

① 元好问：《中州集》卷一〇《乱后还三首》。
② 《建炎以来系年要录》卷一四五，绍兴十二年五月乙巳。
③ 《建炎以来系年要录》卷一四五，绍兴十二年五月乙巳；《金史》卷五〇《食货志》五。

廷按照收益或亏损的比率给以奖罚。收益在六成以上者，按比率给予减磨勘半年至二年半的奖赏；亏五成以下者亦按比率给予展磨勘半年至二年半的惩罚。

商人贸易分大商和小商二种。携带货物价值在一百贯以下的商人为小商，一百贯以上的商人为大商。均以十人或五人为一甲，互保。小商到盱眙榷场后，将所带货物的一半存放场内，携另一半渡淮到金国的泗州榷场去贸易，易得货物带回盱眙后，再携留存之一半去泗州贸易。大商则在盱眙坐等金人前来贸易。金人来贸易时，双方并不直接见面，而由牙人从中斡旋，定价交易。绍兴二十九年以前，每日交易一次，以后则每五天开市一次。

商人进榷场须交纳各项费用。小商到盱眙后，先要到税务纳税，发给关子，再经主管官检查货物，依市值估价，每贯收息钱二百（当为二十），牙钱二十，脚钱四文。牙钱十分之九官收，十分之一给牙人；脚钱全给脚户。从泗州易货回来，亦要检查收税，然后发给关引，沿途税场即与免一半税钱。大商亦先赴税务纳税，发给标子，再携货上场交易。每交易千钱，宋金双方各收五厘息钱入官，即按百分之五征收息钱。

中心榷场盱眙的贸易制度，大致如此，其他榷场如枣阳、光州等，基本相同。但襄阳以西的凤翔、秦州等地，只有金人置榷场，宋商当是直接到金方榷场交易。

金的榷场贸易制度，大致和宋相同①，但因金国钱币缺乏，所以金方往往对宋商多征现钱，以增加钱币收入。

金宋双方榷场的贸易额缺乏统计，但从榷场岁入来看，其数量是相当大的。《金史·食货志》载："泗州场，大定间（1169～1173）岁获五万三千四百六十七贯。承安元年（1196）增为十万七千八百九十三贯六百五十三文。……宋亦岁得课四万三千贯。秦州西子城场，大定间岁获三万三千六百五十六贯。承安元年岁获十二万二千九十九贯。"

除榷场贸易之外，还有民间的走私贸易活动。从商人、官吏以至军人，无不染指其间。其贸易量，也很可观。

金向南宋输出，主要有解盐、马、丝、绵、绢、药材和少量的粮食、羊豕

---

① 《大金国志》卷一七。

及兵器，其中马和兵器属于走私品[1]。南宋向金输出的有茶（包括茶叶、茶子、茶苗）、米、牛、绢、丝、麻、虔布、生姜、陈皮、兵器、书籍，甚至还有掠卖的人口，而以茶和米麦为大宗，其中牛、兵器、书籍和人口属于走私品。这种交换，不仅供应了社会生活的需要，而且对生产也起了极为重要的作用，其主流是应当肯定的。

二、金宋对铜币的争夺

在金宋贸易过程中，一个令人注目的独特现象是，作为特殊品的铜钱，成为双方竞逐的目标，或是把对方的铜钱吸引过来，或是制止自己的铜钱流到对方，在贸易领域里展开了一场争夺战。就其基本趋势而言，大抵在 13 世纪初年即 1214 年以前，南宋铜钱大量地北流；而在 1214 年以后，金的铜钱又向南宋倒流。

金统治集团为了吸引南宋铜钱北流，采取了许多措施。

首先是发行交钞。曾经出使过金国的南宋大臣范成大对正隆年间金在河南地区发行交钞作过如下记述：“交钞所者，金本无钱，惟炀王亮尝一铸正隆钱，绝不多，余悉用中国旧钱，又不欲留于河南，故仿中国楮币，于汴京置局造官会，谓之交钞，拟见钱行使，而阴收铜钱，悉运而北，过河即用现钱，不用钞。……许人纳钱给钞，南路官私见钱流传，若赴库支取，即时付给，每贯输工墨钱十五文。”[2]

河南在北宋时是商品货币经济发展的地区，金选择这里作为行使交钞的场所，来吸收铜钱，显然可以收到最大的成效。

其次是以短陌钱吸引宋钱。

宋以七十七、七十五为陌。金在大定十年（1170）以七十为陌，到大定二十年官定八十为陌。但在与南宋贸易中，短陌短到惊人的程度。有以六十为陌者是高的，往往以“一二十数当陌者”。因此，一贯宋钱（七百七十文）到了金统治地区，至少可抵两三贯使用，这对于买贱卖贵、追逐高额利润的南宋

① 《金史》卷九一《孛术鲁阿鲁罕传》。
② 范成大：《揽辔录》。

商人来说，当然具有强烈的吸引力。

三是压低物价，套购宋钱。

南宋本不缺盐，由于南宋政府提高盐税以解决其财政困难，因而价格很高，绍兴初年，江南、荆湖、淮南、京西州军盐价，“每斤有卖及两贯已上去处”[①]。后来虽有跌落，但一般地总在数十文以上，相当昂贵。此外，北宋时解盐、淮盐是按照政府划分的地区运销的，私入“地分”要受到重罚；京西南路光化军、均、房等州居民历来吃解盐，南宋时解盐已归于金，而这个地区仍按照传统习惯，吃解盐而不吃淮盐，“淮盐绝无到者”。金政府正是利用了这个机会，压低解盐价格，向南宋的这一地带倾销，吸收南宋铜钱。因此，“盐之至（南宋）境，有数倍之利”，而“易盐皆中国之钱”，饱载而归。

金统治的青、齐、河朔地区是著名的产绢区，产量多，质量好，价格也便宜。相州“好绢每匹二贯五百文，丝每两百五十文（并六十陌）”[②]。以六十为陌，二贯五百文合一贯五百文足，合南宋铜钱不到两贯（南宋以七七为陌，两贯为一贯五百四十文足）。而南宋绢价最便宜也到三贯，为金绢价的两倍。金正是利用绢价低廉的优势来吸引南宋铜钱的。

金统治者还竭力避免自己的劣势。例如，随着饮茶越来越成为女真社会各阶层人们的普遍需要，金人每年要花大批银、绢、铜钱购买南宋的茶。为此，金政府限制饮茶，压低茶的进口量，使铜钱银两尽可能少流到南宋。

四是在榷场贸易中吸引南宋客商过界，多得课税。

绍兴十二年主管盱眙军榷场的沈该奏言：“近来泗州并不放北客过来”[③]，乾道三年唐琢在奏章中也提到“北界商人未有一人过襄阳榷场者”[④]。其他各场也可能有类似的情况。金之所以不放商人过界，目的在于使更多的南客到北界贸易，以便课税，吸收更多的铜钱。襄阳榷场的情况就是最好的说明：“每客人一名入北界交易，其北界先收钱一贯三百，方听入榷场，所将货物又有税钱及宿食之用，并须现钱，大约一人往彼交易，非将现钱三贯不可，岁月计

① 《宋会要辑稿》食货二六之三。
② 楼钥：《北行日录》卷下。
③ 《宋会要辑稿》食货三八之三五。
④ 《宋会要辑稿》食货三八之四二。

之，走失现钱何可纪极！”[①] 可见，通过榷场课税，金又吸收了大批南宋铜钱。

由于金统治者采取了上述措施，使南宋的铜钱通过公开或秘密的、合法的或非法途径，源源不绝地流向北方。铜钱的大量流入，为金的社会肌体注入了新鲜血液，活跃了北方的商品流通。女真贵族统治集团也因此而增强了统治力量。

当金政府努力促进金宋贸易，大量吸收铜币的时候，南宋政府也一直在想方设法设置种种贸易障碍，以制止铜币的北流。

首先是严海道之防。

早在南宋初年，宋金双方处于激烈的战争状态，南宋政府为防备女真贵族统治集团从海道进攻，对海道的禁防是极其严厉的。建炎四年（1120）七月，宋高宗下令，禁闽、广、淮、浙海舶去山东[②]。绍兴二年五月进一步规定，泛海往山东者行军法[③]。翌年八月，又“诏应水陆兴贩出界，其知情负载”，“并徒二年”[④]。为严禁与金国的往来联系，绍兴五年五月令“沿海人户五家为一保，不许透漏舟船出北界，如违，将所贩物货尽给充赏外，仍将应有家财田产并籍没入官，同保人减一等”[⑤]。并具体地规定：“铜钱入海五里，尽没其资”[⑥]。宋孝宗淳熙五年、九年，对沿江船户也作了类似的规定[⑦]。禁令中所谓“出北界”、“往山东”，主要是禁止到山东半岛金国统治区去。但是，上述措施却没能杜绝舶商的往还和铜钱的北流。主要原因在于官吏们不肯认真执行。例如在庆元府，有的商人携钱入海五里，虽有弓兵上告，官府却迟迟不肯定罪。终南宋之世，海道一直是铜钱透漏的所在：“海舶飞运，所失良多，而铜钱之泄尤甚。法禁虽严，奸巧愈密，商人贪利而贸迁，黠吏受赇而纵释，其弊卒不可禁”[⑧]。

其次是定两淮之禁。

---

① 《宋会要辑稿》食货三八之四二。

② 《宋史》卷二六《高宗纪》。

③ 《建炎以来系年要录》卷五四，绍兴二年五月壬午。

④ 《宋会要辑稿》刑法二之一〇六。

⑤ 《宋会要辑稿》刑法二之一〇七。

⑥ 袁燮：《絜斋集》卷一一《资政殿大学士赠少师楼公行状》。

⑦ 《宋会要辑稿》刑法二之一二〇；《宋史》卷一八〇《食货志下》二。

⑧ 《宋史》卷一八六《食货志下》八。

在这方面采取了三项措施：

一是针对两淮铜钱走私的严重，宋孝宗乾道三年（1167）三月根据臣僚上疏，“札下沿边州县，严加觉察，如捕获犯人，与重寘典宪”[①]。三个月之后，再次下令，要“沿海沿淮严行禁绝，如捕获客人有兴贩上项（指铜钱）等事，与重寘典宪”，同时规定“官司铜钱不得辄载入海船，如有违犯人并重作施”[②]。这是要求州县等行政机构切实注意铜钱的外流。

二是对最大的盱眙榷场，南宋政府制定了严密的过界检查制度。其内容是：（一）在盱眙西门出入口处设置关卡，商人经搜检后，“如无藏带金银铜钱并违禁之物方得通放”。如商人在西门蒙混过去，尚未到淮河渡口，被搜查出来，则“将犯人比附越州城未过减一等断遣，仍将搜获到金银铜钱物货尽数充赏”。（二）在“淮河渡口筑土墙，置门户，以为禁约地分，如商旅或诸色人藏带金银铜钱辄过所置墙门，虽未上船或已上船而未离岸，即与过界事体无异”、“并依已出断罪，犯人应有财物尽数给与搜获之人充赏”[③]。

三是对榷场官员、押送岁币或礼品的纲运兵士和使臣等，也严禁其走私活动。乾道六年十月，诏令“自今随纲兵士、使臣不许过淮”，由盱眙军另外派人押送，以“革铜钱过界之弊”；今后如有违犯，即“具姓名申取朝廷指挥”[④]。淳熙十六年，针对楚、扬等州官兵乘修筑城壁之机而大量透漏铜钱出界的事例，南宋政府下令，“其统兵官或押将副使臣等并仰逐州取会名衔具申朝廷取旨施行”，如果州郡敢于纵容包庇，也“一例行遣”[⑤]。对于那些依靠恩荫而透漏铜钱的官户，也明令不许“引用荫赎”（即靠官户恩荫赎罪），“如有违犯透漏钱银，事发到官，并不许引用荫赎，依无荫人断遣”[⑥]。

以上禁条，不能说不够严厉，可是执行的效果却很不理想。“铜钱之禁，非不严切，而沿淮冒利之徒，不畏条法，公然般盗出界，不可禁止。”[⑦]

---

① 《宋会要辑稿》刑法二之一五七。
② 《宋会要辑稿》刑法二之一五七。
③ 《宋会要辑稿》刑法二之一六三。
④ 《宋会要辑稿》刑法二之一五八。
⑤ 《宋会要辑稿》刑法二之一二四。
⑥ 《宋会要辑稿》刑法二之一一八。
⑦ 《宋会要辑稿》刑法二之一五七。

最后，南宋政府还通过变换对与金接境地区的货币政策，来阻止铜币的北流。其主经表现是在这一地区只用铁钱、纸币，禁用铜钱。并以铁钱、纸币兑换铜钱。企图通过这一政策在与金交界区造成一个人为的隔离带，以切断南北之间的铜钱流通，阻止铜钱的北流。

然而，南宋政府的货币隔离政策，使东南会子、淮交和湖会只能在自己的小天地中流通，从而限制了东南地区、两淮和湖北、京西诸路之间的商品流通，因此受到当时士大夫们的批评。南宋楼钥《攻媿集》卷九一中说："赀泉取其流通，今自裂而三之，东南则用行在会子，两淮则用铁钱会子，湖北会子则又异于二者，是使商旅不通，嗟怨相闻。"马端临在《文献通考·钱币考》中说："会子则公私买卖支给，无往而不用……千里之远，数万之缗，一夫之力，尅日可到，则何必川自川、淮自淮、湖自湖而使，后来或废或用，号令反复，民听疑惑乎？"很明显，隔离政策是与商品流通规律相违背的。

由于铁钱粗制滥造，盗铸成风，质量低劣，又不准过江行用和兑换铜钱，因而大量壅滞在两淮地区，日益贬值而失去信用。百姓往往不肯收受，而以米谷他物自酬准，倒退到物物交换的地步。后来虽允许铁钱、淮交过江兑换铜钱和行在会子，但由于比价不合理，"江南楮币易淮甸之铁钱，厥价三倍，奸巧之民争取之"，吃亏的又是淮南居民①。于是，两淮"行商断来路，清野多流离"②。南宋政府的隔离政策，不但没有奏效，反而束缚了自己的手脚，使两淮地区商品经济的发展受到严重的阻碍，而且使铜钱从市场上销声匿迹，更多地流向北方，到金统治区大显身手去了。

在金宋贸易战中，金吸引铜钱的措施得以成功，而南宋禁止铜钱北流的政策终于失败。究其原因，是由于生产发展不平衡规律作用的结果。北宋时期已经清楚地表现出南方的生产超过了北方。特别是在以太湖流域为中心的两浙路地区，由于农业手工业的发展而造成的商品经济的繁荣达到前所未有的高度。不仅是城镇，就是在某些乡村，许多佃户也同地方市场发生了密切的联系而被卷入到商品货币关系中。可是由于复杂的原因，物价也发生了不小的波动。尤其是自开

---

① 叶适：《水心先生文集》卷二《淮西论铁钱五事状》。

② 刘过：《龙州集》卷三《悲淮南》。

禧用兵（1206）以后，物价犹如脱缰之马，物价指数猛增至25倍以上。在此情况下，货币购买力因而下降，货币的持有者，特别是一些从事长途贩运以追逐高额商业利润的商人，就力图为自己的货币（特别是铜钱）寻找出路了。

金统治下的北方地区，如上所述，在北宋时生产已落后于南方，经战争破坏，较之南宋地区更加落后。然而自“绍兴和议”后，随着经济的恢复，商品交换活动也逐步开展起来。但是，由于货币（铜钱）短缺不能适应商品交换活动的需要，其购买力显得较高而物价则较低。

金世宗朝的左丞石琚曾说：“钱货如泉，正欲流通。”① 但钱货的流通则有这样的特性：第一，当钱币在某一地区流通呈饱和或半饱和状态时，它或是在钱币的蓄液池中沉淀下来，暂时离开流通领域，或是流向货币流通量不足的地区。第二，货币的流通方向又似流水，哪里的价格低廉就向哪里流动。长途贩运的商人正是通过地区之间的差价而买贱鬻贵，从中牟取高额利润的。地区差价越大，利润越高。这是商品货币流通的基本特性和规律。南宋与金两地区商品经济发展、货币流通以及物价的差别，为南宋铜钱的北流创造了极为良好的条件。金统治集团所作的种种努力，正是在客观上符合了商品货币经济的规律，从而吸引了大量的铜钱；南宋统治者的防禁、隔离政策，恰恰违背了这一规律，其失败自是必然的了。

到金后期，即迁汴之后的20年间，又出现了铜钱自金向南宋地区回流的现象。这是有其深刻的社会原因的。

首先，贞元二年（1154）发行的交钞（纸币），到金章宗明昌四年（1193）开始贬值。金政府为挽救纸币的贬值，便拼命搜刮铜钱，于翌年下令：“官民之家以品从物力限见钱，多不过二万，猛安谋克则以牛具为差，不得过万，凡有所余，尽令易诸物收贮之。”并立厚赏，以奖告发，“有能告数外留钱者，奴婢免为良，佣者出离，以十之一为赏，余皆没入”。但法令虽严，“人多不遵”②。因此，限了四年之后，只好退让，改定官民存留钱法，以原藏钱为基数，“三分为率，亲王、公主、品官许留一分，余皆半之，其赢余

① 《金史》卷四八《食货志》三。
② 《金史》卷四八《食货志》三。

之数，期五十日尽易诸物，违者以违制论，以钱赏告者"[1]。尽管放宽了留钱数，响应者仍然很少。

限钱令既无法贯彻，只好寄希望于库存价值达一亿贯铜钱的金银，乃于承安三年（1198）铸造银币曰"承安宝货"，"与钱兼用，以代钞本"，聊应军需之急。由于私铸严重，币质恶劣，"浸不能行，京师闭肆"，发行了两年就罢铸了[2]。开禧用兵，金虽然打败了南宋的进攻，实际上是两败俱伤。为填补庞大的财政支出，金章宗唯有乞灵于纸币，于是大钞小钞，交替出笼，政府只管印行，不管回收。为使纸币畅通无阻，金章宗又下令限制铜钱的流通，除辽东地区外，其他地区"民间之交易、典质，一贯以上并用交钞，毋得用钱，需立契者三分之一用诸物"，"商旅赍钱不得过十贯"、"官民十贯以上不得出京"[3]。稍后，因辽东咸平、东京两路系商旅集散地，货币流通量较大，也改为一贯以上使用交钞，硬要限制铜钱的流通。于是，充斥于市场上的是清一色的纸币，铜钱被迫退出流通领域而被贮藏起来。如河北有"一富民首其当存留钱外，见钱十四万贯"，按承安三年的规定，这个富民的存留钱应为十四万贯，则他共有二十八万贯[4]，相当于大定末年金国两年铸钱的总数。

迁汴以后，金国的统治已是摇摇欲坠了。上百万人口自河北拥到河南一隅，开支庞大，税源枯竭，只有寄托于纸币的印行。金代后期究竟发行了多少纸币，已不可考，但大安三年（1211）向蒙古赔款，一次就装了84车，纸币之滥，于此可见一斑。从卫绍王到金哀宗的30年间就发行了七种纸币，连同正隆初年的交钞，七八种纸币壅塞在市场上，"大钞滞更为小钞，小钞弊改为宝券，宝券不行，易为通宝"[5]。各种纸币轮番登场，物价随之腾涌，一贯交钞仅值一文铜钱。于是被行政手段从流通领域里驱逐出去的铜钱，又悄悄地返回来了，"市易多用现钱"。金政府没有从中找出教训，又于贞祐三年四月采纳权臣胥鼎"禁见钱"之计，即禁止铜钱在一切领域流通。这就无异于宣布

① 《金史》卷四八《食货志》三。
② 《金史》卷四八《食货志》三。
③ 《金史》卷四八《食货志》三。
④ 《金史》卷四八《食货志》三。
⑤ 《金史》卷一〇七《高汝砺传》。

铜钱作废，“自是，钱货不用，富家内困藏镪之限，外弊交钞屡变，皆至窘败，谓之‘坐化’”①。在这种情况下铜钱必然要为自己寻找出路，而对于铜钱具有吸引力的只有南宋，它的南流也就不可避免了。刘祁曾将其耳闻目睹的铜钱南流情况记载在《归潜志》中，他写道：“予在淮阳时，尝闻宋人喜收旧钱，商贾往往以舟载下江淮贸易，于是钱多入宋矣！”他还批评了金宣宗扼杀铜钱的错误政策：“嗟夫！钱为至宝，自古流行，今日弃置与瓦砾等，而以渚（楮）币相诳欺。”②

南宋这时的情况并未好转。只是由金国作为它的屏藩，暂时还没有受到蒙古贵族的威胁而得以继续偏安。宋宁宗嘉定年间，楮币发行虽然为南宋初年的230倍③，但由于当时政府以金银收兑旧会，楮币贬值还不算严重，约为30%～50%。因此较开禧用兵的时候略见好转。物价一般地维持在原来高指数时的稳定。但同金后期情况相比，当然稍胜一筹。这可以从双方米、盐物价的比较④反映出来：

类别	南宋			金		
	年代	地区	价格(斗)	年代	地区	价格(文/斗)
米	嘉定年间（1208～1224）	东南诸路	500文	崇庆元年至二年（1212～1213）	河东、陕西、山东、南京诸路	8000文
米	嘉定八年（1215）	江东九郡	1000文	大安二年（1210）	河北、山东	1000文
米	嘉定九年（1216）		300文	贞祐四年（1216）	河北观、沧州等	银10余两
米	嘉定十七年（1224年）		375文（官会）			
盐	嘉定七年（1214）	福建沿海诸郡	21文（足）	兴定二年（1218）	绥州、德州	65文

① 《金史》卷四八《食货志》三。

② 刘祁：《归潜志》卷一。

③ 此据戴埴：《鼠璞》。

④ 本表中南宋米价，据岳珂《愧郯录》卷一五，真德秀《真文忠公文集》卷六、卷七、卷一七；盐价据《宋会要辑稿》食货二八之五七；金的米价和盐价据《金史·食货志》。

由于金代的资料太少，对其物价情况了解还不够清楚，而且1223年以后的10年更无可查考。单就这些数字来看，南宋盐价比金低32%，米价以嘉定年间与崇庆元年相比，低6.25%，如与贞祐四年相比，则低25%，即意味着铜钱在南宋的购买力比金要高得多。这就是金国铜钱之所以没有流向蒙古草原而一船一船地流向南宋的原因。

南流和北流都是货币流通基本规律的表现，本质上并无不同。但有一点是不同的，即当金工朝还处于上升时期，曾经为了满足其经济发展的需要而采取了一系列的措施吸引和争夺铜钱，因此，铜钱的南流，可以说更加充分地表现了经济规律的自发调节作用。就宋金铜钱争夺战而言，南流已经接近这个矛盾的尾声，不复具有北流时期那种有声有色的激烈争夺气氛了。

第五节　金与西夏的贸易

西夏因臣服于辽并于天辅六年（1123）派兵救辽而与金兵交战，大败。在金大兵压境的情况下于天会二年（1124）向金奉表称臣，“自今已后，凡于岁时朝贺，贡表进章，使人往复等事，一切永依臣事辽国旧例”[①]。金夏在确立了君臣关系之后，迄贞祐初，“八十余年与夏人未尝有兵革之事”[②]。于是金夏就在和平环境中发展有限的贸易关系。

金夏贸易形式主要有贡使和榷场两种，贡使贸易主要是夏使来朝时进行。自天会二年起，“使副往来，听留都亭贸易”。金章宗即位后一度下诏停止馆内贸易，但第三年即明昌二年（1191）又告恢复，准许夏国使臣在馆内贸易三日[③]。贸易机会如此之少，贸易额之少就可想而知。

榷场贸易是金夏贸易的主要形式。地点主要设在东胜、环州、兰州、保安、绥德五处，此外，在天德、云内银瓮口亦有数处[④]。贸易物金主要是马、

---

① 《金史》卷一三四《外国上·西夏》。
② 《金史》卷一三四《外国上·西夏》。
③ 《金史》卷一三四《外国上·西夏》，又见《金史》卷九《章宗纪》一。
④ 《金史》卷一三四；《大金国志》卷一五天德二年条。

丝帛。如“大定三年市马于夏国之榷场”[1]，夏则以珠玉等物易金之丝帛。这种贸易曾引起金世宗的不满，他说：“夏国以珠玉易我丝帛，是以无用易我有用也。”并因此“减罢保安、兰州榷场”[2]。不久，又因“边民私相越境，盗窃财畜，奸人托名榷场贸易，得以往来，恐为边患”，“复罢绥德榷场，止存东胜、环州而已。”后经西夏“仁孝表请复置兰州、保安、绥德榷场如旧，并乞使人入界相易用物”[3]，金世宗才同意恢复绥德榷场，“建关市以通货财”，金章宗承安二年重开兰州、保安榷场。此外，因北方贵铁，在海陵王天德初年，西夏“百姓多由火山军、武州、八馆之天德、云内货〔铁〕钱于北方”，自废刘豫后，陕西铁钱也流向北方，“北方得之，多作军器，甚而有以坚甲利兵与之回易者”[4]，则这类属于走私贸易。

总之，金夏贸易时断时续，非常有限，相比之下，西夏对金的贸易积极性较高。这是由于金统治的中原地区商品货币经济较西夏发达的缘故。

---

① 《金史》卷五〇《食货志》五。
② 《金史》卷一三四《外国上·西夏》。
③ 《金史》卷一三四《外国上·西夏》。
④ 《大金国志》卷一五天德二年条。

第二十章　金代的土地制度

金代的土地占有形式可分为官田和私田两类，官田是以政府或皇帝的名义占有土地，然后进行分配或赏赐或开采运营。除了山林川泽这些天然的国有土地之外，主要包括牛头地、屯田、寺院田、学田、牧场和围场等；私田则包括汉族、契丹、女真、渤海等族的贵族、官吏、地主和自耕农私有的土地。

我国封建社会的土地所有制，自北宋以降，国有土地——官田的比重越来越小，私有土地特别是大土地私有制迅速膨胀，这是符合历史发展规律的一种进步。但女真从建国后，无论在东北地区抑或中原地区，统治者通过各种经济手段把大量私田变为官田，使官田大大增加。这种反常现象固然是女真由氏族制向奴隶制发展的产物。从其自身而言，乃是社会的进步，但从我国封建社会历史发展的总趋势而言，则是明显的后退。这是金代土地制度的一个重要特点。

金代私田官田化过程主要表现为国家强制进行拨地、括地，把辽斡鲁朵、头下军州的土地和汉族的自耕农、部分中小地主的土地变为国家所有，然后贴上官田的标签——牛头地，分配给猛安谋克户耕种，随之而来的是农民身份、地位迅速下降。他们或者成为农奴，或者卖身为奴隶，或者沦为流民。这是金代中期以前伴随着奴隶制发展而普遍存在的现象，中原地区尤为严重。但是由于中原地区高度发展的封建租佃制关系的影响，由于广大人民的强烈反抗，促使猛安谋克奴隶主及其牛头地制度发生两方面的变化：一方面是多数猛安谋克转化为贫困无地之户，日益贫困和破产；另一方面是部分猛安谋克奴隶主转化成“惟酒是务”、坐食地租的猛安谋克地主。他们不顾国家禁令，出卖原来作为主要劳动力的奴隶，出租原来国家授予其自耕的官田——牛头地，采用了封建租佃制的剥削方式。代表国有土地的牛头地制度逐步瓦解，代之而起的是“计口授田”、“拨授之为永业”，而把官田当作私田并使之合法化。至此，又完成了官田私田化的过程。这样，我们可以清楚地看出：官田和私田第一轮转换即私田官田化的载体牛头地制度是女真奴隶主占有关系的产物，而第二轮转换即官田私田化则是女真由奴隶制向封建租佃制发展的结果。

第一节　东北地区的牛头地制度

东北地区的土地制度主要有牛头地制度、寺院土地占有制和辽东地区汉人、渤海人的封建土地制，现分述之。

金代中期以前，在东北地区普遍推行牛头地制度。随着抗辽战争的节节胜利和契丹统治者的败亡，女真统治者把契丹斡鲁朵和各头下军州的土地划归国有，然后分配给猛安谋克户耕种。《金史·食货志》载：

> 牛头税即牛具税，猛安谋克部女直户所输之税也。其制每耒牛三头为一具，限民口二十五受田四顷四亩有奇，岁输粟大约不过一石，官民占田无过四十具。①

上述记载表明，土地系国家所有，分配给女真猛安谋克户耕种。其分田的计算单位为具，每具=1耒+3牛+25口（人），受田4顷4亩有奇。即根据所占有的牛、耒和人口分给土地，最多不超过四十具即161顷60亩。女真统治者有时连牛也一起赏赐。由于是官田，不能自由买卖，直到章宗泰和元年(1201）还规定“鬻地土者有刑”②，值得注意的是把口与耒、牛一起作为授田计算单位。所谓口，包括正口和奴婢口，即奴隶主及有平民身份的家丁和奴隶。把口作为授田依据，对大奴隶主十分有利。猛安谋克大奴隶主在战争过程中掳掠大批契丹、汉人为奴隶，加上皇帝动辄赏赐，每户有几十、几百甚至上千的奴隶。金世宗为亲王时就有“奴婢万数”，而猛安谋克平民则平均每户不足三个奴隶。所以，占有的奴隶越多，分得的牛头地也就越多。女真统治者担

① 《金史》卷四七《食货志》二。
② 《金史》卷一一《章宗纪》三。

心大奴隶主们无限制的占田，便规定“官民占田无过四十具”，实际上根本限制不了。

牛头地的耕作方法是“聚族而种”，即一个大家族集体耕作。这是生产力水平低下和氏族制残余使然。这种方法一直延续到金代中期封建租佃制渗入，才逐渐改变。

牛头地制度作为女真奴隶制的载体，随着反辽侵宋战争的推进，他们打到哪里，就把牛头地制度和猛安谋克组织带到哪里。每占领一地，就首先将土地分赐给女真猛安谋克户和系辽籍女真人（即熟女真）。如收国元年（1115），太祖攻占达鲁古城后，“得其（辽）耕具数千以给诸军。是役也，辽人本欲屯田，且战且守，故并其耕具获之”[①]，连同耕具和土地一起分赐。收国二年（1116）五月，“东京州县及南路系辽女真皆降。诏除辽法，省税赋，置猛安谋克一如本朝之制。”[②] 天辅五年（1121）攻取泰州后为巩固边防、保障供给，太祖“遣昱（皇弟）及宗雄分诸路猛安谋克之民万户屯泰州，以婆卢火统之，赐耕牛五十”[③]。

事实上女真统治者不仅在女真族内部发展和加强猛安谋克组织，分配牛头地，而且还把降附的契丹、汉、渤海、奚等族的军民迅速组织到猛安谋克建制中来，分给牛头地。如收国二年（1116）诏曰：“自破辽兵，四方来降者众，宜加优恤。自今契丹、奚、汉、渤海、系辽籍女真、室韦、达鲁古、兀惹、铁骊诸部官民，已降或为军所俘获，逃遁而还者，勿以为罪，其酋长仍官之，且使从宜居处。”[④] 所谓“酋长仍官之”是指任命降附诸族的首领以猛安谋克官职。如收国二年（1116）克东京道后授予渤海高六哥为千户、王政为卢州渤海军谋克，汉人张玄素铜州猛安等等。天辅二年（1118）“以降将霍石、韩庆和为千户”。“以龙化州降者张应古、刘仲良为千户”。“汉人李孝功、渤海二哥率众来降。命各以所部为千户”。“辽懿州节度使刘宏以户三千并执辽候人来降，以为千户”。天辅三年（1119）“辽人杨询卿、罗子韦各率众来降，命

① 《金史》卷二《太祖纪》。
② 《金史》卷二《太祖纪》。
③ 《金史》卷二《太祖纪》。
④ 《金史》卷二《太祖纪》。

各以所部为谋克"[①]。挞懒在抚定奚部以后，太祖命其"依东京渤海例，置千户谋克"[②]。金太祖将降附的各族首领委以猛安谋克官职，将所部军民组织到猛安谋克组织中来，材料虽未写明是否分给土地，但猛安谋克乃兵农合一，军政合一的组织，如不分给土地，何以自备粮糗，行军打仗呢？故"从宜居处"、"择膏腴之地处之"，应理解为"授田牛使之耕食"[③]。分给牛头地，不仅分给女真人，也分给契丹、汉、渤海等族军民，至少在皇统五年之前如此。

经过金太祖这番部署，猛安谋克组织及其牛头地制度，几年遍布东北地区。这对于发展奴隶制、迅速建立统治新秩序固然有利，但以辽上京为中心的辽旧地主要是封建农奴制性质的斡鲁朵和头下军州，以辽东京道、西京道为中心的汉人、渤海人居地则是封建租佃制和自耕农土地私有制。女真统治者在这些地区统统推行牛头地制度，将原来属于契丹、汉人、渤海等族的封建主私人所有土地划归"国有"，贴上官田的标签再分配给他们耕种。这种倒行逆施首先受到平州汉人的强烈反对，他们"不乐为猛安谋克之官"。金太宗遂于天会二年，"乃罢是制，诸部降人但置长吏，以下从汉官之号，"[④] 熙宗天眷三年和皇统五年，先后两次罢辽东汉人、渤海人猛安谋克之制[⑤]。恢复州县建制，土地制度亦自然作相应的改变，即"履亩立税"，按照原来封建土地制的办法，按亩收税。对于契丹和奚人，女真统治者则将他们同猛安谋克一起迁往中原，以加强对中原汉人的统治。

世宗初年，在镇压了契丹移剌斡窝的武装反抗之后，对契丹人采取了严厉的防范措施，除未参与反金者可继续担任猛安谋克官职外，其余一律罢去，既不恢复其原有的社会组织，也不再行州县建制，而是打乱编制把他们分派到女真猛安谋克组织中成为其部民，以便加强监视。又将西南、西北路招讨司契丹人迁到遥远的乌古里石垒部及上京之地，"使之耕种，永屯边境"，分给土地，"官给粮廪"，这种办法与女真牛头地制度又有所不同。

---

① 《金史》卷二《太祖纪》。
② 《金史》卷七七《挞懒传》。
③ 《金史》卷四四《兵志》。
④ 《金史》卷四四《兵志》。
⑤ 《金史》卷四四《兵志》。

由于战争和牛头地制度的冲击，辽代头下军州的二税户几乎荡然无存，仅寺院的二税户续继存在，但他们的身份已由原先的农奴沦为奴隶。诸如“锦州龙宫寺，辽主拨赐户民俾输税于寺，岁久皆以为奴，有欲诉者害之岛中。”④再如“闾山寺僧，赐户三百，与僧共居，供役而不输租”⑤，劳动成果全部归寺院主持支配。这些沦为奴隶的二税户，在世宗大定四年开始逐步放良，直到世宗大定二十九年女真奴隶制趋于瓦解，二税户才被解放为平民而恢复其“税半输官半输主”的分配原则。他们所耕种之田亦属官田。

第二节　猛安谋克在中原的占地方式及租佃制的发展

女真统治者为了巩固其在北中国的统治，乃于天会十一年（1133）起，掀起了三次猛安谋克南迁高潮，已如前章所述。直到海陵王南侵失败，大规模迁移活动才基本停止。三次移民高潮中迁到北中国的猛安谋克约有近400万人，这么多的人口，自然不可能全由国家来供养，于是金政府便采取了大规模的拨地政策，同时对猛安谋克普遍实行牛头地制度。从记载看，大定二十年（1180）对世袭猛安谋克的拨地是按牛头地为标准拨给的⑥；大定二十一年（1181）括田限田时，牛头地被视为合法的占地基数，规定“除牛头地外，仍各给十顷，余皆拘入官”⑦；大定二十二年（1182）对新徙猛安谋克仍然是按牛头地方式授田，“计其丁壮牛具、合得土田实数，给之”⑧。大定二十三年（1183）还重新核定了猛安谋克的牛具土地数，并明令“是后限民口二十五，算牛一具”⑨。总之，直到大定二十三年为止，牛头地制度还是主要的占地方式。

但是，在中原封建经济关系的影响下，猛安谋克的土地占有方式的确也发

④ 《金史》卷四六《食货志》一。
⑤ 《大金国志》卷二八《李宴传》。
⑥ 《金史》卷四七《食货志》二。
⑦ 《金史》卷四七《食货志》二。
⑧ 《金史》卷四七《食货志》二。
⑨ 《金史》卷四七《食货志》二。

生了新的变化。

首先是皇统五年（1145）的“创屯田军”。作为拓境移民政策的屯田，早在金太祖收国二年（1116）就实行了。当时曾“分鸭挞、阿赖所迁谋克二千户，以银术哥为谋克，屯宁江州”①。天辅五年（1121）金太祖又使婆卢火统“诸猛安谋克中民户万余”，“屯种于泰州”②。皇统五年之屯田军显然是这一传统政策的继续。但是，由于战争和扩张的需要，猛安谋克作为军事组织的性质日益加强，因而向中原的屯田移民就与过去出于扩大垦地的经济目的所实行的屯田不同，而具有更浓厚的军事、政治色彩，也就是说，担负着监视、镇压汉族人民的任务。

其次，是租佃制的发展。由于金统治的北中国在绍兴和议之后，特别是在金世宗大定年间，中原地区商品货币经济的恢复和发展，以及汉族租佃制关系的深刻影响，使猛安谋克内部的封建租佃制有了迅速的发展。它冲击着牛头地制度，使之逐渐趋向瓦解。这一变化主要表现在官田的私田化相当普遍，牛头地作为国有土地的色彩越来越淡薄。许多猛安谋克户把国家授予其自种的官田当作私有土地或者出卖或者出租。采用了封建租佃制的剥削方式。据记载：“山东、大名等路猛安谋克户之民，往往骄纵，不亲稼穑，不令家人（包括奴隶）农作，尽令汉人佃莳，取租而已。”“附都猛安户不自种，悉租与民，有一家百口垄无一苗者”③。可见，这种转化，从各路到中都，几乎到处都在发生，值得注意的是这一转化直接刺激了女真贵族占夺土地的贪欲，导致了土地兼并的发展。许多猛安谋克贵族、权要，不惜一切手段，竞相占夺官田和民田，其结果是产生了一批土地多得惊人的猛安谋克大地主。如海陵王时的参政纳合椿年就“占地八百顷”，他的儿子参谋合、故太师耨盌敦思忠孙长寿等，“亲属计七十余家，所占地三千余顷”。“山西田亦多为权要所占，有一家一口至三十顷者，以致小民无田可耕。”④ 许多土地很少的猛安谋克贫户，也把土

---

① 《金史》卷七二《银术哥传》。

② 《金史》卷四七《食货志》二。

③ 《金史》卷四七《食货志》二。

④ 《金史》卷四七《食货志》二。

地租给汉户耕种，以至“所得无几，费用不给”[①]。足见租佃制在猛安谋克内部是多么迅速而深入地发展着。金世宗为了保持猛安谋克的稳定，虽然不断进行“劝农”，“必令自耕”，甚至下令对“不种者杖六十，谋克四十”，但收效甚微[②]。相反，由于他允许“力果不足者方许租赁”，就在实际上给租佃制的发展开了后门。另一方面，租佃制的发展，还表现在牛头地的“聚族而种”的经营方式，随着家族组织的日益解体而让位于小家庭的个体生产，“旧时兄弟虽析，犹相聚种，今则不然”[⑤]，便是这一变化的写照。

第三，“计口授田”制产生并发展起来了。根据《大金国志》的记载，最早在皇统五年创屯田军时就实行过“计其户口，给以官田”，可以说这是金代“计口授田”制的开端。不过，这时的“计口授田”，看来还不同于后来以个体生产为基础的每丁50亩、30亩的办法，而仍然是牛头地那种以大家族经营为基础的授田方法。因为在当时尚未分化出大量的个体生产者，家族经营仍是普遍的方式，所谓“兄弟虽析，犹相聚种”即是。而且直到大定二十三年为止，无论是对世袭猛安谋克还是新迁猛安谋克的授田，都是按牛头地分配方式拨给。很难想象，在将近40年以前猛安谋克刚刚大规模进入中原的时候，反倒抛弃了牛头地的授田制度。只有到了大定末年，随着猛安谋克内部的土地私有制和个体生产的发展，“计口授田”才逐渐摆脱旧的分配方式，改变家族奴隶制的本质，成为女真个体农民获得土地的一种方式。记载表明，到大定二十七年（1187）已经对猛安谋克的“贫难无地者”实行“每丁授五十亩”[⑥]。自此以后，无论是章宗大定二十九年（1189）在平阳路限田，还是泰和四年（1204）规定猛安谋克户自种亩数，都不再以牛头地方式为准，而是以每丁每口为准了。而且自大定二十七年以后，也不再见到牛头地的记载。因此可以认为，到大定末年，牛头地制度已经被“计口授田”制所代替。

世宗以后，猛安谋克所占土地的国家所有权更加薄弱。泰和四年，章宗

---

① 《金史》卷四七《食货志》二。
② 《金史》卷四七《食货志》二。
⑤ 《金史》卷四四《兵志》。
⑥ 《金史》卷四七《食货志》二。

“定屯田户自耕及租种法”，准许猛安谋克户把每丁自种四十亩以外的土地出租①。到宣宗兴定四年（1220）金代君臣在研究按“人给三十亩”标准给军户拨地时，已经决定“拨授之为永业”②，即把官田当作合法的私有土地。至此，计口授田制显然已从国有制的外壳中蜕变出来，变成封建土地私有制的分配方式了。

但是，不论牛头地制还是计口授田制，也不管租佃关系多么广泛地发展起来，猛安谋克土地的主要来源，始终是国家以拨地的形式授予官田。而且租佃关系越是发展，官田越是被大量地变成猛安谋克地主的私田，那么，他们占有土地的胃口也就越大，而且国家也就越要千方百计地、不断地把汉人的土地（主要是农民的私田）括为官田，然后再拨给猛安谋克，这就是猛安谋克土地占有制的变化和拨地的不可分割的联系。

第三节　猛安谋克土地占有制与金末阶级矛盾的激化

拨地，是猛安谋克在中原占田的主要来源，也是促使金末阶级矛盾激化的根本原因。

见于记载的拨地，最早是在皇统五年（1145）搞屯田时实行的“计其户口，授以官田”，实际上应当再向前推移，即在天会十一年（1133）女真人首次大规模迁入中原时便开始了。此后，除了每次向中原迁徙必定要拨地之外，在中原各地区之间的相互调迁，对世袭猛安谋克的赐田，以及对贫难无地户的耕地补充等等，都使拨地的次数越来越多，需要的耕地数量也不断增加。根据大定二十三年的统计，金代猛安谋克共占田169380顷有奇，其中在中原地区的占田有多少，因资料缺乏，无从稽考。但如按三牛为一具授田四顷四亩来推算，则仅天德元年（1149）海陵王命曹望之买牛万头赐给迁到南京（今河南省开封）的按出虎八猛安一次拨地即达13465顷之多。又据兴定三年（1219）的统计，河南现耕之军民田总数为96万顷，而参政高汝砺曾说过“河南官民

① 《金史》卷一二《章宗纪》四。

② 《金史》卷四七《食货志》二。

地相半”，官田中的出租地“计二十四万顷”。则可以推知仅河南的猛安谋克占地即达24万顷。由此可见，猛安谋克在整个中原地区所占的土地数自必十分可观。

按照金统治者的说法，凡国家拨给猛安谋克之田均系官田，金在中原的全部官田，当是来源于接收北宋的官田和荒闲田。《文献通考》引毕仲衍《中书备对》的记载，在北宋神宗元丰年间，相当于后来金统治区的开封府、京东路、京西路、河北路、陕西路、河东路等中原六路，共有官田37385顷53亩，还不到金之河南一地（南京路）猛安谋克军户占田数的六分之一。可见只靠接收北宋那一点官田，即使再加有限的荒闲地，也是远远不能满足拨地之需的。

在女真人大举南迁之初，官田不足的问题还不突出。但经过连续多次对大规模南迁的猛安谋克进行拨地，到海陵王正隆年间，朝廷已经感到手中的官田不足了。其后的世宗、章宗时期，土地问题就更加尖锐，于是“括地”之法便应运而生。诚然，金统治者也利用括地来与女真贵族和汉族地主争夺土地和剥削对象，限制他们兼并土地，但主要还是通过括地来掠夺民田，然后再贴上官田的标签，供政府拨地和出租。

金代的括地，从海陵王正隆年间开始，先后掀起过三次高潮。第一次括地高潮在正隆元年（1156）。海陵王迁都燕京以后政治重心南移，大批女真宗室、贵族和猛安谋克人户也随之迁到中原各地，都需要“分地安置”，“授田牛使之耕食”①，而政府手中所控制的官田已经所剩无几，特别是在猛安谋克比较集中的河北、山东地区，早就不敷拨地之需了。因此只有依靠括地。遂于正隆元年“遣刑部尚书纥石烈娄室等十一人，分行大兴府、山东、真定府，拘括系官或荒闲牧地，及官民占射逃绝户地，戍兵占佃宫籍监，外路官本业外增置土田。及大兴府、平州路僧尼道士女冠等地”②。括得之地，主要用于满足猛安谋克的占地要求，“盖以授所迁之猛安谋克户”；少部分则由国家充当

① 《金史》卷四四《兵志》。
② 《金史》卷四七《食货志》二。

最高的地主，直接出租给汉民，“令民请射，而官得其租也”①。

这次括地基本上限于河北、山东地区，范围不是很大，加上当时还有相当多不在籍的荒闲地可括，因此，虽然也影响到一些戍兵、僧道和占射逃绝户地的少数官僚地主以及汉族农民，但危害还不算太重，也并未因而引起重大的社会骚动。

第二次括地高潮在大定十七年至二十一年（1177～1181）。一方面，由于这个时期猛安谋克的迅速封建化，女真军人地主大量兼并、扩张土地，使官田私田化现象十分严重，而一般女真民户则往往“贫难无地”，需要重新拨给官田；另一方面，有些猛安谋克户在迁入中原之初，得到的是薄地，而更多的则由于不事耕稼，惰农饮酒，所受良田往往听其荒芜而变成薄地，因此他们纷纷要求把薄地易为良田，金世宗当然大力支持。他因此训诫省臣说：“女直人户自乡土三四千里移来，尽得薄地，若不拘刷良田给之，久必贫乏”，于是“遣官察之”④。此外，为了加强猛安谋克的军事防卫能力，改善其经济地位而经常进行频繁的调迁，“多易置河北、山东所屯之旧”，而每次调迁都要拨地，因此官田更感不足。世宗就曾惋惜地对他的宠臣、世袭猛安、平章政事徒单克宁说：“朕欲尽徙卿宗族在山东者居之近地（即中都附近），卿族多，官田少，无以尽给之”。结果只得“选其最亲者徙之”⑤。

由于上述种种原因，朝廷乃于大定十七年遣同知中都路转运使张九思为“括地官”，到山东、河北等地主持括地，一直延续到大定二十一年，长达四年之久。其规模之大，涉及面之广，对汉族农民危害之深，都远远超过正隆括地。

这次括地的对象主要有三类。一是女真权豪之家，他们人数不多，占田不少，最多者如纳合椿年一户占田达800顷，对这类占夺的官田，朝廷并不全部没收，而是除原赐之牛头地外，还可以留下10顷，超过此数者才拘括入官，实际是很优待的。所以，经过这次括地之后，按照大定二十三年的统计，在京

① 《金史》卷四七《食货志》二。
④ 《金史》卷四七《食货志》二。
⑤ 《金史》卷九二《徒单克宁传》。

宗室将军司的女真权贵，共170户，有田3683.75顷有奇，平均每户占田仍达21.67顷之多，几乎等于猛安谋克户平均占田数2.74顷的8倍！第二类是汉族官僚、地主，即所谓“豪民租佃官田岁久，往往冒为己业”者，对他们的方针是“令拘籍之”，毫不留情。第三类是汉族农民，朝廷表面上括的是“亡辽时所拨地”，因年代久远而被民“指射为无主地，租佃及新开垦为己业者”，以及“民昔尝恣意种之”的梁山泺滩地之类的土地[①]，实际上根本不分青红皂白，乱括一通。只要沾上一点秦汉以来的官田名称，哪怕是持有凭据，已经作为己业，种了不知几百年的土地，也一概被指为官田，遭到拘括。“如皇后庄、太子务之类，止以名称便为官地，百姓所执凭验，一切不问”。“凡犯秦汉以来名称，如长城、燕子城之类者，皆以为官田，此田百姓为己业不知几百年矣！”[②] 个别臣僚向皇帝报告山东、大名、济州括地情况时指出“有以民地被刷者”，世宗大不以为然地说，“此虽称民地，然皆无明据，括为官地有何不可？”还反复强调：“虽经通检纳税，而无明验者，复当刷问。有公据者，虽付本人，仍须体问。”[③] 皇帝既然如此苛刻，括地官张九思之流自然更加蛮横，以致“有执契据指坟垄为验者，亦拘在官”。尽管世宗皇帝说得很动听，“能使军户稍给，民不失业，乃朕之心也。”实际上却完全相反。经过这次括地，大批汉族农民，包括一部分汉族中小地主因土地被括走而失业破产，即使朝廷又把括来的部分土地贴上官田的标签后招民佃种，百姓们也因为“惧征其租”而纷纷逃亡了[④]。朝廷括得的大部分土地在“分给女真屯田户”之后，又被那些“不亲稼穑”、“惟酒是务”的猛安谋克军人地主租给汉族农民耕种，于是，一转眼间，大批汉族自耕农不是沦为破产流民，就是变成猛安谋克的佃户，受到“预借三二年租课”的残酷剥削。

第三次括地高潮在承安五年（1200）。金自章宗明昌以降，内忧外患，接踵而来，国内政治日益腐败，经济逐渐衰颓，阶级矛盾也日趋尖锐化，对外与鞑靼、蒙古连年交兵，屡遭失败。金朝君臣们把军事失利的原因归结为“中

---

① 《金史》卷四七《食货志》二。
② 《金史》卷四七《食货志》二。
③ 《金史》卷四七《食货志》二。
④ 《金史》卷四七《食货志》二。

都、山东、河北屯驻军人地土不赡。官田多为民所冒占"[1]。一些带兵的将领说："比岁征伐，军多败衄，盖屯田地寡，无以养赡，至有不免饥寒者，故无斗志。"他们认为，只要"括民田之冒税者分给之，则战士气自倍矣"[2]！因此，章宗便在承安五年不顾另一些大臣的反对，悍然"命枢密使宗浩、礼部尚书贾铉佩金符行省山东等路括地"[3]。宗浩、贾铉到山东、河北、中都、陕西等"六路括地"的结果，"凡得地三十余万顷"[4]。

这次括地，名义上括的是民所冒占的官田，实际则是官夺民田。这一点连当时的一些朝廷大臣都非常清楚。平章政事张万公曾专门上奏极谏括地有五不可，其中第五条就指出："夺民而与军，得军心而失天下心，其祸有不胜言者"[5]。在河北保州主持括地的顺天军节度使张行简也上书曰："比者括官田给军，既一定矣，有告欲别给者，辄从其告，至今未已，名曰官田，实取之民以与之，夺彼与此，徒启争端。"[6] 时人元好问更严厉指责说："武夫悍卒倚国威以为重，山东、河朔上腴之田，民有耕之数世者，亦以冒占夺之。"[7]

这次括地，不仅得地数量之多，几乎等于北宋元丰年间淮河以北六路官田总数的八倍；影响地区之广，涉及到山东、河北、中都、陕西等六路；而且造成的危害也最大，除了朝廷专门作出"隐匿者没入官，告者给赏"的规定，使得括地特别苛酷之外，地方官吏还要借此大肆敲剥，莒州刺史完颜百嘉就"教其奴告临沂人冒地，积（赏）钱三百万，先给官镪，乃征于民"[8]，害得百姓叫苦不迭。女真屯田户也乘机多要官田，夺占民田，"六路括地时，其间屯田军户多冒名增口，以请官地，及包取民田，而民有空输税赋，虚抱物力者"[9]。总之，这次括地之苛酷，直到金宣宗贞祐三年（1215），人们谈起它时

---

① 《金史》卷九三《宗浩传》。
② 《金史》卷九五《张万公传》。
③ 《金史》卷一一《章宗纪》。
④ 《金史》卷九三《宗浩传》。
⑤ 《遗山先生文集》卷一六《平章政事寿国张文贞公神道碑》。
⑥ 《金史》卷一〇六《张行简传》。
⑦ 《遗山先生文集》卷一六《平章政事寿国张文贞公神道碑》。
⑧ 《金史》卷一二八《循吏传》。
⑨ 《金史》卷四七《食货志》二。

还心有余悸。侍御史刘元规在朝廷讨论是否再行括地时说："伏见朝廷有括地之议，闻者无不骇愕。向者河北、山东已为此举，民之茔墓井灶悉为军有，怨嗟争讼至今未绝，若复行之，则将大失众心。"① 实际上，括地除了使广大汉族农民深受其害之外，对于一般猛安谋克贫户也无甚补益，真正得到好处的还是女真贵族。"如山东拨地时，腴地尽入富家，瘠者乃付贫户，无益于军，而民有损。"②

如上所述，三次括地高潮，给汉族农民带来了深重的灾难，大大激化了阶级矛盾。但是，由于封建化而变得更加贪婪的女真军人地主，并不满足于坐等括地所给予他们的好处，他们还依仗权势，千方百计地攫取更多的土地，从而使阶级矛盾更加尖锐。他们的手段大致有五：（一）以合法形式"请占"。"随处官豪之家多请占官地，转与他人种佃，规取课利。"③（二）非法"冒占"。大定二十二年（1182）"赵王永中等四王府"就因为"冒占官田"，被世宗"罪其各府长史府掾，及安次、新城、宛平、昌平、永清、怀柔等六县官"④。（三）"冒佃"。由于冒佃严重，朝廷不得不于大定二十九年作出规定，进行干预。"豪富及公吏辈有冒佃者"，在两个月内自首，即可"免罪而全给之"，并享受少纳三分之一税额的优待⑤。（四）占双份。"前徙宗室户于河间，拨地处之，而不回纳旧地"。结果是"两地皆占"⑥。（五）强行"占夺"。"豪强之家多占夺田者"，"以致小民无田可耕"⑦。猛安谋克贵族们依靠超经济强制而不是通过买卖去占有土地，当然是与他们的军事封建性分不开的。

山东、河北一带是猛安谋克大量迁居之地，也是拨地、括地集中的地区，因而阶级矛盾也最尖锐。早在金熙宗时，驻守潍州的世袭猛安、鲁国公鞑懒，就"回易屯田遍于诸郡，每认山东为已有"⑧。此后，随着猛安谋克到处横行

① 《金史》卷四七《食货志》二。
② 《金史》卷四七《食货志》二。
③ 《金史》卷四七《食货志》二。
④ 《金史》卷四七《食货志》二。
⑤ 《金史》卷四七《食货志》二。
⑥ 《金史》卷四七《食货志》二。
⑦ 《金史》卷四七《食货志》二。
⑧ 《大金国志》卷一〇《熙宗纪》。

不法，与汉族农民的矛盾也不断加剧，驻在业坑（今山东寿张）的猛安谋克“主兵挟势横恣，令佐莫敢与之抗。兵人殴县民，民诉之县。县不决，申送军中，谓之就被论官司，民大苦之”①。在河北长垣，“县民佃镇防军田，既污垫，有未尝投种者，营卒恃势征租，不少贷，民无所于诉，任其凌轹，有夺之牛者。”② 总之，“山东、河北猛安谋克与百姓杂处”的结果，是“齐民与屯田户往往不睦”，是“民多失业”，沦为流民③，矛盾越来越尖锐。最后，终于发展为“贞祐之乱，盗贼满野”，即大规模的红袄军起义。而首当其冲的，正是那些依仗权势掠夺汉族农民土地的猛安谋克军人地主。“向之倚国威以为重者，人（红袄军）视之以为血仇骨怨，必报而后已！”④

① 《遗山先生文集》卷二〇《资善大夫吏部尚书张公神道碑铭》。
② 《遗山先生文集》卷二〇《顺安县令赵公墓碑》。
③ 《金史》卷九二《曹望之传》；卷九《章宗纪》。
④ 《遗山先生文集》卷一六《平章政事寿国张文贞公神道碑》。

第二十一章　金代的赋役制度

金国由于是一个相对落后的少数民族贵族集团统治先进的多数民族的国家，其赋役制度就反映出两个特点：一是由于在相当长时间内同时存在着封建土地所有制和奴隶主土地占有制，就出现了两种并行的田赋制；二是以汉族为主的被统治各族人民赋役负担的沉重。金统治者明确宣布："凡户隶州县者与隶猛安谋克，其输纳高下，又各不同。"① 猛安谋克户以其是统治民族享有特权而赋役较轻，而户隶州县的大多数被统治民族则负担较重。

第一节　田赋制度

金代田赋分地税、地租和物力钱三大类。地税有两种，女真猛安谋克户纳牛头税，汉族等封建地主和自耕农纳夏秋两税，以及丁口、资产总和为征收对象的物力钱。今分述如下：

一、牛头税

属地税。《金史·食货志》载，"牛头税，即牛具税，猛安谋克部女直户所输之税也"，"其制每耒牛三头为一具，限民口二十五，受田四顷四亩有奇，岁输粟大约不过一石，官民占田无过四十具。"②

从这段文字可知，牛头税是以牛头地制度为基础的猛安谋克户向国家交纳

① 《金史》卷四六《食货志》一。

② 《金史》卷四七《食货志》二。

的地税。土地为国家所有，禁止买卖和出租，其经营方式是“聚族而种”，基本上是家族奴隶制性质的土地分配和占有制。因此，这就决定了牛头税税额不问收获多寡，一律按牛具数定额交税。税额原无定制，天会三年（1125）定为每具一石，天会四年（1126）又改为每具五斗，减少了一半，并为定制。如按一具收税一石计，折合亩税才0.25升，而汉人土地所有者所纳夏秋两税每亩则为5.3升，则猛安谋克户亩税还不到汉人的二十一分之一，如按亩税5斗计，则还不到四十二分之一，其税额是多么的轻微！虽然这与猛安谋克户生产力水平低下有关，但毕竟不可否认，是一种民族特权性质的优待。

由于牛头税是按户为单位征税，绝大多数猛安谋克户都有奴隶，故“限民口二十五”。这里的“民”指户主即猛安谋克奴隶主，口指奴隶，是说每廿五人，再加三头牛合为一具。奴隶或驱口属奴隶主的私有财产，没有独立的人格。国家表面上作为分配牛头地的人口基数计算，实际上是把奴隶同牛一起当做生产力要素分配土地的，因而奴隶同牛一样没有负担赋税的义务。

牛头税的用途与两税不同，两税作为国家财政的重要来源被纳入国库，而牛头税则以谋克为单位“别为一廪贮之”[①]，“犹命谋克监其仓，亏损则坐之”。自贮自用，不纳入国库。其用途则为猛安谋克就地“备饥馑”、“备凶年”、“备欠岁”[②]，此外还用于猛安谋克的俸给。《金史·百官志》载：

> 大定二十年，诏猛安谋克俸给，令运司折支银绢。省臣议：若估粟折支，各路运司储积多寡不均，宜令依旧支请牛头税粟。如遇凶年尽贷与民。其俸则于钱多路府支放，钱少则支银绢，亦未晚也。从之。[③]

上述材料说明在大定二十年（1180）之前猛安谋克俸给即由本地牛头税仓廪支付，到大定二十年仍然如此。

前面说过，牛头税是以牛头地为基础，土地国有，禁买卖和出租。但是女真统治者进入中原之后，受汉族先进的封建租佃制的影响，特别是世宗大定中

---

① 《金史》卷四七《食货志》二。
② 《金史》卷八八《纥石烈良弼传》。
③ 《金史》卷五八《百官》四。

后期，中原地区商品货币经济的恢复和发展，使猛安谋克内部封建租佃制关系迅速发展。它冲击着牛头地制度使之逐渐瓦解。这一变化主要表现在官田的私有化相当普遍，许多猛安谋克户把国家分配其自种的官田——牛头地，当做私田或出卖、或出租。牛头地作为国有土地的色彩越来越淡薄。随着猛安谋克内部土地出租和个体生产的发展，封建因素迅速增长，家族奴隶制渐趋衰落。到大定末年（1189～1198）国家授田方式不能再以牛具为单位（牛3头，口25为一具）而是“计口授田”，即以每丁每口为单位。大定廿七年（1187）以后，也不再见到国家分配牛头地的记载，因此可以认为，到大定末年，牛头地制度已被“计口授田”制所代替，牛头税制也趋于混乱而日渐败坏。

二、两税

金代中原地区汉、契丹等族的地主、自耕农向国家所纳之地税，它以土地私有制为基础。《金史·食货志》载：

> 金制，官地输租，私田输税。租之制不传。大率分田之等为九而差次之，夏税亩取三合，秋税亩取五升，又纳秸一束，束十有五斤。夏税六月止八月，秋税十月止十二月，为初、中、末三限，州三百里外，纾其期一月……泰和五年（1205）改秋税限十一月为初。中都、西京、北京、上京、辽东、临潢、陕西地寒，稼穑迟熟，夏税限以七月为初。①

据此可知，金之夏秋两税均以田亩作为征税的依据和标准，将田按土地肥瘠成色及水利等自然条件分为九等，夏税亩收3合，秋税5升，外加草15斤，合计两税为亩5.3升，草15斤。金与北宋不同者，宋之夏税纳钱（中田4.4文/亩，下田3.3文/亩），而且可以计钱扭折为绢帛之类。我们可以作这样的理解：夏税纳钱，表明北宋商品货币经济已相当发展；计钱扭折为绢帛，则是唐建中两税并入庸调部分钱额的保留；而金之两税，普遍输粟米，绢帛之类另以户调形式出现；说明金之两税已成为纯粹的地税，这是两税制度继北宋之后的一个重要变化。

---

① 《金史》卷四七《食货志》二。

两税输纳期限分初、中、末三限，这是对宋制的继承。夏税先以六月为初，初即初限，后改为七月为初限，而北宋则以七月为毕。秋税从十月为初改为十一月为初，翌年正月为末，而北宋则自九月起纳，十二月中旬结束。此外，金对输送粟麦按路程的远近有所递减，“凡输送粟、麦三百里外石减五升，以上每三百里递减五升。粟折秸百称者百里内减三称，二百里减五称，不及三百里减八称，三百里及输本色藁草，各减十称”①。称也是宋制，一称为十五斤。这些规定都在一定程度上减轻了纳税者的负担。

关于户调，《金史》无明确记载，但据有限的史料似可看出端倪：金政府强制猛安谋克户和其他民户种植桑枣，从事蚕桑业，这是户调的基础。《金史·食货志》载：“桑被灾不能蚕，则免丝绵绢税。”② 大定四年三月“诏免北京岁课段匹一年”③。这两条史料从“免税”的角度正好说明确有征收户调的存在。不但征收，而且正常年景一点也不能减少。元好问的《秋蚕》诗就是有力的证明：“东家追胥守机杼，有桑有税吾犹汝。官家恰少一绚丝，未到打门先自举。”④ 至于户调的数量从下述材料可略知一二：“（曲阜县）每岁夏绢凡丈尺小户，旧例合并全匹输纳，随村首目，皆自敛掠，公（县令孔捴）止令依市价积算和买，使并起纳，尽革旧弊。”⑤ 材料中的“丈尺小户”，再次说明了是以户为单位征收的，人丁少的小户，征收数则在一匹以下，丈尺之数也；旧例对这些不足匹的小户由随村首目挨户收敛，“合并全匹”后再输纳，孔县令加以改革，“依市价积算和买”，如果这种和买折钱相对合理，不至成为对小户的勒索，那么比村首的敛掠要好些，同时也有利于商品货币经济的活跃。虽然仅仅是曲阜令、五十代衍圣公的改革，似不普遍，也是值得注意的。

三、地租

《金史·食货志》载：金制，“官地输租”，即民种官田者向国家交纳地

① 《金史》卷四七《食货志》二。
② 《金史》卷四七《食货志》二。
③ 《金史》卷六《世宗纪》上。
④ 施国祁：《元遗山诗集笺注》卷三。
⑤ 《金文最》卷八九党怀英：《赠正奉大夫袭封衍圣公孔公墓表》。

租。国家的代表金政府就充当了地主的角色。租种官田者有以下几种情况：

对南迁的女真猛安谋克户（契丹等族混编在其中），金统治者以分配的方式拨给土地。所谓“屯田户佃官地者，有司移猛安谋克督之”，即是指此。实际上，国家只向他们征收极低微的牛头税，而不是地租。相反，这些猛安谋克屯田户深受汉族封建经济影响，加上奴隶主贪图享受，厌恶劳动的劣根性，“往往骄纵，不亲稼穑，尽令汉人佃莳，取租而已”。他们不顾国家不准出租、不准买卖的禁令，纷纷将牛头地租佃或出卖，收取地租，仅向国家交纳低微的牛头税，这实际上已将官田私田化了。

汉族地主及自耕农租佃河滩、荒田者。官田中有大量的荒田、河滩，金政府制定了多种鼓励租佃的政策，招来许多租佃者。“请佃荒地者，以各路最下第五等减半定租，仍免八年输纳。若作己业，并依第七等税钱减半，亦免三年输纳。自首冒佃比邻田，定租三分纳二；其请佃黄河退滩地者，次年纳租。”①

由于政府的招佃政策相当优惠，不少官豪地主纷纷请佃，实际与强占无异，“随处官豪之家多请占官地，转与它人种佃，规取课利”②。实际上是与政府争利，于是金世宗大定二十七年（1187）提出限制措施，“命有司拘刷见数，以与贫难无地者，每丁授五十亩，庶不至失所，余佃不尽者方许豪家验丁租佃”③。金章宗大定二十九年（1189）对于狭乡租佃官田也作了限制。“如一家三丁已业止三十亩，则更许存所佃官地一顷二十亩，余者拘籍给付贫民可也。”④

金代官田租额究竟多少？《金史·食货志》写得明白：“租之制不传”，没有记载。不过，从下述材料中可以作些分析：

> 贞祐三年（1215）参政高汝砺言：河南租地计二十四万顷，岁租才一百五十六万（石）。⑤

则平均亩租为6.5升，仅略高于两税，是极低微的。

---

① 《金史》卷四七《食货志》二。
② 《金史》卷四七《食货志》二。
③ 《金史》卷四七《食货志》二。
④ 《金史》卷四七《食货志》二。
⑤ 《金史》卷四七《食货志》二。

兴定三年（1219）正月，尚书右丞领三司事侯挚言：河南军民田……见耕种者九十六万余顷，上田可收一石二斗，中田一石，下田八斗。十一取之，岁得九百六十万石。①

则平均亩租为一斗，高于贞祐三年3.5升。此外还有大量地主出租的田地，但私租的租额未见记载，北宋为四六分成或二五分成，则为4～5斗/亩，金的官租与北宋私租相比则又轻多了。

侯挚在东平用低租额试行二三年，“民不疲而军用足”。效果是很好的。

四、物力钱

什么是物力钱?《金史·食货志二》记载：

计民田园、邸舍、车乘、牧畜、种植之资，藏镪之数，征钱有差，谓之物力钱。遇差科，必按版籍，先及富者，势均则以丁多寡定甲乙。有横科，则视物力。循大至小均科。其或不可分摘者，率以次户济之。凡民之物力，所居之宅不预。猛安谋克户、监户、官户所居外，自置民田宅，则预其数。墓田、学田，租税、物力皆免。②

物力之征，上自公卿大夫，下逮民庶，无苟免者。③

从以上有关记载，对物力钱征课对象及其所包含的内容有以下几点认识：

第一，所谓物力即资产，按物力征钱，就是资产税。金代于大定四年（1164）始正式确立征收物力钱的制度。值得注意的是这里所说的资产并非全部动产和不动产。“凡民之物力，所居之宅不预”，就是说，一般居民的住宅不计算在物力钱之内征收，只有用做经商的“邸舍”即旅舍、楼房才计物力；此外，“猛安谋克户、监户（隶宫籍监的没入官良人）、官户（隶太府监的没入官奴婢）所居”“除官所拨赐之外，余凡置到百姓有税田宅，皆在通检之数”④。是说上述三种人户的田宅，除去官府拨赐者，其余购置的有税田宅，均应核计物力钱。墓田、学田的租税和物力钱则全免。

① 《金史》卷四七《食货志》二。
② 《金史》卷四七《食货志》二。
③ 《金史》卷四六《食货志》一。
④ 《金史》卷四六《食货志》一，卷四七《食货志》二。

第二，土地，除应纳租、税之外，又被列入资产征收物力钱。这就是“计民田园”。对这种双重征税的办法有的官员提出不同意见。如明昌元年四月（1190），“刑部郎中路伯达等言，民地已纳税，又通定物力，比之浮财所出差役，是为重并也。”① 可见土地是包括在物力之内的，而且当做财产税的重要内容。由于官僚们认为如此双重征税，太重，“遂详酌民地定物力，减十之二”②。仅仅比最初厘定之税额减征十分之二而已。

第三，引文中奴婢未列入财产，但在衡量贫富及户等时，的确把奴婢算作奴隶主的财产列入征课内容。下面还要详述。

第四，征课对象非常广泛。“上自公卿大夫，下逮民庶，无苟免者”。可以说除了皇帝之外，全国上下各类居民皆列为征课对象，甚至连“近臣出使外国，归必增物力钱，以其受馈遗也”③。

第五，金代以人丁多寡、富贵轻重来定版籍户等，再按户等征收物力钱及科差杂役，遇有突击性科差，则视物力由大至小均科。

第二节　其他课税与杂役

除牛头税、两税和物力钱外，还有其他种种课税和杂税。对于统治者而言，是为了满足财政之需，对于百姓来说特别是被统治民族则是沉重的负担。

一、榷货之税

“金制，榷货之目有十，曰酒、曲、茶、醋、香、矾、丹、锡、铁，而盐为称首。”④ 金代官榷制度因袭辽宋之制。对上述十类食品及用品，政府实行征税、管制、专卖而取利。所得相当可观。

此外还有各种商税、城郭出赁房税、地基钱、金银之税，商旅往来，各路均有关税。除这些课税外，又有各种苛捐杂税，如“铺马、军须、输庸、司

① 《金史》卷四六《食货志》一。
② 《金史》卷四六《食货志》一。
③ 《金史》卷四六《食货志》一。
④ 《金史》卷四九《食货志》四。

吏、河夫、桑皮故纸等钱，名目琐细，不可殚述"[1]。至如像海陵王那样的暴君和金宣宗这样的昏君，则一切掊克之政靡不为之。高琪为相，连百姓吃的食油也想由政府专卖，对人民剥削之残酷，就可以想见了。

二、役

金之役法，从广义说，包括职役、兵役、力役三项。

职役，即坊正、里正、主首所承担之役。"金制……京、府、州、县郭下则置坊正，村社则随户众寡为乡置里正。"[2] 可见"坊正"、"里正"是郭下最基层的小吏，其职责是"按比户口，催督赋役，劝课农桑"[3]。"里正"之下还设"主首"，规定"村社三百户以上则设主首四人，二百户以上三人，五十户以上二人，以下一人"。其责职是"佐里正禁察非违。"主首之下还"置壮丁，以佐主首巡察盗贼。"[4] 主首和壮丁均系帮助里正维持村社治安。女真人则另有系统，猛安谋克村寨，五十户以上设寨使一人，掌同主首。[5] 寺观则设纲首。坊正、里正、主首、寨使、壮丁，均属职役。这些职役摊派的办法是，坊正、里正，由十分之三的户出役。"募强干有抵保者充"，"富户均出雇钱"。所谓"强干有抵保者"，就是并非一贫如洗而是有一定资产在籍的身强力壮者充任，富户只出雇钱，并不直接出役。酬金每年最多为100贯，应役时间不得超过一年。章宗以后，改为如果有自愿可二年为期。

兵役，金代的兵役与一般力役分开。对于女真人而言，自氏族制末期到奴隶制金国建立，一直实行全民兵役制，所以《金史·兵志》称："金之初年，诸部之民无它徭役，壮者皆兵，平居则听以佃渔射猎习为劳事，有警则下令部内，及遣使诣诸孛堇征兵，凡步骑之仗糗皆取备焉。……行兵则称曰猛安、谋克。"[6] 兵民合一，有战则兵，无战则民，一旦出征打仗，武器、食粮均需自

---

① 《金史》卷四六《食货志》一。
② 《金史》卷四六《食货志》一。
③ 《金史》卷四六《食货志》一。
④ 《金史》卷四六《食货志》一。
⑤ 《金史》卷四六《食货志》一。
⑥ 《金史》卷四四《兵志》。

备。这种自备仗糗的制度在女真入主中原之前皆乐意为之，因为金人侵犯中原，“有虏掠，无战斗，计其从军之费，及回日，所获数倍”，是很合算的。但统治中原之后，“南犯淮，西犯蜀，生还者少，而得不偿费”①，于是女真百姓对这种显示统治民族特权的终身兵役制就十分厌烦甚至恐惧。天会十五年（1137）熙宗为废刘豫傀儡政权而发兵南征，女真兵以为要与南宋打仗，十分害怕，驻扎在太原府祁县的一个女真千户斜也孛堇，临行时与其家属哭别。他杀了一头猪，将自己的衣服裹在猪身上，埋在后营，其家人祝告说：“斜也已阵亡，葬之矣！”② 用猪当替身冀免杀身之祸。一个女真千户恐惧厌战到如此程度，一般士兵就更不殆言了。及至正隆六年（1161）海陵王发兵大举南下，与宋交战，结果士兵哗变，海陵王死于万矢之下，就是女真兵厌战、反战的最突出表现。同时也暴露出女真兵役的沉重和兵制的腐败。

金代女真人作为特权承担主要兵役，被统治民族作为义务也承担兵役。渤海人服兵役组成渤海军，奚族为奚军，汉族为中都永固军，从上述诸军中抽调一部分戍边，称镇防军。最苦的是辽人二税户，放良之后令他们到最北边的泰州戍边。此外还有地位更为低下的射粮军，运送税粮“五年一籍，三十以下、十七以上强壮者，皆刺其□（面），所以兼充杂役者也”③，则其地位形同奴隶了。还有掌京师巡捕的京师防城军（大定十七年改为武卫军），为防止盗窃而充防筑之役的牢城军，以司警捕的土兵，等等，均系杂役性质，皆由汉族等被统治民族的百姓充当。此外还有不实行终身服役的签军制。金代的签军制形成于熙宗时，按人户资产和人户丁力两种标准签军，称为“民兵”，“金人民兵之法有二，一曰家户军，以家产高下定之；一曰人丁军，以丁数多寡定之”④。这一制度实际上是把有物力负担的课役户和无物力负担的不课役户统通签发无遗，还要自备衣粮。一旦被签戍边，有至十年不得回家，生死未卜者。

力役，金代的力役相当繁重。诸如以牛充递运的牛夫役、防堵黄河决口之塞河劳役、每年数次为皇帝春水秋山出猎及采集地蕈之各种杂役、为诸王府兴

---

① 《建炎以来系年要录》卷四三，绍兴元年三月。

② 《大金国志》卷九《熙宗纪》。

③ 《金史》卷四四《兵志》。

④ 《建炎以来系年要录》卷九，建炎元年九月壬辰。

建宫殿庭园之役等等不一而足。上述诸役有多至千万乃至几十万人者。大体看来，金代的力役是两头重、中间轻。即金初金末两头较重，世宗、章宗两朝为轻。海陵王夺权之后，为扩建燕京宫殿，从诸路调集大批民夫工匠从役，从1151~1153年历三年，“运一木之费，至二千万，牵一车之力，至五百人。”① 全部工程动员民夫80万、兵夫40万。后来修建汴京宫殿，也都由各路调集夫匠和兵夫充当。应役之人“近者不下千百里，远者不下数千里”，每四个月一轮替，“近者北归，往往半岁，远者得回动，是年余到家，不月余又复起发。其河北人夫死损大半，其岭北西京路夫七八千人，得归者无千余人。”② 海陵正隆间，穷兵黩武，妄图吞并南宋，乃征发民夫40万，制造军器和战船，督责苛急，日夜不息。又向诸路括马，以户口为差，计56万匹。由于“海陵无道，赋役繁兴，盗贼满野，兵甲并起，万姓盻盻，国内骚然，老无留养之丁，幼无顾复之爱，颠危愁困，待尽朝夕。”③ 造成极其尖锐的阶级矛盾和民族矛盾。

金世宗鉴于海陵王无限制的敲剥人民而导致被乱箭射死的教训，大胆地采取了轻徭薄赋政策，对以往的苛政多有革除。诸如大定二年五月规定“凡有徭役，均科强户，不得抑配贫民”④。再如河南、陕西、山东、北京以东及北边州郡调发甚多，甚至本州府征取赋役之后，中央省部照旧“一例征取”⑤。百姓受到双重剥削。金世宗大定三年（1163）诏“蠲除之”。大定二十三年（1183）又确定了以钱代役制度，革除了此既服役，彼仍交钱的弊病。章宗朝亦多有疏役免征之举。迨至金宣宗执政，情形大变，蒙古军南下，国土日蹙，币制混乱，财政困乏。“军国所需，一切责之河南。有司不惜民力，征调太急，促其期限，痛其棰楚。民既罄其所有而不足，遂使奔走傍求于它境，力竭财殚，相踵散亡，禁之不能止也。”⑤ 不到20年，就被蒙古灭亡了。

---

① 《金史》卷五《海陵纪》。
② 《三朝北盟会编》卷二三〇《崔淮夫上两府札子》。
③ 《金史》卷八《世宗纪》下。
④ 《金史》卷四七《食货志》二。
⑤ 《金史》卷四七《食货志》二。
⑤ 《金史》卷四七《食货志》二。

第三节　通检推排

什么是通检推排?《金史·食货志》载:

> 通检，即《周礼·大司徒》三年一大比，各登其乡之众寡、六畜、车辇，辨物行征之制也。①

可知它是金代调查民户资产，核定其总额，评出户等，据以征收物力钱及征发差役的制度。为什么要进行通检推排呢？我们从这段文字可以得到解答，"金自国初占籍之后，至大定四年，承正隆师旅之余，民之贫富变更，赋役不均。世宗下诏，曰：粤自国初，有司常行大比，于今四十年矣。正隆时，兵役并兴，调发无度，富者今贫不能自存，版籍所无者今为富室而犹幸免。"② 可见，世宗的前任"兵役并兴，调发无度"，政府无任何根据地括马签军，课役征调，引起社会动荡，民怨沸腾，海陵王自己也落得身死乱箭的下场。金世宗面对这一教训，必须改弦更张，制定规章，使征调有制，这是通检推排的原因之一。原因之二是，自建国初期到大定初历 40 年，贫富之间发生很大变化，原来的富者如今穷得不能生存，却还要承担赋税，原来不登版籍的穷户如今变成富室而不征其赋。世宗认为这种因贫富变化导致赋役不均的现象也必须改变。特别是猛安谋克中的新强旧富变化更大。在熙宗至海陵期间，女真统治阶级内部充满着革新势力与旧奴隶主贵族之间的矛盾和斗争，斗争的结果是旧奴隶主贵族的政治势力被打击而趋向衰落，但他们还拥有大量的奴隶，根据旧例无需纳税，新兴的女真贵族凭藉新的政治权力，大肆兼并土地，侵渔民利，或经商营运，成为社会上新的富有者，但由于他们过去未登版籍而无需纳税，这就是 40 年来新强旧弱、此消彼涨变化的历史内容。总之，新强也好，旧弱也好，都没有如实地交纳他们那份应交的赋税。这就是金世宗所说的"赋税不均"的具体表现。为革除"前弊"，他决定沿用《周礼》之制，进行通检推排。通检指调查，推排指评定，即调查资产，评出户等，据以征收物力钱。

---

① 张博泉先生考订应为小司徒。

② 《金史》卷四六《食货志》一。

然而，这些新强旧富们决不会自动地履行其纳税义务。当金世宗要求奴婢计入财物一体征税时，他们的代表人物在朝廷与金世宗展开激烈的争辩。右丞相徒单克宁、平章政事唐括安礼、枢密副使宗尹这些皇戚重臣就坚决反对，他们说：女真人的奴婢除供差使外，并不承担差役，因此既不要调查奴婢和牲畜，也不要登记地土数量，止验浮财科差为便。左丞相完颜守道也附和说："止验财产多寡分为四等，置籍以科差，庶得均也。"而左丞蒲察通、右丞移剌道、都点检襄则支持世宗的主张，应将奴婢、土地牛具统通计算在内，"括其奴婢之数，则贫富自见，缓急有事科差，与一例科者不同，请俟农隙，拘括地土牛具之数"，据实上报。金世宗则进一步指出："设如一谋克内，有奴婢二三百口者，有奴婢一二人者，科差与同，岂得平均。正隆兴兵时，朕之奴婢万数，孳畜数千，而不差一人一马，岂可谓平。……其从左丞通等所见，拘括推排之"①。这次争论持续了几个月才解决。金世宗下令以猛安谋克最集中的中都路示范，首先进行通检推排。金世宗将奴婢计产的政策迫使不少大奴隶主为规避物力而出卖奴婢，或准予赎奴为良，客观上加速了奴隶制的解体和向封建制转化。

金世宗把奴隶计产问题解决后即转而解决"浮财"计产征税亦即"新强"的问题，但遭到尚书右丞张汝弼和参知政事梁肃的反对，他们说："天下民户通检既定，设有产物移易，自应随业输纳。至于浮财，须有增耗，贫者自贫，富者自富，似不必屡推排也。"② 实际上是不同意把浮财列为通检推排的内容计产征税，后经金世宗一再坚持，方成定制，不仅一般浮财计入征税，就连近臣出使外国，所得礼品，也要折算成浮财征收物力钱。如这位梁肃，因经常出使南宋，受到馈赠，推排时，就增添物力钱六十贯。后来到章宗大定二十九年（1189）才将出使副官所得的礼品免征物力钱。章宗以后，格外重视每户浮财营运增减情况，并将其作为主要依据来评定户等的升降。

从世宗大定四年（1164）至宣宗贞祐年间（1217）历五十多年，进行了十多次通检推排，其中仅大定五年（1165）至十五年（1175）、大定二十七年

---

① 《金史》卷四六《食货志》一。

② 《金史》卷四六《食货志》一。

（1187）至承安二年（1197）两次推排间隔十年，余皆二年、三年四年不等。其规模有全国性的，有仅几个路的，也有针对水旱灾害或边防战事引起贫富变动需及时推排者。凡通检推排，由尚书省统一规划，每次所派官员，由中央派出诸部尚书一人或数人与地方官员共同组成，视规模大小或分数路或一路进行。

金代既有牛头税、两税和户调之征，又以通检推排复征物力钱。其中的土地计产赋钱，系双重征敛，已经极不合理，每户每年还要平均交纳450文（足）的物力钱[①]，不能不算苛敛。加之推排官员“往往以苛酷多得物力为功……妄加民产业数倍，一有来申诉者，则血肉淋漓，甚者即殒杖下”[②]。以后在大定中后期及章宗年间的几次推排虽略有收敛，但金代后期的宣宗贞祐年间，由于国土日蹙，财政亏空，便加紧收括民财，竟至一年推排一次。尚书左丞力谏其不可有三，“如每岁检括，则夏田春量，秋田夏量，中间杂种亦且随时量之，一岁中略无休息，民将厌避，耕种失时，或止耕膏腴而弃其余，则所收仍旧而所输益少，一不可也。检括之时，县官不能家至户到，里胥得以暗通货赂，上下其手，虚为文具，转失其真，二不可也。民田与军田犬牙相错，彼或阴结军人以相冒乱，而朝廷止凭有司之籍，傥使临时少于元额，则资储阙误必矣，三不可也。”[③] 高汝励把历年来通检推排的弊端概括得入木三分。金世宗大力推行通检推排，主观上是为“均赋税”、“革前弊”，但实行的结果不啻是对人民的新的掠夺。

---

① 《金史》卷四六《食货志》一，《户口》所载大定廿七年户数与同年推排所得钱相除求得。

② 《金史》卷四六《食货志》一。

③ 《金史》卷一〇七《高汝砺传》。

第二十二章　金代社会阶级结构及其演变（1137 ~1234）

在第十五、十六两章中，对女真奴隶制的形成和发展作了叙述。本章将继续叙述自1137年女真统治集团废伪齐刘豫政权，对北中国进行直接统治，到1234年亡国，将近100年的社会阶级结构及其演变的情况。

第一节　女真奴隶制的衰落

前章说过，女真奴隶制是在女真贵族反辽侵宋战争过程中发展起来的。同样的情况是，女真奴隶制也不断受到保家卫国的汉族为首的人民的抵制。在女真贵族发动侵宋战争之前，宋朝内部阶级矛盾已经发展到极为尖锐的地步，各地农民纷纷起义，反对徽宗——蔡京集团的腐朽统治，全国性农民战争的形势已经形成。在女真统治集团发动侵宋战争之后，民族矛盾上升为主要矛盾，起义农民掉转了矛头，风起云涌地反对女真贵族的掠夺和压迫，写出无数壮烈的诗篇。其中如著名的太行义士，在北中国坚持反抗女真奴隶主贵族的斗争达数十年之久：

> 太行义士有自宋靖康之末上山保险至今不从朝命者，其后又因严刑重赋饥饿逃亡及豪杰乘时而起者，比比有之。其尤甚者，相率上山，动以万计。①
>
> 邢、洺、磁、相、庆源一带屯驻堡寨，其中被获汉人相约于二月

① 《大金国志》卷十天眷二年冬十月。

旦者，名携主人鞍马器甲，聚于邯郸之西村，相结上太行为盗。①

太行义士之所以“动以万计”地上山，之所以历数十年进行坚持不懈的斗争，就在于反对女真奴隶主贵族集团“严刑重赋”的剥削压迫，邢、洺等地被俘汉人之所以相结上太行，就在于挣脱女真贵族们给他们套上的奴隶锁链，岂有他哉！

在原来的契丹统治地区，为反对金主亮的残暴统治，移剌窝斡曾发动起义，纠众反抗，“括里与其党招诱富家奴隶，数日得二千”②，奴隶们如此踊跃地参加起义，同样是为了挣脱奴隶制的锁链。

在以汉族为主的各族人民的长期反抗下，女真贵族集团向占领区扩大奴隶制的奢望受到了极大的抑制。所以在女真贵族直接统治中原地区的最初二三十年间，奴隶制即已发展到了它的极限，并由此走向下坡路。特别是自1160年海陵王侵宋战争失败之后，宋金之间出现了和平局面，女真统治集团发动的侵略战争减少，奴隶来源困难，更加导致了奴隶制的衰落。

女真奴隶制的衰落，首先表现在内迁的猛安谋克户之从奴隶制向封建制转化，这是女真贵族奴隶主们没有料到的一大问题，对此将在后面叙述。

女真奴隶制衰落的又一表现是，现有的奴隶制的缩小。这与奴隶们多种形式的反抗斗争是分不开的。例如奴隶们往往“诬主人以罪，”“以求为良”③，就是解放自己的一种斗争形式。他们求得解放的最高斗争形式就是武装起义。上面举出的窝斡起义，曾经包围临潢，活捉金总管移室懑，并于正隆六年（1161）称帝，一再打败了金世宗派去镇压的吾札忽、马里雅等官军。由于起义军声势强大，金世宗一方面继续调兵遣将，加强镇压力量。另一方面以放奴为良进行分化瓦解。大定二年（1162）二月下诏：

应诸人若能于契丹贼中自拔归者，更不问元初首从及被威胁之由，奴婢、良人罪无轻重并行免放；

内外官员郎君群牧直撒百姓人家驱奴，宫籍监人等，并放为良，

① 《大金国志》卷十一天眷三年春。

② 《金史》卷一三三《叛臣·移剌窝斡传》。

③ 《金史》卷一二五《文艺·韩昉传》。

亦从所愿处收系，与免三年差役。①

奴隶放良的范围，从官府（官籍）到私家，从官员到百姓都在其中，充分说明这次起义对原契丹地区奴隶制打击的沉重。同时，金世宗还下诏镇压起义的官兵说：应契丹与大军未战而降者，不得杀伤，仍安抚之。后招诱来降者，除奴婢已虏为定，其视亲属使各还其家，仍官为赎之”；在战乱中，“中都、平州及饥荒并经契丹剽掠，有质卖妻子者，官为收赎”②。以上几道诏令，旨在争取民心，瓦解窝斡起义，但对在战乱中被俘的士卒家属，以及遭到剽掠的平民，也由官府收赎，与女真初期发动侵宋战争时的赎奴相比，显然有很大的不同，后者是收赎女真族内沦为奴隶的人户，前者则是收赎女真族外的士卒家属和平民，而这种不同深刻地反映了女真贵族奴隶占有制从盛到衰的重大转折。

奴隶制削弱和缩小的再一表现是对寺院二税户、奴婢的解放。前面曾经提到锦州龙宫寺曾将辽时的二税户变为奴隶，经过李宴的奏请，“获免者六百余人”③。金章宗初年（1189），朝廷上又提出了“放二税户为良”的问题：

> 章宗初政，议罢僧道奴婢，太尉（徒单克宁）奏曰：此盖成俗日久，若遽更之，于人情不安。陛下如恶其数多，宜严立格法，以防滥度，则自少矣！襄曰：出家之人，安用仆隶？乞不问从初如何所得，悉放为良。若寺观物力元系奴婢之数推定者，并合除免。诏从襄言。由是二税户多为良者。④

此后，朝廷派官分括北京路和中都路的二税户，“凡无凭验，其主自言之者，及因通检而知之者，其税半输官、半输主；而有凭验者，悉放为良”⑤。这样，原契丹境内奴隶制残余更进一步地削弱、缩小了。

正是由于奴隶制的削弱和缩小，奴隶的身份地位也随之发生了变化。金世宗大定二十二年（1182）制：“立限放良之奴，限内娶良人为妻，所生男女即为良”；大定二十九年（1189）制：“诸饥民卖身已赎放为良，复与奴生男女，

---

① 《金史》卷一三三《叛臣·移剌窝斡传》。

② 《金史》卷六《世宗纪》上，大定二年四月壬辰诏，大定三年十一月庚戌诏。

③ 此据《金史》卷九六《李宴传》，《中州集·李宴传》也载有此事。

④ 《金史》卷九四《内族襄传》。

⑤ 《金史》卷四六《食货志》一。

并听为良。”[①] 这是从政策上正面限制、削弱奴隶制。与此相适应，对敢于妄认良人为奴的，即使是官员，也要受到惩罚。如前所述，祁州刺史大磐即因“妄认良人二十五口为奴”，受到削官免职的处分[②]。

在这样的情况下，有些出身奴隶的人的身份地位也发生了明显的重大的变化，如：

〔宋州〕属县民家奴王夔者，尝业进士，〔赤盏〕晖以钱五十万赎之，使卒其业。夔后至显官。[③]

兴定二年（1218）四月庚戌，御史劾集贤院咨议官李维岳本中山府无极县进士赵孝选家奴，乞正其事。上曰：国家用人，奚择贵贱？命以官银五十两赎放为良，任使仍旧。[④]

涞水人魏廷实祖任儿，旧为靳文昭家放良，天德三年（1151），编籍正户，已三世矣！[⑤]

从上述几个事例可以看到，奴隶制的经济基础发生了变化，上层建筑方面从政策到意识形态也发生了相应的变化。回顾女真奴隶主在发动侵宋战争时，把包括士大夫在内的俘虏都变成奴隶，而自海陵王天德时，尤其自金世宗大定以后，则是越来越多的奴隶变成良民，少数甚至还变成了士大夫，这一巨大变化，不能不说明女真奴隶制从兴盛到衰落的根本性变革！

第二节　女真封建化及其阶级关系的变动

由于女真族独特的历史地位以及所面临的独特的历史条件，女真奴隶制之向封建制衍变，与战国秦汉时期从此前奴隶制母体中孕育出来的封建制和新兴的封建地主阶级则大不相同。后者是作为新兴生产关系的代表发展起来的，并战胜和取代了奴隶主阶级。而女真奴隶主贵族则是利用武力征服手段，硬将其

---

① 《金史》卷八《世宗纪》下，卷九《章宗纪》一。
② 《金史》卷八《世宗纪》下。
③ 《金史》卷八〇《赤盏晖传》。
④ 《金史》卷一十五《宣宗纪》中。
⑤ 《金史》卷一三二《逆臣·纥石烈执中传》。

奴隶占有制插到高度发展的封建经济的北中国，经过四五十年的扩展、挣扎，终于抵挡不住历史潮流的冲击，被迫向封建制转化。

女真贵族统治集团为强化对北中国的统治，采取了两项重大措施，一是废罢伪齐刘豫政权，自上京会宁迁都燕京，直接统治北中国；二是前面提到的自天会十一年将大批猛安谋克户南迁，用以直接强化女真贵族在北中国的统治力量。这两项措施的直接结果是形成了女真奴隶制与北中国封建制两种社会经济制度并存的局面，则是女真统治者始料不及的。就前一措施看，尽管女真贵族直接君临北中国，但它不仅无力改变北中国高度发展的封建经济，而且它还不得不采用原有的封建剥削方式来榨取赋税差役。就后一措施看，强行楔入北中国的奴隶制虽然对中原地区先进的封建制产生了不良的影响和渗透，但它同样也受到中原地区经济制度的影响和渗透。这样，两种经济制度经过几十年的较量，落后的奴隶制终于瓦解、溃崩、向封建制过渡。我们可以从南迁的猛安谋克户所发生的变化中直接看到。

自天会十一年以来三批猛安谋克户是作为屯田军迁到北中国的。猛安谋克制，作为社会经济组织，它是奴隶制的根基；作为军队，它又是金国贵族统治的支柱，其地位是异常重要的。但这个根基和支柱，分散到广大北中国，也就陷入了封建经济的重重包围之中，不能不受到强烈的冲击而产生这样或那样的变化。这种情况，自然引起女真贵族统治集团的严重不安。金世宗于大定三年(1163）即曾向群臣指出：

> 自正隆兵兴，农桑失业，猛安谋克屯田多不如法。[①]

在以金世宗为首的金统治集团看来，正隆以来之所以出现“农桑失业”、“猛安谋克屯田多不如法”的非常情况，乃是由于南迁的猛安谋克“各随所受地土，散处州县”[②]，“与百姓杂处”[③] 造成的，亦即受汉族百姓影响所致。因此，“世宗不欲猛安谋克与民户杂处，欲使相聚居之”。经过完颜思敬和徒单克宁等人的计议，在伐宋之役以后，“遂以猛安谋克自为保聚，其田土与民田

① 《金史》卷九二《曹望之传》。
② 《金史》卷七〇《思敬传》。
③ 《金史》卷九二《曹望之传》。

犬牙相入者，互易之”[1]。这是金世宗对南迁猛安谋克所采取的第一个重要措施，就这一措施而言，有其缓和女真人与汉人杂处产生矛盾的一面。但金世宗不曾料到在将犬牙交错的土地互易之际，却产生了女真人对汉人土地的掠夺，从而埋伏了更加深刻的民族矛盾，这一点容后再论。但从更深层次分析，金世宗则是试图以村寨形式把猛安谋克户封闭起来，以阻止受汉人的影响而产生封建化，借以减少“屯田多不如法”的问题。

所谓“屯田多不如法”的实际情况表现在两个方面，首先是由于猛安谋克户的两极分化，其中贫困户不得不将分得的土地卖掉，张九思的奏言中即提到这个问题：“屯田猛安人为盗征偿，家贫辄卖所种田地”，为了阻止猛安户的分化，使贫户能保住其屯田，张九思的办法是“止令事主以其地招佃，收其租入，估贾与征偿相当，即以其地还之”；“临洮尹完颜让亦改屯田人征偿卖田，乞用九思议。诏从之。”[2] 用租佃所得作为征偿，使猛安谋克贫户维持原有的土地，这是金世宗对猛安谋克采取的又一重要措施。它明明白白提出使用租佃办法以维持原有土地，表明封建租佃制不仅渗透到猛安谋克户中，而且明明白白说出了猛安谋克的贫困户亦即女真族下层率先向封建制转化。

“屯田多不如法”的另一重要表现是，正隆以来猛安谋克户多采用封建租佃制，以汉人来租佃自己占有的屯田。曹望之在他的奏言中论及“山东河北猛安谋克与百姓杂处，民多失业”，“百姓亡命及避役军中者，阅实其人，使还本贯”，“或编近县以为客户，或留为佃户者，亦籍其姓名”[3]。其中所编近县的客户和留下的佃户，则都是猛安谋克户屯田上的劳动生产者，亦即封建租佃关系下的劳动生产者。上述张九思奏言中提出的“令事主以其地招佃，受其租入”，也说明了这一点。曹望之、张九思这些大臣对屯田中出现的封建租佃制不仅不主张废除，而且主张积极实行。同样地，金世宗也不主张废止，而是有条件地使之合法化，这就是金世宗对猛安谋克户所采取的第三个重大措施：允许租佃。

---

① 《金史》卷七〇《思敬传》。
② 《金史》卷九〇《张九思传》。
③ 《金史》卷九二《曹望之传》。

大定二十一（1181）正月壬子，上闻山东、大名路猛安谋克之民骄纵奢侈，不事耕稼，诏遣阅实，计口授地、必令自耕，地有余而力不赡者，方许招人租佃。①

大定二十一年正月，上谓宰臣曰：山东、大名等路猛安谋克户之民，往往骄纵，不亲稼穑，不令家人农作，尽令汉人佃莳，取租而已。富家尽服纨绮，酒食游宴，贫者争慕效之，欲望家给人足，难矣！

大定二十二年（1182）……附都猛安户不自种，悉租与民，有一家百口田垄无一苗者。②

章宗继承了世宗的政策，申明旧制，要求猛安谋克户亲自耕垦：

泰和元年（1201）六月己亥，用尚书省言，申明旧制：猛安谋克户每田四十亩，树桑一亩，毁树木者有禁，鬻地土者有刑，其田多污莱，人户阙乏，并坐所临长吏。按察司以时劝督，有故慢者量决罚之，仍减牛头税三之一。③

统治者督责虽严，而租佃、卖地现象越来越普遍。金章宗终于在泰和四年（1240）九月壬申，“定屯田户自种及租佃法”④。这标志着中央政府正式肯定了租佃制的合法性。

综上所述，可以看出，从金主亮正隆以来到金世宗大定的二三十年间，南迁猛安谋克户之从奴隶占有制向封建制转化，起始于猛安谋克户下层，继而波及到猛安谋克等一些世袭贵族，都沿着这个方向发展，而且转化的速度至为急遽，是任何人无法遏止的。金世宗所谓“猛安谋克屯田多不如法”，主要在于猛安谋克之民“不事耕稼”，而由“汉户租佃田土”。同时金世宗还把猛安谋克的贫困化归诸汉人的影响。正因此，这个代表了女真贵族奴隶主利益的金世宗，试图在封建经济的海洋中把猛安谋克户集中在猛安谋克村寨中，斩断同外界的联系，继续实行土地国有制，严禁土地买卖，使猛安谋克维持其习射尚武

---

① 《金史》卷八《世宗纪》下。

② 《金史》卷四七《食货志》二。

③ 《金史》卷一一《章宗纪》三。

④ 《金史》卷一二《章宗纪》四。

的旧俗，继续充当女真政权的支柱。但另一方面，女真的封建化实际上是无法遏止的。其所以如此，主要由于占女真人口大多数的一般猛安谋克户的变化，即女真自由民阶层的变化，正是这个阶层的下层由于贫困化而走上封建化的道路，从而冲破了奴隶制的束缚，并使猛安谋克上层也沿着这条封建化道路前进。女真自由民阶层是金国武装力量的主力，所以金世宗只能因势利导，在承认封建租佃制的前提下来解决猛安谋克因出卖土地而贫困化的问题，亦即强调"计口授地，必令自种"，只有在"地有余而力不赡的情况下，方许招人租佃"，这样，金世宗又在某种程度上顺应了女真封建化发展的总趋势。他所独具的这种既想挽救奴隶制，又不得不顺应封建化潮流的二重性，正是女真从奴隶制向封建制过渡这个时代特征在金世宗身上的集中表现。由此观之，后来的嗣君如章宗等继续推行金世宗的政策，无可奈何地推动女真族向封建制衍变，也就是一桩十分自然的事情了。

在向封建制衍变的过程中，女真贵族奴隶主又不失时机地捞上一把，形成了新的土地兼并高潮。由于既不需要亲自耕作，也不需要督促奴隶耕垦，只要出租土地就可得到大宗地租，这种致富的便捷方法直接刺激了女真贵族们掠夺土地的贪欲。于是女真权要们不惜采用各种手段，大量吞噬官田和民田。

〔位至宰相的世袭猛安纳合椿年〕好推轶士类，然颇营产业，为子孙虑。冒占西南路官田八百余顷。大定中，括检田土，百姓陈言官豪占据官地，贫民不得耕种。①

山西田亦多为权要所占，有一家一口至三十顷者，以致小民无田可耕。……椿年子猛安参谋合、故太师耨盌温敦思忠孙长寿等亲属七十余家，所占地三千余顷。②

大定二十二年（1182）八月，以赵王永中等四王府冒占官田，罪其各府长史府椽，及安次、新城、宛平、昌平、永清、怀柔六县官，皆罚赎有差。③

① 《金史》卷八三《纳合椿年传》。
② 《金史》卷四七《食货志》二。
③ 《金史》卷四七《食货志》二。

〔承安二年〕六路括地时，其间屯田军户多冒名增口，以请官地，及包取民田，而民有空输税赋，虚抱物力者。[①]

随处官豪之家多请占官地，转与它人种佃，规取课利。[②]

前徙宗室户于河间，拨地处之，而不回纳旧地。[③]

从亲王到宰臣，从权势到一般官员、猛安谋克，上下交相占地，在北中国确实形成了一个土地兼并的新高潮。所以，在女真奴隶制向封建制衍变过程中，特别是官田及一些私田再分配过程中，有些猛安谋克转化为一般封建地主（其中土地较少者则成为小块土地出租者），有些则转化为大封建主。据十五章所载，大定二十三年（1183）通检推排的情况看，在都宗室将军司170户显贵家庭，平均每户占有163.58个奴隶和2166.99亩土地，这些人显然是一身二任的大奴隶主和大封建主。具有这两重身份的不限于这170户，在202家猛安和1878家谋克中，也有一批这样的大奴隶主、大封建主。主宰金国国家命运的就是这几百家大奴隶主、大封建主！这是女真社会阶级结构中的重大变化。

一个阶级如果连赖以生存的社会生产都漠不关心，那么这个阶级也就腐败到死亡的地步了。从奴隶制转化到封建制的女真贵族统治阶级就是这种类型的阶级。金世宗曾说猛安谋克之民“骄纵奢侈”，这四个字把这批贵族刻画得惟妙惟肖，入木三分。他们早已失去了以往为发展自己的那种尚武精神，在毬场上可以获得“杖子元帅”的英雄称号，在战场上却变成动辄逃跑的懦夫。奴隶主封建主本来都是不劳而食的懒虫，表现在女真封建奴隶主身上则是既懒且贪，又极度鄙视生产劳动，甚至破坏农田。他们不仅“惰农饮酒”[④]，而且酷好畋猎，不惜践踏稼禾，也要进行围猎。腐败像瘟疫那样蔓延开来，从女真贵族到一般猛安谋克人，“游惰之人，不知耕稼，群饮赌博，习以成风”[⑤]。尽管自金世宗以降，朝廷三令五申，试图纠正女真人的酗酒惰农的腐败现象，甚而

① 《金史》卷四七《食货志》二。
② 《金史》卷四七《食货志》二。
③ 《金史》卷四七《食货志》二。
④ 《金史》卷四七《食货志》二。
⑤ 《金史》卷一〇九《陈规传》。

至于“以等第科罪”[①]。但既然“习以成风”，积重难返，丝毫无助于腐败问题的解决。在这种情况下，包括猛安谋克在内的大小贵族们加紧了对佃户的勒索压榨，“往往以田与人，而预借三二年租课”[②]，结果只能激化与劳动人民的矛盾。尤其是在蒙古军攻势之下，金宣宗南迁汴京之后，猛安谋克屯田军拥挤河南一隅，“无虑数十万众，而家口又数倍于军，彼皆落薄失次，无所营为，唯有张口待哺而已”[③]。作为国家主要支柱的军队腐朽到了这般地步，这个国家前途就不难想见了。虽然女真猛安谋克向封建制转化使其自身前进了一大步，但它的腐败又把女真贵族统治阶级及其政权推到穷途末路。

第三节　金统治下的封建地主阶级、寺院经济

金攻破汴京之后，宋徽宗亲族的极大部分和一部分官僚地主被作为俘虏迁徙到东北地区，而以宋高宗赵构为首的一批赵家亲族渡江而南，随之南渡的还有一批大官僚地主阶级。在此后宋金对峙的年代里，北方的抗金爱国志士，也不断结伴南下，数十年间，络绎不绝。其中如著名的大词人、大文学家辛弃疾，就是曾经起义抗金而后南渡的。

留在北方的地主阶级及其士大夫，其中的一小部分大地主在汴京陷破后投降了女真贵族，充当女真贵族统治北中国的鹰犬。伪齐刘豫政权就是由这部分地主士大夫组成的。而自金废伪齐、直接统治北中国之后，不能不依靠汉人地主阶级及其士大夫，以加强对北中国的统治。在用人方面，金统治者所考虑的首先是任用女真人。事实上女真人利用世选、荫补（实际上是世袭制起主导作用）和军功这三个有利条件，使女真贵族“得以控制大多数政府中的重要位置”[④]，其他族无法与之抗争，但汉人士大夫利用科举制度走上金国政治舞台者亦大有人在。单是元好问《遗山先生文集》所写的墓志铭中，从进士科

① 《金史》卷四七《食货志》二。
② 《金史》卷四七《食货志》二。
③ 《遗山先生文集》卷一八《五扩神道碑铭》。
④ 陶晋生：《金代的用人政策》，载《中国史学论文选集》第四辑，第222页。

出身而任官金代的就有赵雄飞、胡景崧、雷渊等人[①]；有的如张公理官至吏部尚书[②]，而张万公则为金代名臣，位至宰臣，死后甚至获得配享章宗庙庭的殊荣[③]。余如与辛弃疾相熟的党怀英、王若虚、赵秉文和元好问等名家，也都是通过科举而致位通显的。据陶晋生先生的研究，金初科举分南北选时共录取350人，至金世宗时会试所取达500人，金章宗承安二年取士高达925人[④]。为汉人士大夫广开了仕路。

地主士大夫们不仅有政治出路，而且在各地拥有不少田产。有的是当地声名卓著的令族，如太原白氏[⑤]；有的是累代的财主，如以"赀雄乡里者累十数代"的信武曹长卿[⑥]，被金兵虏至龙山后落户的大梁"名族"赵氏，"隐田间，致赀巨万"[⑦]。甚至还有上千顷田的大地主，如京北韦仪在镇压人民反抗中屡被迁升，以所谓"积贮之资，置膏田一千余顷"，"又于坊廓置地一区，安定县买田四顷"[⑧]。在金代，汉族地主阶级的经济力量依然极为雄厚。

随着金后期政治腐败以及新的土地兼并导致的阶级矛盾的尖锐化，汉人大地主势力也日益抬头。本来，金贵族集团在建国之初即牢牢地控制了军事大权。女真人以外的契丹人和汉人为猛安谋克者都不能世袭，成为金代定制。及至金末，由于蒙古攻于外，红袄军起于内，金统治者于风雨飘摇之中不得不重用一批有军功的汉人。陶晋生先生在《金代的用人政策》一文中，曾经指出：在1205～1234年的30年间，汉人入仕者共110人，而以军功进的占27%[⑨]，近30人。如此大量地用汉人在此前的30年间是未曾有过的。这种军事力量与地方封建势力相结合，便构成为地域性的封建割据。金朝后期，金宣宗南迁汴京，河北河东一举陷于战乱之中，金统治者曾恃这些武装

① 载《遗山先生文集》卷一七，二〇，二一。
② 《遗山先生文集》卷二〇《资善大夫吏部尚书张公神道碑铭》。
③ 《遗山先生文集》卷一六《平章政事寿国张文贞公神道碑》；《金史》卷九五《张万公传》。
④ 陶晋生：《金代的用人政策》，载《中国史学论文选集》第四辑，第210～211页。
⑤ 袁桷：《清容居士集》卷二七《白恪神道碑铭》。
⑥ 《遗山先生文集》卷二九《信武曹君阡表》。
⑦ 《遗山先生文集》卷三〇《龙山赵氏新茔之碑》。
⑧ 《金文最》卷九〇《武德将军韦公碑》。
⑨ 《中国史学论文选集》第四辑，第211页。

力量画地封爵，有所谓恒山公、上党公、河间公等九公之说。显而易见，封建割据在金朝末年又露出了苗头。这是金末大地主阶级进行的又一次分裂活动，虽然未能得逞。

女真贵族虽然不像契丹党项贵族那样崇信佛教，但是在女真统治下的北中国，佛寺道观依然继续发展下来，像五台山寺院、大同华严寺依然是金碧辉煌，香火旺盛。

寺院拥有的大片田产，其来源不一，有的是前朝统治者赐予的官田，如燕京辽代的一些寺院；有的是豪门贵族施舍的，也有寺院自己购置的。金统治者也不时赐予大量良田。金世宗在大定二十六年（1186）三月，著名的香山寺落成之后，曾亲自"幸其寺，赐名大永安"，同时"给田二千亩，栗七千株，钱二万贯"①。尤其是在"大定中，诏天下佛老之居未列籍者，听纳资请名"②。这道诏令一下，各地纷纷"纳资请名"，如沁州沁源县县吏阎宝山之子阎宁因捐资而得到皇帝"颁赐为太清观"的殊荣。邑人卜师中也向太清观施舍"县东之田三百亩充常住以赡给之"③。许多著名寺院也都是大土地占有者。

前面曾经提到，燕京以北地区的寺院，辽代时曾赐予不少的二税户，为寺院耕作纳课。这些二税户是具有农奴身份的劳动者。然而在辽亡之后，金建国之初发展奴隶制阶段，像锦州在宫寺的僧人，又把具有农奴身份的二税户抑为奴隶，从而使生产关系发生倒退。直到女真从奴隶制向封建制过渡，经过李宴的奏请和金世宗的批准，这个局部倒退的社会问题才得到纠正，奴隶又重新回到农奴的地位。寺院经济中这种倒退，虽无关大局，但它反映了一个事实，即：寺院大地主和世俗大地主，如上面所说在金末萌生的封建割据，都是社会发展中的保守因素，一遇到合适的社会条件，就立即走上回头路。

---

① 《金史》卷八《世宗纪》下。
② 《金文最》卷二四《太清观记》。
③ 《金文最》卷二四《太清观记》。

第四节　农民阶级的反抗和斗争

封建时代的农民，在不同历史时期内遭受种种不同的剥削和压迫，并由此而掀起了不同形式的反抗和斗争。在女真贵族统治下，广大农民遭受了民族的和阶级的双重压迫，激起了一次又一次的反抗斗争。

如前所说，在女真贵族发动的侵宋战争期间，女真贵族所到之处，烧杀掳掠，生产受到极大的破坏，把俘虏的“生口”，不是充作自己的奴隶，就是卖到其他地区：“建炎四年（即金天会八年），粘罕驱所掠宋人至夏国易马，以十易一；又卖高丽、蒙古为奴，人二金。”[①] 所以在这一时期以及女真直接统治北中国的若干年份内，广大农民不断进行反抗，并在极大限度内抑制了女真贵族所代表的奴隶占有制的发展。

自从女真贵族集团废伪齐刘豫政权、直接统治北中国之后，与广大农民之间的矛盾便进一步地紧张起来了。它集中表现在两个方面：一是猛安谋克与农民之间的矛盾，一是女真贵族所代表的金国政府与农民之间的矛盾。

南迁的猛安谋克户与广大农民开始是杂居，后来是猛安谋克户自成村寨。但不论在什么情况下，猛安谋克以统治者自居，横行霸道，为非作歹。如“［许州郾城］县境多营屯，世袭官主兵，挟势横恣，令佐莫敢与之抗，兵人殴县民，民诉之县，县不决，申送军中，谓之就被论官司，民大苦之。”[②] 这种军民之间的矛盾关系积压既久，便成为积怨甚深的民族矛盾而不易排解了。特别是在南迁猛安谋克从奴隶制转化到封建制，一些猛安谋克成为封建地主之后，同汉人佃户的矛盾更为复杂和尖锐。猛安谋克封建主们凌驾汉人佃户之上，虽然他们酗酒惰农，但在压榨地租方面则不遗余力。“［长垣］县民佃镇防军田，既淤垫，有未尝投种者，营卒（指猛安谋克屯田军）恃势征租，不少贷，民无所于诉，任其凌轹，有夺之牛者。”[③] “宿州连年饥馑，加之重敛，

---

① 《呻吟语》，《靖康稗史七种》本。
② 《遗山先生文集》卷二〇《资善大夫吏部尚书张公神道碑铭》。
③ 《遗山先生文集》卷二〇《顺安县令赵公神道碑》。

百姓离散。镇防军遽征逋课，窘迫凌辱，有甚于官，众不胜其酷，皆怀报复之心。近日高羊哥等苦其佃户，佃户愤怒，执羊哥等投之井中”①。以上两个事例，虽然是个别的局部问题，但在民族矛盾阶级矛盾积怨甚深的年代里，往往成为矛盾爆发的导火线！

金国统治集团与广大农民之间的矛盾，就正常赋役来说，虽然沉重，农民还承受得住，尚未出现多大问题。严重的是非正常性的征调，如海陵王为发动侵宋战争而进行的大规模的括马签军，女真人为兵，而汉人和其他各族人民充当夫役，时间虽然短暂，却给社会生产带来严重破坏，给人民带来重重灾难，从而激化了与广大人民群众的矛盾。金代晚期，蒙古人进攻，国土日蹙，军费日急，赋敛无度，又加剧了这一矛盾，《金史·食货志》称：“及卫绍王之时，军旅不息，宣宗立而南迁，死徙之余，所在为虚矣。户口日耗，军费日急，赋敛繁重，皆仰给予河南，民不堪命，率弃庐田，相继亡去。……故集庆军节度使温迪罕达言，亳州户旧六万，自南迁以来不胜调发，相继逃去，所存者曾无十一，砀山下邑，野无居民矣。”② 特别是在新的土地兼并大为发展的形势下，政府先后“拨田”和“括田”造成广大农民的武装暴动和斗争。号称小尧舜的金世宗，对当时的历史发展虽然起了不小的积极作用，但他在“拨地”过程中，包括自耕农民在内的汉人的土地大量被兼并、没收，激起了汉人极大的不满。红袄军起义即孕育于此。尤其是承安年间的“括田”，进一步激化了金国统治者与广大农民之间的矛盾。在前章金国土地制度中，曾引述了完颜怀德神道碑已说明这个问题，今再引用如下：

> [贞祐初年] 中夏被兵，盗贼充斥，在为支党，众至数十万，攻下郡邑，官军不能制，渠帅岸然以名号自居。仇拨地之酷，睚眦种人，期必杀而后已。若营垒，若散居，若侨寓托宿，群不逞哄起而攻之，寻纵捕影，不遗余力，不三二日，屠戮净尽，无复噍类。至于发掘坟墓，荡弃骸骨，在所悉然。③

① 《金史》卷一〇二《蒙古纲传》。

② 《金史》卷四六《食货志》一。

③ 《遗山先生文集》卷二八。

在张万公神道碑中也有重要的记载：

……括田不难于从而竟不听（指金章宗），其后武夫悍卒，倚国威以为重，山东河朔上腴之田，民有耕之数世者，亦以冒占夺之。兵日益骄，民日益困，养成痈疽，计日而溃。贞祐之乱，盗贼满野，向之倚国威以为重者，人视之以为血仇骨怨，必报而后已。一顾盼之顷，皆狼狈于锋镝之下，虽赤子不能免。①

阶级矛盾和民族矛盾相结合而迸发出来的红袄军起义，其威力之大，斗争之残酷，是历史上罕见的。然而，这一矛盾斗争并没有得到应有的发展，新的民族矛盾即同蒙古贵族之间的矛盾代替了这一矛盾的发展，历史以蒙古贵族灭金和统一中国而告一段落。

① 《遗山先生文集》卷一六《平章政事寿国张文贞公神道碑》。

书目[①]

笔画	书名	作者	版本
二画	九家集注杜诗		四库影印本
三画	三国志	陈寿	中华书局点校本
	三朝北盟会编	徐梦莘	四库影印本
	大金国志	宇文懋昭	四库影印本
	马可波罗游记	冯承钧译本	中华书局
四画	元史	宋濂	中华书局点校本
	元和郡县志	李吉甫	四库影印本
	元文类	苏天爵	
	元氏长庆集	元稹	四部丛刊本
	文昌杂录	庞元英	四库影印本
	文献通考	马端临	商务印书馆十通本
	文海	汉译本	《文海研究》
	文庄集	夏竦	四库影印本
	中州集	元好问	四库影印本
	廿二史札记	王树民注释本	中华书局
	天工开物	宋应星	四库影印本
	太平老人袖中锦		丛书集成本
	太平寰宇记	乐史	四库影印本

① 本书目系原始文献材料，近人论著，则于文稿引文中注明，不再收录。

	书林清话	叶德辉	铅印本
	历代名臣奏议	杨士奇	上海古籍出版社影印本
	公是集	刘敞	四库影印本
五画	史记	司马迁	中华书局校点本
	北史	李延寿	中华书局校点本
	北行日录	楼钥	知不足斋丛书
	水心先生文集	叶适	四部丛刊
	龙州集	刘过	四库影印本
	旧五代史	薛居正	中华书局校点本
	旧唐书	刘昫	中华书局校点本
	东斋记事	范镇	四库影印本
	东都事略	王称	宋史资料萃编第一辑
	石湖居士诗集	范成大	四部丛刊本
	白石道人诗集	姜夔	四库影印本
	乐全集	张方平	四库影印本
	乐府诗集		
	辽史	脱脱	中华书局校点本
	辽史拾遗	厉鹗	台湾辽史研究汇编
	辽史拾遗补	杨复吉	台湾辽史研究汇编
	辽东行部志	王寂	藕香零拾丛书本
	册府元龟		
	汉书	班固	中华书局点校本
	归潜志	刘祁	中华书局点校本
六画	西夏书事	吴广成	隆福寺影印小山房版
	西夏纪	戴锡章	宁夏人民出版社
	西夏纪事本末	张鉴	宋史资料萃编第三辑
	西溪丛语	姚宽	丛书集成本、四库影印本
	西夏法典	汉译本	宁夏人民出版社

	使辽录	张舜民	
	却扫编	徐度	四库影印本
	许亢宗宣和乙巳奉使金国行程录	钟邦直	靖康稗史七种
	许国公奏议	吴潜	
	后汉书	范晔	中华书局点校本
	学易集	刘跂	畿辅丛书本
	全辽文	陈述	中华书局
	长物志	文震亨	古今说部丛书
七画	宋史	脱脱	中华书局点校本
	宋会要辑稿		北京图书馆影印本
	苏学士集	苏舜钦	四部丛刊本
	苏魏公集	苏颂	四库影印书
	鸡肋集	晁补之	四部丛刊本
	鸡肋篇	庄季裕	四库影印本
	热河志		
	甫里先生文集	陆龟蒙	四库丛刊
	真文忠公文集	真德秀	四部丛刊
	陶朱新录	马纯	丛书集成本，四库影印本
八画	金史	脱脱	中华书局校点本
	金史详校	施国祁	
	金石索		
	金文最	张金吾	
	武经总要	曾公亮	四库影印本
	宛陵先生文集	梅尧臣	四部丛刊
	松漠纪闻	洪皓	四库影印本
	松隐文集	曹勋	四库影印书
	熙宁使虏图抄	沈括	永乐大典

	乖崖集存	张咏	
	泉志	洪遵	四库影印本
	诗话总龟	阮阅	四库影印本
	梦溪笔谈	沈括	四部丛刊
	范文正公文集	范仲淹	四部丛刊
	明皇杂录		
	茆斋自叙	马扩	载《三朝北盟会编》
	呻吟语		靖康稗史七种
	青阳集	余阙	四库影印本
	建炎以来系年要录（系年要录）	李心传	四库影印本
	建炎以来朝野杂记（朝野杂志）	李心传	适园丛书本
九画	契丹国志	叶隆礼	四库影印本
	契丹官仪	余靖	载四库影印本《武溪集》
	陷虏记	胡峤	载《新五代史》
	读史方舆纪要	顾祖禹	四部丛刊
	宣和画谱		四库影印本
	皇朝事实类苑	江少虞	四库影印本
	说郛		
	神麓记	苗曜	载《三朝北盟会编》
	秋涧先生大全集	王恽	四部丛刊
	厚德录	李德纲	丛书集成本
	昨梦录	康与之	四库影印本
	赵清献公集	赵抃	四库影印本
十画	乘轺录	路振	载《皇朝事实类苑》
	浮溪集	汪藻	四库影印本
	涑水记闻	司马光	中华书局点校本
	唐大诏令集	宋敏求	中华书局本

	唐会要	王溥	国学基本丛书本
	经进苏东坡文集事略	苏轼	四部丛刊
	盘洲文集	洪适	四部丛刊
	诸臣奏议	赵汝愚	宋史资料萃编第二辑
	栾城集	苏辙	四部丛刊
	资治通鉴	司马光	四部丛刊
	梁谿全集	李纲	四库影印本
十一画	续资治通鉴长编（长编）	李焘	中华书局点校本
	商君书	商鞅	四库影印本
	陵川集	郝经	四库影印本
	钱氏私志		四库影印本
	钱塘集	韦骧	四库影印本
	钱币图谱	吴文炳	
	通典	杜佑	四库影印本
	遗山先生文集	元好问	四部丛刊本
	清容居士集	袁桷	四部丛刊本
十二画	隋书	魏征	中华书局点校本
	燕北录	王易	
	燕云奉使录		载《三朝北盟会编》
	燕北杂记	武珪	说郛本
	滋溪文集	苏天爵	四部丛刊本
	温国文正司马公文集	司马光	四部丛刊本
	满洲金石志稿		铅印本
	蒙鞑备录	孟珙	四库影印本
	番汉合时掌中珠		嘉草轩本
	絜斋集	袁燮	

	铜川县志		
十三画	新唐书	欧阳修	中华书局点校本
	新五代史	欧阳修	中华书局点校本
	滏水文集	赵秉文	四库影印本
	隆平集	曾巩	宋史资料萃编第一辑
	靖康传信录	李纲	载《梁谿集》卷七〇
	鼠璞	戴埴	四库影印本。百川学海本
十四画	演繁录	程大昌	四库影印本
	嘉祐杂志	江休复	四库影印本
	嘉靖宁夏新志	胡汝励	天一阁地方志选刊
	愧郯录	岳珂	四部丛刊
十五画	畿辅通志		
	儒林公议	田况	四库影印本
十六画	魏书	魏收	中华书局点校本
	揽辔录	范成大	知不足斋本

后记

早在20世纪50年代于山东大学历史系读书期间，出于好奇，即对我国古代少数民族产生了浓厚的兴趣，立志毕业后学习和研究少数民族史。这个想法，被我的老师、当时的系主任杨向奎先生知道后，即给我以热情的鼓励，并推荐我于毕业后去中国社会科学院民族研究所工作。不料，1957年那场斗争改变了我的生活道路，甚至连杨先生的那番好心也成了我“破坏人事制度”的罪状。即使在那种情况下，我仍然要求分配到新疆、青海等边远地区，一则想到艰苦的环境中磨炼自己，二则想在少数民族居住的地区，直接调查当代少数民族的情况，为日后研究古代少数民族史打下基础。这个想法和要求，出自一个刚刚毕业的大学生，未免有点天真、幼稚了，尤其是在已经被列入另册的情况下，更显得不自量力。自然，它也就石沉大海。此后，20多年的漫长岁月，主要就在广大农村、五七干校等各种劳动和政治运动中度过。

文化大革命结束，1978年，我奉召回母校历史系任教。1979年，经张维华师推荐，我有幸师从南京大学韩儒林先生学习元史。韩先生是宽厚待人的蔼然长者，他的普鲁士学派和乾嘉学派相结合的谨严学风以及关怀后学的博大胸怀，给我以深刻的教育。继闻高教部（即今国家教委）委托河北大学漆侠教授主持宋辽金元史师训班，我又于1981年初，自南往北，跟漆侠教授学习宋辽金元史。自此，宋辽夏金元史便成为我学习和探索的主要方向。多年来学习少数民族史的夙愿，总算实现了。为了夺回失去的过多的时间，几年来我一直埋首于文献载籍之中，对宋金元经济史方面的一些问题，作了初步的探索，使我的知识有所增长，以弥补过去之不足。1984年底，全国哲学社会科学七·五规划把中国古代经济史断代研究作为重点课题，其中的《辽夏金经济史》

一项由漆侠教授负责，他约我参加这项工作，我辞谢未获，亦不宜深违漆先生厚意，觉得是一个极好的学习机会，便只好勉为其难、斗胆应承了。但不无遗憾的是，自1984年我被推到学校管理工作岗位后，经常陷于行政事务之中，只能挤出有限的时间从事这项工作，以至至今才脱稿付梓。

有关辽夏金经济史的研究，经过学者们的努力，虽然取得了不少的成就，但还有许多问题等待探索或作更进一步的研究。这里我想把我从事这项工作的三点认识提出来，敬请学者们教正。

第一点认识，在辽夏金经济发展的总过程中，究竟抓住什么问题才能理出繁杂无章的头绪？遵照马克思主义从现象到本质，再从本质到现象的认识方法，我们看到，宗族这个群体，贯串于契丹、党项和女真诸族自原始社会末期到奴隶制、封建制演变的总过程中，具有普遍性、典型性意义，因而抓来进行剖析。其次，从剖析中看到宗族不仅具有浓重的宗法血缘关系，而且是一个拥有广土众民的经济实体。而在这个实体中，诸如契丹耶律氏皇族和萧氏后族，党项李继迁族和一些豪族、女真完颜氏皇族及其有姻亲关系的诸强宗大族，在建国前后始终居于统治地位，而辽夏金的社会性质则是由这些大族所代表的社会经济制度决定的。第三，契丹、党项和女真在宗族这个社会群体上具有共同点，但在其后的发展过程中则又有各自的特点。女真从氏族制末期经过奴隶制到封建制的发展，其脉络是分明的，而契丹、党项则由于奴隶制与封建制纠结在一起，不如女真那样阶段性清晰，经络分明。第四，契丹和党项社会的发展更加接近和相似，这是由于在契丹和党项的宗族这个经济实体中孕育了奴隶制和封建制两种经济成分，因而也就形成了向奴隶制和封建制发展的两个方向。但契丹和党项的社会发展也有其不同点，前者有一个明显的关节线，而后者则不明显。从对宗族的分析中深深感到，它不仅对辽夏金经济史的研究有其重要意义和作用，对我国殷周的研究也有其意义和作用。同时也深深体会到历史辩证法在学术研究上的伟大指导意义。

第二点认识，从960~1234年的中国，前期是辽宋夏三国鼎峙。后期则是宋金夏鼎峙。尽管在政治上不统一，而且又不时爆发剧烈的战争，但在和平时期，彼此往来十分频繁，所谓“朝聘之使，往来如家”（范仲淹语）。契丹西夏西北二边的“牛马驼羊之产”流入中原地区，而中原地区的生产生活资料和精神文化产品源源不绝地流入边疆，从而丰富了双方的物质生活和文化生活。特别由于宋代商品货币经济的高度发展，两宋的铜钱成为辽夏金的通货。边疆和中原地区这种密不可分的经济关系，日益加强，形成了巨大的凝聚力，而这种凝聚力对中华民族的形成有着不可估量的作用。因此，对辽夏金经济史的探索，使我进一步认识到它的重大意义和作用，远远不限于学术本身。

最后一点，使我进一步认识到历史科学是一门博大精深的学科。漆侠教授认为，历史科学是对史料（包括文献的和实物的）诠释和运用的一门学问。历史科学建立在客观历史实际的基础之上，因而包括文献和实物在内的各种材料是第一位的；而对史料的诠释和运用则决定于史学工作者的主观认识，主观认识的正确与否又决定于史学工作者的观点和方法。我觉得这些看法至为深刻。在对辽夏金经济史的探索中，进一步看到了历史科学的横无涯际，只有既认真学习马克思主义，又切实搜求各种资料，才有可能获得点滴有用的知识。在民族史研究上，我起步虽晚，但怀着渴求真理的强烈愿望，借是稿付梓之际，略叙以上浅薄的认识，以追随同道们在学术上的探索，尽自己的绵薄之力。

乔幼梅

于山东大学

1993 年 11 月 20 日

附记

我非常高兴地看到《辽夏金经济卷》一书即将出版。本书是由乔幼梅同志和我合作完成的。我们共同拟订了本书的大纲，交换了许多关键性问题的看法，并在此基础上进行了分工，她主要承担金代部分，我承担辽夏部分。但辽夏部分中的若干关键问题，诸如西夏宗法制等问题，则是由幼梅同志探索而成。爰志于此。

漆　侠

于河北大学历史研究所

1993年11月20日

作者简介

漆 侠 （1923～2001）山东巨野人。1948年毕业于北京大学历史系，旋入北京大学文科研究所史学部学习。1951年3月任中国科学院近代史研究所助理研究员。1953年12月起先后任天津师范学院、天津师范大学、河北大学历史系讲师、副教授、教授，曾任河北大学历史研究所所长、宋史研究中心名誉主任，河北省政协常委，河北省社科联副主席，河北省历史学会会长，中国宋史研究会会长等职。长期从事中国古代史教学和科研工作。1984年起为博士生导师。1986年获全国优秀教育工作者称号和“五一”劳动奖章。在中国农民战争史、中国古代经济史和宋史等研究方面建树卓著。主要著作：《王安石变法》《宋代经济史》《秦汉农民战争史》《求实集》《知困集》等，论文150多篇。

乔幼梅 女，1935年生，江苏太仓人。1957年毕业于山东大学历史系，旋被错划为右派。1978年回母校后，历任中共山东大学党委副书记、副校长，历史系教授，21世纪山东发展研究中心主任，教育部历史教学指导委员会副主任，中国宋史学会副会长，为博士生导师。致力宋辽夏金史的教学和研究。曾参与承担两项国家“七五”社科重要课题，主持教育部“八五”社科重点课题——宋代市场研究。获7项省部级学术奖励。主要著作：《宋辽金元经济史研究》等3部（自著或合著）；论文20余篇。